U0926177

蒋 纬 国 口 述 自 传

蒋氏家族与我的一生

蒋纬国 口述　刘凤翰 整理

中国大百科全书出版社

图书在版编目（CIP）数据

蒋纬国口述自传 / 蒋纬国口述；刘凤翰整理．—2 版．—北京：中国大百科全书出版社，2016.4

ISBN 978-7-5000-9827-0

Ⅰ. ①蒋… Ⅱ. ①蒋…②刘… Ⅲ. ①蒋纬国（1916 ~ 1997）—自传 Ⅳ. ① K827=7

中国版本图书馆 CIP 数据核字（2016）第 053101 号

策 划 人 郭银星
责任编辑 郭银星
封面设计 今亮后声 HOPESOUND pankouyugu@163.com
责任印制 常晓迪
出版发行 中国大百科全书出版社
地　　址 北京市阜成门北大街 17 号　**邮政编码** 100037
电　　话 010-88390969
网　　址 http://www.ecph.com.cn
印　　刷 北京中科印刷有限公司
开　　本 787 毫米 ×1092 毫米　1/16
印　　张 32
字　　数 395 千字
印　　次 2016 年 4 月第 2 版　2020 年 3 月第 2 次印刷
书　　号 ISBN 978-7-5000-9827-0
定　　价 108.00 元

本书如有印装质量问题，可与出版社联系调换

出版说明

《蒋纬国口述自传》是上世纪 80~90 年代，台湾“中央研究院”《口述历史丛书》的计划项目之一，由刘凤翰先生以数年时间根据访问记录整理完成。但是原稿经蒋纬国亲自审定后，一直束之高阁；除刘凤翰先生的本书代序《谈纬国先生》曾在《近代人物》121 期登载外，整部文稿始终没能正式出版。

蒋纬国是蒋氏家族的重要成员。他 1916 年出生于日本，1999 年在台湾病逝，以八十三年的一生，经历了中国现代史上的所有重要时期。他的身世与经历，他的婚姻与家庭，他与蒋介石、蒋经国的关系，他晚年的政治抉择，都曾经是主导社会新闻、影响政情发展，使社会高度关注的内容。他晚年曾说：“我这一生，充满了挫折。”这部由他口述的自传，完整地记述了他一生的重要内容。

蒋纬国逝世后，台湾台独势力扩大，特别是民进党执政后，不断以篡改历史的方式“去中国化”，实施“法理台独”，制造两岸的分裂与对立，使中国近现代史的真实面貌，一再受到严重扭曲。蒋纬国的口述自传提供和保留了大量历史资料，对于了解中国近现代史，特别是国共关系史和两岸关系史，具有非常重要的价值。

基于这个原因，中国大百科全书出版社经与香港凤凰卫视合作，决定公开出版《蒋纬国口述自传》，并陆续整理出版其他重要历史人物的口述史料，跨越两岸之间的历史局限，保留两岸共同的历史记忆，补全中国近现代历史的面貌，为中国近现代史的研究提供必要的条件。

由于政治背景和政治立场不同，《蒋纬国口述自传》中存在许多错误的历史见解和反共言论。经与刘凤翰先生协商，我们在编辑过程中对于一些诽谤性的词语，做了适当的处理。如“剿匪”改为“剿共”，“匪谍”改为“共党间谍”，“戡乱”改为“国共作战”等。至于其他错误的历史见解，为了尊重原作，同时也尊重读者，我们仍保留原貌，相信读者站在今天的历史高度上，自会做出正确识别和判断。

目录 – CONTENTS

第五章 投身军旅

第六章 战地政务

第七章 简述装甲兵

第八章 任职“国防部”

第九章 军事教育与训练

第十章 外国顾问与军官训练

第十一章 军事制度

第十二章 联合勤务总司令部

第十三章 “国防部”联合作战训练部

第十四章 “国家安全会议”

第十五章 退出政坛

第十六章 两次手术

第十七章 老夫人

第十八章 生活琐忆

第十九章 俄、美之旅

第二十章 水的哲学

代序 | 谈纬国先生 刘凤翰

身世与求学

陆军二级上将蒋纬国将军，一九一六年十月六日，生于日本东京，生父戴季陶，母金子[①]。稍后由蒋中正收养，并移上海交姚冶诚夫人照顾教育。初住陈果夫家三楼阁楼上，后移溪口，因与毛福梅夫人不合，一九二二年迁居奉化，不到一年再迁宁波。一九二六年北伐后，移居上海。与居正、吴忠信夫人等过往甚密。一九二七年蒋中正与宋美龄正式结婚，乃定居苏州南城，吴忠信家隔壁一个小巷内，自己盖的房子——南园。

纬国先生小学是从上海开始，初入万竹小学，后移上海资源小学。搬到苏州后，进东吴（苏州）大学附属中学，并学少林拳与太极拳。一九三四年，参加全国会考，国家承认高中毕业，旋考入东吴大学物理系，主修物理，副修数学。在学校曾组织数人之小乐队，暇时演奏夏威夷吉他、斑鸠琴、小喇叭及手风琴等，颇得校中欢迎。纬国先生一心一意要做军人，并向父亲蒋中正提出要求。一九三六年德国莱谢劳将军（General Von Reichenan）到中国协助训练陆军，即将纬国介绍给莱将军，希望莱帮纬国到德国学军事。

一九三六年十月底，纬国在上海登船，船经马六甲海峡，停槟城、

① 据纬国先生告笔者，当时日本平民妇女，只用名，不用姓，故生母此处只用“金子”，与一般书刊用“重松金子”不同。

巴拉湾，再横越印度洋，停孟买，经红海、苏伊士运河，十一月十九日，在马赛登陆，由中国驻德大使馆人员，经巴黎接到柏林。由谭伯羽（谭延闿之长子）接待，并进柏林大学语言先修班习德文，启用德文名字——WEGO。先住在一个意大利太太的家庭，稍后迁入一位德国太太的家庭，除在学校念德文外，回家后德国太太（纬国称德国妈妈）与他讲德文，要他背短文，说笑话，记名人演讲摘要，并改正一些音节或文法错误。也要他在自己朋友面前公开“演讲”，故其德文进步神速。

依照德国的规定，进入军官学校前，必须接受入伍训练一年。即在正规部队内，插进入伍生一二人，随部队训练。一九三七年九月，纬国依此规定分配在山地兵第一师第九十八团第二营第五连，接受入伍训练，包括基本训练与山地兵训练。前者是以班教练为主，各个单兵教练皆在班教练中完成，让士兵一开始就有全班性作战概念，如何相互掩护，协同作战，全班行动，不塑造个人英雄；后者攀登山顶，背驮装备，山地行军，限制喝水，以及习惯寒冷山风吹袭等等。纬国在接受入伍生训练时，曾参加两次行军。一次是德奥合并，他们进军到奥国边界，另一次到捷克作战，占领捷克苏台登区。

入伍生训练完成后，一九三八年九月，分配到慕尼黑军校，接受为期一年的军官教育。此一训练以营连战术为主，同时学习骑马、剑术、跳舞，才能被视为真正德国军官。在军校期间，纬国曾被希特勒召见三次，与德国其他将领亦有往来。稍后被派往德国第七军团见习。军团在德国称 ARMY COURT，是介于师与军之间的战略单位，借此可以了解德国正规部队编装、战术思想与野战战略。一九三九年七月，军校毕业，分发德国山地兵第八师服务，经柏林到波兰边境第八师报到。八月中旬奉命回国，九月一日德国进军波兰（欧战发生），十六日纬国在阿姆斯特丹登船，直航纽约。

纬国到美后，临时担任中国派往美国考察空军学校教育之蒋孝棠中校随从。十月奉命进入美国陆军航空对空战战术训练班，接受空军战术训练，包括驱逐、轰炸、侦察等战术及地勤业务。翌年三月结业，稍作休息，七月再至美国陆军装甲兵训练中心受训。当时战车是步兵中重要武器，随步兵作战。此一训练，则是要装甲兵单独作战，由装甲排、连、营、团、旅，到师之编装、战斗、通讯，后方勤务、兵工保养、架桥工程，到装甲师之战斗演习。至一九四一年三月初结训，随即坐船到檀香山，改乘水陆两用飞机经威克岛、中途岛、关岛、马尼拉，而抵香港。再由香港换欧亚航空公司班机到重庆，至军政部报到，等候分发。

参加抗战

一九四一年五月，纬国被派往胡宗南部队任职。在此前数日，随军政部长何应钦由重庆到西安报到，并随何部长看胡之部队，及中央军官学校第七分校。因胡之虚骄，部队出现一些漏洞。后何返重庆，胡带纬国参观军械库，想炫耀所存军械。当纬国问库长（炮兵上校）有关一架丹麦造轻重两用机枪时，不但答非所问，且对军械一无所知，此人是否真是炮兵出身，亦被纬国所疑，故对胡部水准与胡之用人，大失所望。

不数日，胡派纬国到第一师（师长李正光）第三团第二营第五连第一排任少尉排长。驻地赤水，纬国只身乘火车抵达，师副官处长用马接往所部报到，然后下部队就任新职。纬国当少尉排长，仅有两个月，同年七月即升第五连上尉连长。胡亦送一匹马给纬国备用。部队由赤水移防东全店，再移潼关附近守河防。时潼关以东，由第一战区（卫立煌）汤恩伯之第三十一集团军防守，潼关以西由第八战区（朱绍良）胡宗南之第三十四集团军防守，双方相隔一条十二支河。汤军军纪甚差，常卖放一些人渡河到潼关以西。有一次一批日军谍报人员，带十二个地雷，偷渡过河，准备炸潼关隧道，被纬国放出之眼线查知，则全部活捉。当一九四四年五月，日军发动一号作战——河南作战。日第一军渡过黄河，参加灵宝会战时，纬国正以第一师第三团第二营第五连连长[①]指挥部队守潼关车站与河防，及十二支河原有防地。不过，日军乃强弩之末，纬国与日军并未真正接触。

同年八月，纬国离开胡宗南部队，胡找了几位师长为其饯行，纬国曾狂言："半个鬼子一根毛。"指日军即将败亡，而毛泽东势力渐成气候。九月，以新一军上尉参谋为掩护，随"中国高级将领访问团"前往印度蓝姆迦，协调英美在印缅作战之矛盾，并参加中国驻印军战车训练班第二期训练。纬国在美国装甲兵训练中心，曾接受近十个月的训练，故对此次短期（四周）训练，驾轻就熟，并协助教官修好"自动平衡器"，得到美军之赞美。

一九四五年六月，升往青年军第二〇六师（师长方先觉）第六一六团第二营少校营长。纬国先到重庆晋见蒋委员长，再赴汉中第二〇六师报到。时正夏天，卫生甚差，患一场痢病，因此发起灭蝇运动，并由第二营推展到其他营区。青年军第二〇六师征收西北知识青年，故每连中都有一二位或三五位回教青年参加，他们宗教信仰、饮食习惯与一般混合汉人不同，且每人身上都带刀防身，有时在外边闹事。经纬

---

① 在蒋纬国口述历史稿中，此处自称为第二营营长，然其"军籍表"内，乃为第五连连长，此处用军籍表所载。

国与方师长研究，将彼等合编为一个连，为纬国营之重兵器连，连长、连指导员，皆派回教同胞担任，此连后来军纪甚佳。

胜利前，纬国从随身携带之小无线电机，收到重庆广播，知日本已无条件投降，时大众传播甚闭塞，整个汉中尚无人知道。纬国乘发薪之际，叫探员在汉中街上抢买烟酒、鞭炮及其他食物，作短暂之“囤积”；等大家都知道抗战胜利时，再加倍卖出去，不但庆祝吃喝没有用钱，每个士兵还发了双薪。同年纬国与石静宜小姐在王曲第七分校举行结婚典礼，由胡宗南将军主持。

装甲兵与国共内战

装甲兵是北伐后，由陆军第一师第一连搜索连改编而成，初隐藏在上海税警总队。战车是英国制的枪战车，只有机枪没有炮。装甲兵抗战前成军时为一个营，计五十三辆战车。抗战后继续发展，一度配属陆军第一百师。此时称为“装甲兵教导总队”，辖战车三个团及装甲炮兵与装甲汽车各一团。

同年十二月，纬国奉命调装甲兵教导总队战车第四团（团长马徹）任中校团副。时石祖黄任装甲兵教导总队长，即临时派纬国任装甲兵教导总队第三处代处长，负责干部训练。纬国曾拟一份训练计划，未被石所用，纬国即到上海兼任装甲兵教导总队驻沪代表，负责将散居各地的印缅战场的装甲兵人员接往上海，失修战车加以整修，并建立战车第四团，为时仅二个月。一九四六年一月，战车第四团奉命并入战车第一团，纬国转任装甲兵教导总队战车第一团（团长石祖黄）中校副团长。

石祖黄为旧式军人，想将干部训练成自己干部后，再加以分发任用。当时蒋委员长对装甲兵非常重视，规定每周石要见他一次。后经纬国进言，石想在装甲兵中建立自己人事，且不太懂战车，以及战车战术，蒋委员长交陆军总司令部查考，由陆总决定，改由徐庭瑶中将（白崇禧推荐）出任装甲兵司令，谌志立少将任战车第一团团长。纬国亦将上海所收容之人员，及整修之战车全部带往徐州，合并于战车第一团。此后纬国在战车第一团中，以其专业知识，解决许多技术难题，如机油与活塞杆等相关问题。在官兵中发现千余种“专长”，其中六百余种是属于后勤方面，另五百余种属于作战方面，颇受团长喜爱与同人尊敬。

一九四七年八月，纬国升装甲兵战车第一团中校团长。按战车团团长原本官阶是陆军少将或上校，但受阶前被蒋委员长将上校改为中校，故当一九四八年三月九日装甲兵五个团同在一起受阶受旗时，纬国的阶级最低。时沂蒙山区作战失利，鲁南尽失，纬国以一个战车排掩护卡车部队，进入兖州，抢运美援物资。其中有大量皮夹克，战一团每人分配一件，多余者送战二团。战一团以美制M3A3型战车为主，使用三七炮，另有接收日本小型快速战车，及美军太平洋剩余物资两栖登陆军（LVT），编成两个大队。有一次在徐州附近作战，纬国用两栖登陆军，载日制小战车，运过淤塞河道，迂回九里山后，随即将小战车放出，向九里山猛攻快打，步兵随之将山头占领，免去徐州之威胁。

当时战一团政工人员，希望有自己战车与部队一起活动，纬国原想由政工人员（连指导员）兼副连长，并将副连长战车由其驾驶，无奈政工人员因未受过专业训练，且无法忍耐车内高温、油味，在机械方面更是无法配合，故彼等多在前方或后方负责补给事务或政治教育。纬国又训练战一团参加夜间突击，颇为成功。

一九四八年七月，纬国转任装甲兵司令部（司令徐庭瑶）参谋长，徐对纬国有些不放心，指定吴之芝为副参谋长，许多事由吴直达司令，使纬国无事可做。此时正值徐蚌会战关键时刻，装甲兵以营为单位分配到步兵单位，成立所谓十个快速纵队。为此纬国写了一份报告，直接向蒋总统申诉，认为此种做法不伦不类，且战车迁就步兵速度，无法发挥战车之动能，其混在步兵中，正好是对方炮火射击目标，主张装甲兵应集中单独使用。唯时全国沸腾，桂系李宗仁取蒋而代之，故无任何结果。

一九四九年一月，徐蚌会战惨败，纬国由装甲兵上校参谋长升任上校副司令，这是徐庭瑶不希望纬国管事之另一人事调动。时装甲兵有调广西或福建之议，纬国即时请示蒋总统中正，乃决定全部撤往台湾。

迁台的历练

装甲兵撤台时，装甲兵司令徐庭瑶及司令部先到台湾，被安置在原陆军总司令部营区，所有官兵及装备先后用二十八船次运台，并在湖口建立训练基地。此一工作长达一年之久，皆在纬国手中完成。

一九五〇年七月，装甲兵司令部建立装甲兵旅，纬国被派为少将旅长。是月底，美国援韩联军统帅麦克阿瑟将军由东京到台北访问，“国防部”决定作一次战车旅攻击演习给麦帅看，并拨五十万元新台币为演习经费。纬国以麦帅富有战场历练，对装甲（战车）师攻击作战看过许多，建议改以履带车（包括战车、搜索车、装甲炮兵车）通过稻田，作一示范。因操典上说战车绝对不能进入稻田，此次演习对战车由车道进入稻田处，或由稻田回归车道，如何通过田埂，如何转换方向，以及停止后起步，都事先作过演练。故麦帅看后颇为惊奇，并说：“我在西典军校时，教官告诉我们‘一个好武器要在一个好战士手里，才能发挥高度的性能’。没想到美国战车在中国人手里就能够通过稻田，以后我们知道在台湾一样可以使用装甲部队，我们应该给予十足的支援。”故后来装甲部队非常顺利地得到美援。

一九五一年四月初，纬国带职调圆山军官训练团第一期高级班受训，至七月底结业返回部队。翌年七月十七日，美国太平洋舰队司令史敦普海军上将来台访问，纬国在湖口基地，请史任选一战车营作紧急集合、救援台北演练测试。史选定后，纬国以无线电话下达该营集合与作战命令，然后二人合看实际动作、车辆分配、行动纪律；又同坐直升机在空中看行军过程，至到第一站，乃宣布演习中止。史对此战车营行动快速、军纪严密，大大赞美一番。

稍后，“国防部”应美国军方邀请，组成“中华民国”陆海空军将领访问团，参观访问美国陆军，由国防大学、三军官校、步兵学校、炮兵学校、通信学校等校长及装甲兵司令等人组成，徐培根将军带队，纬国为团员之一，来回皆用美国空军运输机经日本往返。回程时，中国驻日使馆转知纬国：“静宜病危。”纬国自购机票返台，奈其原配石静宜夫人，已于十月三十一日以难产后吃安眠药过量，心脏病突发而不治。①

纬国中年丧妻，痛苦万分，因此亦暂时脱离军队。经其父蒋中正解劝，旋再赴美国陆军参谋大学，以接受一年之正规班训练，换换环境，又有课程之压力，可使他忘掉丧妻之痛。

一九五四年七月，纬国学成归国。途径日本，顺道参观日本富士军事学校，该学校分设装甲、炮兵、步兵三个班。这种做法非常有效率，比中国吸收美制之后，分三个兵科（步兵、炮兵、装甲兵）学校较

① 石静宜夫人是难产后，吃安眠药，想第二天迎接纬国回国，因过量心脏病突发而不治。绝非谣传所说，被“赐死”。

好。其副校长带纬国参观时相告："我们自建新军——指陆上、海上、空中等自卫队——开始，无条件接受美军有关一切的手册（俗称典、范、令），包括野战手册（编号 F.M）、技术手册（T.M），不过我们准备在用过二三年之后召开一次手册会议，建立起日军第一本手册。即使内容改变不多，亦将手册赋予日军编号，建立起日本军队之典、范、令。"此点让纬国感触颇深，国军用美军制度多年，当时尚无国军自己之"手册"。

进入"国防部"工作

回台湾后，纬国派任"国防部"高参室高参，编为第五组，负责美国军制整理编纂。包括野战手册（F.M）、技术手册（T.M）、军队规范（Amy Regulation）乃至军语辞典。纬国请各兵种、兵科学校或部队自己以实用体验，先修正编纂所用手册，然后加入自己的观念，加以修改，但因时间甚短，一九五五年一月，因调"国防部"第三厅（厅长郑为元）少将副厅长，此一整理编纂工作无疾而终。后由陆军作战发展司令部接办。

原本蒋中正"总统"告诉纬国是叫他到"国防部"第二厅的，经国先生（时任政治部主任）认为第二厅能讲英文者颇多，第三厅比较少，建议纬国到第三厅，所以进入第三厅。纬国口述时称："父亲着了哥哥的道。"不但由第二厅厅长变为第三厅副厅长，实际上被隔离在其主持之情报系统之外。

纬国在第三厅任职三年四个月，历经大陈撤退（一九五五年二月）。

此一撤退在美军支持协助下，非常成功。同年四月至八月，带职调石牌联合作战训练班第三期受训，结业回任。时国军每年都有一次大演习，由“总统”亲自校阅，演习程序归第三厅策划。演习计划多由参谋次长（今副参谋总长）执笔，第三厅则是加强厅以下各组重要幕僚作业，以及美军的作业方式与程序，纬国刚刚从美国参谋指挥大学学成归回，故一切得心应手。不过功劳是参谋次长的，因参谋次长总其成。

第三厅理论上是主管全国作战，但当时许多事都在参谋总长手里，参谋次长成了总长的“传令”。厅长与副厅长根本不受重视或重用。所有作战的参谋业务，多是纸上谈兵。

一九五七年五月，台北发生刘自然被美军士兵雷诺兹枪杀案。二十二日早上，纬国到总长彭孟缉办公室，报告“此案可能被人利用而扩大，希望早作部署，以防不测”。二十四日，“国防部”举行防空“拳头”演习，许多人到蟾蜍山防空指挥所参加演习，纬国离开时再报告总长，请其注意刘案发展。是日，美兵雷诺兹宣判无罪，刘自然太太到美国大使馆前以“杀人无罪”而抗议，引起民族情绪，且政工系统人员（江海东）带领学生到场呼口号，终至一发不可收拾。纬国虽电告警务处长乐干设法，亦无补于事，大使馆为暴民学生所捣毁，美国国旗亦被撕成碎片。

是日下午，纬国被总长电话召回，纬国心喜，以为第三厅有事可做，亦可展现自己的镇暴才华。无奈返回后并不准他进总长办公室，只听里面大声说话、骂人，向第一军团调兵，交总务局（王雨农）指挥等等。稍后他问参谋次长，总长找他何事。曹永湘告他：“总长问现在能不能动员？”纬国答：“此戒严期间，随时随地都可以动员。”就此无事而退。经此“事件”，纬国对参谋本部指挥能力、部队部署及幕僚使用彻底看穿，亦颇为泄气。是年在日本东京与邱爱伦小姐结婚。

一九五八年四月，纬国升第五厅少将厅长（参谋总长王叔铭），任期仅三个月，正当“国防部”改制，正式成立人事次长室（联一，原第一厅）、情报次长室（联二，原第二厅）、作战次长室（联三，原第三厅）、后勤次长室（联四，原第四厅）、计划次长室（联五，原第五厅），第五厅原掌管陆海空三军干部教育与部队训练，改制后干部教育归联一，部队训练归联三，联五实际负责研究发展新武器与建军备战。

装甲兵司令与湖口事件

一九五八年八月，纬国接任装甲兵司令，直属陆军总司令彭孟缉。翌年十一月，纬国兼陆军总司令部（总司令罗列）装甲兵室少将主任，是陆总之幕僚单位。“湖口事件”时，装甲兵有三位副司令：一是鲍勋南，他兼陆总装甲兵室副主任；一是赵国昌，兼装甲兵学校校长；一是赵志华，负责装甲兵日常训练。

装甲兵原有五个总队，即三个战车总队，一个炮兵总队，一个汽车总队。来台后，战车总队改称装甲旅，然实际上乃是二个战车营，一个装甲步兵营，与原战车总队相同。此后成立一个装甲师，随即装备编成三个旅，如旅指挥部配备二个战车营和一个装甲步兵营，即为装甲兵旅。将三个战车营编在一个旅亦可以，但旅为指挥单位，各营皆属装甲兵师，而此师则属装甲兵司令部。

纬国接任装甲兵司令后，曾在湖口举行一次战车机动与火力演习，请陆军总司令彭孟缉主持，将战车观念由原来随着步兵作战，只是步兵单位的重兵器，转变成装甲兵越野机动作战，发挥战车之装甲、机动与火力，进占新的有利位置以制敌，亦可产生奇袭的功效。同时纬国说明，战车随步兵作战，不但不能发挥其机动力与火力，反成了步兵及战车火器的目标，随时被击毁。根据陆军的进化，由步兵而后摩托化（如二次大战之轻快师），再到装甲化（装甲师）。摩托化的战斗兵要下车后才能作战，装甲化的战斗兵在车上装甲内即可战斗。陆军地面作战，以装甲兵机动与火力战胜敌人，再以装甲步兵占领据点或完成接收。所以当时他提出“向一九一七年（陆军以步兵为主兵思想）告别”，全部走向装甲化。

为了配合装甲兵的思想，其后勤，工兵、兵工、通信、运输、卫生、化学兵等，都要配合机动速度，战车（装甲兵车）能发挥多少程度的机动性，所有的勤务就要发挥同样程度的机动性。据知此一新的建军备战观念，继任的陆军总司令刘安琪上将颇为欣赏。无奈高级将领多步、炮、工等兵科出身，且全部变起来亦有实际困难，故至今装甲兵在陆军中仍是少数。

一九六二年十一月二十二日，子孝刚在台北出生。

一九六三年四月至七月，纬国奉命带职调实践学社高级兵学研究班第一期受训，结业后还任。此时父亲蒋中正告他勿与东北籍高级军官来往太密，纬国查知是军中政工系人员打小报告给他哥哥（经国先生），再告知其父者，故对政工人员颇为鄙视。同年九月，奉调陆军参谋指挥大学中将校长。在他离开装甲兵不到三个月，一九六四年一月二十一日发生“湖口事件”。

“湖口事件”发生时，纬国已调离原职三个月，新任装甲兵司令郭东旸早已到差，本与纬国无关。但因他与装甲兵渊源甚深，而“事件”主角赵志华副司令又被看成纬国之人[①]，故还是将他牵连在内。

---

① 赵志华，黑龙江人，中央军校十期装甲兵科毕业。在印缅反攻作战，攻瓦鲁班之英雄，他是战车营的营长。纬国任战车第一团团长时他是第一营长。后升战一团团长。

赵志华为中央军校十期装甲兵科毕业，既能打仗，又能演习，在装甲兵有功劳也有苦劳，但多年不得志，而患有精神分裂症。纬国以其病况并不严重，故未让他退伍。新司令接任，他想借三万新台币，周转一下，换换住房，然后再还给公家，因而写一签呈，请新司令转陆军总司令。新司令因忙着奉调实践学社高级兵学研究班受训，未给及时转呈，引他不快。当时呈报代理装甲兵司令职务的是赵国昌，赵兼装甲兵学校校长，就说请赵志华多费些心，故赵志华实质上就变成代理司令了。

那天（一九六四年一月二十一日）装甲第一师举行年度战备机动测验，完成后赵志华集合全师讲话，初讲他与装一师之关系，继讲自己打仗的经过，在此时精神分裂症突发，即说："台北发生政变，领袖有难，装一师有谁跟我去台北救难。"装一师师长徐美雄少将，原知他有毛病，坐在最前面未动。稍后政战中校朱宝康与另一士官站起来，以拥赵为名，而将赵抱住，继而将赵逮捕。徐师长将其带往师长办公室，告部队暂不要动。然此时另一政战人员跑到附近给第一军团（罗右伦）打电话，说装一师（兵变）预备进兵台北。实际上装一师根本未离操场。

稍后，新任司令郭东旸和纬国陪陆军总司令刘安琪到湖口，装一师师长据实简报。遂决定处理三点：（一）犒赏装一师；（二）将赵志华送精神病院；（三）组织一个小组，调查此次事件有否预谋或同谋。不过此案由政战人员接办后，则完全改观，由"事件"变成"兵变"。赵志华送军法审判[①]，大批论功行赏政战人员。虽俞大维（国防部长）、刘安琪（陆军总司令）皆向蒋"总统"中正面说"此事责任不在纬国"，然在蒋中正心中，深深地认为纬国"识人不清"，且与东北籍军官挂钩。

---

① 赵志华判无期徒刑。一九七八年保外就医，一九八二年病逝。

主持军事教育

纬国在陆军指挥参谋大学校长任内，并兼陆军总部联兵训练中心主任（幕僚单位）。此时蒋中正“总统”一度要他接第一军团司令，为此他跑到日月潭与父亲长谈，最后为筹备“战争学院”，建立新的军事高级教育，以筹备建立将来之“三军联合参谋大学”而放弃。因为国军自陆军大学迁台停办后，即无有正规的军事高级教育机构。蒋中正原想分别办陆、海、空三所军事大学，纬国认为“战略阶层”不应再分陆海空，而要训练将领能够统帅三军，整体作战，这也是“三军联合参谋大学”合在一起的原因。

编排课程标准，撰写教材内容，主要工作由余伯泉将军与纬国主持，以原陆军大学的八大教程①为基础，编撰新的课程与教材。余写野战战略，讲野战用兵；军事战略，讲建军备战。纬国写政治战略、经济战略、心理战略。两人合编国家战略，大战略，乃至全球战略。写好后，先给蒋“总统”中正看，“总统”认可，即拿到课堂——陆参大（台北）、海参大（左营）、空参大（屏东）讲用。此一课程编排与教材撰写达三年之久，经过两期试教，政、经、心的战略教育需七十多个小时，野战战略需四百多个小时。教材完全创新。

一九六五年，陆军参谋大学奉命改制，纬国继任校长，将实践学社高级兵学研究班并入，聘德籍顾问孟泽尔等数人辅助教学。正规训期延长，严格选训学员，采原陆军大学教学方式，训期为一年九个月，放弃原有之美军教材，完全针对国情特性，实施应用战术教育，用小班

---

① 八大教程：三军之战术、战略，古今中外战史、大兵团指挥（陆空联合作战）、后勤业务、兵器学、兵要地志、国防建设。

制，教学与研究合在一起，使国军指参教育大大地提高。

一九六七年七月十五日，孔祥熙在美逝世，纬国奉“总统”蒋中正命，护送蒋夫人宋美龄赴美拜祭。丧事办完，蒋夫人入院检查身体。纬国乘机到加拿大参观一九六七年世界博览会。稍后陪蒋夫人回国途中，在旧金山得知母亲姚冶诚夫人病逝，享年七十九岁，葬于宜宁中学墓地，纬国在墓碑上题写：“辛劳八十年，养育半世纪。”

一九六八年九月，“国防部”将陆（台北）、海（左营）、空（屏东）三个指挥参谋大学，改称陆军学院、海军学院、空军学院，在三院之上，成立战争学院，统称三军联合参谋大学（简称三军大学），余伯泉上将出任校长，纬国任中将副校长。

在此期间，据纬国自己讲，他向蒋“总统”中正建议，修改政战制度，由各级副主官兼管政战工作（或政战人员兼副主官），如陆军副总司令兼陆军总部政战部主任，或陆总政战部主任兼陆军副总司令，军团、军、师、团、营、连各级皆同，副连长兼连指导员，或连指导员兼副连长，如此事情照作，可省去一大批人员，亦免去政战人员与队职官之不合。“总统”蒋中正批交陆军作战发展司令部研究。不过据罗友伦口述，是蒋纬国在陆军指挥参谋大学校长任内（属陆军总部），向陆总提出报告，建议修改政战制度如前所述，陆总人员正按程序办公文，拟交作战发展司令部研究之际，有人向经国先生报告，说陆总要修改“政战制度”。经国非常不高兴，将陆军总司令高魁元及副司令罗友伦找去，大发脾气，痛训一番，结论是“政战制度绝不能改”。结果撤销陆军作战发展司令部，并入陆军训练司令部，罗虽兼了陆军训练司令，但陆军总司令之前程则泡汤。

一九六九年六月，纬国带职进三军大学战争学院将官班受训。十二月结业，回校出任战争学院院长，仍兼三军大学副校长。在战争学院院长任内，以野战战略为主，配合政治、经济、心理、军事等战略，使接受训练之人的心胸、眼界、思维进入新的境界。并对军制学、美制与德制、人事编制、动员体制、战争论、备战支援、攻守一体，都有了正确的认识。

一九七五年四月，蒋“总统”中正病逝。纬国痛失支柱。八月，在陆军中将届龄退役前，经蒋夫人及一些高级将领美言下，晋升陆军二级上将，出任三军大学校长（参谋总长赖名汤）。纬国在三军大学校长任职四年八个月。他最得意的一点，是将三军大学从美国引进的C3IS（C3是command、control、communication，而IS则是intelligence system，一般译成“指管通情”之组织制度），改成C33IS。纬国所加之C3为contact接触、confirm加强、combat战斗，通过“指挥、管制、通信、情报”之组织体系，而达到“接触、加强、战斗”之效果。

联勤、联训部、“国安会”

一九八〇年四月纬国与王多年将军对调，转任联合勤务总司令（参谋总长宋长志），此任计四年三个月，至一九八四年七月。联勤工作，分生产与服务两大类。在生产方面，包括：（一）技术改良。如老机器新用，膛内弹道的研究，终端弹道爆炸力量，自制炮弹的改进，机器自动化，及其机器需求的发展。（二）武器制造。如夜战之“夜观镜”，三五防空快炮研制，发展新的三〇炮。（三）产销问题。如国内各军种之武器更新，国外的合作与销售等等。（四）制作军图。在行政方面，包括行政改革。如购料与订货之改进，食物补给到家，薪水直发存入邮局帐号，业务接洽之改进，人员进修训练以利研究发展，以及联勤自力更生，排除行政阻难。老实讲，纬国在联勤总司令任内，工作并不得心应手，他说新任的参谋总长郝柏村对他不够信任，且心中偏袒“中山科学研究院”。例如“夜视镜”，联勤研发又好成本又低，郝却指定由“中科院”制作；而三五防空快炮，是陆军总部所派的测试部队将连发杆扳到单发杆上，郝即以不能连发而令停止生产，改为向国外购买。

一九八四年七月，纬国调“国防部”联合作战训练部主任。所有军人都知道，这是高级将领（上中将）等退役之单位，然纬国却以“三个半星”，介乎于参谋总长（四星）与各（陆、海、空、勤、警）总司令（三星）之间的将领而自我幽默一番。一九八六年七月，届龄退役，转“国安会”秘书长。

“国安会”全名是“国家安全会议”。一九五三年底，蒋“总统”中正撤台之初，常有做事“无力感”。纬国在大贝湖（今澄清湖）陪其喝茶，建议“顶峰应有一个作业机构”，将“国防会议”改为“国家安全会议”，以利民生建设。“总统”主持国安会议，将国家大政与重要建设，经“国安会”讨论后，在决定执行前，问行政院长能不能做，如能做即由“总统”下令，行政院长副署而执行，如行政院认为不能做即搁置。纬国于是画一简表。

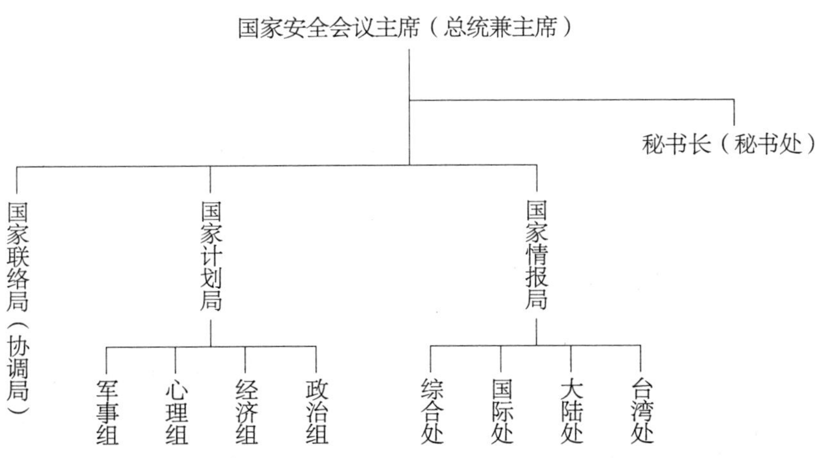

此为纬国之构想，后“总统”将秘书长画在主席之下。再经其他人员（包括经国先生在内）修改，至正式设置时其组织形态如后：

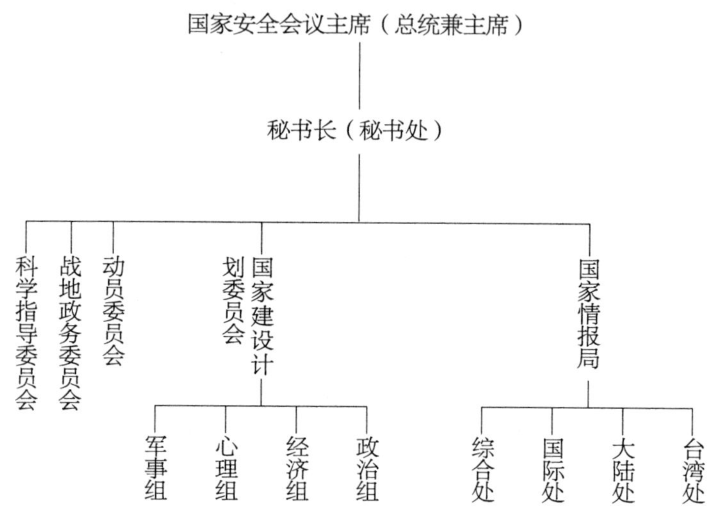

纬国对此一更改，颇不满意，尤其取消了协调局，认为已经变质，并向父亲提报告分析说明。不过“国安会”成立后并未发生很大作用，只是每年形式上通过国家预算而已。经国先生做过秘书长，纬国亦做过秘书长。一九九三年三月，纬国任满解职，被李登辉“总统”聘为资政。

一九七二年，纬国获颁大韩民国庆熙大学荣誉法学博士，翌年获颁张其昀之中华学院名誉哲学博士。此后又先后获颁中国文化大学名誉哲学博士，美国诺斯洛普大学荣誉理学博士，美国中西部天主教联盟二十二所大专学院荣誉法学博士。

纬国先后著有《军制基本原理》《国家战略概说》《国防体制概论》《台湾在世局中的战略价值》《领袖军事思想》《蒋委员长如何战胜日本》《弘中道》《柔性攻势》《永保心理的壮年》《战争与战略》《论中国之统一》和《现代军事观念之思潮》等多种著作。

战略学会及其他

一、战略学会

一九七八年三月十八日，纬国在三军大学校长任内，以其研究军事战略、野战战略的心得，邀集国内的学术界人士、金融财经专家、工商企业名流、退役与现役将校召开大会，正式成立“中华战略学会”，为民间学术团体。采会员制，每年举行一次大会，选出理监事，执行大会决议，设秘书长一人，副秘书长一至三人，会本部设企划组、出版组、行政组、秘书组、咨询中心等单位。并附设战史组，负责编纂国民革命军战史，其行政独立。会员分编政治、经济、心理、军事等四个战略研究会，依个人志愿或专长，自由参加相关研究活动。此一学会，有军方人员协助，曾盛极一时，至今近二十年，新陈代谢不够，人员老大，思想闭塞，渐趋式微。

二、候选而不竞选

一九九〇年，“总统”改选。一些对蒋家不忘情之老“国大”代表，对李登辉先生不接受，以滕杰为首，准备拥纬国出来竞选“总统”。最初蒋（纬国）、林（洋港）配，后以本土化关系改为林、蒋配，已见诸行动。纬国喊出“候选而不竞选”，此话不通，且“黄袍加身”时代已过。不过这正代表纬国之个性，想做事，又不敢光明正大地去做，此种个性，误其终生。

当时中国国民党内形成所谓“非主流”，表面上是司法院长林洋港、

“国安会”秘书长蒋纬国、行政院长李焕、国防部长郝柏村，后来又加上经济部长陈履安。竞选初期布置之际，“总统”李登辉在中国国民党中央的基础以及行政系统人脉尚未稳固，如合五人之力，在旧国代中击败李登辉先生应无问题。不过五人中各有各的算盘，并未真实合作。在此期间纬国去了一趟美国，回国后郝即告他，林、蒋配已改为林、陈（履安）配。为此大家协商一次。

三月六日（星期二）晚上，在陈长文家开会，纬国、林、陈只身前往，李带其子庆华，郝带其子龙斌，另外一个人是多变的关中。陈长文只是借地方，端茶倒水，表示不参与国家大事。郝先发言，说出由林、蒋配改为林、陈配主张，纬国未表示可否，林则说：“‘票’都在‘纬国二哥’手里，现在争取的一百二十票联署，也是他的关系，假定他不参加，我自己无票，履安兄有多少票我不知道。”因为争取国代选票，纬国说此会又恢复林、蒋配。

那天晚上李焕始终没有说话，不过九点多散会前他要纬国将所联络过的国代名单给他，以便为彼等助选。但纬国不作此想，他说三天前（三月三日），李焕曾透过何宜武（“国民大会”秘书长）与他商量，将票让给李焕，加上李手中有数十张国代（为东北籍）之选票，即可造成李（登辉）、李（焕）配的局面。此事各说各话，真假难分，但尔虞我诈，绝无合作之诚意。从此观之，就是无“八大老”[①]从中协调，亦会被意志坚定、敢作敢为的李登辉先生所各个击破。

---

① 八大老：陈立夫、倪文亚、谢东文、黄少谷、李国鼎、袁守谦、孙连瑞、蒋彦士。

三、兄弟之间

经国先生出生在一九一〇年四月二十七日（农历三月十八日），较纬国大七岁（六年九个多月）。经国、纬国是由两位不合的母亲带大。两人个性不同，后来所受的教育也不一样，故彼此想法也不尽相同，但互相保持兄弟关系尚好，绝非一些杂志所描绘的“恶斗”。实际上，纬国与经国的势力，以及在父亲面前的分量无法相比，他也没有胆量与智慧向经国先生挑战。

纬国感到最困扰的是：一些人自愿（非经国先生授意）调查他的小事，提供给经国先生身边小人，再由经国先生转告他们的父亲，破坏纬国与父亲的关系，让父亲对他生疑或不悦。“湖口事件”经政战人员的扩大与渲染，变成“湖口兵变”，这使纬国最痛心。所以稍后写了一份《政战改制报告》，呈陆军总司令部，在作业开始时即被经国先生封杀，而影响所及是“陆军作战发展司令部撤销”与“罗友伦升陆军总司令被阻”。由此可知经国先生势力之大，更显出纬国势力微不足道也。

不过兄弟之间亦有亲情之表露。当蒋孝武喝醉酒，为离婚太太出国，在松山机场拿手枪乱闹时，无人敢管，经国先生万分为难下，还是纬国挺身而出，亲到机场，将酒醉带枪的侄儿平安地带回家。经国先生重用李登辉先生前后，亦找纬国长谈。纬国升陆军二级上将，掌三军大学、调联勤总司令，上将届龄（七十岁）退役后，转“国安会”秘书长，都是经国先生核定的。为什么许多人不在大处着眼，却以“宫廷王子之争”牵强附会？

四、纬国病逝

一九八六年九月二十九日，纬国以胰脏炎、肝脓疡在荣总动肝胰手术，十月十八日出院，至十二月初始恢复正常工作。一九九三年十二月二十六日清晨四时，以主动脉剥离症，急送荣总，时已昏迷。医师经家属同意，即刻动开胸手术，从死亡边缘将其救回。从此身体多病——血压高、糖尿病、荷尔蒙失调——体内许多器官已老化或损坏，完全以药物或洗肾维持，此后对外接触谈话较多，真真假假，无足凭信。

一九九七年九月一日，因肺炎并发急性呼吸衰竭，转至加护病房治疗，旋以败血症感染严重，院方以呼吸器高氧气治疗、血液透析、加强营养、静脉注射短效麻醉剂维持生命。至二十三日夜十一时三十分不治逝世。

第一章

父亲蒋中正

抗日战争

我这一生中最想做的事情就是要向世人证明父亲是积极抗日的，这是父亲一生光明自私的关键。虽然现在大家都知道这点，可是在不知不觉中又会说出一些很奇怪的话来。有一次，华视播出访问张学良的实况，说到父亲在西安拒绝与杨虎诚、周恩来见面，后来中共非要见面谈一谈，所以父亲才见他们。关于这件事情，节目的旁白居然说：“于是委员长软化了。”这简直是岂有此理，什么叫做软化，委员长软化了什么呢？我对华视非常不满意。总政战部几十年的教育居然是这种结果，如果不是他们的脑子里有一条细菌在作祟，认为委员长是受不了共产党的威胁之后才答应打日本的，否则怎么会说“软化了”这三个字呢？如果要对日作战，首先就要安内，如果内部不安定，如何能对日作战呢？第二，不能两面作战，所以对苏俄方面要百般忍受，使苏俄对中国友善，不会趁火打劫。以战略来讲，绝对不能同时有两个战略目标，就好像以前普奥战争时，普鲁士军兵临维也纳城下，非但不进城，还后退三十里，只要求奥国承认普鲁士在德语国家中执牛耳，其他战胜国的权利普鲁士都不要，为的是等到普法战争时奥国不要从旁边捣乱，这一点在大战略上是非常重要的一件事情。所以父亲把哥哥送到俄国去，让苏俄相信中国对俄国没有任何敌意，其目的就是为了日后与日本作战时苏俄不要从旁干涉。哥哥自己虽然也想去，但是他能不能去，还是要父亲同意。

事实上，当时只有父亲最了解国际情势对中国的影响，五卅惨案发生时，中央及党都主张去打山东的日军，只有父亲坚持要完成北伐任务，因为日本的目的就是要我们停止北伐，使中国保持不统一的状态，以便侵略我们。此外，这件事也使父亲一回到南京后就下决心建新军，以日本作为假想敌。可见父亲不是不想打日本，只是在没有准备好之前，不能使国际战争过早爆发。

一、中日战争之原因

问：日本有一位学者说蒋公决定“打”太快了，如果慢一点的话，或许这场战争不会发生。我写了一篇文章反驳他，其实蒋公已经考虑很久了，否则就是日本人太快动武了。现在看来，蒋公当时并非如中共所说的不想打日本。我想请问的是，究竟蒋公是根据什么来决定打这场仗，我觉得还可以再拖，如果把日军几十万精锐部队拖在东北，让日军去打苏联，对我们不是比较有利吗，不知道是什么原因让蒋公做这个决定？

答：第一次世界大战之后，参战各国为了限制日本的建军，达成一个五国海军协定，规定海军的比例是英国：美国：日本为5:5:3，因为日本建军时海军已经接近5的比例，欧美国家对此不能忍受。本来欧美国家要联合日本来对付俄罗斯，俄罗斯虽然在地图上看起来相当大，可是俄罗斯东不能出日本海，西不能出北海，北根本无法越过北极海，南则无力超过大沙漠，完全困居在内陆。假定日本那时要对付俄国，欧美国家倒无异议，可是日本要自成一个气候，不与西方世界合作，西方世界无法忍受。另一方面，五国海军协定的限制本来就有错误，虽然日本是3，美国是5，但是美国的5是分布在大西洋和太平洋。如果以美国的传统来说，它的重点是在欧洲方面，大西洋分到 2.5 都已经嫌少了，在太平洋的分布上最多也只有 2.5，相较之下，日本的 3 就太多了，这种情形决不是美国所能忍受的。站在苏俄的立场，眼看着自己的大门外有这么强的日本，也是不能忍受的。由此可知，美国、俄国都希望能够削弱日本的力量。这段期间刚好是中国建国最快的时候，各项建设突飞猛进，也就是魏德迈将军所说的“黄金十年”。西方国家看到中国如此突飞猛进，也是他们所不愿意忍受的，因此为了达到阻碍中国继续强大及削弱日本力量的目的，最好的方法就是让中国跟日本发生战争，才能够符合他们的利益与野心。

二、十四年抗日战争

建军备战

本来我只着眼于基层的事务，并不过问三军全国性的建军备战，后来我开始研究建军备战的事情，因为我们要打的是下一次战争。拿破仑曾经说过一句话：“一般的将领都喜欢打从前的仗，一谈到战史就眉飞色舞，滔滔不绝，总是喜欢把打过的仗再打一次，但是却对下一次战争没有任何想法，连下一个战争的类型是什么都不知道，而且也没有去想这个问题。而我始终在思考下一次战争应该如何进行，如何准备。”父亲的做法和拿破仑一样，我们可以从下列四个例子得到印证。第一，父亲从北伐回来后，第一件事情就是建立装甲兵，把第一师骑兵团里的搜索连改装为战车连，到民国十八年三月一日在南京举行阅兵大典时，战车队就参加阅兵行列了。第二，父亲在东征时，雇用了民间的舢舨船，载运两个步兵营绕到敌人后方登陆，切断敌人的补给线，再加强正面的压迫，而完成了东征，此举证明父亲早就具备了海军陆战队的思想。第三，后来，父亲将装甲兵改编为十个快速纵队，可惜战区长官不懂得使用装甲兵，把装甲兵拆散来用，无法发挥应有的战力。第四，父亲积极提倡现代通信以及通信的保密与破密。

父亲对下一次战争的方法，不仅早已有构想，而且也有具体行动。在每一次战役之后，不论成功失败，他都会在干部会议中检讨；每一次有新作为之前，他就会对干部进行精神训练与思想训练，而且将文武干部聚集起来，给予具体的指导。虽然他不能把行动构想说出来，但是在他的构想之中，政治、经济、社会、军事各方面应该如何进行，他已经有具体的指示了。父亲也确实做到在新观念、新需求、新作为上有具体的行动。他向来就有骑兵观念，使我们很早就走上了以机动为主的路线，不论在战斗上、战术上或是战略上。他到三军大学演讲时，也时常向将领灌输此观念，提示我们注意机动与火力的运用。战术就是运动与火力的结合，在基层就是运动与射击，而最重要的不是为了争地盘、守土，而是要捕捉敌人而消灭之。

到台湾后，父亲曾告诉我一件关于当年建军备战的事情。他说："九一八事变之后，我们就同德国方面秘密地签订了一个协定，用我们的矿产、农作物，包含棉花、桐油、钨矿、锑矿，换取德国制造的武器，也就是最新的武器。"父亲的构想是在民国二十八年以前，完成以德国最新装备助我编训八十个师的目标。他先命桂永清将军编成一个教导总队，下面成立两个师。由德国派遣顾问，从军校第八期开始，一面训练干部，一面编练部队。预备从两个教导师，扩编为四个师。同时完成建立各兵科学校以及各勤务学校，直到陆军大学。再由四个师逐渐完成四十个师，然后扩增为八十个师，以及必要之海、空军与各级各种直属之战斗支援与勤务支援部队。

要建立新军，必须要有新的干部，所以必须先成立一个健全的干部教育体制。父亲邀请许多德国顾问到中国来，成立了许多军官学校、各兵科学校，以及最高阶层的陆军大学，其目的在先训练干部，有了干部以后再训练部队。所以有一批顾问是在部队里面，有一批顾问是在学校里面。父亲原先聘请的总教官是赫赫有名的坦能堡会战名将鲁敦道夫，但是因为他在德国太有名望了，德国政府不许可他来，于是就换了另外一位也是很有名的塞克特，后来又因为希特勒有事情把他叫回德国，于是又换了一位在德国亦有名望的法根豪森，我们称他为鹰屋将军。从军事顾问之完整，可以看出父亲建军的决心及整体感，所有各兵科学校都是完整的，不论是战斗兵科、支援兵科（包含战斗支援及勤务支援），甚至连军需学校、辎重学校都有。炮兵、通信兵、工兵都属于战斗支援，而工兵、通信兵不仅是战斗支援，同时也是勤务支援，工兵有野战工兵、建筑工兵、铁路工兵、架桥工兵，相当完整。那时候德国顾问多得连军乐学校都有，除了大乐队之外，德军的每一个团都有一个笛鼓队，平时除了吹奏乐器之外，也要受卫勤训练，以便在作战时担任救护的工作，我们也接受了这种整体的体制。到现在为止，所使用的军乐大部分都是当时德国顾问在军乐学校教练的，也是在德国很有名的一位作曲家所谱的曲，例如从戎乐、行军乐、阅兵进行曲等。不过，我们的国民教育素质不高，整个的民间工业也不够，所以建军非常辛苦。

刚开始的两个师及四个师都编入教导总队，总队长为桂永清，到了四个师变成四十个师时，部队就普遍编入了国军。父亲始终保持部队要具备机动与火力的观念，他的建军思想也是朝着这条路线走，但是因为国力不继，所以一直无法全面发展。后来好不容易争取来德方的设备，可是，美国却从中作梗，在我们编成四十个师时横加拦阻，杯葛德国的装备，使我们的建军计划迟缓，甚至于停顿。因为有这个前车之鉴，所以，到今天为止，我只要一听到国防预算受到杯葛，就感到非常痛心。

当时父亲决心训练八十个师（按：根据档案是六十个师），并决定在民国二十九年主动反攻东北，收复东北失土，并提出归还台湾的要求。接下来就是要收复中国的北疆，也就是在满清政府手里丢掉的那些土地，面积相当于三十三个台湾。这些事情也说明父亲很早就有收复国土的全面性计划，不论是对日、对俄，都有一个长远的整体建军备战的看法，但是在国力尚未培养起来之前不能轻举妄动，只能百般忍耐，渡过难关，不能演变成国际战争，给予日本侵略中国的机会。

民国十七年北伐军路经山东济南，当年五月三日济南发生惨案，日本人不但杀老百姓，还杀害我国的外交官。老百姓一波又一波地向革命军请求救援，后方政府和军方最高当局、政方最高当局及党方最高当局都决定要北伐军救济南老百姓，因为北伐军有四句口号“不怕死，不要钱，爱国家，爱百姓”，既然是爱国家、爱百姓，如今就在自己的面前，为什么不去救百姓呢？唯独只有父亲说：“日本人从山东半岛登陆，其目的就是为了要阻止我们的北伐大业，进而阻止中国统一，如果我们现在去救济南的老百姓，而与日本的军队发生冲突，甚至演变成国际战争，就是掉入日本的陷阱中。小不忍则乱大谋，所以我们一定要先完成北伐，以免功亏一篑，日本的问题则循外交途径解决。”那时候他已经决心要对付日本，他也体会到日本早晚会大举侵略中国，所以便以日本为假想敌，积极建军备战。

建设大后方

江西剿共一共五次，记载上说前四次失败，最后一次成功，并归功于父亲亲自指导。第五次江西剿共是发展所谓碉堡政策，部队打下一个地方以后，立刻做成碉堡，并且把碉堡交给地方政府，部队继续作战，农民住在碉堡里面，晚上睡觉，白天耕地；同时政府成立五省农民银行，让农民贷款买农具，以复兴农村来巩固地方，以地方自卫来接替野战部队的收获。记载上显示此种做法是成功的。但是既然第五次围剿是成功的，又怎么会被毛泽东领着大军突围呢？这岂不是前后矛盾？所以我就扣了父亲几分，甚至于我认为这是个失败，国军保卫不成，反而造成中共所谓的两万五千里长征。

到了台湾后，我碰到一位已退休的空军大队长，他告诉我有一件事情是他一直百思不解的：当年他当飞行员时，奉命勘查江西突围时部队所走的路线，但是他发现国军并不是去追击（尾追或超越追击）。国军再怎么穷，当时动员几百辆卡车，装载一部分部队，哪怕只有一个师或一个团都能够先追到前面将中共军队堵住再加以围剿，中共的退兵也不致于能打得过国军，但是实际的情形却是南北边各有一支部队，中共走多远，我们的军队就走多远，也没有超越他们，这哪里是追击，简直是护航。他很灰心地讲了以上这些话之后，反而恍然大悟。我跟他说："你真是给我上了一课，我们确实是压迫他们进入四川，经过广西、贵州、云南，绕了一大圈，再折回来到四川。"

所以，从整体来看，当时与其说是没有包围成功而被中共突围，不如说是我们放水，这一点从前大家都没有体会到。我常说当时不体会可以原谅，后人不体会则不能原谅，因为我们已经看到了整体情况，假如不从整体来看，也没有办法体会我们为何放水。凡是研究历史的人都懂得战略，懂得战略的人更能体会历史，不看历史的人永远不会懂得战略，因为战略是全程的。

以当时的状况而言，我们能够做到这件事，实在是不容易。至于功与过，当时当地的作战是一回事，而整体的战略指导又是一回事。父亲亲自赶到云贵川，是因为当地军阀主动地反映共产党部队进入他们的地区。父亲到达后对他们非常的恭敬与尊重，并对刘湘、龙云等军阀说："国军马上就到，而且我们不想在你们这里打，因为不论胜负，对地方来说总是骚扰，我们要逼他们到陕西后就范。"中央的力量在那个时候第一次正式进入到西南地区，而且父亲还告诉他们一句话：“日本早晚会侵略我们，到那个时候，我们要建立大后方，要及时让下江的工业往西南转移，一方面也能使地方繁荣。”这些话都是军阀听得进去的。后来父亲在西康盖了一百幢房子，预备在云贵川受到战斗波及时，以西康作为大后方，这就是抗战到底的决心。

以当时的情况来说，这是一个非常成功的政治战略，我们随着共军进入云贵川，使中国达成真正的统一。但是作战部队真是艰苦万分，而且在松潘当地要与大自然作战，真是非常辛苦。眼看国军克服万难，包围延安，到了最后决战时却发生了西安事变。

对于西北的马家部队，我们也是以友善诚恳的态度，跟他们打成一片。父亲派哥哥跟我一起去看马步青（马麟之子）；我们也到青海看马步芳（马麒之子）。我跟哥哥一起去看马步芳（青海省主席）时，他的儿子马继援已经当中将军长了，我那时是上尉，马继援不肯出来见我们，马步芳说：“你是个军长就要像个军长的样子，你已经是中将了，你还怕什么？”马继援说：“人家年纪比我大，还只是个上尉，我因为是你的儿子，你给我当军长我才能当军长。”那年他好像才二十五岁。后来马步芳叫他出来，他还是出来了，我们后来也成为朋友。我就跟他讲：“任何事情，只要我能帮得上忙的，我一定帮你。”马继援也很谦虚，他说：“你需要我时，我愿意随时给你当参谋，我愿意到你这里来服务。”我们相处得不错，到台湾以后，我们还保持联络。

河西走廊有哈萨克人作乱时，哥哥和我带了二十多辆的卡车列队，为他们送衣料、布匹、生活用品，还用一半的车子装满了一缸一缸的酒去慰劳他们。我们经过兰州时，甘肃省党主席（战区司令长官）朱少良要我们带两个营一起去，哥哥说我们是去招安，带两个营不但无济于事，万一出了事打起来更是没有必要，所以就只有我们兄弟两人前往河西走廊，连一个兵都没带。不过朱少良还是命令军队在远远的几十公里以外，看到我们前进了，就慢慢跟上一点，以防我们被裹胁。其实像这些哈萨克人，你只有动之以情，才能说得通，万一搞毛了，他就是冒灭族的危险也会跟你拼。我们抵达河西走廊后，哈萨克人热情地招待我们，那天非常热闹，我能喝，哥哥也能喝。我能唱能舞，就跟他们一起闹了一个通宵。哥哥能讲，他们懂俄文，哥哥就跟他们讲俄语，告诉他们不要抢劫过路的骆驼队、车队以及玉门油矿的人，以后他们需要的生活用品，我们可以陆续送来。那次的经验对我而言是一个很深刻的印象，在我们的观念里面，打仗是万不得已的事情，如果能够化敌为友，不动干戈，何乐而不为呢?

父亲对于战争指导有独到之处。第一，在政治层面上化敌为友，不要再动干戈，这远比孙子兵法里“不战而屈人之兵”要高明一些；第二，在运用方面则因势利导，这也是我最欣赏的，没有条件时要造势，但是机会来时要能掌握。所以他派盛世才进入新疆，盛世才进入新疆后，虽然手段狠毒了一点，可是还是蛮有效的，而且在那个时候也只能那样处理。这也是因势利导的一种运用。

作战指导

一般人总认为战争指导志在求胜，这种想法当然没错，但是一个真正的政治家对于战争指导的第一个责任就是要做到避免战争，使战争不要爆发。没有一件事情比战争对国力、人民的损害更大，战败国面临的是贫穷与疾病，甚至是国破家亡。而战争对战胜国而言也是一种灾害，因为战后要恢复元气需要相当长的一段时间，如果因此而发生内战或国际战争，都是得不偿失的。所以国家顶峰阶层考虑战争指导，一定是避免战争。除非到了因为避免战争反而产生对国家的更大危害的时候，才决定不如一战，因为长痛不如短痛。所以在准备战争的时候，一方面是避免战争，一方面是在万不得已非战不可的情况下，必须赢得战争，尤其要让敌人知道要就不打，一旦开战，敌人一定会输，这样敌人也就不敢打了，这也就是所谓的“不战而屈人之兵”。

抗战爆发后，父亲的战争指导就是要打破日军由北向南的作战线，要使国内由北向南的压力减轻，并且使日本改为由东向西的作战线，唯有如此，我们才能利用西南地区（即大后方）。因此以战争指导来说，建立大后方为新的作战基地是相当重要的。作战基地的建立地点则与作战线、作战正面形成一个整体的关系，作战正面是前方，作战基地是后方，中间有一条连线，这是一条交通线，也就是补给线。站在野战战略的立场，要维护交通线，最好是与作战正面形成垂直面，这样左右两边都是安全的；最危险的交通线（补给线）则是与作战正面太过于平行。

我以美俄之间的阿拉斯加争夺战来说明补给线的重要性。当年俄罗斯拿下了阿拉斯加后，军队接着南下到达旧金山，到今天为止在旧金山还有一个地方叫做“Russian Hight”（俄罗斯高地），因为当年俄罗斯在该地屯居过。那时候还有一个兵寨叫做 Fort Russ，就是俄罗斯兵营，附近的高地就是 Russian Hight。俄罗斯已经到达那么远的地方，而欧洲人才刚刚在北美建立十三州，有什么事情会造成俄国人撤退，并且将阿拉斯加廉价卖给美国呢？这是一个谜，没有人解答过。我现在以野战战略的道理来分析，当年俄国人远从莫斯科过来，他的前进基地在阿拉斯加，然后从前进基地再支援加州的作战线，这条补给线太长，从欧洲方面来的以英国为核心的这支部队，早晚有一天会向西推进到美国西部。以俄国当时的力量来看，不见得能够越过落基山脉，如果欧洲人所建立的美利坚合众国势力推展到美国西部，双方就会形成东西对抗、南北展开的局面。美国人的补给线与作战正面是垂直的，而俄从阿拉斯加下来的补给线则与作战正面完全平行。美国人用兵的重点、主力如果往北边推进，就可以截断俄罗斯的补给线，截断之后再压

◇ 蒋介石、蒋经国父兄对于蒋纬国（右）而言，永远是中心人物

迫俄军决战，大军在没有补给的情况下决战，即使是强弩也会有末路。美军的补给线是垂直的，所以不论俄军想从左边或右边截断美军的补给线，美军都有部队可以掩护，所以补给线与作战正面垂直是安全的，平行则是危险的。在这种状况之下，俄军若不赶快撤退，一定会全军覆没。补给线在战争进行中是生命线，撤退时则是救命线，这点非常重要，除非双方的携带量足够决胜，一时间可以抛弃补给线，完全依靠现有的装备以一次作战决胜。如果有这个把握就可以暂时不用补给线，否则就非要用补给线不可，因为人员的补充，装备的补充，都需要补给线。从这点看来，俄罗斯必须撤退到阿拉斯加，但是等到退到阿拉斯加后，与追军又形成南北对抗、东西展开的局面，这时候美国部队主力改从左翼向前推进，结果使得阿拉斯加与莫斯科之间的补给线也断掉了。从地缘战略的分析看来，俄罗斯是无利可图，战略上注定失败。从阿拉斯加到莫斯科，中间经过整个西伯利亚，补给无法适时供应，而莫斯科的补给又有限，所以还不如把阿拉斯加卖给美国，结果最后以一英亩七毛二分半的价格成交。俄罗斯万万没想到阿拉斯加有那么多石油，不过那也是后来的事了。

一切的战争准备要落实到野战战略的指导，所以要先设想一个全盘性的野战战略构想，能够把全程的构想弄清楚之后，整个战争指导也就落实了。为了策划一个有利的全程指导，就要先站在敌人的立场，替敌人设想用最好的方式进攻中国。日本的前进基地设在我国的东北，日方称之为关东基地，在关东的日军就称为关东军。以关东这个前进攻势基地来说，日军从北向南打下来，其主力可以沿平汉路南下，并且以其有力之一部沿津浦路南下，由此可见，日军的重点放在西边，如此会变成中日双方南北对峙、东西展开的局面，这样一来就把国军逐次地向东南方压迫到沿海边。如果我们被逼到海边就完了，因为我们在海上没有补给。当年日本海军与中国海军的比例，光拿吨位来比，是

31 ∶ 1，也就是 31 倍于我们，船与炮的性能还不算，因此国军如果退到东南沿海，这场战争就结束了。所以日本人狂言“三月亡华”，照这种情形看来，即使三个月无法亡华，半年的时间也做得到。这是我们替日本先做的最有利的野战战略的构想。

我们再从战争指导方面来做分析。日本的建军备战远超过我们，自从明治维新之后，就走上了一个现代化的路线，而且一直有野心侵略中国。这点从田中角荣的《田中奏折》中可以看出，他说：“要面对世界必须先要取得中国，要取得中国之前先要取得满洲。”日本要侵略中国的借口是争取生存空间，因为日本太小、人口太多，所以要侵略中国。但是日本最大的弱点是没有工业的支持，日本没有矿产、钢铁、汽油及橡胶，而橡胶尤其重要，橡胶一旦缺乏，部队就无法机动。换句话说，日本不能久战，所以绝对要用速战速决的战略。速战速决的先决条件是如何使日本有一个第一步的作战能力，而这个作战能力就是美国供应给他的。美国如此做，为的是要削弱中日两国之国力，正所谓“鹬蚌相争，渔翁得利”。

西方世界向来都不愿意看到中国壮大，所以在清末时会有“八国联军”一事产生，此事固然是因为满清得罪了西洋人，但是趁火打劫的也是大有人在。虽然名为八国联军，但是后来又有西班牙、荷兰、比利时三个国家加入，所以总共是十一国。清末国势衰弱，北方有日本、俄国势力，西南及长江流域有英国势力，两广、云南有法国势力，这些国家想要瓜分中国，吸取中国资源，所以西洋人不愿意看到有一个强盛的中国产生，基于此，各国都乐见日本打中国。唯独斯大林注意到虽然日本打中国是他所希望的，但是如果日本很快的就征服中国，替代了中国之后，就会立即对付西伯利亚，这点则是他所不愿意的。父亲也就是利用他这个心理，事前和俄国方面有所联系，因此在二十六年八月二十一日与苏俄签订《互不侵犯条约》。

日本无法洞悉中俄之间有何秘密协定，遂不敢使关东军倾巢而出，这点非常重要。如果关东军一开始就倾巢而出，大军南下，黄河老早就守不住了。日本留了一大部分军队稳定基地，对俄备战，如此一来对南下的压迫就减轻了。父亲的目的就是先减轻日军由北向南的压力，然后再使日军变成由东向西的作战线，所以父亲命令国军主动造成上海战事。当时虹桥的日军只有一万多人，国军不论从左翼或是从右翼插入，日军的海上补给就会中断，不过，我们故意从顶头打下去，使敌人始终能够由后方调派兵力。起先日军从日本本土调来部队，后来又从东北调来部队，最后从华北调部队到上海。以日军的兵役制度来说，可以维持野战部队百分之九十五的兵力，除非是某一次战役刚刚打完，所剩人数不多，不过他们还是很快就补充过来了。如此一来，日本便放弃了从北向南的作战线，变成由东向西的作战方向，所以我们从上海作战开始便奠定了抗战的胜利。

从作战指导上来说，只要捕捉敌方主力，这场战争就可以打完，因为国军将七十个精华师布置在上海，才吸引日军从北方增调部队南下，否则日军的原始计划是不会改变的，而日军转移作战线，也注定了失败的命运。当时有一个先头部队师长的日记记载："皇军奉命向武汉前进，失败时日而已。"

问：从古到今，为什么都会在徐州打个大会战呢？

答：这要以地缘战略来说明，因为徐州是一个交通中枢，在作战上，交通中枢是一个战略要点，只要取得战略要点，便可南可北，可东可西，不但有作战的自由，还有发挥自由意志的可能。但是一失去战略要点，就会失去主动，所以交通中枢在平时是一个政治中心，在战时成为作战中心（central of operation），例如法国的巴黎、俄国的莫斯科，都是战略要点。第二次世界大战，德军进攻苏俄，原本已经到了离莫斯科不远的地方，以德军前一段的作战速度，还有两个礼拜就可以到达，结果德军不向莫斯科前进，反而去攻打基辅，虽然造成了有史以来最大的一次会战，俘虏苏军六十六万，但是以整体战略来说，德军注定失败。

问：如果淞沪战争的时候不吸引日军从上海进来，再打南京、武汉会战，那么日本会怎么走呢?

答：日军的主力从平汉铁路南下，有一部是沿着津浦铁路，从北向南压迫下来，原本想把国军逼迫到海边；后来我们引诱日军，使日军的作战线改成由东向西，我们才能够依赖大后方，支持战争。父亲确实对中国大陆做了详细的地略分析，所以才决定，要对抗强敌日本，先要替日本做一个打胜中国的构想。他发现，日本如果要侵略中国，就要将攻势基地放在北方，由北向南攻击，把国军推到东南沿海，如此一来，就能达到三月亡华的美梦。我们的对策就是使日军由北向南的攻击改变为由东向西，将自己的攻势基地放在大后方（云贵川），必要时，西康也变成大后方根据基地，父亲也早命人在西康建筑一百幢房子，美其名是要盖一所大学，其实是预备在万不得已的时候从重庆退到西康，继续抵抗日军。只要基地后门是开着的，我们就有机会，所以我们会花那么大的劲开发西南公路、滇缅公路和雷多公路。如果父亲不是熟读中国的古战史，恐怕也不容易体会中国的地理。

三、以德报怨

邱吉尔先生曾经说过一句话：“第一次世界大战，虽然赢得了战争，却失去了和平。”事实证明，第一次大战的胜利种下了第二次大战的祸根，造成更厉害的第二次大战。第二次大战期间，如果不是父亲在开罗会议中提出若干正派的战略指导的建议，恐怕后来的发展会更糟糕。

换句话说，世界的局势虽然很糟糕，可是如果没有父亲在开罗会议中的努力，现在的世界恐怕会更糟糕。但是，父亲的努力又被尔后的雅尔达会议破坏，所以，雅尔达会议是造成世界纷乱的根源。

以德报怨的做法弥补了雅尔达会议所种下的乱因。我们撇开道德层面不说，它的战略价值是非常高的，一个好的战略价值是在一个战争将要结束前，已经为下一个战争布局，如同我们打撞球、桌球一样，前一个球要为下一个球布置有利的态势。当时有一个不可避免的世界大战即将发生，那就是共产与反共产的战争，可惜很多人都没有注意到这个问题。一直到第二次世界大战，中国战区获得了艰苦的胜利，他为了弥补西方人在雅尔达会议中所显现的自私，提出了以德报怨的方法。本来父亲的观念是世界性的，不但是中国对日本以德报怨，同时也要求欧美同盟国对德国、意大利以德报怨。他的目的就是要将共产势力阻绝在亚洲北大陆间，不让共产势力蔓延至太平洋。他也呼吁亚洲大陆与欧洲大陆注意共产主义的发展。欧陆各国曾经做了一些措施，而亚洲则在欧洲人的自私下形成了大乱。麦帅接到了父亲的通知之后，相当注意防止共产主义的扩散，诸如保持日本天皇的制度，使共产主义不至于在战后立即弥漫于日本；另一方面，由美国独家派遣占领军，其他的参与国派遣象征性的行政部队，使苏俄的军队无法进入日本本土。不过，等到麦帅采取行动时，西方的四岛已经失陷，原来属于日本的撒哈陵岛南部也失陷了，幸亏麦帅后来积极注意，亲笔签发一个命令给美军：如果无本人亲笔签字的命令，任何一个国家的军队想进入北海道，美军均应将其视为敌人，将其排除。所以当苏俄数次试图染指北海道时其先遣部队都被美军的火力攻击阻挡住，因此也保持北海道为一片净土，同时也使日本成为一片净土。

另一方面，中国将日本俘虏很快地遣送回国，不要求日本赔偿，都是使日本在战后迅速复苏的原因，否则即使有美国的帮助，日本也无法在短时间之内复苏。以上所言，在在都显示以德报怨的重要性，除了人道的精神外，最重要的是对全球战略的贡献。

国共作战

中日战争结束后，西方国家不让中国喘息，在中国帮助中共全面叛乱，发展到今天这种局势。共产主义国家以及西方各国，都意图阻碍中国的发展，而他们主要的打击对象就是父亲。当年斯大林既要日本打中国，又不要日本如此快速地灭亡中国，所以，他们对于这一位了不起的领袖人才，势必要在战争之后拔除，否则尔后他们的工作无法展开。今天大家都说大陆是丢在“老总统”手里，要“老总统”负起责任，对于国人的无知、愚昧与残忍，我真是痛心。殊不知，“老总统”是众矢之的，西方帝国主义的阴谋就是拔除这个眼中钉，因为一旦拔除以后，也就树倒猢狲散了。事实上，大陆是在李宗仁手中丢掉的，更是在西方列强联合阴谋之下丢掉的。固然，其中有许多是我们自己的错误，例如打完了中日战争之后，官不像官，兵不像兵，整个国家的经济崩溃，大家在这么长久的一段期间因物资的缺乏，过着极艰苦的生活之后，大家认为抗战胜利接着就是和平，没有想到，与日本的战争虽然结束了，但是与共产党的战争却正在开始；而且接收的人不但没有敌我意识，也没有警觉心，更没有备战的心理，不但掉进中共的作战陷阱，而且因为一己之私，使得接收变成了“劫收”。就是这两件事情铸成了大错。如果我们自己能够努力，可能会有一个转机，不过在一个长久大战之后，无论国家或是社会，无论政府或是军民，都处于旧的精神因

◇ 蒋氏祖孙三代

素解除，而新的精神因素尚未建立的状况下，再加上八年苦战之后，人的欲望激增，力图改善生活，于是高、中、基三个阶层都变成只顾求生、谋生、改善生活，而忽略了国家的敌人就在自己身边。如此一来，西洋人达到了摧毁日本以及阻碍中国成长的目的。

父亲选择台湾是正确的，台湾虽然不大，但是以地缘战略上来说，它的位置足以控制东北亚、东南亚与太平洋；再者，父亲坚持保留金门、马祖，所以他在战略的部署上，可以说既能解决现状，从大陆整齐的撤退，又足以为下一步做了一个万全的准备。我不为今天台湾的乱象担忧，因为我们仍然可以有所作为。

问：当时，有好几个地方，老先生都想撤走，可是战地指挥官好像都不听指挥，例如三十七年十月，老先生想撤走东北的军队，卫立煌不肯；又例如天津撤军时，两位军长都赞成，但是指挥官陈长捷不赞成。难道当时一点办法都没有吗？那时候好像是自己顾自己，完全不顾大局。

答：我想这个原因出在他们没有从整体来观察、分析与下达决心，也因为他们没有战略修养，缺乏勇敢的战斗员精神，以致无法下达战略的决心，当然无法支撑。总之，如果不是父亲亲自到达地点，有所指示，往往是出纰漏的多。当时，因为我们兵力多，部队大，所以在东北先做一个外线作战，后来我们的兵力不够，父亲就改为内线作战指导，趁中共部队尚未集中之前，予以各个攻破，可是等到父亲一走，部队长又改变决定，弄到后来连战略空间都没有，只剩下战术空间，而内线作战最重要的是战略空间，结果国军就被共军包围，继而击溃。后来，父亲就赶快将东北军队撤退。

问：一九四九年，老先生下野后，一直到复职这一段时间，因为他没有掌权，我们不做讨论。不过在这一段时间之前，就已经有很多人不拼命了，不知道是什么原因？

答：这些人不但不拼命，还用公家的运输队先抢救自己的东西，再加上不懂用兵，所以当时父亲一看局势不对，就先把部队撤下来，由广正面变成狭正面，再重新计划，以免部队溃散。

问：我觉得黄埔军校一至四期的学生训练不够。对吗？

答：他们是忠勇有余，但是到后来连忠勇都没有了。

问：后来投降的也是他们。尤其是从重庆到成都这一段投降的人，多是黄埔的。

答：主要是战区指挥官不争气，连士兵带的也不愿意拼命，因为目的已经不存在了，而且明知大势已去，根本不愿意拼命。指挥官下完命令就先走了，任何战区的指挥官都一样。

问：有人说，大陆为什么会丢，就是因为有飞机，大家都跑得快。过去没有飞机，大家还会英勇战斗。

答：部队人数编制又不足，虽然号称一个军，实际上只有四五千人，甚至连半个师的人数都不及。

问：有的军到后期只剩下一千人左右。

答：军的番号还在。

问：有人说，老先生在那个时候的战术战略思想已经落伍（《郭汝瑰回忆录》有长篇讨论），跟不上共产党，而且旁边有那么多间谍（刘斐、郭汝瑰等），应该要为此事负责。《丁治磐先生访问记录》中提及，老先生在某些地方还是用北伐时代的那一套本领，可是当时已经不是打阵地战，也不是正规战，而是一种轻装的运动战。

答：对，但是运动战是父亲的专长，他向来是以骑兵的思想来指挥作战，而不是以步兵的思想来指挥作战的，所以，父亲自己写了一个方程式 $F = MV^2C$。他在写这个方程式时，并没有加上 C，只是口头上提及，后来是我帮他加上去的，不过整个思想是父亲的。F 指的是 Fighting Power（战力），M 是火力，V 是速度，由此方程式可知，战斗力与火力是成正比的，而战斗力与速度则是成平方正比。因此父亲主张与其增加火力，不如增加机动力，因为火力增加五倍时，战斗力只增加五倍；而机动力同样增加五倍时，战斗力就能够增加二十五倍。至于C则是精神力，整个部队的火力再强，机动力再高，如果因为战斗时间太长以致缺量，或是为了急行军，或是经过几次严重战斗而伤亡严重，以致影响精神力，整个战斗力就削减甚多，甚至部队叛变，空有战斗力也没有用处，所以精神力是最重要的。

台湾之建军备战

到了台湾之后，我有好几次都感觉到我们的建军备战工作太过于松懈。而且高层长官对于建军备战的思考不够，干部们也缺乏这方面的知识。举例来说，父亲要求国军实施“潜龙计划”，他说：“我们的通信路线不够完善，连有线电都暴露在地面，一定要把大电缆埋在地底。”后来我发现，每逢过桥时，电缆就沿着桥衡走，过了桥以后再埋到地底下，而埋入地底的电缆也不够深，如果敌人打断桥梁，连通信网都会一起被打掉。这点看似小事，但是由此可知建军备战是不完整的。再举一个例子来说，装甲兵一直没有完整的射击场，所以战车无法作战斗射击，我建议过好几次，战车可以使用缩小型的电子模拟器，但是我的建议都没有被采纳，同时我也建议炮兵使用电子模拟器，但是也是始终没有人推动。这是我耿耿于怀的一件事情。设备固然需要花钱，但是一旦设备做好了，就可以省下不少钱，并且可以争取时间。我始终认为，我们不是一个富有的国家，所以我们必须节省，但是我们如果只顾着节省，而把一场胜仗省掉了，反而是最不值得的事情。所谓军事战略，重点就在于此，而军事战略则要根据野战战略来决定。

父亲发明“三角形攻击战斗群”的观念，要陆军加以研究后做一次演习。演习期间，每个师都要派代表去观摩，事后还要开检讨会。那天官邸突然来电话，要我一起去看演习，我就先到士林，然后和父亲同行。演习地点在林口台地附近，父亲一到达，就发现有一个部队站在水塘里面，父亲看了就问：“为什么那个部队站在水塘里？”他们解释说：“这是按照一般状况的需求，因为另外两个第一线部队已经摆好了，所以第三个部队非放在水塘不可。”父亲一听就哈哈大笑，我心想：“事情坏了。”果不其然，父亲说：“这简直是笑话嘛！我跟你们再三地说过，三角形不一定是正三角形，前面两个部队摆定后，第三个部队可以放在前后左右任何一个地点，这个地点要依状况而定，而状况包括敌情与地形，你们怎么能把部队放在水塘里呢？”所谓“三角形攻击战斗群”，与其称为三角形，不如称为三边形，因为重点不是在于“点”，而是在于“面”。基本编组为三角形者，应变性大而且灵活，所以很容易变成整个正面向右或是向左，或是继续增援第一线，或是变成向右梯形、向左梯形，即使是没有战场经验的人，也不会将第三个部队放在水塘里。结果父亲连演习也没有看就走了，并交代指挥官研究好后再找人去参观。

俾斯麦曾经说过一句话：“德国的将校没有看英国的《泰晤士报》。”这句话看似平常，但是事实上他是指军事单独者无法称霸，一定要将整个国家的力量通盘运用。父亲也曾经给予我们相似的指示：过去国家的力量分成两种，即政略与战略之区分，今后要分成四种力量，即政治、经济、心理、军事，如此国家战略计划的编号才能统一，不仅归档容易，下令容易，做全国计划时也不会遗漏。军事虽然放在最后，但是等到全国运用时，就要放在前面来说，即三分军事、七分政治，此政治为广义的政治，包含政治、经济与心理。

父亲提出这个观念之后，并没有再加以解释。有一年，魏德麦将军来华访问时，父亲要“国防部”做简报，哥哥那时是“国防部”部长。魏德麦将军听完简报后提出了一个问题，他说：“‘三分军事，七分政治，以武力为中心之思想总体战’这句话应该如何解释，是国家预算三分给军事，七分给政治，还是人力或工作上的分配，总要有使用上的具体说法才是。”结果哥哥就朝参谋总长看，参谋总长就朝次长看，但是没有人回答这个问题。哥哥一半发挥机智，一半对我有所考验地说：“蒋代厅长（那时候我是第三厅代厅长），你直接用英文向他说明一下好了。”我就以平时的战略研究为基础，向魏德麦将军说明，后来我也向父亲报告，父亲非常赞许我的看法，并且还以我的说法作为统一的说法。

我与魏德麦将军是多年朋友，他也知道这个原始理论是波兰大学的历史系教授马克思·威尔纳（Max Werner）所提出的，威尔纳认为政、军二区分已经不管用了，所以提出政、经、心、军四区分的看法。威尔纳这位教授对于欧洲战略状况的发展时常有公开的分析报告，也批评波兰国军建军方向与部署上的错误，前者属于军事战略，后者则是野战战略。波兰政府不能容忍这个人，就把他驱逐出境。于是他就带着全家老小到美国，以贩卖报刊度日，同时也不断写作。他写了四本有关战略的重要书籍，被五角大厦发现，收购了这四本书的版权。他在书中剖析了欧洲的地略，认为东西欧之间只有一条通路，这条通路就是波兰，上有东普鲁士，下有捷克，捷克古名为波西米亚，地形很像一把匕首，如果某一端被一方所控制，那一端就成为刀把，另一端就变成刀尖。如果捷克落在东欧之手，西欧就会被剖成南北两部，如果落在西欧之手，也能将东欧剖成南北两端。作战时先打一端，再打另一端，既可节约兵力，又可达成目标。这条通道既然经过波兰，所以波兰是决胜的地点，而且也只有波兰平坦的地形，比较利于大军作战。再往南边靠近希腊，多属山地地形，就不适合大军作战了。因为波兰的重要，所以显得东普鲁士的重要，更显得波西米亚的重要，所以希特勒要先取回捷克的边缘地带——苏台登区，也就是我曾经参与过的战役。德国本来就拥有东普鲁士，在攻占捷克之后，波兰竟将大军退向东北、东南方，如果德军从两边进行钳型攻势，波兰军队就无法撤退，所以他认为德军在一个星期之内就可以将波兰灭亡。他曾经劝告波兰国防部，但国防部并没有接受他的建议。波兰的战略预备队位置也太过于前方，后来德军进入波兰时，确实是三个钳型攻势，最后以华沙为目标，一举拿下波兰首都。马克思·威尔纳又提出剩下的一边如果亲西方，西方同盟国对于波兰如此重要的战略地带应妥善处理，军队应在德军进入波兰核心之前，拖延德军的攻势，另派一支快速部队赶上德军的先头部队，将部队挡住，并从匈牙利开进一支部队，往北插进波兰，挡住德军的去路。后来他又提出应该在匈牙利派兵往北插进，将俄军挡住，不让俄军深入波兰，进而侵入西欧。这些事情是威尔纳早年提出的看法，他在最后一本书上写道：同盟国可于一九四三年胜利，如果不将一九四三年定为一个目标日，战争就应该持续到一九四五年，让德国与俄国消耗国力，到时同盟国进攻，俄国问题就不会产生。

威尔纳到了美国之后，曾经提出一个建议，他的建议是将心理与政治合而为一，不再单提一项，美国政府也几乎接受。我和魏德麦将军研究过这一个问题，他未置可否，可是我与父亲研究时，父亲很坚定地说，心理力应该单独成为一个力量。固然政治里面包含心理，经济里面未尝没有心理，军事里面更应包含心理，也可以先做一个心理战略的指导，让政治、经济、军事配合心理的需要。例如说，黎巴嫩发生危机，美国的地中海舰队就到黎巴嫩附近的海域进行一次演习，黎巴嫩的战争危机便可因此而消除，显而易见，这是以心理力的运用为主，来指导军事的配合。所以父亲最后决定政治、经济、心理、军事为四大国力。后来我又把这个观念告诉魏德麦将军：政治、经济、军事包含心理，而心理也可以处于主导地位，由政治、经济、军事加以配合，心理力仍然是一个单独的国家力量。何况心理力是促成国家发展的力量，透过教育、社会而形成国家发展的方向，否则，如果方向有错误，整个国家的发展也就危险了。就好像现在的台独一样，政府没有从心理上的诱导着手，使全国民能够有一致的方向。

父亲非常重视马克思·威尔纳（Max Werner）的主张，并且要我们加以研究。我在三军大学时，曾经安排威尔纳来华访问，没想到他在成行之前就去世了。

我在做简报时又说："三分军事，不能只看成纯物理性的人力与物力区分，一般说来，既然是四大国力，应该各占百分之二十五，而政治、经济、心理作广义的政治来解释时，应占百分之七十五。不过，如果政治、经济、心理的战略有错误或是遗漏，还可以重新补救，唯有军事一旦失败，就没有补救的机会了。因此，要把政治、经济、心理等广义政治之中的百分之五放在军事上，让军事变成百分之三十。"所以我向魏德麦将军说："Thirty percent military effort, seventy percent political effort.The use of force as the center and exceeds the total ideological word."这是一个哲理性的区分，而非物理性的区分。那次幸好有我解释并翻译，否则还真不好解决问题。我翻译完后，还向哥哥说："报告部长，这样翻译可不可以？"当时因为在座有很多长官，我这个代理厅长也不能够过度表现，如果哥哥要推翻我的说法，他也可以自己说，如果他说不出来，也只有接受我的说法了。后来，等到魏德麦将军参观完后，我单独与他聊天时，他说："我所听到的战争指导的说法，能够用一句话包含整个意义的，你父亲是第一个人，比卢敦道夫当年的理论还要透彻。"

父亲担心我们还不够重视军事的重要性，所以他又说要以武力为中心，军事战略的重点在建军备战，不是野战战略，但是要以野战战略为基础，以武力使用构想来建军，不能像波兰一样，骑兵拿着标枪去对抗敌人的战车，虽然勇气可嘉，但是毫无作用。建军的明显错误，使部队走上死亡之路，军事战略要对此负责。

父子情深

一、亦父亦友

父亲很信任我，也很了解我，我们父子之间没有保留，也没有顾忌。我与父亲相处的那一段时间，是我这一生中最宝贵的时光，我们之间不只是父子的感情，也有长官部下的感情，到后来变成好朋友，他一有烦恼就会找我去陪伴他。到台湾以后，父亲休闲的地方有日月潭、梨山、阿里山、花莲、澄清湖、西子湖、大溪、角板山等地，还有武陵农场和嘉义农场二处地方，这些休憩处不是他新建的，而是原来就有的。这些地方房子并不好，但是环境风景很好，而且远离城市，每一个地方有其不同的特色。

如果父亲觉得累了，或是要思考事情时，都会到某个休闲处度假，少则三天，多则一个礼拜。不过，父亲虽然是去休假，还是会接见外宾，请外宾在那儿住几天。例如奥国的最后一位逊王的儿子奥托・冯・哈布斯堡（Otto Von Habsburg），他每一次来都会与父亲聊上几天。这位老先生非常有学问，也很了解东方思想，与父亲很谈得来，他也讲了很多欧洲的事情。我认为我们中国人如果要研究世界问题，对欧洲如果不认识，光与美国方面接触，一定是很浅陋的，要与有欧洲文化基础的人谈，才能有所取舍、有所收获。

二、慈湖购地

父亲不仅会看风水、面相，还会奇门遁甲。有一次，我们两人一起到慈湖，在那之前我们都不曾去过。那天我们开车到慈湖附近，车子靠边停下，我与父亲下车走路，走到慈湖入口，父亲说："那里面应该有个湖，我们进去看看。"我们走进去一看，里面原来是一个土法开采的小煤矿，已经开采完了，变成一个废坑，外面脏得不得了，都是煤渣，我们走了一圈，父亲就用手指了一指说："就是这个地方。"我不解地问父亲，父亲就说："这个地方好，我们下次再来，今天没时间了。"他要我第二天查地图，确定位置，当天夜里我就查了地图，地图上果然有湖的标示，而且后面还有一个湖。

第二次去慈湖时，父亲带了一个罗盘，我还是第一次如此仔细地看中国罗盘的模样，父亲说："你们光晓得有三百六十度，其实中国罗盘有三百六十五度又四分之一，每天有一度。"就是三百六十五天外加六小时，其实这六小时是五小时四十八分四十六秒。罗盘里面有六十四卦的卦位，六十四卦里面每一卦有一百分刻，我就联想到军事除了三百六十五度之外，还要有六千四百个定位，如此才能定得精确。父亲一方面教我使用中国罗盘，另一方面拿着罗盘对方位，对到一个地方时，父亲说："就在这。"这个地方就是现在慈湖四合院的所在地，他说："你打听打听，这个地方他们卖不卖的，如果要卖，我们就买下来。"我说："父亲不能再讲了，讲了以后明天就涨了十倍的价钱。"回

◇ 蒋纬国（左）、蒋经国（右）与蒋介石一起翻阅族谱

来以后，我就托朋友去问地主，地主一口答应，因为那个地方已经生产不出煤来，形同废地了，有人要买，当然很高兴。当时父亲还说："看样子，那边有个山腰，过了山腰应该还有一个湖，下次找个机会去看看。"后来我们又再去一次，果然又有一个湖，他看了一看说："就是这个地方好。"我们把那块地买下来后盖了一个四合院，完全按照溪口乡下我们的老四合院的样子盖。

后来我在高雄认识一个人，这个人小学没有毕业，卖报度日，但是他是一位奇门遁甲的能人，拜济颠活佛为师，曾开过一次堂。我先认识他的师弟，他的师弟是台大毕业的。这个人不会讲台湾话，讲台湾话无法成句，可是等到济颠活佛一上身，他讲出来的话都是四六句的文章，真是头头是道，与原先的他判若二人。有一次，他拿了一张大红纸，画了慈湖的山势图后对我说："这个山势是一条龙脉，有老龙、大

◇ 蒋纬国携子侄为父亲祝寿

龙、小龙，那只小龙就是你。老龙的龙鬓勾着大龙的龙鬓，把他提拔起来。小龙在慈湖的另一边，头回过来向老龙致敬，老龙用一只眼睛看着你，他始终在照顾着你，但是并不把你拉起来，这是帮你的忙喔。你不要以为老龙没有照顾你喔。小龙后有一个后慈湖，大龙后有一个前慈湖，你不要以为前慈湖的水有多么好，要不是后慈湖的水流过来帮助他，前慈湖的水早就干涸了。前慈湖是你哥哥，后慈湖是你，你始终在帮助他，可惜前慈湖的水位不够高，堤坝做得太低，如果水位能够再提高一尺，对你哥哥有帮助。”我说我不能讲话，他说：“你将来会有机会的。”后来过了一段时间，堤坝崩溃了，水通通流光了，他们再造堤坝时，我就暗中跟建堤坝的人说加高一尺，使水位能够提高。

这种奇门遁甲很玄妙，我常常说以我的知识与学问不够资格说我信，更不够资格说不信，要说不信还得有相当的学问来证明这套东西是站不住脚的，才能说这一句话，我说不出来，我只能说我承认这许多事实。这几十年来，我也亲自看过许多事情，并不是假的。不过，这些事情不能走火入魔。我相信一个理论，每一件东西的本身都有一正一反在里面，而不是两件东西相对称，否则每件单独的物体不会存在，因为单阴不成，单阳也不成。

三、学理沟通

道德与学术

我与父亲两人常常相互发明，在哲学基础上，父亲指导我的很多，但是也由于我能体会父亲的哲学思想，然后再从科学方法上向父亲建议，所以他也欣然接受。有一次为了一个想法——选择干部究竟是道德重于学术还是学术重于道德，我们争论了两个礼拜，最后父亲接受我的意见。一般来说当然是道德重于学术，不过，我认为在方法上一定是学术第一，不讲道德，因为我们不能寄托在道德上，我们说某人是个了不起的君子，这是从结果显示，而我们选择干部时，事前无法知道他的道德是否崇高。所以事前选择干部的依据只有学术，学是理论、术则是方法。我举了一个例子向父亲说明：有一群道德好但不学无术的人，带头者道德学术兼备；另一群人则是学术超群，带头者也是道德学术兼备。前者带的这一群人虽然品德好，但不学无术，他自己虽然品学兼具，但是这也要帮忙，那也要帮忙，非常辛苦。我跟父亲讲："那就是您。"后者的一群人是以学术取向，带头者也是品学兼具，他可以依照所属的心理趋向，让他们各尽其才，各取所需，这一群人便相安无事，所做的事情也都非常顺利。

道德确实有其绝对标准，但是大部分的人只是一个相对标准，有些

◇ 小心侍立于父亲身边

人品德不好，但是他愿意在跟随你的时候把坏的品德藏匿起来。例如有一次英国政府从死刑犯中挑选四个学有专长的人做敌后工作，完成任务后，英国颁发他们最高荣誉勋章——吊袜带勋章，试问这些人究竟是有品德还是没品德？由此可知，道德一事非常难以论断，因此选择一个干部只要看他能否在工作上发挥最高的效率就行了，其他的不必多计较。

后来我的思想也慢慢成熟，同时以我数理方面的基础，加上对政治经济的了解以及对社会事物的体会，在军中也是从战斗战术的阶层慢慢往上进入战略的阶层，所以与父亲谈话时非常容易沟通。我有一位司机讲过一句话，我非常钦佩，他说："一个人要用钱赚钱，一点本钱都没有，赚不了钱；一个人要用学问赚学问，一点学问都没有，没有办法接受新的学问。"总理曾经引用曾国藩的一句话：治学如积财。学问是一点一滴堆积起来的，不是一蹴可及，立刻就可以变成学问家的。我非常钦佩清室的皇子教育，他们的训练非常严格，文武都重视，后来是因为慈禧太后垂帘听政，使得皇帝无法施展抱负，所以即使有再大的能力也无用武之地。

代拟训辞

在军事科学上，我帮父亲写过很多东西。我写了之后，父亲有时虽然改了几个字，但是使我领悟很多，他改得非常高明，在全篇里面加上一两句，整篇文章就完全不一样，有画龙点睛的效果。其他有关制度、吏治、立法等方面的文稿，甚至于有很多训辞都是由我捉刀的。当然，在执笔之前，我会先与父亲讨论，多半是我们聊天时我提出一个观念或贡献一个方法，父亲同意后，有时他会要我先写出来，通常我回到房间后都会连夜写出来，等到第二天早晨七点钟陪父亲散步时呈给父亲。后来我也能体会到父亲与总理许多思想观念都是在商谈讨论之下发展出来的。

此外，父亲有许多的讲稿也是我替他拟的。最早替父亲拟稿的有陈布雷、陶希圣两位先生，陶先生最杰出的两本书是《中国之命运》、《苏俄在中国》。可惜《中国之命运》的原稿被烧掉了。秦孝仪、曹圣芬、楚崧秋、肖自诚也曾先后执笔；有些人则是从记录开始做起，后来都是做事务性的工作，如孙玉宣、周宏涛。周宏涛的父亲很早就过世了，是他祖父把他带大的，他的祖父周景琴，是总理时代第一任军需署署长，他的长相也最像他祖父。我与周宏涛是奉化县幼稚园同坐一条板凳的同学，他也是我在台湾唯一最早的同学。那时候我才六七岁，他比我小好几个月，阳历是民国六年生，农历还是龙年，所以他也是“龙会”的。

科学管理

有一次父亲问我：“你看我们政府的组织，最不理想的是哪个单位？”我笑了一笑说：“父亲，您真的要我说吗？我凭良心说，最糟糕的就是总统府。”父亲说：“我与你有同样的看法，你倒是提一点糟糕的方面来说说。”我说：“总统府的职务责任是哪一方面，就应该根据这个责任来决定它的组织，我发现到现在为止，总统府的总体尚未定型。这是从目的论的角度来说，以方法论来说，总统府管档案的人与当年在南京国民政府管理档案的是同一个人，他虽然满脑袋都是档案，但是对于档案的管理没有科学方法可言，全国没有一致的编号。从总统府归类、编号，到每一个县市政府，应该有一个统一的办法。父亲现在要调某一个档案，如果那位管档案的人在，他很快就能找出来；如果那个人不在，别人根本无从找起，就是因为档案没有统一的编号。从总统府的档案到父亲身边的档案，您的机要秘书都没有用科学方法来管理。举个最小的例子来说，为父亲管理相片的人没有按照时间排列，我提供他一个方法，写上年、月、日、时，再加上地点、事项说明，如此相片管理就很有规则了，结果他连这些都没有做成档案管理。”父亲听了我的报告之后很有感触，他说：“你到德国之前，我告诉你要注意德国的军制，果然你这几年对于军制的知识与运用一直扩大到整个行政，很好很好，你还是继续注意。”

四、治疗打嗝

一九七三年至一九七四年间，有一次父亲连续三天三夜打嗝，无法入睡。荣总的医生开药给他吃，又给他吸氧气，都没有治好打嗝。后来又要父亲吞砂糖，刺激喉咙，也不见效果。其实打嗝就是横隔膜痉挛所引起的，我到官邸时，看父亲打嗝不止，就问父亲：“父亲信不信得过我，我用气功试试看。”那天父亲刚好坐在一把藤椅上，他说：“你现在还行吗？”我说：“现在我虽然已经退火很多，但是如果时间稍微久一点，也许还可以。”他听了就说：“好，你试试看。”我就把西装上衣脱下，解掉领带，把手放在父亲的横隔膜上面，过了一会，我问父亲有没有感觉一阵热气透进身体里面，父亲回答有，而且还感觉到很微细的震动，我就说：“那就行了，请父亲忍耐一段时间。”在治疗的过程中，我的右手累了就换左手，左手累了就换右手，前后进行了半个钟头的时间，父亲的打嗝就治好了。

五、无限哀思

父亲过世以后，他的遗体暂存于荣总冰库，当医护人员将父亲的遗体从冰库移出来时，有专人帮他洗澡、化妆，最后要帮他穿上衣服。按照传统，这件事应该是由长子来做，但是哥哥不懂这个规矩。我跟哥哥说："你先把衣服套在你身上，从里面一件一件加上去，不要扣扣子，然后整个取下来，由我扶着父亲，你帮父亲穿上衣服。"哥哥说："我们一人套一个袖子吧！"我说："不，这是只有长子才能做的。在身上套衣服，也只能由你来套。"后来哥哥就按照我说的方法做，替父亲将衣服穿上，然后由里到外将扣子扣好，最后扶着父亲的身体，让父亲躺平。这一切事情都是在荣总怀远堂进行的。父亲的遗体也是安置在怀远堂，摆置遗体的地方不大，仅仅够摆一张小床，再加上一张椅子，天花板上面有一盏小烛光灯泡的灯，我一个人坐在那儿守了一夜。当父亲的遗体还安置在怀远堂时，哥哥没有来守灵，连后来父亲的遗体安放在慈湖时，他也有两夜没有替父亲守灵，我则是从头到尾守灵，一夜都没有离开。那一阵子，我不知道哪里来的精力，整整一个月顶下来。那时候我是战争学院的院长，父亲过世后，我没有请丧假，晚上守灵，白天还到学校上课。而且那时候我的课排得很密集，重要的课程都是我自己来教，因为刚开始教官训练得还不够，特别是将官班，都是我一个人教的。那一个月内，我上午上课，下午备课，晚上守灵，就如此顶下来了，也不觉得疲倦。后来，哥哥的《一月守灵记》出版后，有好多人写信来骂我，说我没有替父亲守灵。父亲有一位专属照相师胡崇贤先生，外号叫"胡照相"。有一天，他拿了一张相片给我，那张相片是我在荣总怀远堂，坐在父亲遗体旁边哀思时，他帮我拍的。除了我以外，旁边也没有任何人在，他拿相片给我时跟我说："纬国，以后再要有人说你没有守灵，你可以拿这张相片给他看。"我现在正在找这张相片，因为太具有历史价值了。这次我生病以后，很多东西的放置位置都忘了，一下子也记不起来。这次的病，实在是非同小可，记得在我失去知觉之前，我还很冷静地将我的私房钱交给内人，所以，我跟我内人开玩笑说："如果我能够侥幸活下去，我就要开始'吃软饭'了。"

我是一个喜欢讲笑话的人，但是自从父亲过世之后，我有三年的时间没有讲笑话。因为父亲过世那段期间，是我心里最苦闷、最伤痛的时候，后来朋友们觉得我变了，不再像从前那个样子，他们就逗我，要我讲笑话，可是我实在讲不出来。有一次，我突然想起，在守灵期间，曾经发生了一件实在令人啼笑皆非的事情。我有一个老部下，退伍后开了一家棺材铺，在瞻仰仪容的那段时间，他也到国父纪念馆瞻仰领袖仪容。他见到我就递了一张名片给我，我看了就说："你现在从事服务工作啊。"他接着问我："老长官，请问棺材准备了没有？"我说："我们已经买好了。"父亲过世后，我们就立刻派人到香港买寿木，因为老夫人主张用西式的。说老实话，我也喜欢用西式的，看起来比较舒服。他听完就说："老长官，将来你有什么需要我服务的，请你随时打电话给我。"我说："谢谢，但是等到我需要你服务的时候，我没有办法自己打电话了。"他竟然还说："没关系，叫你副官打好了。"实在令人哭笑不得。

六、永远的哲人

我研究父亲的一生，发现父亲的哲学艺术就是"化敌为友"，比孙子兵法里的"不战而屈人之兵"还要高明。我常听到很多人批评父亲不够心狠手辣，没有消灭与他敌对的人，我认为如果父亲要用这种手段，他自己老早就被消灭了。他从来没有处于顺境，一天到晚四面楚歌，不论在政府里或是党里面都是如此。他不过是高阶的军人，还在一大群军阀里面求生存，他所交往的人都是敌对的，可是他能够与他们和平相处，最后是化敌为友，即或是不与他成为朋友的人，也不再与他敌对。

几点答疑

问：听说老先生有一个习惯，他不与黄埔学生握手，也不给钱，但是遇到非黄埔学生，也就是其他各军系投诚过来的将领，不仅会与他们握手，还会一见面就给钱，而且有的给很多。请问您对这个问题，有无补充或解释。

答：我没有特别的证明可以证实这件事，但是我想父亲这么做也是人之常情。我追随父亲几十年，发现他最高的艺术是化敌为友，保持相安无事，到时候能用则用之。固然有时候他也受到欺骗，也因此而影响大局，但是，这点终究还算小事，在重要问题上，他都是以争取同盟为主要目的。这些非中央军系的将领，因为父亲仁慈为怀的精神，而被争取过来者为数不少。父亲不管对方是好人还是坏人，都尽力把他争取过来，至少让他们不闹事。有些人确实把心转过来，有些人则贪图一点好处，所以父亲或多或少都会给予一些金钱上的资助。有些地方，父亲则是动之以情。他通常是派哥哥去国内的大老处，如果有国际人士来华，则派我去接送。虽然父亲没有明讲，但是我的体会是如此。父亲也知道我懂得这一套应对进退的方式。除了公务之外，晚间还要我去关心客人的居住情形，让客人觉得很开心。此外，马步芳、马步青及龙云等人，父亲也是派我去联络感情。我总觉得父亲对人诚恳、热心，尽量让别人不感觉自己是外人，然后再给予一些好处。送钱大概都是透过哥哥，送礼物则是透过我，这是两个孩子运用不同的地方。国外的老太太则透过老夫人打理，与她们喝茶、话家常、送礼物。如果是年轻一点的朋友，就由我和内人一起去。这些事情，我们都做得很周到，在不知不觉中，父亲不仅对外国人，就是当年边区的领袖都拉拢得很好。我也从这点领悟出来，父亲比孙子兵法高明，孙子兵法讲的是不战而屈人之兵，而父亲的方法是化敌为友。不战而屈人之兵还要备战，显示国威，使得对方不敢轻举妄动，但是对方仍然处于敌对状态，而化敌为友不仅消灭了阻力，甚至还使阻力变成助力，固然后来有若干令人失望的事情发生，但一般来说，情况都在掌握中。父亲从来不假手秘书，也不用打字，都是以亲笔信函与他们联络。民国三十七年十月某日，我到北京去看傅作义（时傅担任华北剿共司令），传达父亲的意思，本来父亲希望傅作义往海边退，而且接他的船都准备好了。我为了表现诚意，还对他说："父亲说如果您朝东走，要我在这里多待几天，陪您上船，只是我没带人来，起居方面要麻烦老伯了。"这就是表示我的诚意，愿意做他的人质，并且跟他一起上船。他说："你回去跟令尊说，这边没有什么事情。"虽然他嘴里这么说，但是当时我就感觉到他的神智非常不稳定。他拿了一支烟，放在嘴里，拿着火柴没有点燃。跟我讲话时，在亭子里转来转去，他给了我一支烟后，替我点火，过了一会儿，他又拿了一支香烟给我，原来那一支才刚点着没有多久。他又从口袋里拿了一支香烟往自己嘴里头塞时，才发现嘴里已经叼了一支烟，而且那一支香烟也没有点着。从这些举动可以看出他的精神很不稳定，究竟是要撤退出来到南部重起炉灶，或是回老家包头，还拿不定主意。他总觉得以保全自己为要，而且我去见他时，在在表示父亲对他的关切，没想到他最后还是选择回包头。

东北的失败，卫立煌要负野战战略错误之责。好几次都是父亲将局势部署好，要他执行，但是他都没有照着做，听说还把运输队用来运送他自己的东西。但最大的错误还是军政方面的错误，也就是没有接收伪满军。

问：大家认为老先生指挥部队应该是没有问题的，但是，老先生指挥部队最大的弊端就是自己支配部队，不告诉其部队长，到最后大家才发现自己部队不知在何处。您对这点有何看法？

答：有人认为这种做法是不按常理出牌，而且越级指挥也是指挥上的大忌，可是，有一点我们可以看出来，许多高级将领指挥部队，到最后却使得部队四分五裂，父亲只好亲自逐次将部队整合起来。每当他亲自指挥的时候，虽然表面上看起来是越级指挥，但是事实上他是将部队整合，这是第一个原因。第二个原因是父亲为了后勤补给的方便。我们的野战高级军官，往往疏忽尔后的部队行动与后勤补给之间的联络，父亲亲自督导下一级或下二级的部队开往某处，使前方部队与后方补给能够连接得上。第三个原因则是对某一个部队有怀疑，不得不临时给予任务，将部队调开。这点是事前不能说的。有的时候，父亲将特别亲信的部队临时调来，该部队的上级不一定知道。还有一个理由则是就近派一个部队，脱离战斗序列，前往某地区执行任务。等到部署好后，父亲就亲自到前方监督，这个部队等于是他的警卫单位。这也是事前不能说的。父亲经常在前方，很多人都说这样太危险，不过父亲都会调派适当的部队先行部署后，再行前往。父亲不是不知道越级指挥是兵家大忌。另外还有一个原因，可能是中高级的部队长根本就不懂得指挥，父亲基于爱护部队长的心理，就替他指挥部队。例如赫赫有名的方先觉，他守衡阳时，前后守了四十八天，但实际上是老先生亲自守的。衡阳外有一个高地，高地上面一个部队都没有，父亲告诉方先觉如果高地失守，衡阳也会跟着失守，守衡阳是个战略，守住高地则是战术上的措施。结果第二次父亲去看时，方先觉只派了一个班守高地，父亲又说了一次之后，他总算派了一个排，父亲对这件事很不高兴。后来父亲提醒方先觉要派一个营守住高地。当高地只有一个排看守时，曾经被日军攻取，方先觉指派了一个连，也无法攻上高地，后来是逐次增加到一个营的兵力时，才将日军消灭。更令人惊讶的是，日军只有一个班在高地上。夺回高地后，父亲说这个高地要确实守住，所以衡阳才在拖了四十几天以后才失守。从这个例子来看，有些地方实在不得不越级指挥，因为有些部队长靠不住。很多部队长从军校毕业之后，没有多久就升级当营长，部队指挥经验实在不够。

问：老先生一向很注意省籍的平衡问题，所以刘安祺当总司令时，他曾经跟刘安祺开玩笑说："几个兵团司令都是安徽人。"但是为什么在抗战胜利后，老先生把军队集中在三个人手里，一个是陈诚系，一个是胡宗南系，一个是汤恩伯系，而且每个人的军队都超过五十万人，陈诚的军队更多，此举引起其他人不满。巧合的是，这三个人都是浙江人，所以我讲一句不该讲的话，如果真的把"国军"变成"浙军"的话，会造成其他军队的反弹，对局势影响很大。

答：我想这个现象恐怕也是时势造成的，他们虽然都是浙江人，但是彼此并不合作，而胡宗南在西北，陈诚在东南，汤恩伯在江苏，部队都不在一起。我对胡宗南将军很失望，父亲那时对他非常器重，把最好的干部都派到西北，但是他都没有好好运用。

问：陈诚用的是保定军校及陆大毕业的学生，胡宗南用的是黄埔军校及陆大毕业的学生，汤恩伯用的是士官学校及陆大毕业的学生，每个人都用自己母校的学生。三个人的基础都不一样，比较起来，保定军校与士官学校差不多，黄埔军校稍微差一些。以潜伏的共产党间谍来说，陈诚的部队较多，胡、汤二人所部差不多。

答：军队的干部教育很重要，当年这些将领除了军官学校教育之外，战术教育及战略教育是无从无处去学习的。

问：他们当然有一点战场经验。

答：只凭战场经验是非常可怕的，因为每一次所遇到的状况都不一样，用同样的方式来处理并不妥当。有人说中共了不起，他们有所谓的"一点二面"、"围点打援"、"阻援打点"，只用一句话就可以传达战术。"一点二面"的"一点"是指目标，"二面"是指两路进军，听起来很简单，大家也称赞中共是用最通俗的语言，来表达他们的战略思想。

但是如果一路是从西南、另一路是从东南包围上去，包围时候的拦截点应该如何选择，他们并没有明确的指示。究竟是“阻援打点”还是“围点打援”？也没有说出个所以然来。为什么此时要“阻援打点”，另外一个时候要“围点打援”，假定是一个包围，为什么要用一一包围？或二一包围？他们的术语都是只有开头而没有结尾。中共直到把我们的战争学院课程偷去后，才有完整的野战战略教育，从他们所编印的《大部队指挥》，可以明显地看出来。该书的内容就是战争学院的教材，而我方反而疏忽了这点，我觉得郝柏村该负责任。他在战争学院又加上一个班，没有进过那一个班就不能升将官，于是就贬抑了野战战略教育。现在课程时间又缩短了，磨练也不认真了，老师为学生们讲解时，也不再注重分析理由。当年我们在战争学院上课时，一定会让学生知其所以然，但是现在很多人都不求甚解，所以我方的削弱等于加强敌人的实力。

问：谭延闿在世时，对老先生非常好，而且这个人的政治手腕也高，如果他在世，就不会发生扣居正、扣胡汉民等事了。我看过他与赵恒惕之间的信件，他的字写得相当漂亮，而且写得规规矩矩的。

答：他的长子谭伯羽与我较熟，早年在驻德大使馆当经济参事，为人相当君子，而且德文相当好。他说起德语来，与德国人一样好，好像德文是他的母语一样。我到德国留学时，他非常照顾我，只要是我的事情，他都会直接或间接帮我的忙。我在柏林时，也经常到他家去。

第二章

家世与童年

身世之谜

有人说我是因为哥哥说蒋家人以后不会再做“总统”，所以我想改姓，认祖归宗。事实上，我并没有想要认祖归宗，只是觉得把这一段事实记录下来，是一件很浪漫的事情，没有一丝邪恶存在，而且我也不想当“总统”。

一九八〇年“总统”选举时，蒋家已经开始被打击，所以大家就建议我改姓戴。他们认为这样一来，竞选“总统”的事就跟蒋家无关。我说：“我无须考虑认祖不认祖的问题，这两位爸爸都是了不起的人物。我是戴先生的义子，安国哥已经不在了，我有责任照顾戴家。而总理的思想能够传下来，全靠戴先生；总理的事业能够传下来，全靠蒋先生。他们两人，一个是理论派，一个是行动派，这两位上人都是让我觉得骄傲的。我不需要去认谁是父亲或认谁不是父亲，你们如果有更多的资料足以有个结论，我亦希望能够弄清楚。

当年父亲从日本回到上海，被陈其美任命为沪军第五团团长，辛亥革命光复上海后，陈其美由绅商及会党拥为都督。后来因一次密谋策划的暗杀，父亲得以在陈其美的别馆结识了一位年轻女子，那时父亲正值二十出头，两人乔装为夫妻，混进府里刺杀某人。那位年轻女子就是我的母亲，不过党史里并没有记载她的名字。他们完成任务之后，隐藏在上海法租界里，不久之后，就拿着党预先准备好的两张船票，搭乘一条日本船到日本去，两人就在日本结婚。袁世凯下令捉拿革命党，许多革命前辈都到日本避难，父亲与母亲在日本与革命先进一起生活，总算过了几年安定的生活。

数年后，他们自日本返国。刚回国时，父亲还在交易所工作过一段时间。在那个时候，父亲还写了一部《经济学》。这点很重要，但是很少人注意到。

父母亲回国后，住在陈果夫先生家的阁楼上，父亲的经济状况也不太好。论辈分，陈果夫先生比父亲小一辈，但是他们的年龄和父亲差不多，果夫先生的党龄相当早，尤其是陈家与党的关系非常深厚。

一、革命夫人

在我的印象中，母亲与革命先进们的夫人都相处甚欢，例如居正夫人、吴礼卿夫人、陈果夫夫人、陈立夫夫人等等。革命先进的夫人都在党里工作，她们有个性坚强的一面，再加上她们从事革命工作，其理念就在于追求中国的道统，为人不会奸刁。从小我对她们的印象都是觉得她们很仁慈，而且她们也都对我很好。以居伯母来说，她平时与我们相处时，个性很活泼。她生了很多女儿，还把这些女儿送给好朋友，其中大女儿被送给一位日本朋友，长大后嫁到台湾张家，生下张建邦，所以张建邦应该要叫我舅舅。

民国十六年，北伐到了一半，发生宁汉分裂，这时候我和父母亲寄居在上海朱姓朋友家。朱老先生的太太是我母亲的姨母，向来父亲有事都住在朱家。朱老先生也非常爱国，他从事房地产生意，同时也开设了一家上海最大的火柴工厂，我们经常住在他们家。那年在朱家的三楼阳台上，父亲母亲分别坐在大理石圆桌两旁，我站他们两人中间。母亲对父亲说："我能够帮你的忙到此为止，今天的问题是出在广东帮身上，如果你要继续革命，你就得把广东帮团结起来，否则恐怕就散掉了。”父亲说：“你的意思要如何整合呢？”母亲说：“我不是跟你开玩笑，现在革命的成与败就在一个人手上。现在宋家老太太与三小姐正在东京，如果你愿意，我跟你就在此地分手，你去找孔家大哥（孔祥熙），请他陪着你到东京向宋老太太、三小姐求婚，如果你肯这样做，重新把广东帮整合起来，那么以后的革命还有希望，我能够帮你的忙就到此为止。今后是建国的时候，需要学术的帮忙，多过于冒险犯难。你如果愿意，就把孩子交给我，我一定把他培植为可用之人，或者你要带去也可以。如果你把孩子交给我，我就把培养这孩子作为下一段的革命事业，我唯一能帮你忙的就是这件事。如果你要把孩子带去，我就重新开展我的革命工作。”父亲听了以后说什么都不肯，最后母亲就用了一个杀手锏，她说：“我没有想到你对革命工作还犹疑不定。如果你不想革命，我要革命，我们还是得分开，我做我的事情。如果你想革命，就照着我说的去做，我们理智的分开，如果你不革命，我们就是情绪性的分开，我继续去参加革命，你走你的。”父亲被母亲如此一说，也没什么好选择的了，就对母亲说：“照你说的，要如何做法呢？”母亲说：“你赶快去找孔大哥，他会陪你去的。”就这样，父亲到了日本。当年十二月父亲就和宋美龄女士在上海结婚。

二、吃斋信佛

打从民国十六年，母亲带着我到苏州居住以后，一直就是吃长素。因为她有血压高的毛病，那时候也没有好的药物可以治疗，只有用放血的方式降压。刚开始，母亲只在初一月半吃素，后面就改吃长素，不过她可以吃鸡蛋。据说那时候吃长素的人可以吃鸡蛋，但是要吃素蛋，因为素蛋没有生命，不会孵出小鸡。乡下卖鸡蛋的人都很讲究，配种的鸡蛋都是用来孵小鸡的，卖到市面上的蛋都是素蛋。

三、战时生活

抗战的时候，父亲给母亲的月规是四十六元大洋。这些钱都是父亲托果夫先生给母亲的，可是打了几年仗之后，币制改成法币，母亲问果夫先生能不能每半年领一次，至少还可以做一点事情，他不同意。等我从国外回来，这些钱更不够用，我就想向果夫先生借二十万，并向他说明："只要纬国没有被打死，抗战之后，一定全数奉还。"他说："你问我借，我问谁去借啊！"我心里想，不借就不借，我这辈子也是第一次开口向人借钱，用这种口气算什么呢？不过，我总要把母亲养活，我也从来没有在父亲面前提过生活的困难。

秀才唯一的生存方法就是写作。我就开始写作了，写了几本书之后拿了一些版税，这些钱给母亲生活是够了，其他一些叔叔伯伯都会拿些实物送给母亲和我，例如毛巾、牙刷、香烟（我不抽烟，香烟是给母亲抽的）。有一位伯伯送了我一张床单，我把那张床单剪成两份，一份给居正先生的长子居伯强，他那时候是战车第二旅修理工厂的厂长。他的人格非常清高，绝对不拿任何一笔非分的钱。他也是留德的，所以我们两人的交情非常好，我们共用这张床单，一人一半。后来他死了，是穷死的。我们没有拿过父母亲的钱，胡宗南长官也没有暗中津贴我们一点，就这样一直捱到抗战结束。我报到时体重是一百五十二磅，等到抗战打完时，只剩一百一十二磅，所幸还活了下来。

我从德国回来后，就把母亲接出来。起先住在成都，后来我又把母亲送到兰州。当时的行营主任兼甘肃省主席是朱绍良先生，福建人，母亲在兰州的住处就是他安排的。在上海我们有两家来往的人家，一个是母亲的堂姐及姐夫，但是来往机会较少；另外一家是朱家，朱老太太是母亲的远房姨母，为人非常好，她带着母亲吃素念佛。朱老先生除了经营房地产外，还经营自来火工厂，是当时上海两家自来火工厂的其中之一，我们每次到上海都是住在朱家。朱老先生的孙子朱家鹤正好在兰州某银行当经理，他大我三岁，母亲平日的生活起居都是由他照应。就这样子，母亲总算在兰州过了一段比较安逸的日子。

抗战胜利后，母亲又搬回苏州南园，这个住处现在被中共作为招待所。

四、定居台湾

母亲没有兄弟，只有姐妹，远房兄弟倒是有几个，其中有一家与我们较常来往。大表哥留在大陆没有出来，他的名字叫金河，二表哥银河也没有出来，只有三表哥菊河到台湾，来台后改名为明良，现已过世。母亲还有一位堂妹，排行最小，嫁给一位丁姓“国大”代表，也来到台湾，他们有几个子女现在也在台湾，但是我们很少来往。姚琮与我们从来没来往，他也不是母亲的兄弟，而且如果他是母亲的兄弟，基于宋氏夫人的关系，他不可能在侍从室任职。不过，私底下，宋氏夫人与我母亲两人彼此非常尊重。

到了台湾以后，母亲在台北住过一段时间，没有多久，就搬到桃园。石家丈人在桃园开了一家大勤工厂，工厂旁边有一片眷区，在眷区边上有一块空地，大勤工厂的工人帮我们在那块空地上盖了一间小房子，总共花费十二万，石家丈人还说等我们搬走时再还我十二万。原本他预备拨一栋房子给我，我没有接受，一方面离眷村太近，另一方面我不愿意欠他人情。

母亲在桃园住了好几年。一直等到我在台中盖了一栋小房子后，母亲才搬到台中。那栋房子就在宜宁中学旁边，土地是我所有，房子也是我自己盖的。宜宁中学的总务科长是我们的远方亲戚，他经常照顾我母亲。我买那块土地时，始终认为是与学校分开的，但是，学校行政上却把我的土地编在校产里面，后来这块土地我也不要了。我办宜宁中学主要是兴学，不是用来赚钱的。我是宜宁中学的创办人，刚开始我是董事长，后来哥哥为了静心小学的事情，要我离开，我就辞掉两所学校董事长的职务。静心小学与宜宁中学两个董事会，事实上是同一批人。

母亲住的那一间房子原来只有一层楼，有客厅、卧房与饭厅，屋子后面还加一个小厨房，后来我就把阁楼改装成一间房间以及一间浴室，母亲就一直住在楼上。房子旁边有一间余房，是佣人住的地方，楼上也有一间阁楼。母亲过世之后，这位佣人变成学校的工友，那间房子也变成宿舍。学校把枪交给他，他就把枪放在阁楼上，事前我也不晓得。

五、长眠九泉

一九六七年，孔祥熙院长过世，父亲要我护送老夫人到美国奔丧，那时候还没有喷气式飞机，我们搭乘的是C54专机，这种飞机要飞几站之后才能抵达火奴努努（檀香山），加满油后，还要等待好天气，才能一口气飞完东太平洋到旧金山，在陆地上还要分几段行程才能抵达纽约。孔院长的丧事办完后，老夫人留在美国就医，我趁此机会到加拿大参观“World Export 67’’”。我陪老夫人回台途中，在旧金山接到

◇ 蒋纬国、邱爱伦与养母姚冶诚

内人的长途电话，才知道母亲已经过世了。不过，我在离开台湾之前，已经把事情都安排好了。墓地、墓园已经做好，守丧的房子也盖好了，母亲的墓很像一栋房子，与附近的民舍一模一样，所以根本看不出里面有坟墓。我离开台湾以前，曾经交代过，万一母亲不治，就由我所指定的四个男人将母亲移下楼来，而且不论路线、方法都先跟他们说过，并且交代他们把担架放在救护车上，救护车直接开到墓地，棺材就放在墓穴旁边，在墓穴旁边举行大殓，这些事情都由内人负责。我临走前，还写了一张单子，上面写明方法与过程，他们就照着这些过程来处理母亲的后事。我在旧金山接到内人电话时，第二天，兼程赶回台湾，向父亲报告以后，我就赶到台中，丧礼已经在前一天举行完毕。

母亲年事已高，而且曾经轻微中风，起先还能走动，但是她摔了一跤之后，中风更为严重，无法走动。母亲去世时是七十九岁，那年我五十一岁，所以我在墓碑上写道："辛劳八十年，养育半世纪。"

童年琐忆

一、死里逃生

民国六年前后，我生了一场重病。刚开始，父母亲以为我得了急惊风（因为穿堂风骤然把门窗关上，引起惊吓，而哭闹不停），他们为我请了一位日本医生。这位医生在上海很有名，根据他的诊断，我得的是脑膜炎，可能是被蟑螂传染，但是他也没有治好我的病。果夫夫人看父母亲每天抱着我，便教训了他们一顿："你们两个人究竟是来革命来的，还是来抱孩子来的？为了小孩，你们也不革命，成天躲在阁楼上，就晓得抱这个小孩，抱得活吗？你们又不懂抱孩子，现在又放弃了革命，你们成天在此地苦恼算什么呢！从明天起你们两个都出去做事，孩子交给我，这孩子保得住就保，保不住也就没办法，只好听天由命。”父母亲被果夫夫人这么一说，就出去工作了。当时是上海最乱的时候，党员人数不多，大家分配事情做，忙得很，总理本人虽然没有消沉，但是也实在是一筹莫展。

那时我已经奄奄一息，果夫夫人就到隔壁中药房抓了一副“金老鼠屎”。这种药比普通“老鼠屎”重一份药量，而且用金纸包起来，所以称为“金老鼠屎”，样子跟米粒很像。通常这种药是有人吞鸦片烟自杀时用来解毒的。果夫夫人喂我吃成人份量的一倍，第二天，我就睁开眼睛，也不哭闹了，非常有效。果夫夫人又到中药店去抓了一副成人份量的“金老鼠屎”，吃了以后，我的病就好了。不过，那位日本医生还是继续来看我，让我服用西药，他特别交代了一句话：“这个孩子以后求学的时候，凡是与计算有关的，在初中以前，不能超过一个钟头，在高中以前，不能超过两个钟头，过了高中之后，脑子已经成长完成，就不必限制时间了。”我小时候一向听话守纪，所以年龄比较大之后，听母亲这么讲了医生的指示，就照着吩咐做，一直到高中毕业才停下。真是感谢老天，我的脑子没有因为这场病而受伤，病后的保护也一直很好。

有一年，果夫夫人在台北过八十岁寿诞，席开八十桌，那时我正在高雄大演习，特别搭飞机回来为她祝寿。在寿席间我把当年她的救命之恩告诉宾客，并敬了果夫夫人三杯酒，再跪在地上磕了三个响头。然后我又连夜搭火车回高雄继续演习。

在我的生活过程中有一段痛苦经过，那就是童年时光。

父亲在十六岁时（民前十一年）与毛氏夫人结婚，不过，父亲在出国之前（民前四年）就已经把毛氏夫人休掉了。从前的时代没有所谓的离婚。父亲是一个在农家出生的南方孩子，非常孝顺母亲，如果不是因为家中发生重大变故，怎会忍心抛家离井，到保定北洋陆军速成学校，再说祖母也不会让他离开家，因为对祖母来说，父亲是独子。我的大伯父是孙氏祖母所生，并且过继给另外一房，我的祖母自己所生的，除了父亲之外，还有一个小叔叔，可是他在四岁时就夭折了，因此，父亲在家里是独子。如果不是家里发生重大变故，祖母也不会让他离开，他也不会如此狠心离家。

民国九年，因为祖母有严重的气喘病，父亲要母亲回去侍候祖母，所以母亲就带着我回到溪口。毛氏夫人虽然被休掉，但是没有离开蒋家，祖母就让她住在后面的一个小房子里，因为祖母也需要一个人侍候她。母亲回去后，知道了这个情形，为了侍候祖母方便，便与毛氏夫人轮流侍候祖母，因为祖母当时已经卧病在床，不能起身，于是母亲就把毛氏夫人接到家里来住。没想到她反而跋扈起来，把我们母子两人赶到柴房里去，在一个小小的房间内，一个犄角里养了几只猪，另一个犄角堆着稻草，我们就睡在草堆上。我们回去以后简直是受到很大的虐待。稻草里有很多跳蚤，我常常被咬得周身都是红点，母亲是大人，还能挡得住，我年纪小，没有多久就生病了。当时父亲把我们带回乡下时曾说过一句话：“你们不要搬到大伯那里去住。”从前的老规矩，小叔可以到嫂嫂房间去，但是大伯不能到弟妹房间去，所以母亲不到大伯那儿去，不过白天走动走动是有的。

溪口沿着苕溪边上有一条街，家境好一点的人家住在上街，上街就是溪的上游，我们住在下街，屋名为丰镐房。祖父过世时，父亲才九岁，虽然大伯父已经过继给另外一房，但终究是祖父所出，而且祖母厚道善良，所以分家时还是分给他一份。我们家的财产有玉泰盐店和山坡竹林，玉泰盐店在上街，除了制造酒品外，还卖盐与米，祖母不便抛头露面去看店，便把那家店分给我大伯父，由他去经营，所以大伯父的家境一直很好。竹林生产笋及竹子，竹子可以用来做竹筏，乡下称为竹，一年可以收入四十几元，我们家有一个老长工，一直跟着祖母，我们就保留竹山，由这位老长工看管。

回溪口那一年，我实在病得很严重了，大伯母非常疼我，就把我接回她家去住。大伯父有一子一女，他的儿子大我十二岁，也是属龙的，非常疼我；他的女儿小我一岁，从小就是我的玩伴，我们一起长大，感情非常好。母亲在家侍候祖母，只要一得空，就会来看我。

乡下人非常害怕发大水（来到台湾后，我才知道那是台风登陆），因为从上游会流过来许多尸首，不过同时也会流过来很多箱子。乡民就用竹竿绑上钩子钩箱子，箱子里如果有吃的、穿的、用的，就可以拿来用了，换句话说，大家生活都不好过。

有一年发大水，等水退了之后，我们打开大门出去时，发现有人扔了一个女婴在门口，可能是她的父母穷得养不起她，就把她丢在大伯父家门口。大伯母把她抱进来，就这样，我又多了一个妹妹，她比我小六岁，名为华秀，后来嫁给韦永成。

乡下很苦，很难过日子，我们一年里只有四个月的米粮可吃，其他八个月还得依靠杂粮，幸好可以自给自足。我从小没看过牙刷牙膏，最早也只有蝴蝶牌牙粉，乡下最讲究的方法也不过是将粗盐捣碎，沾在布上搽搽牙。因为大伯父经营盐店，所以我们并不缺乏盐。

祖母过世之后，父亲的经济情况也稍微好一点，就买下丰镐房前面一幢楼房，那幢房子虽然不错，但是也有一两百年的历史，从前开过当铺，屋前还有一座小院子和一间厨房。我和母亲就搬到那儿，那一年是我在溪口的最后一年，而那一年也是水灾最严重的一年。大雨下在四明山，山区的水汇集在苕溪。原本大街有一道河堤，堤坡下就是溪水，堤坡高度大约有两层楼高，那时大水高涨，涨到街上，又溢进屋子

◇ 大学时代的蒋纬国（中）与力大无穷的表兄王世和（右）

里，顶在第一层楼板。

我和母亲到二楼避难时，我顺手抱了一盒父亲买的苏打饼干上楼，头一天我和母亲就是靠着这盒苏打饼干过日子。当天夜里，旁边的厨房倒塌，刚好也有一个火缸没有被压着，随着水流到楼梯口，我们就把火缸拿起来，火缸里还有现成的一缸粥，而且我们也保留了一个火种做饭吃，安全度过了淹水期。我有一个表哥王世和，他的水性非常好，他们住在上街，他的父亲在上街街顶卖鱼。第二天，王世和就从上街街顶一直顺着水游下来到我们家，给我们送菜、肉、鱼及其他东西，送到以后，他还逆水而上游回去。王世和力大无穷，长大后就一直跟着父亲。那一年我和母亲靠着他送东西给我们吃，还靠着那个火缸才有热食吃。

小时候我的教育主要是家教，由王家的五舅公（小舅公）替我启蒙。家乡人都称小舅公为癫子，其实他是很有才气的。他教我识字，替我开智慧，而且还讲很多历史故事给我听。他也教我下象棋，我在五岁时学会下象棋，到六岁时棋艺就已经很好了。此外，他还教我很多东西，我现在不记得有哪些，只记得他样样都教，上至天文，下至地理，其他如历史、数学等等都有。我最喜欢他，他也最喜欢我，他与其他大人都搭不拢，就是喜欢跟我一起。

我的第一位家教老师是陈舜耕的姐姐陈子骥，她是奉化人。陈舜耕到台湾后曾先后担任公卖局局长、人事行政局局长等职。

家乡的乞丐一早出去讨饭时，把他们的小孩留在我家门口的一块小空地上。小时候我常常和这些小乞丐一起玩耍，尤其是冬天，我们都躺在门口晒太阳。有一次他们问我：“你住在这个地方吗？”我说：“是啊！”他们又问我知不知道这间屋里会出现真命天子。那时候我也不懂什么叫做真命天子。有一次父亲回来，我就把这件事情告诉父亲，并且问他“真命天子”是什么意思，父亲说：“那是皇帝，现在怎么会有皇帝呢？”后来他就去问那些小乞丐，小乞丐告诉他是他们的爷爷说的，父亲便问那位长者，那位长者又告诉父亲是他的爷爷说的，他的爷爷则是听一位吴国才先生说的。

吴先生是清乾隆年间人士，他是我们乡里非常有名的才子，有一个关于他的传奇故事不断地在家乡流传。在我们乡里几个村子中间有一座显灵庙，当年显灵庙建造好时吴国才先生选了正午时刻上梁，结果工人怎么拉也拉不起梁来。正在此时，有一位书生带着一位书僮经过该地，他看到工人很辛苦，便和书僮两人一起帮忙，说也奇怪，他们一帮忙之后，一下子就把梁拉起来了。后来书生问工人为何选此五鬼恶煞时辰上梁，工人们告诉他这是本地才子吴国才先生挑选的时间，不会错的。就在此时，吴先生也到了显灵庙，便对那些工人说：“你们还不下跪，皇上来了。”他说完后也跪下来，并说：“请陛下原谅，我来迟了一步。”原来那位书生就是乾隆皇帝。他下江南时路过该地。乾隆皇帝问吴国才为何挑选五鬼恶煞时辰上梁，吴国才回答道：“陛下到了，岂有五鬼！”他连乾隆皇帝何时到达都能算得出来，所以更为神奇，大家对他的话也就确信不疑。这是乡下传说的故事，是否真有其事，我也无法确定，不过他告诉老乞丐，说该地会出现真命天子，现在看来果然是如此，而且还不止一个。

二、迁居奉化

毛氏夫人非常跋扈，我母亲是息事宁人，后来父亲也知道这件事，等到祖母过世后的第二年，就把母亲和我带到奉化去，那年是民国十一年。我们从溪口到奉化就是进城，途中要经过山坡，名为月岭，翻过月岭就到奉化了。母亲坐在轿子上，我走在轿子旁边。轿子是用竹子做成的，重量并不重，由两个人抬，在四川称为滑竿，不过滑竿上可以躺着，轿子则只有一把椅子，用两根竹子抬起来。

我在奉化进幼稚园，与周宏涛同班。周宏涛的父亲很早便过世，他的祖父周镇琴先生为国父管理账务，为人诚实正直，他也很喜欢我。周宏涛也是属龙，不过他是民国六年生的，我们两人同坐一条板凳。在幼稚园里，我开始懂得唱歌、跳舞，也开始过正规的童年生活。

三、再迁宁波

不到一年的时间，母亲和我又从奉化搬到宁波，那时候我已经九岁。对乡下人来说，到奉化就已经是到城里了，到宁波更是不得了的事。我们在宁波租到一幢房子，那幢房子很大，是一栋楼房，不过是一间凶宅，已经有一段时间没有人住。我们因为家境不太好，所以就住在那儿，租金很便宜，一年才九十元。后来父亲下野，总理打电报给“纬国先生”，就是打到这间屋子的。民国十三至十五年，每一年我都从宁波到广州去，在广州住上三四个月后再回到宁波。

搬到宁波时，我又有一位家庭教师，是位女性，年龄才十九岁。她不但教我读书，还教我弹钢琴，因为我们租的房子里刚好有一台钢琴。这位老师还会少林拳，以前父亲曾经教我少林拳，后来就是这位老师教我，除此以外，她还教我达摩剑，这是一种剑术。在我的印象里，她的学问很好，而且人也长得漂亮，身手很灵活。我从她那儿学了很基本的少林功夫。那时候我也开始在腿上绑着铅块来练轻功。

有一次父亲带我去吃炸酱面，从小长辈教我们不能把菜与饭搅在一起吃，所以我吃炸酱面时，先吃一点面，再吃一点酱。父亲看了大笑，他就替我把酱倒在面里面，还帮我把面拌好。我很怀疑地问父亲：“怎

◇蒋纬国八岁时与父亲蒋介石

◇蒋纬国十岁时在宁波

么可以这样吃呢？”父亲就说：“只有炸酱面是这样吃的。”

父亲喜欢看京戏。宁波有一个东方戏院，父亲经常带我和王世和去看戏，我们通常都坐在第一排。舞台上有一排电灯，每个电灯有一个灯罩，灯泡朝舞台，灯罩朝观众席，所以能够照亮舞台而观众看不到灯泡。有一次我发现有一个灯泡的灯光朝外，王世和就过去把灯泡转一转，结果触电了，手沾在上头，人一直抖动，手也拿不下来，父亲就退后几步，用很快的速度把他撞开，他的手一离开灯泡，人也就没事了。我后来才知道为什么没有人去碰那个灯泡，原来那个灯泡会走电。

有一次父亲带我搭乘轮船从宁波到上海去，只要与父亲同行，我们就坐头等舱。那时候头等舱又名大菜间，因为当时人说吃西餐叫做吃大菜。大菜间餐桌上有个电风扇，我不懂其危险性，跳到桌子上后又站起来，结果电风扇的扇页就割到我的眉毛，血流满面，我也惨叫了一声，父亲赶快把我抱下来急救，用纱布把伤口包扎起来。在旅途中，我有一次在甲板上大叫，父亲对我说：“在公共场合中，不可以乱跑、大声叫喊。”我是很听话的，只要长辈教我，我一定会立即改正。

我和母亲出门时坐的是官舱，一个房间可以坐三到四个人，通常有一个阿姨及一位女佣人随行。因为天气很热，所以我们是在傍晚左右上船，在船上吃晚饭、睡觉，第二天上午，船就抵达目的地。

有一天晚上我做了一个梦，早上醒来要跟母亲说梦，母亲连忙阻止，她说：“不能说，要吃过早餐才能说。”正在此时，女佣人为我们拿洗脸水来，她吃过早餐了，便跟母亲说：“太太，我昨天做了一个梦，梦见先生回来了。”我也憋不住了，便跟母亲说：“妈，我也做了一个梦，梦见爸爸回来了。”母亲说：“既然你们都说了，我也要说了，我也梦见先生回来了。我们今天早晨多摆一双筷子，看看会不会应验。”我们说着说着外头正好有人敲门。我一听到敲门的声音，也不管是谁，就一路喊着“爸爸”，并且飞快地跑到门口开门。打开门一看，果然是父亲回来了。

父亲一进门，见桌上多摆了一双筷子，便问我们是否有客人来吃饭，我们异口同声说这位客人就是父亲。父亲也觉得奇怪，问我们如何得知他回来，我们便向父亲说明三人同做一梦，都梦见父亲回来的事情。父亲回来时，带了一篮松花（皮蛋），他就请女佣人去拿两个来当早餐吃，结果我们等了好久，还不见女佣人将松花拿来，母亲便问："娘姨（上海人对女佣人之尊称），先生带回来的皮蛋，你怎么还不拿来？"那位女佣人就说："糟糕，都坏掉了，我都给扔掉了。"其实那是最好的松花，她以为坏掉了，还把它扔掉，实在很可惜。

四、移居上海

后来我们又搬到上海。在宁波、上海，就是我接触现代城市教育的时候。

有一次，王世和带我到上海大世界去玩，那是一处综合性游乐场，有百货公司、戏院、电影院（当时只有默片）。我最喜欢的是一种手摇电影，只要丢一个铜板就可以看了，它是一个铜盒，铜板一丢下去，里面的电灯就亮了，再用手一摇，画面就一张张连续下去，看起来有连续的动作，这也就是最早期的电影。大世界对面有新世界，隔着一条马路，地底下有通道相连。

我在上海经历两件事情，使我深刻体会洋人如何在中国境内造成中国人民的耻辱。第一件事是上海法租界里有一座法国公园，门口挂了一块牌子，牌子上写着：华人与犬不得入内；第二件事是外滩附近有一条大马路（现在称为南京路），马路转角处有一中国人与英国人相撞，那位中国人被撞倒在地上，而英国人则拿着手杖打那个中国人。当时父亲挽着我在街上走，我一见状，就想跑过去帮助那位中国人，父亲将我一把拉住，并且拖回来。他问我：“你干嘛！”我说：“我去帮他忙啊！”父亲说：“不必，你也帮不了他的忙。”

回到家后，父亲就讲道理给我听。他说：“一个外国人和一个中国人走在转角处，谁也没有看到谁，两人互相撞了一下，为什么中国人要倒在地上，为什么不是那个洋人倒在地上？是我们中国人自己不争气，所以我们要好好锻炼身体，把身体练好才是真的。”此外，父亲还讲了精武门（霍元甲）的故事给我听。总之，中国人自己不强大起来，一定会遭受外侮。父亲也鼓励我要好好练功夫，后来我到了苏州以后，便找了一位老师，正式练功夫。

在上海生活的时候，我学会了吃西餐的方法，同时也进入一个现代社会，不再是一个乡下孩子。

五、定居苏州

从民国二年到十六年，母亲与父亲度过最困难的时候。十六年，母亲逼着父亲娶宋家小姐后，就带着我到苏州去。我无意说谁好或是不好，这只是一段革命的实际经过，也是一个重要的关键点。民国十六年，我与母亲到苏州后，就在吴家（吴忠信）的隔壁租了一间房子。很多报章杂志上说我有两个义父，一个是戴季陶先生，一个是吴忠信先生。事实上，我都是称吴忠信先生为吴老伯，我们之间没有义父义子的关系。也有人说我们住在吴家，这也是不对的，我们是住在吴家的隔壁，在同一条小巷子里面，房子是并排的，园子是连在一起的，但是有两个门，中间还隔着一道墙。

后来我和母亲搬到自己盖的房子——南园，该地位于苏州南城。

◇蒋纬国称作『义父』的戴季陶

我在苏州开始接受正规的学校教育，我的武功也继续锻炼，最有成就的还是那一段时间。我练的是少林拳，老师虽然也教我们太极拳，但是只是讲解一些，并不是主要科目，而且我们打太极拳的招式虽然一样，但是融合了少林拳的方式在内。事实上，太极拳分成两路，一路是文太极，一路是武太极，武太极现在已经失传。我从六十岁以后就开始退火，平常只打一些散拳。当年我们学拳的时候，老师就已经叮嘱我们，六十岁以后要停止打整套的拳，所以我有将近二十年的时间没有练功了，如果继续练功，等到生命结束时是非常痛苦的。我现在已经发现右臂经常疼痛，已经请一位专家帮忙我继续退火。

六、随父亲回溪口

民国十六年，宁汉分裂，父亲下野后又带着我回到溪口。起先我们住在雪窦寺，跟我们在一起的还有吴忠信先生。当时雪窦寺的主持方丈是太虚法师，他是全中国最有名的一位佛学家，是佛教界里最受大

◇ 蒋介石（右）、吴忠信携幼年蒋纬国凭吊祖母王太夫人墓

家崇敬的大师。他每天为父亲讲经两个钟头，我就站在旁边听，我对佛学的基本知识就是在那个时候打下基础的。我虽然年纪不大，但是多少可以进入情况。

第三章

求学历程

小学、中学与大学

我的小学教育主要是家教完成的，搬到上海后，我就进入万竹小学就读。北伐军出师后，我转学到上海资源小学就读，时间很短。民国十六年，我和母亲搬到苏州后，我考进东吴大学附属中学，父亲每年都派人带我去与他相聚。

民国二十三年中学毕业时，除了学校的毕业考之外，还有全国大会考。那年是第一次举办大会考，考过大会考后，才算是国家承认的中学毕业。念完中学后，我去考中央陆军军官学校第十期，考完后，我就利用暑假到上海割扁桃腺。我的扁桃腺常常发炎，每次一发炎，整个人就瘫痪了。母亲一直舍不得让我去割扁桃腺，但是我考虑到在军校里面不能因为扁桃腺时常发炎而无法接受训练，所以我就想干脆到上海去割扁桃腺，一劳永逸。母亲的亲戚介绍一位外国医生 Dr.Donloap（登洛普医生）替我开刀，没想到手术时流血过多，医师说我在三个月内不能做激烈运动，偏巧那三个月就是入伍训练的时间，所以我虽然考上军校却无法就学。如此一来，我就要继续考大学，但是我还是想当军人。父亲说新时代的职业军人必须要懂数理，所以要我去念数理，刚好我也喜欢数理。那年，我同时考取交通大学和清华大学，还获得麻省理工学院的入学许可。不过父亲认为当时北方已经在闹共产，尤其是北大，所以北方不能去；上海又太繁华，父亲怕我学坏；而那时大官子弟出国是不为一般群众所接受的，所以也不适合。当初我考大学前，父亲只告诉我要念数理，而这三所学校就是数理最强的，最后商量的结果就是回苏州东吴大学理学院就读物理系（东吴大学法学院在上海，理学院与文学院在苏州）主修物理，副修数学。

我一心一意想做一个职业军官，想进军官学校，所以我不想在东吴大学待太久的时间。物理系的课程分别是大一力学，重点是大二光学，大三是声学与热学，大四学的是电学。幸好这些课程可以同时念，而且没有硬性规定要按照年次顺序来修学分，不过，最重要的是实验室的课程不能跳过，所以我就选了一三五下午及二四六上午的课程，第一年修大一及大二的课程，第二年就修大三大四的课程。我不是一个资质很高的人，但是我求学的方法非常科学，平时在讲堂里听得非常仔细，如果有不懂的地方，即使是下课或是周末，我都要请老师再讲解一次，直到懂了为止。老师上课时讲的内容如果课本上没有，我就会注记在课本上，我还有一本笔记本，记得又快又清楚，凡是老师重复的地方或是特别着重的地方，我就立刻记录下来。我比较困扰的是国文，特别是背的方面，我有一个表哥跟我同班，他念三遍就背起来，我要念二十遍，才背起来，但是我不在乎，无论如何，我都要背起来；英文就不同了，我念三遍就背起来，我表哥念二十遍都还不见得流利。我学过的课程只要有不懂的，我都会多念，直到弄懂为止，因为懂了之后就不容易遗忘了。考试之前，我就翻笔记，第二天考试绝不成问题，成绩最低也有八十分以上。结果我只用两年的时间就把物理系念完了，学分不足的部分，我就利用暑假来补足。可是学校没有两年发文凭的规矩，而且那时候我自己也太骄傲了一点，我跟学校说："我不在乎你的文凭，我要去拿军校的文凭。"事实上，我的确只在乎军校的文凭。

学校当时已经有军训课程，我们有一批同学逼着学校为我们聘请严格的教官，结果学校被我们逼得换了三次军训教官，最后一次我们才满意。那位教官教导我们的时候比带领军队还凶，要求很严格，我们只

◇1930年蒋纬国随父在河南观战，在父亲教导下立志学军

要有一点不合乎规定，就要重新再做；同时我们也排定出操时间，教官训练我们的时候还特别挑地点不好的地方让我们卧倒。

我以两年的时间修完物理系的课程后，就跟父亲说："我现在可以进军校了吧！"父亲说："一个现代军官必须要懂得政治、经济，你再回文学院，从大一念起，念政治、经济。"于是我又进文学院，主科修政治，第一副科修经济，第二副科修社会学。东吴物理系两年毕业，主科物理，副科数学；文学院，主科政治，第一副科经济、第二副科社会。学期中间，刚好中国与德国之间有个以物易物的交易，我们拿麦子、棉花、桐油、钨矿砂等物品跟德国换取当时德国自己使用的武器装备，那些装备是全世界最好的。莱谢劳将军（General Von Reichenau）刚好到中国来，同时国内也开始训练新军，父亲就把我交

◇把中国民间小调改编成爵士乐

给莱谢劳将军，学校课程还未结束，我就到德国受训去了。

到德国之前，我已经在暑假期间受完预备军官训练，成为少尉预备军官。我在暑期做的事情，恐怕比正式上课期间还要多，有人问我：“你在搞什么名堂？”我说：“反正暑期闲着也是闲着，干嘛把它浪费呢？”我们甚至还组织一个乐队，大约有五六人，每一个人都能兼顾几样乐器，我的主乐器是夏威夷吉他、斑鸠琴、小喇叭以及手风琴。我们这个乐队蛮疯狂的，经常在苏州电台的一个夏威夷音乐节目中表演，而且那时候刚好流行夏威夷音乐，我们不仅演奏还有演唱。我把中国的评剧改编成爵士音乐，中间还加了很多过门，我到现在还记得第一次改编的曲调；同时又把中国小调变成爵士音乐。此外，我也把打牙板变成爵士音乐。

除了音乐以外，在暑假期间，我还额外补习弹道学、比较宗教学，这些都是学校正式课程里所没有的。我做这些事之前都跟父亲报告过，父亲说："你不要吃多嚼不烂。"我说："我能吃多少就嚼多少。"

留学德国

一、赴德旅途

我到德国去的时间是民国二十五年冬天，在西安事变之前。记得在西安事变发生之后，我曾经写了一封信给父亲，在信里为父亲打气。我在信中一开始就跟父亲开玩笑（我是家里比较顽皮的，但是我是"调皮不捣蛋"，父亲也是朝这个方向来引导我，不是我自己发明的），我在信中说："父亲，我非常抱歉，我实在不应该出国，我一离开以后，国内就出乱子了。"四年后（民国二十九年），我回国时，父亲就问我回国后有何感想，我说："父亲，我知道我不应该离开的嘛，你看我一走开，你们就搞得乱七八糟。"父亲也是哭笑不得。我在父亲旁边，让他能够得到一点轻松的调剂，恐怕家里面也只有我能够做得到。

二十五年十月底，我在上海上船，船经过马来西亚，顺着马来西亚半岛往上走，先到达槟城，第二站到巴拉湾。十月三十一日我在巴拉湾打了一个电报给父亲：我在"不老湾"向父亲祝寿。船通过巴拉湾又穿越印度洋，先后经过锡兰、孟买与哥伦巴斯，然后从哥伦巴斯进入红海，穿越苏伊士运河。苏伊士运河南端的城市是苏伊士，北端则是Port Said（波特赛港）。我就在苏伊士弃船上岸，几个同船的人合租了一部汽车，一行人就到埃及看人面狮身像、金字塔，还到开罗参观博物馆，最后经过亚历山大港到 Port Said 赶上原来那班船，所以我没有看过苏伊士运河。听说该运河是一级一级高起来的。

我每天在甲板上的游泳池游泳，从 Port Said 上船以后，第二天一早我又到船上的体育馆练习骑马（假马）。体育馆的管理员是一个德国人，年龄约二十出头，我记得他的名字是 Arshm，我称呼他为阿兴，我向他学斗剑、游泳、拳击。那天早晨，阿兴问我："你今天还想游泳啊？"我说："怎么，不可以啊？"他就叫我看外头，我从船舱一直走到最上头，看到外面大雪纷飞，与我们穿越红海到埃及时看到的景象相比，完全是两个世界。我问阿兴："为什么不能游？"他说："你要游，我陪你游。"结果游泳池里只有我们两个人在游泳。那年我二十二岁，健康情况良好，尤其我割了扁桃腺以后个子还长高了一些。我没有割扁桃腺以前，个子又矮又小，民国二十三年夏天到二十四年夏天，我的身高增加了四英寸半。

在赴德的船上，我遇到了一位东吴的老同学徐维铸，不过他住二等舱，我住在头等舱，见面机会比较少。我在船上还认识了一位德国长者，他为我补习德文，我从来没学过德文，他非常热心，每天教我，我也很用功。不过他不知道我的身份。

当船抵达地中海时他问我一个问题："你对于希特勒压迫犹太人，甚至赶走他们、暗杀他们的做法，有什么感想？"我这个从乡下出来的单纯小孩，对德国根本一无所知，不过我知道犹太人被压迫这件事，因为上海来了很多犹太人，他们都是从德国逃出来的。但是我的脑子里从来没有犹太人在哪一个国家就是哪一国人的这种知识，我只知道犹太人是一个人种，而且是一个宗教种族，不是一个犹太国。我的德文老师如此问我，我当然站在德国这一边，所以我就回答他说："希特勒是了不起的，他做得很对。"结果我的德文老师说他就是犹太人。我很快地将话锋一转："对呀，我知道你是犹太人啊，以犹太这么优秀的一个民族，他想再住在德国的话，德国人还有机会混吗，除了把你们赶尽杀绝之外，我看希特勒没有第二个方法，所以这是最有效的方法。"我在上海结识了一些犹太朋友，我觉得犹太人的想法和我们中国人很相近，尤其是生活习惯与家庭观念。我称赞犹太人以后，我的德文老师特别得意，他说："你说对了，如果我是希特勒，我也只有这个办法。"经历过这件事以后，我就告诉自己，身在国外不要乱说话，没有弄清楚情况之前要多看看苗头，以免说了不该说的话。

这位老师是个大学教授，他念过七十余部中国古籍，包括经史子集，学问非常好，专门研究中国的哲学。德国人是西洋人里最早研究与接受中国文化的，中国的《易经》也是德国人先接受。莱布尼兹首先欣赏《易经》的"二进法"，"二进法"与电脑的关系是他先发现的，他认为《易经》是建立在二进位的逻辑上。

二、滑雪经验

十一月十九日，船抵达马赛，我从马赛坐火车到巴黎，再从巴黎换火车到柏林。到马赛来接我的是驻德大使馆的二等秘书，他一路上招呼我，帮我买火车票、订旅馆、付饭钱，不过这些都是用我的钱支付的，而他却把发票都收进自己的口袋里，回到大使馆后又可以报一笔账。从此我开始了解官场里面贪污的情形，不过我没有举发他，平时还是很尊敬他。

一九三六年奥运会在德国首都柏林举行，但是当我抵达德国时，奥运会已经闭幕了，我就赶到德国南部观赏冬季奥运，没想到等我赶到时，冬季世运也闭幕了。我想既然到了南部，即使没有看到奥运，但是我可以学习适应环境，于是我就在当地学滑雪。我到德国南部时还有一位朋友随行，所以我请了一位私人教练教我们滑雪。我的朋友学过几次，但是并不如我滑得好。那位教练是阿尔卑斯山的山民，他不仅对路线熟，而且也非常清楚雪性，最重要的是他会随时讲解给我们听，这次的学习，对我尔后参加山地兵的训练有很大的帮助。

第一天我要出去滑雪时，在山屋外面看到一对年轻夫妇，听他们讲话的口音就知道是美国人。他们穿着泳衣在外面晒太阳，虽然当天没有风，晒晒太阳非常暖和，但是在高山上紫外线很强，长时间曝晒非常危险，我就告诉他们："Don't expose yourself more than two hours, it will kill you."他向我招招手，对我表示谢意。等到我们中午滑完雪回来时，我发现他们居然还在那里晒太阳，我心里想：完了，他们已经晒了四个钟头。我问他们这段期间有没有进去过山屋，他们说晒着太阳很舒服，所以一直在那儿，没有进去过。我告诉他们，下午一定会全身起水泡，同时我也责怪店主没有警告他们。到了下午喝茶的时候，他们两人开始发烧，我们就连夜雇了马车，将他们两人送到城里的医院治疗，至于结果如何我就不知道了。不过一个人的皮肤如果超过三分之一以上不能呼吸时，是非常危险的，很有可能会致命。

我的运动细胞很好，学习能力很强，不过却在一次滑雪途中出了一点小意外。那一次，教练带着我们滑雪，地点是一个很大的山坡，我们朝斜的方向往下滑，要转弯到另一个山坡，那天还下着雪，所以我们要赶紧跟着教练滑雪板的痕迹，否则时间一久痕迹就不见了，不过，如果我们跟不上，教练也会回头来找我们。我的朋友在转弯时摔了一跤，因为刚刚下过雪，比较松软，所以他摔倒后留下一个大洞。他爬起来又继续滑，我紧跟在后，才转弯滑雪板就插进刚才那个洞里，两只脚扭转了一百八十度，痛得要命，但是我还是赶快爬起来跟上他们，当天晚上脚就肿了。回到山屋时，我就用剪刀把滑雪鞋剪开，第二天坐马车下山。

三、学习德文

回到柏林后，我遇见了谭伯羽（谭延闿之长子），父亲写了一封信给他，拜托他照顾我。他比我大二十岁左右，对我非常照顾。我抵达柏林时已经接近过年，他介绍我进入柏林大学的语言先修班。这个德文班是个浓缩型的教授法，我也特别用功，虽然每天只上半天课，但是我每天都要花八至九个钟头念德文。

学校没有提供宿舍，所以我就在校外租房子住。我的房东是个意大利人，夫妇俩没有孩子，原来有一个侄子与他们住在一起，后来被他们赶出去，我就住在他的房间，有一间卧房、书房和一间浴室，居住环境很好，这在德国是很难见的。德国人只要家里房间有多余的，就会把房间租给人家，但是不会有这么好的环境。房东太太也是意大利人，当年已经四十六岁，她登报时指定把房子租给一个到西方念书的东方孩子，我看到报纸启事，觉得不错，就去向他们租房子。房东太太特别喜欢我，爱我像爱自己的孩子一样。我每天上课前和回家后，她都会亲亲我、抱抱我，所以我的衣服上常常会有黄头发出现。别人看到就说我一到德国这么快就交上女朋友了，我说对方的确是女的，但不是女朋友，我是很快的就找到德国妈妈了。她真的对我很好，除了每天跟我讲德文外，还给我很多篇短文，这些短文有些是笑话，有些是名人的演讲摘要，所以，我除了在柏林大学学德文之外，回到住处还有房东太太的教导，因此我的德文进步很快。我把她给我的演讲稿背得滚瓜烂熟，房东家里有客人来时，他们邀我一起聚会，房东太太就会说："Wego（我的德文名字"Wego"是安国哥为我取的），演讲一段给我的朋友听听。"

我就真的像演讲一样，说给他们听。把演讲稿背熟了以后，这些文章就等于是自己的，对于学习语文来说助益很大。我在柏林大学语言先修班学习德文的时间只有四个多月而已，很快地就毕业了，也没有再进一步地去念高级班，因为高级班教授的是德国文学，我觉得没有必要再升级。

念完语言先修班后，我首先到德国一位伯爵夫人处，她喜欢中国以及中国孩子，所以她时常找中国孩子到她家里住。她的房子很大，花园也很大，居住环境非常好。她特别找我去，我在她家住了四个多月，她教导我德国上层社会有关衣食住行各方面的礼仪。德国社会很保守，很讲究礼仪，伯爵夫人是德国上层社会的一个典型人物，我能够受到她的教导，实在很幸运。另外一点，如果我们同时有几个中国人住在那里时，伯爵夫人不准我们讲中文，只能讲德文，所以在那期间我的德文又精进不少，而且生活习惯完全改过来，变成一个欧洲上层社会的人。

四、入伍训练

基本训练

德国的军事制度中，入伍教育与军官教育是衔接的。入伍教育的课程是从单兵动作到班、排的小战术训练，属于战斗阶层。在入伍时，入伍生（军官候补生）除了平时军事训练之外，还要再加强排、班的小战术。这是非常重要的，因为到了军官学校之后，便要接受营连战术的教育。入伍训练时，从战斗到勤务都要加以学习，要了解所有的武器及装备，还要学习连的行政事务。

德军的入伍训练中，有一点是要特别加以重视以及强调的。他们的训练一开始就是班教练，而各个教练是在班教练里面完成的，让士兵在一开始就有全班性的概念，培养自己是班里的一员的习惯。换句话说，就是训练士兵如何协同作战，如射击及前进时相互掩护。当军队接近战线时，在敌人火力下，一个班只准一个兵前进，其他都是火力掩护，后面的先跃进，在状况许可之下，可以有两人一起行动，但是人数不能再超过。火力掩护者不需要一直使用武器，只要有准备，前进的人就能得到安全的保障。德军如此的用意是训练军队团体行动，不塑造个人英雄。不论搜索、攻击、防御都要在班教练里面完成，这种训练是我们所欠缺的。

在战场上接近火线时，应该由一排掩护、一排前进，接下来由一班掩护、一班前进，到了最后就是各个跃进。跃进时，一个班里面只有一个兵在跃进，其他的都是火力掩护，这点我们做到了，但是撤退时，我们没有做到各个跃退。我们的长官只想到由一个连掩护另一个连撤退，试问掩护完后，原先负责掩护的这个连该如何撤退呢？同样的情形，当一个排掩护其他排撤退、一个班掩护其他班撤退之后，他们该如何撤退？所以跃进时应由后面先跃进，跃退时则由前面先跃退，一个班如果已经剩下七个人，就用七枝枪先掩护一个人撤退，再掩护第二个人撤退，如此一来，这些人才能安全撤退，否则就会做无谓的牺牲。国军没有专门的人来教导各个跃退，在战场上也不会使用，德军则把此视为重要的科目。

单兵教练在班教练里完成以及各个跃退的训练，是德军的特点，而且是非常重要的。

入伍生称为军官候补生，主要课程就是学习单兵、班、排的小战术（小部队的战术），除了白天出操外，晚上还有入伍生导师为我们补课，讲解许多基础的课程，例如班、排小战术。等到入伍一年后，最基本的班、排、伍战术都可以运用了，例如各种地形的攻、防、退、追、遭遇等。我发现其中有一个科目是我们国军所缺乏的，那就是在宿营或行军中遭袭后突然发起攻击，也就是在一个口令之下，将行军时的三行纵队立即散开，成战斗队形。通常行军间呈战斗队形时，速度会比较

◇ 留学德国时期接受了严格的军事训练

慢，如果在公路上行军，一个钟头只能走十公里，所以必须成三行纵队行军，但是在行军间如果突然受到敌人的攻击，我们必须立刻从行军队形转变成攻击队形。国军如果有这种训练，中伏的机会就会减少。总而言之，在行进中要能够发起攻击，在宿营中也要能够发起攻击，这两种都称为奇袭，对我们很有帮助。我回来以后就介绍给国军。

军官候补生晚上要学习连的行政事务，例如如何领款、领弹药、领零件、领被服，还要学习如何送伤患，这些都是连里面实际的行动。班长如果每天带着部队出操，一定会吃不消，所以德军的规定里，教育班长是一周轮值一次，勤务伍长是每天轮值一次。编制内的士官不一定每天与我们一起出操，他们有专门的士官讲堂，由全连的军官分别授课。课程排定后，由军官教导士官，再由士官教导士兵，较为机密的课程则不必教导士兵。例如我们攻击波兰，士官必须清楚波兰碉堡的构造；如果攻击苏俄，也必须清楚苏俄的情形，这种都是机密的讲堂，外国学生不准参加的，但是我穿的是德国军装，算是德国人，所以我也上了课。

德军的规定里，二等兵的名称为二等射手，二等兵当一年后就升上等兵，名称为自由人（德文），袖子上是一个三角形。上等兵不仅没有人来管，反而还要去管别人，担任连里面很多管理工作，如教育班长、内务班长。尤其在下班后，士官都回家了，就由内务班长来管理。没有资格升上等兵的就升为一等兵，一等兵的袖子上是一个菱形，没有资格当内务班长或教育班长。这是德军制度里较为独特的。

在德国，上等兵与二等兵又有另外一个名称，称为上旗手与下旗手。到了军官学校以后就变成下士，过了半年升为上士，年资够但没有资格升为上士的就升为中士。这个制度在国内从来没听过。但是它的确有道理。我曾经写过一篇关于德军制度的报告，父亲非常欣赏，也交代陆军总部加以研究，但是陆军总部研究之后没有任何答复。我们常常有很多事情一经拖延就消失于无形了。我在第一师当连长时，曾经把我在德国学习的方法一一加以运用，连里面一个空缺都没有，而且还多了两个人，他们是来了之后不肯走的。所以并不是不能实行，而是没有人愿意去做。

德军的规定是一个星期打一次靶，每次打五发子弹；美军则是规定一年内子弹的消耗量，每次打靶时并不限定数目，能打多少就打多少，一下子就打几十发，打完以后又要隔好长一段时间才打靶，这种训练没有德军来得踏实。

受训期间，我们唯一的娱乐就是在检查清理装备及整理内务后到俱乐部喝杯啤酒，聊聊天，轻松一下。所费不多，只要二、三块马克就够了，所以德军规定皮夹里不能超过八块马克。如果皮夹里的钱超过八块马克，而又不幸遗失，失主也不敢告发，因为自己已经犯了规，一旦告发，反而还会遭致“引诱德国人破坏记录”的罪名，罪加一等，所以在部队里面从来没有偷窃的事情发生。每一个连里面都有一个军需士，我们的钱可以放在军需士那儿。

连里面有军需士、被服士、军械士，管理非常整齐。德国的营房都是三层楼的建筑，地下一楼是用来放军械的。连士官长住在一楼犄角处的套房，妻小也住在一起，平时这栋楼就由他来管，士官长的太太就像妈妈一样，大家相处起来就像一家人，非常温暖。

山地兵训练

德国的规定是要先入伍才能进军官学校。入伍训练只有一年，不过是真正在部队入伍，方式是在每一连里面插进一二个入伍生，让入伍生能够领略部队的生活。我被分配在山地兵第一师第九十八团第二营第五连。

我参加山地兵最重要的原因是我觉得它是兵种里面最艰苦的，如果我能够在德国的山地兵接受一年的艰苦训练，并且通过考验的话，我回到国内后，什么部队都难不倒我了。山地兵的背包比一般军种还要重。一般军种的背包是二十五磅，山地兵的背包是四十五磅，再加上武器、弹药、十字锹、防毒面具等，一个人身上大概要背七十磅的东西，所以一场行军下来是非常辛苦的。每当快熬不住的时候，我就想："总比国内那些在火线上的人安全多了。"就这样慢慢熬过来了。

我曾经受过攀登训练。在山地兵训练的过程中，并不是每一个人都要接受攀登训练，大约有九分之一的人接受训练就够了，因为有人攀岩上去后，就会丢绳梯下来，其余的人爬绳梯上去就可以。至于接受训练的资格则是身体强壮以及行动灵巧者。

凡是一个连无法展开的山脊线或山谷底，就称为山地。山地战术是非常重要的，而且其编制也与其他部队不同，一般编列在营部队的重武器，在山地兵则编列在连里面，因为山路太狭窄，临时配属到连里面会来不及，所以山地兵部队都是把重武器往下配给，团武器配在营部，营武器配在连部，以下依此类推。例如一个营有三个步枪连，一个重兵器连（机枪、迫击炮），可是在山地兵的武器配制上，重兵器是属于连部的。山地兵的作战正面也比一般部队散开，其通信工具也不同。山地兵使用的是回光通信器，如同打电报一般，用灯光来传递信息。虽然两个山头距离不远，但是常常要花上一天的时间，才能从这个山头走到另一个山头，所以要用回光通信器来联络。后来慢慢改善之后，也用红外线通信器来传递信息。

山地兵喝水的纪律是相当好的。当我们在山地行军时，休息时间只能喝一格水。如此限制，一是因为水源不够，二是喝太多反而会发烧，身体吃不消。山上行军时体力消耗得很厉害，汗流浃背，一停下来，山风吹来又觉得特别冷，这些都是山地兵平时要训练的。山地兵行军消耗水份多，但是又没有得到适当的补充，很容易便秘，所以要经常排泄，免得排泄物停留体内过久，将水分吸干之后，造成便秘。到了晚上，不论有没有水，都要把鞋袜脱下来揉一揉，如果有水，就把脚与袜子烫一烫，即使没有水洗澡也要洗脚。这点中国部队都做到了，因为中国部队机动的唯一本钱就是这两条腿，所以对脚的保护特别重视，其他行业如轿夫、挑夫也一样。

重兵器连里有重机枪、迫击炮，还有两门轻步兵榴弹炮，这是山地兵独特的地方。每一个班都有两门，此外还有枪榴弹，等于是手榴弹，只是用枪打出去。

我在入伍训练时参与了两次军事行动，在第一次行动时就让我领略了德军行动的精确性。德军军营里有专门保管枪的地方，在宿舍的门口有一个枪架，枪架上方有一个缺口，下方有一个枪座，可以放置枪托，而枪架呈四十五度角，当士兵出门时就可以顺利拿枪。这些枪平时都不是实弹枪，实弹枪都放在地下室，由军械士管理。当我们进军奥国的时候，第一次行军走了九十五公里，穿过阿尔卑斯山，在一天

◇德国慕尼黑军校留学时的蒋纬国

之内就到达。我们的行军纪律非常好，保持预先规定的距离，当我们在阿尔卑斯山山脊停下来吃午餐时，发现旁边有一堆堆的弹药箱摆在路边，其距离跟我们连排之间的距离是相等的。它是按照我们连、营、团的行军长径摆的，而我们的行军一点误差都没有。我们吃过午饭后，就在旁边的弹药箱拿弹药，那时候才拿到真正的弹药。

当时我的阶级还是上等兵，虽然在中国我是少尉阶级，但是在德国我是重新入伍，称为军官候补生。当军队在休息吃饭的时候，我奉命带了二个连上的兵到边境上侦察。侦察完之后，我就写了一个简单的报告，画了一张简单的要图，派了一个上等兵向营长报告。同时我也在第一线吃完我的午餐。最后按照营长告诉我的时间，向部队招手，部队就前进了。

这次的进军，造成德奥合并，而且事实上奥国人很欢迎德国人。当时山地兵并没有进入奥国，只在奥国边界。

我第二次参与德军的战役是夺回捷克的周边领土，叫做苏台登区。德国与奥国合并之后，上有东普鲁士，下有捷克，捷克下有奥国支撑，拿下波兰实在是轻而易举的事。德军进攻波兰时，采用三个钳形攻势，八天就打下波兰，这个战略就如同当年俄国侵略东北所采用的战略，也是采取三个钳形攻势。

五、军官学校

德国一共有五个军官学校，他们的习惯是北方人进南方的军官学校，南方人进北方的军官学校，其目的是让子弟多了解德国。我受完入伍训练之后，就被分配到慕尼黑军校。德国的军官学校只训练一年，但是实质上比我们训练三年还要扎实。

军官学校的课程就是反复训练营连战术，所以每一位毕业军官对于营、连、排、班、伍战术都充分了解，并且了解团以下之火力支援以及装备。例如通信，到现在我还记得如何打电报，不论用音响、旗号、无线电都可以。在营连战术里面，除了战斗之外，其他如军队勤务、营教练计划、射击场管理、伤患照顾、后勤补给等事，都是实际运用，如果只把战术讲得天花乱坠而没有实际运用，等到行动时就不知道该如何把弹药送到战场，也不知道在敌人火力下如何行动。我在大陆时，曾经写了一篇《步兵班在战场上如何节约兵力》，内容就是包括以上所说的。

我在德国军官学校受训一年，从来没有拿过枪，我们的上课地点不是在讲堂里就是在野外。每个班里有个班主任，通常由少校担任。在

◇ 与班主任在教室合影

上课时由班主任先描述战况，我们以营长的身份来做纸上作业，先写下要点，由主任收集起来，再从中抽出一张，被抽到的人就向全班作口头报告。然后班主任就综合一个案子，假定一个构想，再分配职务，以自己被分配的角色来构思战术，报告完后，由大家批评，所以这种课程始终是让我们应用。

传递信息与确定位置是作战时相当困难但是也是最重要的事。当军队在第一线时，我们利用一个小型的竹筒，用发射的方法，传令到师部，因为在火线上，士兵不能随便走动，一站起来就成为枪弹的目标。另外还有一点也很重要，就是如何让后方军官知道我军的第一线身在何处。那时候我交给每一个班的正、副班长每人一面指挥旗，这面指挥旗是长方形的，一面是迷彩，另一面是红白相间的小方格，非常明显，平时折起来成为正方形。在没有敌情状况之下，反过来折为红白相间的小指挥旗；在第一线时，就把旗帜拉开，往地上一插，迷彩面对敌人，红白相间面对我方，后方一看就知道第一线的前沿在何处。作战时，如果连长、营长都不知道自己的第一线在何处，这场战役打起来是很辛苦的。

至于晚上的联络方法在白天就已经标定好。如果白天没有准备，到了晚上行动时是非常困难的，只能一字队形，后面的人拉着前面的刺刀鞘，有一次我们行军就是这样子走。美军有一种装备荧光条，以备夜间作战使用，他们把荧光条套在脖子上，在二十五公尺以内可以清楚看见。距离远一点则看不见，所以不必担心被敌人发觉。夜间作战是小部队作战，不是伍就是组，除非有良好准备，才用一个排作战，否则在夜间作战的原则是以静制动。有一次我带领战车部队作战时，在后方烧两堆火，每一辆战车都向后方标定，确定自己的位置。在展开之后，他们始终保持与火炬之间的角度，中间并保持五十公尺的间隔，那一次相当成功。不过白天要着重侦察，晚上作战才能有把握。

德国的团装备有一五五炮，营里的重兵器连有七五炮，山地兵有很多骡子与驴子来运送武器。有的团甚至还有八八高射炮，这种高射炮有一个瞄准镜，从两头看出去，由交会点就可以算出距离，再由仰角算出高度，由高度与距离的变化可以算出速度。如果八八炮缺乏瞄准镜，就没有用处可言了。德军在入伍时，不论工兵的装备、通信的装备、兵工的装备都要学，所以到了军官学校后，不像我国的军官学校还有基本训练。

德国的军官学校学生要学习骑马、跳舞、剑术，才能成为真正的军官。这些科目我都学得很好。一位军官会开吉普车没什么稀奇，而且坐在吉普车上的威风与骑在马背上的威风相较之下，实在逊色很多，养成的性格也不同；同样的，打手枪与斗剑所养成的性格也不同。我最得意的是那一年放暑假时，我到柏林去向一位很有名的剑术老师学习一个月，等我回到慕尼黑军校与老师斗剑时，可以说是所向无敌，而且三两下就把老师手里的剑打掉了，旁边观看的女孩子也疯狂地叫喊。

希特勒曾经召见军官学校学生，我也是其中之一。在德国那段时间，我见过希特勒三次。我与其他高级将领也见过面，但谈不上有交情。我与莱谢劳将军比较有联系。

后来我到 LEIPZIG（中文译名为莱比锡，听说蒙古西征时一直打到莱比锡，主将拔都骑在马上，手里拿着长枪，啪的一下就把守城指挥官的脑袋敲下来），待在第七军团。军团完整的名称叫做 army courp，我们现在把 army 称为军团是错误的。我们的编制是师—军—军团，德国的编制是师—军团—军，而且是野战军，所以他们的集团军比我们高一层。第七军团是一个摩托化与机械化的部队，所谓机械化与摩托化的不同处，在于摩托化部队在战斗时要下车，在车上就可以战斗的称为机械化，例如战车部队、装甲车。我在第七军团当了几个月的见习官，他们一方面派专人为我介绍德军的编装、战术思想，让我进入状况；另一方面，Courp 属于一个战略阶层，所以他们也为我讲解野战战略。我另外有一个基础打得很好，我在国内时不过是个预备军官，到了柏林后，他们派我当蒋百里将军的侍从官，我在蒋将军身边两个多月，他一有空就跟我聊天，他也听别人说过我对德国的关系，所以他特别喜欢我。

我在军官学校毕业后被分发到奥德河畔的步兵第八师，该师是山地兵，靠近波兰前方。当时德军预备向波兰发动钳形攻势，两翼采取攻势，我们的基地是口袋底，任务是守势作战，在德军向波兰发动攻势后，预防波兰军队突穿口袋底。我自慕尼黑军校毕业后，先到柏林，再从柏林出发，预备到波兰边境。就在那个时候，我接到国内要我离开德军回国的命令，时间是一九三九年八月中旬。德国在九月一日攻打波兰，而我则在九月十六日离开欧洲。我先在柏林住了几天，然后到比利时、荷兰，我在阿姆斯特丹搭乘一条德国轮船，从荷兰到美国纽

◇ 在德国军官学校被训练成一个骑马、跳舞、剑术全能的军官

约。因为苏伊士运河已经封锁了，无法直接从欧洲回到中国，所以先从大西洋到纽约，再从太平洋回来。

我出国前已经是少尉预备军官，到德国后，我重新入伍，再进入慕尼黑军官学校，最后以德国陆军少尉的身份离开。我在德国留学时，欧洲的风尚相当保守，男女朋友连手都没有拉过，我们在德国过了一段相当正常的交友关系。我收获最大的就是在柏林大学读了四个月语言训练班，成绩远超过在国内学习十年。此外我在伯爵夫人家学习到欧洲一切生活教养的习惯，也是我在德国重要的收获，这是一般留学生无法接触到的。

赴美受训

一九三九年，我在荷兰上船，准备搭船赴美，结果在比利时遇见蒋将军的三小姐，其实我们只见过两次面，但是因为有人要为我们说媒，所以印象比较深刻。当时我没有答应，因为我认为我回国后当一个排长，一场战争打下来凶多吉少，我又何必不负责任地制造一个寡妇呢，所以我不想结婚。现在回想起来，我觉得我的选择是对的。

离开德国后，我到了美国，预备从美国回国。没想到到了美国后接到武官军事委员会传过来的一个命令，我国有一位空军中校蒋孝棠奉命到美国视察空军学校教育、后勤管理与部队训练，因为这位中校英文不太灵光，所以上级临时派我做他的随从官。他是我们蒋家孝字辈的，换句话说，他是我的侄子，但是在阶级上，他是中校，而我只是少尉。

美国当时没有独立的空军，只有陆军航空队、海军航空队，我们大

◇ 在美国陆军航空队的空战训练班感受美式军事教育

部分都是参观陆军航空队，不论学校、部队或是工厂都有，他们的工厂大部分都是民营的，我们也参观他们的后勤及电信设备，从西岸一路看到东岸。这位蒋孝棠中校，他比我小一辈，但是阶级比我高，他是长官，我是随从官，在外头，我为他开车门、点烟。我们每天参观各处设施实在很累，所以回到旅馆后，我就往沙发上一躺，对他说："孝棠，倒杯茶来！"后来有一个美国人发现了，就问我们到底是什么关系？我就说："在家里，他是侄子，我是叔叔；在外面他是中校，我是少尉。"那个人就说："你们倒是公私分明啊！"就这样，我与空军结了缘。

参观行程结束后，孝棠就回国了，我奉命进入美国陆军航空队的空战战术训练班受训。在我之前，还没有一个中国军官进入美国空战战术学校受训。这个训练班是个独立的学校，后来正式成立空军之后，统称为空军大学（Airforce University），而此训练班也成为其中之一的班次。

一般人都说空军战术，事实上这种说法是错误的，应该称为空战战术，陆军航空队、海军航空队都要以此为标准。空战战术包括驱逐战术、轰炸战术（重轰炸、轻轰炸与低空轰炸）、侦察战术以及地勤，我在此训练班得到完整的训练，毕业时成绩相当不错。

训练完后，我向国内请示，经过同意后便到美国陆军装甲兵训练中心受训。那时候美国尚无装甲兵训练学校，只是一个装甲部队的训练中心，而且美国那时候也没有装甲师，只有步兵战车、骑兵战车，把战车当成步兵与骑兵来使用，只能视为步兵里的重武器而已。当时欧洲已经开战了，美国也开始军事动员，要训练装甲车单独作战，所以要编练装甲师。当时正好美国要编练成立第一个装甲师，他们邀请我去当顾问，想从中了解德国装甲部队的编练与使用。我在此中心待了四个多月，帮助美国成立装甲师，时间是一九四〇年。从战车排一直到装甲师，帮他们完成编训，并且帮他们写教范。他们要我公开在讲堂上课，我加以拒绝，我告诉他们："我在此地帮你们编训是一件秘密，我如果公开讲课，如何对德军交代，我可以在办公室里与几位负责的人谈话，交换意见。"所以我就帮他们编练装甲兵战斗、通信、后方兵工保养、工兵架桥，一直到装甲师演习。不过我的阶级还是少尉。

美国装甲师编练成功之后，举行了一次演习。美军对我相当器重，虽然没有付我薪水，但是在演习时，他们让我担任师部副参谋长。有一位三星将军 Charfee，他是装甲兵训练中心的指挥官。这个人很好，我每天与他至少见面两次，上午一次，下午一次，有时候还到他那儿吃晚饭。他时常跟我讨论，对我帮助很大，因为透过讨论，我才能回想起以前所学种种，也能把过去的经历点点滴滴组织起来。不过我回国后，仍然选择到步兵部队。

那一次演习中，我负责策划后勤。在白天，有关作战的由参谋长负责，我也给他很多建议。到了晚上，当他们都休息时，我就通宵策划后勤补给。那时候的补给分成五类，第一类是食物；第二、四类是零件、整件；第三类是枪药炮弹；第五类是汽油。我把他们的后勤体制建立起来，对我而言算是一个历练；对美国而言，也总算帮助他们完成装甲建军。接着我就接到要我回国的命令了。

学成归国

民国二十九年十一月，我回到国内，距离出国时间整整四年。期间没有机会回来，因为那时候没有越洋飞机。那一年是第一次有水陆两用飞机从西太平洋飞到亚洲，所以我先从美国坐船到檀香山，到了檀香山后再换飞机。那架飞机名为飞剪号，有四个发动机，是水陆两用客机。那时候还无法直达亚洲，飞机从檀香山起飞后要先后经过威克岛、中途岛、关岛、马尼拉，最后才到香港，然后还要在香港换欧亚航空公司的飞机到重庆。那种水陆两用飞机不是很稳定，如果飞机在两站的中间点之前坏了一个或二个发动机，飞机又得飞回前一站，如果飞机飞过两站之间的中间点，就继续往前飞，如果坏了三个发动机，我们就得扔箱子了。我们从檀香山出发，前后一共有二次返回檀香山，第三次起飞后，通过中间点之后飞机已经坏了两个发动机，我们又继续飞到威克岛。可见那时候的飞行还是相当困难，如果当年日本人轰炸珍珠港后，继而占领檀香山，美国人想渡过东太平洋这一段地区是不可能的，只能使用船只，因为当时美国海军航空队与航空母舰还没有准备完成。

第四章

交友、婚姻、家庭

求学时代

我在苏州念书的时候，有人来向母亲说媒，女方姓薛。薛家在无锡是纺织业的龙头老大，薛家小姐在振海女中念书，我家正好在学校后面，刚好与女生宿舍隔邻，中间隔了一个小弄堂，所以她们看我家非常清楚。我并不认识这位薛家小姐，而且在我的生活习惯中也没有注意这个问题。别人向我母亲说媒后，我们就在别人安排的一个偶然机会下见了一面，以后也没有来往。后来念大学时，她转学到东吴大学来，不过我们仍然没有来往。因为我读书很专心，而且我对体育也很投入，同时我自己又练功夫，所以对于交女朋友一事，可以说是从未想过。一方面我觉得很浪费时间，另一方面是我开窍开得晚。我们平常相处都是几个固定的男生，这些朋友不是北方人就是广东人。我很少与江浙人相处，所以从小养成的生活习惯与脾气，比较接近北方人与广东人，换句话说我的个性是开朗直爽的。

在大学以前我从未交过女朋友，也只有一次与女性朋友出游的记录。有一年，某一个亲戚的同学从南京到苏州来，她是金陵女大的女学生，姓冯。我为尽地主之谊，就带她去狮子林、拙政园等名胜古迹去游玩。在求学时代我与异性的来往，也仅此而已。

我在国内求学时，女性同学固然不少，但是大家相处在一起，都是以同学之礼相待，从来没有性别的区别。到德国留学时，欧洲风气仍然很保守，特别是德国。

在德国时我认识了一个女朋友，她是一位伯爵的女儿，我们是在一次聚会中认识的，两人非常投缘，后来我经常受到伯爵夫人邀请，到她家去参加茶聚。德国那时流行英国式的茶聚，由主人发请帖，时间大多是在星期三或是星期四的下午，主人会准备茶点招待客人，接到请帖的人则自己决定是否参加。我参加过几次伯爵夫人的茶聚。

伯爵夫人的女公子身高六尺三寸，我与她交往半年多，她常邀请我到她家作客，但是我们从来没有单独出去过，连手都没有拉过。我常常讲一个笑话："我跟她见面，她总是躺着的。"其实是因为她太高了，如果她站着跟我说话，我就要昂首看她了，所以她通常躺在斜椅上，我坐在旁边的椅子上跟她聊天，对我的德语训练帮助很大。

半年多以后，我到德国南部接受入伍训练，开始过军队生活。那时有一位李澳帕德·史特考夫斯基（著名的音乐指挥家）的离异妻子和女儿两人到德国南部避冬。她们住在一个家庭式的旅馆，史特考夫斯基夫人时常邀请我们到她们住处去，我也因此认识她的女儿，她的名字叫桑雅（Soya）。她们两个人都对我非常好，我们经常三人一起出游。

我与异性朋友都不曾有过肌肤之亲，不像现在的人把感情看得如此轻率。从前的社会风气很保守，我也在这种保守风气中度过我的双十年华。大部分时间，我的消遣就是爬山、滑雪。后来我还参加了两次没有火药的战争（即德国占领奥国与捷克苏台登区）。我也没有时间交任何异性朋友。

第二次大战爆发后，我奉命离德返国，路经比利时的时候，有人要帮忙做媒，对方是蒋百里将军的三小姐蒋英。当时我考虑到回国后要做一个基层干部，凶多吉少，所以我就拒绝了。没想到她是一个共产党，幸好我当时没有答应别人替我说媒，否则蒋家因此出了一个共产党，可是一件不得了的事。我当时一心一意要做一个职业军人，急着赶回国内参加抗战，便逃掉了男女关系的一劫。

在美国时，因为任务移动得很快而且频繁，所以也没有机会与时间去交女朋友。曾经有一次，有人想说媒，我也没有答应。因为当时我的想法就是我回国后要当排长，在枪林弹雨中，生命没有任何保障，所以我就处处避免有感情上的负担，连进一步的接触都拒绝了。

先室静宜

回到重庆后，我没有被立刻分发到部队。那段时间我参加社会活动比较多，以我家庭的关系，与异性接触的机会很多，但是谈不上有男女朋友的关系，只是增加很多的社交活动。

回国后第二年，也就是民国三十年，我跟着何应钦将军到西安。西北的女性非常少，更谈不上有交友机会了。有一次，何将军集合部队讲话，那时纪律非常严明，我在台上看见台下有一个士兵摇晃了一下之后，就笔直地朝前倒下，我一见状，立刻飞身过去，单腿跪下，在他倒下之前，把他接住，然后把他抱到阴凉的地方，那时我才发现“他”竟是一位女兵。这件事发生之后，我才知道原来西北军有一队是专门训练女干部的。

从小的生活发展，造成我对男女情感之事看得很淡。再加上我自小练功，平时的精力都消耗在锻炼身体上，根本无心去谈男女之事。所以我个人对于男女情爱一事看得很淡薄。

我在西安时，认识了几位小姐，那时母亲也催我赶快结婚，我请示父亲之后，就和石家小姐订了婚。当时也有许多人想替我做媒，结果因为机会不凑巧，没有进一步接触，所以也就变成了一件不存在的事

◇ 与发妻石静宜相亲相爱

情。当时如果不是母亲催我，我仍然没有结婚的打算，抗战未成，何以家为？

一九四五年，我与静宜在王曲七分校的常宁宫举行婚礼。常宁宫是古名，当时是七分校的办公地点，大家仍旧沿用古名，胡宗南将军取其吉利，便在常宁宫布置结婚礼堂。父亲到西北视察时，也是在常宁宫召开军事干部会议。我本来是第一师第三团第二营第五连连长，后来为了父亲要到西北开军事会议，他们挑选了一些人，成立第十连（即护卫连），由我兼任连长，负责训练事宜，父亲到西北时的内卫就是由第十连担任。那时候我几乎一星期没有睡觉，不过当时年纪还轻，也不在乎。常宁宫对我而言是一个非常具有纪念性的地方。

一九五三年，我先室病故，那段时间我很灰心。关于我先室病故的经过情形是这样子的：当时她的预产期已经过了两个礼拜，十月三十一日父亲生日当天，我们在军官俱乐部举行庆祝晚会；我母亲又正好生病，住在广州街中心诊所。而静宜当天开始阵痛，我发现后立刻联络她的主治大夫——台北市妇产医院李院长（全台湾妇产科的第一把交椅），我跟他说要把静宜送到医院去，他来家里看过之后，说那不是阵痛，离生产还有一段时间。没想到后来他竟然跟别人说我要他打催生剂，想凑在十月三十一日生下小孩。

当时我又要跑军官俱乐部（我把军官俱乐部的乐队训练成爵士乐队，我们会演奏舞曲，那时会演奏舞曲的乐队并不多，台视设立之后，群星会的开场曲就是采用我们那时候所演奏的舞曲），又要跑医院看母亲，又要照顾老婆临产。李院长怎么样也不让我送静宜到医院生产，晚上最后一次来看诊之后，他还是不答应。

我三方面跑，搞了一个通宵。第二天早上五点钟，我打了一通电话给李院长，请他无论如何再到家里看一下。因为前一天晚上我请他来看时，他认为静宜还没有要生产，可是我母亲的佣人已经摸到小孩的头发了，而且羊水都已经流光了。那时候如果没有问题的话，我现在早有外孙了。李院长来到家里听诊之后，发现小孩已经缩上去了，而且也没有心跳了。结果他一句话都没说，就走到阳台上跳脚，说："哎！我以后怎么做人！我以后怎么在台北市待下去！"他只顾着自己的前途，对孩子的事情以及产妇的事情，一句话都不说，也不告诉我小孩已经死在肚子里头。

后来我们就赶快把静宜送到医院去，用产钳把孩子拉出来，是个女孩子。静宜经过这件事情，身体受了很大的伤害，所以她经常要吃止痛药，李院长就替她打吗啡，剂量不是很多，但是外面却传言我妻子有吗啡瘾，这些都是李院长造的谣。

我把静宜生下的死胎泡在药水缸里面，一直放在家里。后来朋友劝我，如此做不仅伤感，而且对我们夫妻两人心情的恢复也没有帮助，所以我就把死胎送回医院了。

过了一阵子之后，“国防部”应美国邀请，派我们陆海空军将领组团访问美国陆军，成员有步兵学校校长、炮兵学校校长、装甲兵司令、通信学校校长，由徐培根将军（陆军大学校长）带队。我们往返都是搭乘美国空军运输线（Military Air Transportation Service，简称MATS），美军还帮我们在日本订了旅馆，因为我们自己没有钱。待访问结束，我们的飞机抵达日本后，我接到我的挚友打到大使馆的电报，电报的内容是：静宜病危，速返。我接到电报后，就与大使商量，向他借了一点钱，买了一张民航的飞机票，先返回台湾，其余将领仍然搭乘 MATS 返国。

我回到台北后，静宜已经病故了。静宜自从难产后，身体一直有病痛，也睡不好，在我回国的前一天，她吃了三倍的安眠药，想要好好睡一觉，以备第二天欢迎我回国。没想到第二天她还是熟睡，家人怎么叫也叫不醒，就把她送到医院。我的岳母也赶到中心诊所，院方告诉我岳母说是静宜自杀，等到静宜醒来，我岳母便问她为何要做傻事，静宜不解，并说她没有自杀。结果当她想坐起来的时候，有四个男人分别把她的手脚按住，不让她起来，她挣扎着要起来，结果就在挣扎之间，静宜心脏病突发。她的心脏本来就不好，曾经有过八次小产，第九次是怀孕，虽然很成功，没想到最后却被李院长误事，而李院长居然反过来造谣说是我们要他打催生针。

静宜有一次出国去玩，把用剩的外币放在口袋里，她也没有忌讳，结果外面又造谣，说她走私美金，因此被父亲赐死。很多谣言都说她吃安眠药自杀。又有谣言说是哥哥派人置她于死地，总之外面谣言四起，都是莫须有的。

吾妻爱伦

静宜死后，父亲有一天告诉我："中年丧妻是很不好的事情，现在国内也没有什么重要事情，你趁这个机会再去念一点书。"于是我就到美国陆军参谋学员念正规班。通常从台湾去的人都是年招训班，正规班的毕业生将来就是将校阶级的军官，招训班则是训练幕僚人员，为期四个月。另外还有一种特训班是专门为中国人创办的，有翻译训练课程，时间更短，只是去了解美国的指参教育，从台湾去的都是几位将级官，例如刘安祺、高魁元。

回到国内后，我就接触正规的指参作业。

又过了一年，父亲告诉我："中年单身的时间不能太长，否则会失去家庭习惯，如果有机会，你可以再婚。"那时刚好有一个中德文经协会召开年会，邱先生也在受邀之列，刚好邱太太生病，所以邱先生就带着他的女儿（邱爱伦）来参加年会，我就是在那个场合上认识爱伦的，之后我们就继续来往。后来爱伦到日本索非亚大学进修，该校白天以日文上课，晚间以英文上课，所以她白天在一家公司工作，晚上则在索非亚大学上课。

两年之后，也就是一九五七年，我与爱伦结婚。她在赴日进修之前，我们已经订婚了。以我的状况而言，我们不适合在国内结婚，因为宴请宾客很难周到，如果稍微铺张一点，又要遭到外界的批评，而且我的朋友、共事过的好同事又很多，无法一一邀请，所以我就决定到日本结婚。我向父亲报告过之后，父亲完全同意。

我与爱伦是在日本东京郊外的一座美国籍牧师的家庭教堂举行婚礼的，那座教堂不大，与我们在士林的家庭教堂差不多，屋顶是圆的，我们的宾客都是大使馆的职员。婚礼由冯执正大使当证婚人，冯先生的

◇与爱妻邱爱伦

◇性情相投

女儿是全世界知名的、独一无二的女性外籍斗牛士，非常男性化。男方代表是蒋华秀夫妇，女方代表则是戴安国。婚礼之后，大使馆的四十余名名职员都参加了茶会。在这种情况之下，我们平安度过了结婚典礼。

这件事情还有一个插曲。当时东京已经是个相当商业化的城市，所有的教堂与牧师在几个月以前就要约定好。我临走时向哥哥道别，哥哥问我能不能不在东京结婚，我说："可以，但是时间要挪后，这次来不及了。"哥哥说："你可以跟教堂商量一下嘛！"我听了之后很生气地说："你在'中华民国'可以说了算数，你到日本则不然，你的话日本人不会听的。"他也知道我很生气，因为我从来没有对他发火过。我接着又说："日本是个工商社会，非常科学化，你还活在帝王世界，你说一句话，别人就会百依百顺，我样样事情都要靠自己去接头；更何况在东京不是你说一句话就能成事的。"哥哥后来又问我："你能不能不在教堂里结婚，改成在牧师的家里举行婚礼。"我说："这点我可以和牧师商量，但是我也不能答应你，我要和牧师商量过后才能决定。"说完话后，我就离开哥哥家到东京去。

我与牧师商量在他家举婚礼时，牧师表示热诚的欢迎，他说："本来结婚就是对上帝负责，在哪里举行婚礼都可以，不一定要在教堂里，

◇ 相濡以沫

在野外也是可以的。”于是我们就决定在牧师家里举行婚礼。

婚礼举办之后，我与爱伦在日本度蜜月，游览日本的名胜古迹，如日光、箱根，我们在日本待了一个星期左右的时间。回到台北后，就举行传统的仪式，新娘子向老人家奉茶。这就是我们的结婚过程。

爱伦从小在中国长大，后来又到日本留学，她个性非常耿直、开朗，夫人很喜欢她，因为她从来不讲假话，就如同我在父亲面前从来不说假话一样。

我儿孝刚

一九六二年，孝刚在台北出生。孝刚出生后，父亲对我说过一句话："我们家的小孩容易受社会的诱惑，被社会宠坏，人家对我们蒋家的子弟总是客气一些，最后蒋家子弟就会变成特权阶级。"所以孝刚自复兴小学毕业后，我就把他送到国外去念书，那年刚好父亲过世。

孝刚的语文能力不错，我们也没有特别教他英文，在家里看外语片时，他年纪虽小，但是听得懂英文，有时候我没有听懂的部分，反而还要问他，他就会翻译给我听。他到美国念初中（Deer field）及高中，这两所学校都非常好。学校要求外籍学生每星期用自己的本国文写信给父母，这种方式可以让学生保持自己的母国语文，做法相当不错。

他在美国念书时，有一度台独分子想绑架他，作为人质，向国民党威胁。刚好约旦国王胡笙有两个儿子就读该校，其中有一个和他同班，一个比他高一班，和孝刚是好朋友，胡笙就命令四个保镖同时护卫孝刚。孝刚自己并不晓得这件事，所幸后来绑架事件也没有发生。

孝刚高中毕业后，我们准许他到欧洲旅行，作为奖励。没想到他在旅行时去报考剑桥大学，事前我们都不知道。该校原来在圣诞节前放榜，我们也托了一位朋友帮忙看榜，一直没有消息，我们非常着急，结果到了十二月二十三日，我的朋友就打电话来报佳音，孝刚这次不但考取，而且口试部分还得以免试。我们高兴得不得了，原来准备在二十四日晚上畅饮的香槟酒，在二十三日就用来庆祝孝刚金榜题名。

孝刚在剑桥大学念法律，这是他自己的兴趣，也是他自己的选择。平常我灌输他一个观念，念法律科系，毕业后的发展方向非常多，可以做生意、作公务员、作教员，选择性非常多。他在剑桥大学主修银行法，毕业后进入研究所就读，取得剑桥大学硕士学位（Master of Laws）。

◇ 与爱子蒋孝刚的天伦之乐

孝刚念完研究所后，又回到美国，准备考纽约州的律师执照。纽约州的律师执照非常难考，考十次八次未获录取的大有人在，而且他们排外心态很重，对外国学生百般刁难。我建议孝刚先在纽约补习半年，找一位好老师，一对一学习，半年以后再去考试，结果他一考便取。这真的是非常难得的，因为英国法与美国法不同。

考取律师执照后，孝刚就在纽约当律师。我告诉孝刚："国内很乱，而且很'脏'，各种引诱太多，万一又有黑帮的力量介入其中，我是非常为难的。"政治压力、黑帮压力，再加上金钱压力，这些都是很棘手的问题，所以我建议他先在国外实习几年再回国。孝刚在美国工作五年后，于前年（一九九二年）返国，现在在台湾当律师。这次我生病，幸亏他在台湾，即时决定开刀，救回我一命，实在是一大功劳，如果他的决心下得不够确定、也不够快，我的生命也早就结束了。

孝刚已经结婚，育有一女，今年（一九九四年）四月再添一子。

第五章

投身军旅

陆军第一师

一、分发报到

民国三十年初，何应钦将军带我从重庆到西安报到，我们从重庆坐何将军的飞机到西安，亲手把我交给胡宗南将军分发。当天夜里，我们随何上将坐陇海线往潼关方向走，第二天一大早到了某一站去视察前方部队，我跟着何将军一起去，也算是视察团里的一员。夜里一点半钟，我听到部队吹起床号，而事实上我们视察部队集合讲话的时间是早晨五点钟，我觉得奇怪，为什么一点半就吹起床号呢？原来师部告诉团要四点半起床，团告诉营四点钟起床，营告诉连三点半起床，连起床后要打扫环境、整理内务，集合部队时要从连集合场到营集合场，再到团集合场，最后到师集合场，如此算来，士兵不就要一点半钟起床了吗！第二天早晨五点钟开始讲话，天由朦朦黑转成东方鱼肚白，等到讲了半个钟头后，天已经大亮，何将军就走下讲台去看部队。后来何将军就问为什么这些士兵红眼睛的、有眼屎的那么多，我心里想，他们一点半钟就起床，到现在已经四个钟头了，眼睛怎能不红，他们半夜都没睡嘛！我开始怀疑为了一个长官去讲话，用这种方式来消耗部队的做法是否适合。

接着我跟着何将军去视察中央军官学校第七分校，该校位于西安王曲，名为武典坡。就像平常一样，中央大官一来，先是部队集合，视察官站在台上，指挥官报告人数后举行阅兵，我们就上马去阅兵。我是跟着他们去的，而且我是小少尉，当然排在最后，他们先挑老实的马，把不好的马留给我。每一匹马都有一位马夫牵着，这是相当不好的习惯，长官骑马，前面还要有一位马夫牵着，实在没有道理。我上马前一定会先紧一紧马肚带，那位马夫就说他已经紧过了，结果我左脚踩着马镫上去后，人虽然上马了，但是马鞍却掉到马肚底下去了，我骑在光背马上，那匹马也受惊了，就前仰后翻地跳了起来，我就用右手抱着马脖子，左手伸过去抱着马头，把马头拉过来，在马鼻子上一拧，情况就控制住了。然后我翻身下马，重新把马鞍放好，把马肚带紧好，然后飞身上马，追上前面的队伍。当时所有人都替我捏一把冷汗，后来我把马控制住后，他们纷纷称赞我的骑术。从这件事情我又对中国军队多了解了一些。

何部长走后，胡宗南将军带我去看军械库，想炫耀一下西北部队所藏的军械，好比三国时代，蒋干过江之后，周瑜第一件事就是带他去看仓库，显示军力之充足。当时是熊惠权熊副官陪我去的，那位库长佩戴红底两条杠三颗星的徽章，是一个炮兵上校。我在军械库存里发现一种丹麦制造的枪，放在枪架上，一看就知道是两用机枪，摆在枪架上可当重机枪用，拿下来可当轻机枪用，不过并没有标示重量。我就问那位库长："报告库存长，请问这挺机枪有多重？"他想了半天后回答我说："大概八斤。"通常一挺轻机枪的重量也不止八公斤，我便怀疑地问："不止吧！"他说："老秤，老秤。"这么一个军械库存长，就算不是管这个库的，也应该知道大概，而且哪有说武器是论老秤来算的，可以说对武器是一无所知。胡长官本来想向我炫耀他的军械库，结果却让我发现他的部队水准不过如此而已。后来我也想到，怎么会派炮兵上校去后方管仓库呢？说不定他还不是炮兵呢！这些都是国军给予我的初步印象。

二、少尉排长

民国三十年五月，胡宗南将军派我到第一师第三团第二营第五连第一排当排长，地点在赤水。接到命令后，我就搭火车到赤水，随身只带了一个铺盖卷和一个暖水瓶。当时师部派副官处处长来接我，我下车后，他要替我拿铺盖卷，我觉得不好意思，我的阶级观念也是很重的，我只是一个小少尉，人家是上校，怎么让他替我拿东西。结果他抢着要拿我的暖水瓶，我说我自己拿就可以，可他非要抢抢夺夺地从我肩上拉过去，结果这么一拉一扯之下，暖水瓶的另一头撞在火车上，当场水瓶里的水哗啦啦地流下来，暖水瓶也摔坏不能用了。所以我是空手到差。

出了火车站后，他问我会不会骑马，我说稍微知道一点。他也准备了马，又问我还有没有行李，我说："没有，就我光身一个。"他说："军中有毯子，没有关系。"我心里想：军队里吃、穿、睡总是不用发愁的。我们就先骑马到师部报到，当时师长是李铁洲。途中经过一条小溪，溪上有一座小桥，小桥下有一个妇女在洗衣服，她拿了一根棒槌捶衣服。我们走在桥上时，刚好那位妇女左手拿着白色的衣服，右手拿着棒槌捶下去。马一听到声音，受到惊吓，大叫了起来。那位妇女也受到惊吓，手里的衣服就往上一搧，马更为害怕，竟站起来了，那位副官处长也因此摔到桥下。幸亏那座桥不高，而且溪底已经没有水，只有湿软的土，我就赶快把他的马拉住，并且把他拉起来再骑上马。经过这件事以后，我发现这些马根本不配作为军马，而且那些骑马的人对马也毫无调教，连棒槌都怕，到了战场上听到炮弹声音怎么办？这件事让我觉得很感慨，国军的第一师算是最好的了，对于马术的训练竟如此糟糕，真是"军官无骑术，军马无调教"。后来我当了营长之后，胡长官送我一匹马，这匹马刚送来时也不好，不过，经过我调教之后相当出色。

从历史来看，唐朝在开国时民间有七十万匹马，马政办得非常好，所以国家强盛。到宋时，也只有中高级军官有马骑。当时我有一个感觉，中国部队实在是不行，一般将领没有机动作战的观念，完全是纯步兵的思想，营长的马也不过是代步而已。两条腿走的部队，需要四条腿的马去搜索，因为马队可以越野，搜索后可以即时告诉步兵前面的状况。后来变成两条腿打仗的部队由两条腿的搜索队去搜索，又没有完整通信工具，怎么来得及回来报告呢？所以在军制上是错误的。

三、上尉连长

基础教育

国军里面的兵大部分都是文盲，不过他们的国家信念以及对领袖的忠诚度是无庸置疑的。军官的程度稍微好一点，不过有些从行伍升上来的军官，也不认得几个字。我到了部队之后就开始训练士兵，除了开设识字班之外，我还教他们如何画图。学写字不难，但是要训练成能写报告，则不太容易，而且也费时太久，不过每个人都会画画，所以我除了教他们识字之外，还教他们画要图。在训练的过程中，我先教他们画地形，然后教他们画一些符号，这些符号是各种武器、讯息的代号，如 T 代表时间，T + 2 就是二枝香的时间，在要图上先用三角形画出自己的所在地，如果发现敌人的武器所在，就画上该武器的符号，再注明距离，一个报告很快就完成了。如果以写文章的方式，不仅费时，而且也繁杂难懂。我一次派两人出去，一个人留在原地观察，另一个人将要图送回，就这样展开了部队的训练与实际应用，不识字的士兵照样可以写报告。如此一来，战力自然加强。我试验成功之后，才向师长报告，后来全师展开同样的训练。

一般说来，军校干部比较会说话，但是论起实干，还是行伍出身的人比较好。我从来不会骄傲，所以与行伍出身的人相处得很好。军校的人与我讲理论讲不过我，行伍出身的人讲动作讲不过我，我领导他们，让他们心服口服。

野战训练

我去第一师报到后，就发现该部队的部队教育与训练的计划虽然也有各个教练、班教练、排教练、连教练与营教练的课程，但是完全不切实际。我就请求师长让我有机会自己实施部队训练的进度，等到要进行营教练时，我一定赶上进度，参加营演习。师长说："我们也正想知道你在德国所学的部队训练的方法。"我跟师长说："我们的各个教练所花费的时间太多，因为我们都认为我们的士兵都不够聪明；而德国有一个最大的特点，他们一开始训练就是班教练，各个教练则在班教练里实施，让每个士兵在一开始就了解自己是团队里的一员。我们从各个教练开始着手，士兵们始终以自己为一个单位，做得再准确，还是一个人，而不是一个团体。如果再把团队集合在一起，基本想法就不相同，所以要从班教练里面来完成各个教练，然后在排教练里完成班级教练，使士兵了解在实施各个教练时自己在全班的位置及功能，也知道如何与邻兵联络。"这个显著的改进给了国军一个很大的启示，可惜他们没有普遍的注意。不过至少师长注意到了，我们第三团都改成如此的方式。

过去各个教练还教分解动作，我则教导他们连贯动作，并让他们清楚每一个动作的目的，士兵们对这种方式大感兴趣。另一方面，我在平时又带动一些游戏，让部队既活泼又有纪律，这些游戏就是我们现在所见到的花式操枪。因为一天之内能够教授的东西不多，如果反复进行，容易令士兵感到乏味，所以我就教他们花式操枪。花式操枪原来是英国安妮女王训练卫队时所使用的方法（Queen Ann's Drill），我再把它加以改良，加入更多的花式动作，适合于国军军事训练，从一班到一个排，最后到全连。后来第一次表演时，大家都称赞有加，士兵也很快乐。平时我们在部队里嘻嘻哈哈、开开心心的，没有人一天到晚绷着一张脸。原本我所带领的那一连实在是最笨的，但是到后来，他们灵活得不得了，战术教练更是不在话下。

我花很少的时间在姿势教练上，大部分的时间都是教导野战教练，所以等到营演习时，我这个连就参加营演习了，而且是在攻击营的重点连、右翼连。当时正好军训部派了一组视察组，实际上左翼并没有部队，是虚设的，只有我这一个连，他们要考验我这个连，给我们很多状况，不让我们进展太快。结果太阳都快下山了，一个攻击性的作战怎能到天快黑时才到敌人阵地呢，那不是正好被敌人逮个正着吗？所以这时候非发起冲锋不可。视察官是一个上校，他跑到我旁边来对我说："蒋连长，你现在怎么处理？"那时候营长还没有攻击命令下来，我就说："报告视察官，月光不许可我们再等候了，而且在攻击中常常可以又争取到有利的状况。如果营长还没有命令下来，我就要把握有利状况，发起攻击。"视察官说："很好！这个决心很好。"他裁夺后，我就命令号兵吹冲锋号，号兵吹号时，那个视察官一巴掌把号兵的号打在地上，他说："你躺下，你挂彩了，哪有人在离敌人这么近的地方站起来吹冲锋号的。"那时候我躺在地上，我就拿起冲锋号来吹，所以后来这件事情传开后，他们说："蒋纬国能做、能说，还能吹。"

我们发起冲锋，进入敌阵后就开始近战格斗，然后演习结束。结果他们又发现，每一个班有间隔距离，可是等到冲锋一发起，每一个班向一个点慢慢靠拢，裁判官说这个班的班长挂彩后，班长就地倒下，马上就有其他士兵出来主动指挥，绝对不会有一个班没有指挥官的。另一方面，部队靠拢后，轻机枪的扇面就打开了，掩护两侧的步枪组，如果部队不靠拢，轻机枪很难掩护部队。这是国军过去所忽略的。等到进入敌阵后，就开始二对一或三对一作战，因为我们的部队是集中的，而敌人的防御配备本来就是疏散的，在我方的轻机枪扫射下，也很难支援对方。等到步枪组掌握状况之后，班长就喊：“散开！”每一个士兵就进入自己临时的阵地，用射击来掩护，后面的轻机枪就转移阵地，视察官看到这一幕后便给我们很高的分数，因为我们这一次进攻是成功的，而且很整齐。另外，每次遇到小水沟，我便要连里的士兵背着视察官走过去，视察官认为我连这种小地方都能注意，对我们的表现非常满意。

总之，一个部队训练的重点在野战，而野战必须保持活泼的精神，自由的意志，所以平时如果不给士兵相当的自由，只会照着别人的话来做，这种士兵是不能打仗的。平时我们的机械操，如双杠、木马、铁杠，都是我自己领头做的。我能够单臂旋转，然后脱手甩出去，然后在空中翻一个跟头下来，每一个士兵都会跟着做。至于振臂上，一拉就上去，这是最起码的要求，而且不论胖瘦，每一个士兵都是活蹦乱跳的。

近战格斗训练班

胡宗南将军对形式的注意多过于实际，不过，我到西北军后，只要我设计某一个新科目后，胡长官就会把全师的干部召集起来，由我示范给他们看，他们回去后再如法炮制，帮助全师的发展。那一段时间，如果上级有一个更好的组织与管制，那么国家的收获会更大一点。另外，我常常会为了一个单元的科目，向胡长官建议，因为我们不能向长官出题，也不能指望长官主动想起。

国军在与日军作战时，我方在前进到敌人阵地前，表现得都很不错，可是一旦冲锋发起后，还看不见敌人，等我方到日军阵地旁边后，日军才跳出几个兵，轻轻一个拨弄，我们的士兵全倒在地上，这就是我们的近战格斗没有训练好。所以我在当营长时，就主动向他建议在七分校随时开设短期班，我向胡长官保证，受过近战格斗训练的人，与日军作战时，绝对比日军还要强劲。当时我的位阶只有少校，所以我就推荐周雨寰当班主任，我则担任总教官。周雨寰先生是四川人，是黄埔八期毕业的军官，当时他的阶级是上校，来台北担任陆军第二〇八师师长，二〇八师也是我建议改变为海军陆战队。

胡宗南将军接受我的建议，把我从前线调回王曲七分校，成立近战格斗训练班。由周雨寰当班主任，我当总教官，训练一批由各师各团派来原本就受过格斗训练的人。他们受完训后，还要回到原有的部队去训练士兵。这些教官是经过挑选来的，结果我发现他们在推派人选上也只是敷衍了事。

一般的劈刺训练显得有些花拳绣腿，只会前进前进、后退后退、往左直刺、往右直刺，事实上，一把枪最低限度可以用来砍、刺、挑、扫、捶。我开始教导他们刺枪、空手夺枪、空手夺刀等技能，并且以圆锹、十字锹或预备枪管当武器，学习近战格斗。我们使用木头枪及护身、防面，刚开始都不教任何方式，只让他们自己对刺，慢慢地他们自己就发展出来使用刺刀的方法，而且我已经先为他们编好一套方法，包含了挑、砍、刺、扫、捶，再配合前后左右各方向，就变成了八卦刺枪术。除此之外，我还教他们如何攻击战车、破坏战车，也就是战车肉搏战。

有一次胡将军来看我们训练，我就表演了一套打圆阵给他看，外围有十个人使用木枪，穿着护身、护面，我一个人站在中间，也穿了护身，但是没有用护面，他们不断向我突刺，但不论有几个人向我进攻，他们都近不了我的身。胡长官看了之后便问我是不是在德国学的，我说这是我自己发展的。我是将中国齐眉棍棍法与红缨枪枪法综合应用发展出一套劈刺的方法，另外，我自小学过少林功夫，所以也把少林功夫融汇在劈刺术里。这种刺枪术无论是使用刺刀砍、刺、挑，或是使用枪托扫、捶，在身手方面都很灵活，四面八方都可以顾及，我为这种刺枪术定了一个名字，叫做八卦枪。我们从空手夺白刃、空手夺枪，一直到战车肉搏战都很熟练，自从学习了近战格斗之后，我们守十二支河时，日军就没有再前进。由此可知，近战格斗的训练，确实对国军有所贡献，可以增加很多战斗力。

北方部队较看重武术训练，不过他们的武术还是过于保守，不仅不肯传授，也没有普遍教练的方法。我到第一军之后，才将这一套变成正式的教练方法。后来我离开以后，也没有人接任，这些受过训练的教官也只是半成熟的人，并没有传授他人。事实上，一个人艺高则胆大，有了基本的武艺之后，遇到危急情况也不会慌乱。步兵最基本的就是步枪，如果他们有这样的训练，就能产生自信，不会无辜牺牲。过去士兵都是在冲锋肉搏战时因为不会劈刺而丧命。

这个训练班是先训练第一军下的第一师，后来扩大到第一军。可惜我只训练一期，这些人员（种子教官）回去后发展到什么程度，我就不清楚了。后来我也调离第一师到青年军去了。

四、驻守潼关

抗战时，潼关以东归汤恩伯部队防守，潼关以西归胡宗南部队防守，分别为第一战区与第十战区。我起先在赤水，该地是神话传说中斩龙之处，后来到东全店，最后才到潼关守河防。地理上，我与汤恩伯总部管辖之战区相隔一条十二支河，常常看到汤总部之军队卖渡，造成我们这边战区的困扰。

敌人一直把一〇五平射炮标定在我们的火车上，火车在进入射程度之前要先烧火，把蒸汽烧足后再用最高的速度通过，称为闯关，从东向西来的火车很容易通过，只要在射程内快速通过即可，所以闯关车从来没有出过毛病。

有一次，汤总部军队卖渡，从他那一区来了一批人，竟然带了十二个地雷，预备炸掉我们的隧道，幸好被我侦破，才没有酿成大祸。我在各处都布有眼线，甚至在河的另一边，所以他们还没有过河前，我就已经接到消息了，并且判定他们会从十二支河那边过来。他们过来后便向潼关隧道走去，我就派一个班在那儿守着，给他们来个瓮中捉鳖。如果这些地雷在隧道中爆炸，就会有好几天无法通车子了。

当时日军有一个构想，预备兵分两路围攻重庆，一路从汤恩伯战区压迫过来，突破潼关，一直到宝鸡；另一路由都匀、独山直上，计划以两个钳形攻势由两面围攻重庆。我判断日军知道要拿下重庆并不容易，因为当时他们的空军已经损耗太大，而且日军要把空军主力放在太平洋的战区上，所以在大陆本土作战的日军航空队没有什么力量；而我国的空军力量大大增加，尤其是中美合作的混合连队也编练成功。基于此，日军就改从地面压迫我们空军基地，使空军基地逐步后退，如果能够把我们的空军基地压迫到第二线，对他们的地面作战就有利了。否则如此长距离的兵分两路，只会削弱实力。

当日军到达陕川、灵宝，快要到达潼关时，我这一个营就奉命调预备队连去守十二支河。那时候我们的军装是以粗布制成，经纬之间又不密，我们的子弹袋也是以布做成，像个网子，如果没有子弹夹，子弹就漏出来，我们就干脆把旧军装用三层叠起来，做成弹袋，弥补原有之弹袋。我们常常上身脱光，扛着步枪与大刀在十二支河布防，日军因此不敢靠近。

日军战车第三师驻防该地，想打下潼关，不过潼关的地形无法让战车作战，只有河边才适合，所以我就在河边设立反战车设施。我的部队里每一个士兵都受过战车肉搏战的训练，我们把步枪插在战车履带里面，让履带断掉，然后再用急速手榴弹（又名摩洛托夫鸡尾酒，也就是将酒瓶装满机油，并放进白磷或黄磷，当磷接触空气时会自动燃烧）丢进战车透气孔，等汽油流下去之后，白磷（黄磷）接触空气就会燃烧，战车自然也会燃烧起来，引擎一旦着火，战车也就毁了。

当时我这个营又要守潼关车站与河防，又要抽调一个连去守十二支河，还要抽调兵力去保护炮兵阵地与师部，真是一点休息的时间都没有。营指挥所在河防后面，靠近十二支河附近，两边都可以照顾，不过，我的位置在各连指挥部，换句话说，我是到处跑。

日军在风陵渡装置了一个二百八十厘米（二十八公分）的臼炮（几乎等于重迫击炮），它是两截引发，钻到地底下后经过碰撞就打开第一段引发，另一个延期信管则是在炮弹钻到地下后再引发，爆炸的威力可以把整个工事翻过来。其中有一发炮弹就打到我们的营指挥所下面，幸好那颗炮弹因为太旧了，也没有炸开。每当日军对我们展开炮击后，我们就收集那些破弹片去换钱买肉，这一颗未爆炮弹钻在地底六公尺深，我们好不容易把它拔出来，没想到这时师长派人来，说要拿炮弹回去师部鉴定，我们眼看着几十斤的肉飞掉了。不过这颗炮弹仍有引爆的危险，所以我就提醒他们搬运时要特别注意，他们也很小心地抬回去。他们把炮弹抬回师部后，技术人员就把炮弹解体。过了一个多礼拜，师长请我去师部吃饭，我虽然自己吃了一顿肉，但是心里很难过，因为原本要给弟兄们吃的肉被他拿走了。

十二支河有一个团擅自退却下来，预备坐火车往后方撤退。当时我的部队负责守车站，很快地，我接到一个阻止任何由第一战区撤退下来的军队的命令。当火车抵达车站后，我自己化妆成一个士兵，另外还带着一个兵，扛着步枪、上了刺刀，直接去找那位团长，向他报告：“我们这儿是第一师第三团部队，我们团长想请团长到车站休息一会儿、谈一谈。”起先他还不想下车，我跟他说反正距离火车启动还有一段时间，他就跟我们一起走了，另一个士兵在前面带路，我就在后面跟着。到了车站下面，已经进入了我们的势力范围后，我就下令：“押起来！”士兵们就把这位团长抓起来。我把全营的机关枪集合起来，摆在车站，对着火车，那位团长被抓后，所有机关枪都出现了，我就对那位团长说：“报告团长，请部队不要乱动。”他就下令部队不要动。我跟他说：“我不会为难你，只希望部队赶快回去，是汤长官有通知来，我们这边不会做任何报告，请搭原车回去吧。”他听后就回去了。我在处理这类事情时，态度都是很客气，所以从来没有与人结怨。

我守潼关时，负责调查来往客商。他们赶了一天的路，非常辛苦，晚上住在旅店里面，检查的人如果态度不好，这些客商当然会在背地里抱怨。我的原则是凡是客商住在旅店里，叫了姑娘的，我就不去查。其实那些姑娘就是我训练过的，她们趁客人熟睡后，起来搜查客人的行李，或是在与客人交谈时，套他们的话。那些姑娘也不敢不检查，有一次她们有人没有查，我马上就找老鸨，告诉他有一位姑娘没有尽到检查的责任，老鸨觉得很怀疑，我告诉老鸨，那个客人就是我派去的。经过一两次之后，她们再也不敢不查了。当时查出很多红丸、白面、化学品、燃烧品、子弹枪械、西药及其他违禁品。抗战期间物资缺乏，如果查到西药或其他走私货，能够网开一面的我就网开一面，不过要立刻通知税务机关加以课税。我的眼线分布不很广，我们要抓违禁品或走私时，绝对不会影响别人甚至错抓。我和洪帮弟兄相处得非常好，虽然我不在帮，但是他们都叫我二哥，对我很尊敬。经过我连上，就会和我们一起用餐。那段时期很有意思。

五、日常生活与思想教育

抗战时，军队里面只有杠子头馍馍可吃，我们用包谷面做成一长条，切成四段，然后每人拿一段吃，味道还不错，但是因为没有油脂，到后来每个人都便秘。所以我就规定士兵每天要喝一定分量的水。那时候又缺乏盐，我发现黄河边上有一块地，含有硝化钠，我们就用这种土来取代，制造硝盐，这种盐吃了会泄肚子，刚好以此来平衡我们因缺乏油脂所造成的便秘。黄河边上还有一种榆（钱）树，它结的果子就像樱桃一样，但是果实本身是扁的，吃起来的味道像扁豆。因为伙食很不好，我在报到时体重是一百五十二磅，等到抗战胜利后，我瘦到一百一十二磅。

那时候我们每隔十天就到山上打柴，可是上面有一个禁令，距离山脚四十里外处不可以打柴，要在四十里以内打柴，所以我就规定每个人至少要挑三十五斤木柴。我通常都挑七十五斤，有时候可以挑到一百斤，有一个班长可以挑一百二十斤，所以我们每打一次柴，收获都非常丰富。上面发下来的包谷米要磨成粉，我们就去借磨，在那时候，我事前必备好一套政治教育，所以每一次去推磨，就是对老百姓政治教育的时候。我先用这套教材训练士兵，让每一个士兵都能够演讲，当我们去民间借磨时，士兵还在演讲中穿插小曲表演，讲的讲、唱的唱，与附近百姓打成一片，所以老百姓都很乐意借推磨给我们用。

我当连长时养了一条母狗，它的名字叫“汉奸”。（这点和外国人的做法不同，外国人习惯以自己所喜欢的人的名字作为宠物的名字，有一次，一位美国老太太写信来问我，是否可以“美龄”作为她所饲养的爱犬的名字，以示尊敬。后来我回复她一封信，告诉她我并没有替她问母亲，因为中国人认为此举非但不是尊敬，而且还是一种侮辱，她也回了一封信谢谢我，她没想到东方的习惯完全不一样。后来我也把这件事告诉了我的继母，她听了之后笑了一笑，说："外国人不懂，她也是好意，我不会责怪她，不过你回复她一封信很对。"）这只"汉奸"很会招蜂引蝶，每一只公狗到了我们连上，我们就将它留下，经过一个星期的观察，确定没有生病后，我们烹而食之，这是我们肉食的来源。

后来我就想到牛，因为北方种麦，刚长出麦苗时，牛群会去吃麦苗，麦苗被牛咬过后，反而会从一根变成两根，所以乡下人喜欢牛群到田里吃麦苗，牛也因此长得肥。接着我们就计划养牛。起初我编了一首歌，士兵们在吃饭时拿筷子敲着桌子念："肚子饿，馍馍香，吃太饱，肚子胀。……每人每天省一口，一月省下买头牛。"结果我们真的做到了，把剩下的包谷面拿去换钱，买了一只小牛，把小牛养大后卖给屠夫，由屠夫宰杀。我们从一头牛开始，最后养了二十几头牛，后来我当营长时，全营都有肉吃，甚至于卖给肉贩后，还可以跟他交换不同的肉品。别的部队只想到养猪、种菜，我们的做法则不同，牛肉卖掉后，想买什么菜都可以，而且牛肉也可以换猪肉。部队开拔时，牛羊可以跟着部队走，但是别的部队开拔时，要先把他们种的菜吃掉，而猪仔也跟不上部队行进的速度。后来大家都放弃养猪了。本来上面的命令就是要我们养猪、种菜，但是我没有照着做。到后来，我们的伙食都改善了，而且也成立了福利社，我们所贩卖的香烟特别便宜。此外，我也派人游泳渡过黄河对岸，偷日本人的东西，一种是医药，那时候我们的医药真是非常缺乏，连阿司匹林、奎宁、纱布都没有；一种是保险套，每个士兵分得两个，得以解决生理问题。我们在敌后进进出出，如入无人之境。

我所带领的部队很活跃、很生动，士兵们生活很愉快，而且很受尊敬。我从来不打骂他们，所以大家向心力很强。那时候部队逃兵的情况非常严重，按编制是一百五十一人，结果连上不但没有逃兵，还多了两个人，共有一百五十三人，有两个逃兵逃到我们这里后就不肯走了。我的士兵如果家里有急事要回去，我们都会列队欢送；如果家里有喜事，我们还会挑有月光的晚上举办月光晚会。这些士兵都是乡下人，都会演地方戏、唱小曲，例如秦腔、河南梆子，大家轮流表演，所以我们连里面真是生气蓬勃。民国三十三年，青年军运动发起，我被调到青年军。我接到命令离开第三团第二营时，从营部到火车站的路上，老百姓沿路欢送，每隔几步就摆了一张小桌子，上面放了三杯高粱酒，我就一路喝到火车站。

六、胡宗南将军

胡宗南将军是老一派军人的脑筋，总是要别人吃苦，他不知道运用他人的智慧。父亲把许多留学回来的军官派到胡将军处，可是他大部分都没有好好运用。他不接受留学生，所以当他看到我能够如此吃苦与实干时，非常惊讶，尤其是在我做了一次加强排对坚固工事（碉堡）的攻击演习之后。那次的参观位置是在炮目线（炮的位置到目标）边上的高地，我们打了一发迫击炮，这一发迫击炮一直升空，也许是炮弹放置时间久了，推进药力不够，结果在空中直接掉下来，刚好风向朝我们吹，这发迫击炮就偏到高地上来，我一见状就立刻喊："卧倒！"所有参观者都卧倒了，只有胡长官站在那儿动也不动，我就转身站在他的前面一起卧倒，刚好炮弹落下爆炸，有一位号兵的耳朵被削掉了。从那次之后，胡将军就对我另眼相看，后来他逢人便提到此事，并说："纬国这孩子不错，很沉着。"他也很器重我，时常找我去聊聊天。

赴印度受训

一、行前诤言

我原来担任第一师第三团第二营营长，后来调到团部当副团长（升中校）。民国三十四年初又调到青年军二〇六师六一六团第二营任营长，地点在汉中。我离开第一师第三团第二营时，胡长官为我饯行，那次有好几位师长参加，我觉得很不好意思。席间我讲了一句话："半个鬼子一根毛。"因为当时日军的战力可以说已经到了尾声，日本早晚会投降，如果国军要转移攻势，很可能是从我们这个正面（黄河以南）向东截断敌人的补给线，然后包围日军。同时我们在陕西还有三个游击师，一个游击师即使没有一个师的力量，至少也有一个团或一个旅的力量，这些也够日军瞧的了。只要把平汉路、津浦路挖断，日军就进不去，所以游击师捣乱日军的力量足足有余。而中共借抗战的机会一直扩张实力，所以是"一根毛"，当时我一再强调，虽然毛泽东尚未形成气候，可是日本一旦投降，我们一定要快刀斩乱麻，一次就把延安的共军彻底消灭，绝不能容忍。

二、任职青年军

民国三十三年二月，我调任陆军第一师第三团少校营长。三十四年那年，上级原本要调我为第三团副团长，后来父亲指示下来，把我调到青年军，担任青年远征军二〇六师六一六团第二营少校营长。当时青年军动员，父亲就把我先动员起来了。

我到青年军之前，除了先接受干部训练外，还曾经到印度去。当时西安有一个访问团到印度，我便随着访问团到印度去，我被派职为新一军参谋，暗中的使命则是去调整英美两方面的感情，因为英美的部队首长非常不和谐。当时英军的远东区负责人是蒙巴顿，美军则是史迪威，两人都非常骄傲，不过蒙巴顿的风度很好，而且他很有才干，值得骄傲。但是史迪威就不同了，连美军都在背地里称呼他为“Vinegar Joe”。史迪威少年得志，后面又有马歇尔替他撑腰，所以难免心高气傲。我的任务就是在英军美军之间做协调，希望他们能够相处融洽。

我们到印度的第一站是加尔各答，而训练中心则在蓝姆迦，我自己则又抽空去参加战车保养班，学习如何修理战车。那一次受训，我把战车里外的机械都弄懂了，我能够自己单独把十八辆战车拆散、修理、重装，也就是所谓的大翻修。战车炮有一个自动平衡器（战车瞄准目标，不论战车如何移动，战车炮所瞄准的角度不变，就是因为有自动平衡器的关系），这种自动平衡器不大，只有一个小方盒大小，蓝姆迦中心只有一位中尉是经过五角大厦批准，被允许拆除自动平衡器的，别的美军还不能拆。有一次，有一个自动平衡器坏了，那位中尉把它拆开修理后，竟然装不回去，我就自告奋勇要帮他装自动平衡器。我跟他说：“你信不信，凭我的知识来猜想，我判断这个平衡器是利用地心引力，里面有若干机械下坠，经过地心引力的作用，能够维持角度不变。如果我说的是对的，我来帮你把它修复。”那位中尉说：“你说对了，里面机械的道理的确是如此，但是我不能让你来修，因为我是此地唯一被允许修理自动平衡器的人。”我向他承诺不会将此事外泄，他最后答应让我修理。我没有花多少功夫就把自动平衡器修好，当我把它装在战车上时，那位中尉对我说：“Perfect！”结果他就打电报到五角大厦建议，在中国方面只有我可以参与战车炮自动平衡器的修护工作。五角大厦也核准了，所以那位中尉就把这件事情交给我负责了。

◇ 陪同蒋介石赴印缅战场巡察

战车上有一个分速箱，如同汽车上有一个分速器一样。战车轮轴是以固定的方向旋转，转到分速箱时，再经由分速箱的齿轮，使左右两边的轮子转速不同，以便转弯。汽车上的分速器比较简单，战车上的分速箱则相当麻烦。有一次，战车的分速箱坏了，我也凭自己对机械的知识来判断，负责修复的人也同意让我参与分速箱的修理工作。就这样，我慢慢地接触了一些新的科技，而且很快地进入状况。凡是机械的东西，在战车上可以用的，在飞机上、火炮上也可以用，这方面的知识，我在战车保养班中增进了很多。

访问团有十一位将官，我们到印度之前，父亲说："这是我们第一次派遣高级将领为访问团，代表国家到印度去，你们每一个人要降一级。"我本来是少校，就降为上尉，结果其他人都没有降级。最妙的事情是原来访问团的团长因为军务的关系被胡宗南将军留下，无法与我们一起去，结果就由副团长带队，换句话说，副团长就变成团长了。我是访问团的副官，这位团长对我说："你是委员长的公子，你怎么可以做副官呢？"我说："你也是留德的，我也是留德的，你一定知道，在德国一个副官是如何精挑细选出来的，如果你说我不能当副官，是不是太侮辱我了。"他说："你还是委员长的公子啊！你自我介绍时，一定要说是委员长的公子，不能说是副官。"我也没有理会他。当我们抵达加尔各答时，对方将领来接机，下飞机后，因为我是副官，所以走在最前面，我自我介绍时说："蒋纬国上尉，访问团副官。"然后带队团长下来，我就向对方介绍："这位是访问团团长。"结果他竟然说："我不是团长。"对方就问："团长呢？"他说："团长没来，我是副团长。"对方说："团长没来，你就是团长了。"他还一再改变说他是副团长，不是团长，当场就出现了辩论的景况。后来我就跟他说："我们赶快上车吧！"才结束了一场困窘。

出国前，访问团的每个成员可以做一套新的军装，质料有呢制品和卡其布制品，由我们自己选择。抗战时大家都穷，能够借此机会做一套呢军装是很不错的，所以大家都争取做呢军装。我做的是卡其布军装，因为加尔各答很热。果不其然，到了加尔各答后，他们每个人都汗流浃背，第一件事情就是到军装店里去买两套卡其布军装。可是他们居然不到更衣室更换，就在柜台旁边当场脱衣裤，弄得店里的女职员都跑光了，实在是很不好意思。

为了解决团员的生理需求，我在每位团员房间的枕头下，放了两个保险套，以免感染性病，结果他们竟然要我带路，我加以拒绝："我也是第一次到加尔各答来，这种事情总要你们自己去做，怎能叫我带路呢？很抱歉，我今天晚上还有饭局，不能陪你们去。"在住进旅馆之前，我还叮嘱过他们，不要穿着睡衣睡裤在旅馆内走动、串门子，结果他们还是这样做，旅馆其他的客人看了都摇头，还有好几个人在走廊上大声

◇为蒋介石开车到贵州视察

谈话，最后旅馆服务人员来制止。真是丑态百出。

我方驻在印度的军队是新编第三十八师（孙立人）和新编第二十二师（廖耀湘）、炮四团和炮五团。父亲到蓝姆迦训练中心视察时，部队举行了一次演习，刚开始是炮兵试射，有一个中国翻译，翻译的人就是青年军团员。青年军是征召大学生入伍，没有加以军事训练，一部分就编入军队，另一部分就派到海外当翻译官。试射在英文中是“Fire Registration”，他翻译成“现在炮兵开始注册”。父亲是炮兵出身的，而那天我也被派为父亲旁边的特别说明官，父亲就问我：“什么是炮兵注册？”幸亏我反应快，马上明了其中的错误，就跟父亲说：“翻译的人不是军人，是入伍的青年军，他们没有经过军语训练，早晚会出问题。”

从这一个例子来看，军语本身并不简单。再举一个例子来说，EENT对医护人员来说就是耳重新训练，父亲后来也下令实施军语训练。

青年军二〇六师

一、灭蝇运动

到青年军第二〇六师报到之前，我先到重庆见父亲，再到汉中向第二〇六师报到。我刚到差时害了痢疾，一天泻了七八次，后来病好了之后，知道痢疾的可怕性，便下决心要消灭苍蝇。我在军队里发起灭蝇运动，由部队做好苍蝇拍，发给每一个士兵，起初规定每个士兵每天要交十个苍蝇，后来规定每天五个、二个、一个，依次递减，到最后已无苍蝇可打，士兵就把包楮面搓小、弄黑，权充苍蝇交差。于是我们就从自己的营房扩大到别的地区，在别的村子也发动灭蝇运动。

此外，我们自己挖深坑作为便坑，旁边摆一大堆土，每一个人解手后，就把土盖在上面，等到深坑填平后，我们再另外挖坑，所以我们那里绝对没有苍蝇去吃排泄物。等我们这个村子附近的苍蝇都打光了之后，我们就到邻村去打，后来别的村子，都发动打苍蝇，所有村子的苍蝇都绝迹了。百姓很感激我们，我要老百姓继续持续灭蝇运动，绝对不要认为西北应该有苍蝇，而不做任何努力。由此可知，苍蝇并不可怕，只要我们主动去消灭它就可以了。

二、收服回教兵

我到汉中第二〇六师报到后，发现每一个连里面都有两三个回教兵，我就向师长方先觉报告，如此编排非常不方便，因为回教徒不吃猪肉，我们也没有钱为他们买牛肉，而且这些回教兵每人身上都有一把小刀，经常到街上闹事，不如集中管理。师长说：“这些回教兵刚来时是一个队，为了方便管理才在每个连编派两三个，几乎是全连的人在看管这两三个人，你再把他们集中起来，那可不得，他们每个人身上都有刀子。”我就请师长先把他们集合起来，看看我能不能制服他们。我对这些回教兵说：“各位弟兄，我知道各位在各连的生活起居习惯不同，非常不方便，我很想把你们编成一个连，我也向师长建议了，我这个营里面有步枪第一连、第二连、第三连，重兵器连只有武器没有兵，如果你们能够依我一句话，我愿意把你们集合在我的重兵器连下，从指导员到排长、连长，都是回教徒。以前师长要你们把身上配刀缴出来，你们不肯缴，现在我非但不要你们把刀缴出来，我还要训练你们，我唯一的条件是如果你不会用刀，你就不配带刀，因为你不会用刀，挨刀反而是你。现在你们派出一个人来，只要能够刺伤我，我就不管你们，如果刺不着我，你们就得听我的，接受我的训练。”

他们推选了一个人出来，可是他说什么也不愿意动手，因为万一伤了营长，可是一件严重的事，我就叫他把枪上的刺刀套上刺刀鞘来刺我，只要刺刀鞘碰到，我就算输了。起先他还是有一点不好意思，我就说你再不动手，我就要下重手了，所以他就冲上来刺我，结果我轻轻一带，他的刺刀就到了我的手里，人也摔了出去，全队的人拍手叫好。我要他们再挑一个比较好的人，结果他们挑了一个高大健壮的人出来。我看他的动作就知道他也不是一个高手，他和我交手时，我一手抓他，另一手一拖，就把那位大汉甩了出去，刀又落在我的手里。其他回教兵也顾不了纪律，连喊带跳地说："营长好！营长好！"我就喊："立正！"部队立正后，我就转身向师长报告："报告师长，演习完毕，请求师长下决心，可不可以把他们集中一起，派到我们营里？"师长说："马上带走！"就这样，这些回教兵就成了我营里重兵器连的士兵了，连指导员是武宧宏。后来，这个连纪律很好，也不在外闹事了。

三、庆祝抗战胜利

我随身带着一个小无线电，有一天我从小无线电中听到重庆中央广播电台广播日本投降，那时候部队里还没有人知道。那天营部刚好发饷，我就叫营行政副官把所有人的薪饷及福利社的钱通通拿来买鞭炮及酒，汉中集上的酒和鞭炮差不多都被我们买来了。士兵们说："营长发疯了。"因为我从来没有做过这种事。等到正式宣布日本投降的消息后，我们这个营就开始放鞭炮，晚上庆祝喝酒，别人买不到酒的都到我们营福利社来买，我不仅把原先所有买酒及鞭炮的钱都赚回来，而且还有盈余给士兵发双饷，每个士兵都很高兴。

第六章

战地政务

构想与实务

国共战争时真正负责战地政务的是国防部新闻局。那时候我还在徐州剿共总部，薛岳将军是司令。有一次不知道为了什么事情，父亲把我叫到南京，我就向父亲讲了一个政工同战地政务的关系问题，细节我不记得了，我跟父亲建议一个新的政工观念与全盘的构想，父亲很喜欢，他觉得我这个观念很对，虽然我确实对政工非常反感，但是我对政工的反感是很客观的，不是那种纯粹站在部队长立场的感情作用，所以我有一个比较客观、能实际解决问题而且真正达到政治作战的看法。这个观念是我综合美军和德军的体制而得到的思想，美制中部队里的政治工作并不叫政工，在战区里的直接称为军政府（Military Government）；在德国有一个学校叫做军事内部管理学校，我觉得人家倒是真正在做政工，虽然没有称为政工，但是问题都解决了，做得也很彻底、很具体。

战地政务的目的是使前方作战能受到各方面政治、经济及社会的支援，不仅仅是军事作战而已。而在运用上，部队进攻时，可以派政战人员（战地政务）跟着部队前进，在部队所到达的地区留下三分之一的人员开始作业，等到部队继续再前进时，第二波就跟着部队前进，第一波留在原地安定地方，原来的战地变成后方。同样的，第二波在部队攻下据点后从事安定地方的工作，另外有三分之一还在待命中，如果部队继续前进，第三波就跟着前进，第二波就又变成后方了。原来的第一波马上就能够还政给政府，有行政院系统接管，县政府、乡公所都恢复了。这样的三波制配合攻势，稳定攻取的地点；如果是守势，部队退却后，战地政务人员马上转入地下，变成敌后工作人员，他们也许也跟着部队撤退，但是在地方上已经建立了一个根。例如徐州装甲部队撤退的时候，我安排在装甲部队的情报人员也都是运用当地的人，有些是做小工的、有的是开旅馆开小店的，装甲部队曾经到过的地方，北到沈阳、长春，南到昆明、成都，西北到宝鸡、天水，以及整个大陆内地再加上沿海后来被称为海盗的那些人，这些人都是我的情报网。包括双枪黄八妹在内，也是我们留在大陆上唯一能够掌握的情报网。

戴笠先生去世后，他的情报网虽被接收，但是因为重起炉灶，有很多人都失去联络，失去掌握，有的是各奔前途，有的是暂时隐埋起来，也有些人是被共产党铲除了。当时没有一个有计划的撤退，而且我们从前的习惯是喜欢用自己的人，可是装甲兵哪里来那么许多人，所以我开头的设计就是到了一个地方后，就吸收当地志同道合的人，这种方法只有直线没有横线，所以容易保得住。到了台湾后，我把这个情报网和盘的交给父亲，由保密局接收。

情报战

当年我是直达线，直接跟戴笠联络的。我的职务是装甲兵司令部驻上海代表，我的工作使命是负责把我们在印度、缅甸的所有的装甲兵部队及车辆收容在上海，并负责把所有车辆大翻修，整理好后，把所有人员和车辆按司令部的命令再拨交给别的单位。

我在潼关的时候，沿着陇海铁路都是洪帮的弟兄，那时候我是负责把汤恩伯战地的情报送到西安交给胡宗南将军，再由西安转发给重庆。我用了两条线，一条是陇海铁路沿线的洪帮弟兄，所以今天人家还叫我二哥。我虽然不在帮，但是中国人都喜欢有个尊称，起先他们叫我大哥，我说叫大哥不行，咱们上面还有一个大哥呢。他们说就称二哥好了，况且二哥在北方是尊称，所以他们叫我二哥。一直到现在，慢慢地有人叫我二哥，也有人叫我二爷了。另一条线是天主教，因为那边没有基督教教堂，只有天主教教堂，所以我到天主教教堂做礼拜。我和当地的神父修女非常熟，他们这些人本来就是情报员，外国人在中国没有一个不是情报员的，他们得到任何消息就往本国传，我也利用他们自河南那边传过来的情报送到西安去。

装甲兵从大陆撤退时，装甲兵司令部、教育机构及后勤机构先撤退，只留下七个营作战。我是自动留在那里的，什么地方热闹我就留在什么地方。我跟战斗部队讲，你们管地面作战，我帮你们管后勤。因为步兵的指挥单位不大了解装甲兵需要什么，不论是通信的供应、战车的炮弹及油料、战车皮带的保养、引擎的保养、无线电的保养，我在汤总部能够做一些建议，总还是照顾得到他们，否则他们就变成“没奶的孩子”了。

我到了上海后，司令就问我：“我们到台湾去，你在此地要留什么人呢？”我说：“现在刚好参二处长、副处长都要换人，是不是我来找两个人？”结果我找了两个上海的地头蛇，一个姓许，一个姓张，其中一个是戴雨农的老部下，还有一个是上海绥靖团从前的团员，绥靖团的团员都是家里面百万富翁人家，就这两个人帮我很大的忙。我们的住处都不一定，今天睡这里，明天睡别处，因为那个时候不晓得谁是共党间谍、谁是卧底，随时人就会不见了。有时候是我们的人被暗杀，有的时候我们怀疑谁，证据不够就直接干掉了。

另外一个共党间谍也是我抓到的。幸亏抓到他，否则我连脑袋都没有了。他是战车第一团里一个战车排的排长，名字也取得怪，姓黑，叫黑旋风。这个排长很标准，好得不得了，真是一个好干部。那时候一个战车排是五辆战车，每一辆战车上有一门炮、三挺机枪，一挺是与炮平行的、一挺是在驾驶手的旁边，副驾驶前面也有前枪，另外还有半英寸的小快炮，高射机枪，也可以平射的。换句话说，一个排有五门炮及十五挺机枪。

淞沪作战时，他跟部队说："汤总部被共匪占领了，我们现在要去救他们。"说完就带着部队预备往里冲，就在这个时候有两个兵上去把他抱住。这两个兵也是很精壮的，黑旋风身体又好，有武功底子，一般人还抱不住他。这两个兵是我派在他身边的，打从徐州驻防开始，我就一直盯着他，已经监视他三年了。因为他一直没有行动，我也只是怀疑他，没有直接的证据，一直到他要打汤恩伯总部时才把他抓住。

黑旋风在被枪毙之前问我："副司令，你怎么知道我是共党间谍，你讲给我听再枪毙我，我死也瞑目。"我说："我看你实在是一个标准的干部，是我最喜欢的一个干部，可是你好到一个不近情理的程度，所以我开始怀疑。我派了两个兵，给他们一个任务，假如他们看到有共党间谍的状况，先把他抓住，抓住以后，一个留在现场，另一个找最近的电话，直接向我报告。我盯了你三年，没有想到你这么沉得住气。在徐州我们打过多少次仗，你都没动，绝对没有第二个人怀疑你是共党间谍。我没有见过像你这么好的一个排长，我牺牲你我心里头痛得很，我实在也帮不了你的忙，我要能帮你的忙，你现在悔过，我都还愿意接受你。"他眼泪流了下来，他说："我知道团长（我当时是副司令，但是曾经当过他的团长）对我很好。"我说："是，我恨不得把我一身的本领传给你，你真的是太好啦，你是一个知识分子，你不是从二等兵升起来的大老粗啊。但是我真是伤心，你会如此执迷不悟。"

还有一个中共是上海的先锋总队司令员，名字我忘记了，他穿着便衣到上海来视察，也是我破的案，上级赏了我二十箱银元。因为我的间谍网相当深，只要有一点蛛丝马迹，我马上就派人去盯梢，发现有行动就抓，用得都是当地的地头蛇，也是帮会的人。我跟他们的关系相当好，我的作风与他们也很接近，讲义气、很豪爽，随时三刀六眼都可以。他们也很喜欢我，喝酒就喝酒，绝不含糊，不过赌与嫖这两件事情我是不参加的。

情报人员善后

有一次戴笠从上海动身到北方去，我到机场去送他。我跟他的私交非常好，不过他到哪里去我也没有问他，后来我知道他到青岛去了。他临走时讲了这么一句话："你别走，我三天就回来，你不要走开，我有一件非常重要的机密要讲给你听，因为我总要告诉一个人，这件事情你哥哥也不晓得，是你爸爸交给我的，不过你不能跟你爸爸讲。这件事我一定要告诉你，我至少总要告诉一个人，我想来想去只有交给你。"我说："好。"他说："三天以后机场见，你来接我好了，接了我以后我们一块到办事处，我原原本本地告诉你，把资料给你看。"但是没有想到他的飞机在南京撞山，从此以后就没回来。究竟这是一件什么事情，我也意会不到，因为它毫无头绪，没前没后，是一个单独的案子，而且到现在还没有第二个资料可以求证。

戴笠死后，情报人员群龙无首，老先生也离开南京。我到台湾时还把戴笠先生训练出来的情报人员带了一些到台湾来，另外的不幸流落在大陆。我问过父亲现在我们在大陆上的情报网如何，由谁负责，父亲叹了一口气说：“乱了，而且很多人都是躲在香港、东京，根本无法进去。”我说：“我这里有一套完整的情报网，请您指定人来接手。”我又说：“交给谁，我不要和他直接见面。”接着再问父亲：“我通通交给哥哥怎么样？”父亲说：“那好。”结果这套情报网就全部交给哥哥，从此哥哥就掌握起来了。至于哥哥交给什么人我都没有管。所以父亲喜欢我，就是因为我不与人争。

我从来不做干预别人的事，例如有人给国防部介绍武器、装备，总要插手在中间，弄点回扣，一般人都是这样子。我的基本道理是：我做介绍人，等到新人进了房，媒人就要退出来。后来有一位国防部长官说了一句良心话：“为什么蒋纬国介绍来的总是那么便宜，你们介绍来的总是那么贵？”后来哥哥也听到了，还问过我，父亲也问过我，我说：“问题很简单，只是戴不戴帽子的问题而已，我是脱了帽子进房间，人家是戴着帽子进房间的。”有一次为了买一门炮，国防部说要五百多万一门，我介绍的厂商开价一百九十八万，而且还可以再商量。

保密防谍

郭汝瑰在徐州剿总当参谋长时，我曾经告过他一状，我把报告送到参谋本部，没想到本部接收报告的人没有送到父亲那儿去，父亲因此没有看到那份报告。那时候我在徐州，我发现共党间谍经常到徐州来，我的谍报员也盯住了一个人，一直盯到共军的后方。我也知道他们的密语、暗号、手势，所以我叫这个谍报员化妆成一个农夫，挑着担子，还有两个空箩筐，跟他打个招呼，两个人就搭上了。我方谍报员就说：“唉！两天两夜没东西吃，还熬得过去，连个水都没得喝，这个倒也不去管他了，什么也没拿到，老兄，你拿到什么东西没有？”那个人说：“我倒拿到一点东西。”不小心就透露出来了，我方谍报员就说：“老哥，这样吧，你给我看一看，我总算听到些什么了，回去也好交差。”于是那个人就说：“露一手给你看看。”他也是挑着一担箩筐，说完把扁担头上的一个铁箍拿掉，把另一边拔出来，扁担那头是空的，他就从那儿拿出来一张地图，一看竟是徐州剿总作战图，我方谍报员说：“哎呀！老哥，真是感谢。”又说：“我实在肚子饿了，不晓得你吃东西了没有？我每次回来经过前面一个面铺，我总是在那儿吃一顿面，然后再往前走的。”那个共党间谍说：“好啊，我也饿了，咱们吃面去！”那家面铺是我开的，二人吃完面后，我的谍报员说他要去解手，那人也一起去，二个人去解手时，立刻就把那个共党间谍抓起来，把他的嘴堵起来，连夜押送回徐州。

我连夜审问他如何拿到那张徐州剿总地图，他说：“在徐州剿总旁一条大街的大门口对面有一个照壁（刚好在徐州剿总旁有一个路灯，路灯的灯光本来就可以照到大门，结果被照壁一挡，门口就不亮），我就在照壁后面的一家私娼交换情报。私娼本身没有问题，因为人来来往往很多，没有人注意，我们就借此地交货。”他又说：“我就在那里等着，一会有人过来塞给我，但是看不出交货人的脸型。”他告诉我那个人大概多高，脸圆圆的，穿军装，没有配挂衔级，交货的时候没有看到他的脸。根据我的判断，那个交货人应该是郭汝瑰的侍从参谋，是个少校。我对郭汝瑰一直不放心，因为他的卧房除了他的侍从参谋之外，谁都不准进去，我就认为他很可疑。我预备把那个共党间谍再往后方送时，没想到他的嘴里有一块砒霜，他咬破舌头自尽了。我就把我的怀疑报告到南京，不晓得被谁半路拦截。本来我与戴笠是直线联系的，如果有重要事情，我会直接向他反映，派专差直接送到他手里，碰巧我告发郭汝瑰的时候他不在南京，找不到他，于是临时送到参谋本部，结果出了毛病。

我也曾经告了刘斐一状。有一年冬天，父亲有事把我叫到南京去，第二天一早七点多，父亲说："走，跟我来，让你去听一听我们顶峰阶层的军事汇报。"军事汇报的地点在军官学校里，也就是那时候的国防部，后面有几栋房子是父亲住的，他就带着我到离住处不远的独立的方方的小房子里，那个小房子是地图室，也是汇报的地方。会议中先是情报单位报告，再来是作战单位报告，然后是人事、后勤、政工单位的报告，最后由刘斐做一个总结报告，然后再请父亲裁示。他做得相当好，简单明了，非常明确，相当有才气，做完以后，父亲说："就这样子，很好。"然后我们就走了。会议前后不到一个钟头，我们又走路回官邸，回到官邸吃早饭时，父亲就问我："你看刘斐这个人怎么样？"我说："不错，刚才他做得很好，不过，父亲，我也会做。"他看我口气那么大，说："哦，为什么？"我说："刚才我是冷眼旁观，我发现刘斐一直在那里用余光瞟着父亲，看父亲的反应。在报告的时候，当报告人说到哪一句，父亲略有赞同时，就会微微点头，最后他就把父亲喜欢的那几句话拼凑在一起。要我来讲的话，我迎合父亲的心意也就是那几句话。所以我说我也会做。不是我真的会做，而是我会做到刘斐所做的那一点点事情；刘斐做的也不是表现他自己的智慧，只是投机的做法。恕我乱讲，父亲，你要小心。"后来他竟然就是共党间谍。

父亲曾经跟我说："你有没有发现，我常常亲自到战区直接跟战区的司令长官面对面指示，就是避免在人多的地方泄露军机。"如此一来，国防部参谋本部下去的命令就变成了一个附带的欺敌计划，而真正的指挥还是直接指示战区指挥部，这一点也是我觉得父亲高明的地方，他留了一手。

中央打延安之前，中共就知道这个军事机密，我想是因为在胡长官身边有两个上尉副官，一个姓熊，另一个姓马，他们两人都是共产党。我曾向胡长官检举过这两人，我跟他说："我没证据，但是这么优秀的两个青年，又是大学生，愿意正式做军人，不希望下部队，又跟在你旁边这么许多年，只做一个上尉，为的是什么呢？而且做得那么勤快，有兴趣，实在有些奇怪，希望长官注意一下。"果然不出我所料，他们就是中共派来潜伏在我方的间谍。

战地政务委员会

有关战地政务委员会的设计，我曾经用方格纸写过一叠计划书交给父亲。那时候政府已经准备到台湾来，父亲说我们到台湾再开始吧！到了台湾之后，父亲就把计划书交给蒋坚忍将军，蒋将军那时是总政治部主任。

有一天，蒋将军在总统主持的两周一次的军事会谈中就此份计划书提出报告，并亲自做汇报。除了蒋将军对那份计划书有一点修正外，父亲也在开会前阅读那份计划书，还亲笔写上批注。蒋将军汇报完后已经过了个把钟头了，照例有个一刻钟的休息时间，休息的时候父亲走在前面，接着是副总统陈诚先生（当时兼任行政院长），门口也已经站了一些人。父亲走出去了以后，陈诚先生在走出门口前讲了一句话："这不是把我们行政院的事情都做完了吗？"

休息过后会议继续，父亲问蒋坚忍有没有补充的意见，他说没什么需要补充说明的，就看各位长官的指示之后我们再去研究、修正。当时有好几位长官都发表了一点意见，父亲就问："蒋副厅长有什么意见？"

我那时候是第三厅副厅长，因为厅长不在，所以由我代表去开会。我因为听见了陈诚先生的那句话，就补充了一些想法："我的构想听起来像是替政府做了很多的事情，其实战地政务是因为在战争时政府的功能会有发挥不到的一段时间，这段时间需要战地政务的支援，而战地政务的时间是愈短愈好，并且要随时还政于政府。所以战地政务的第一个功能就是补政府功能之不足；第二就是支援战区的作战，要动员一切资源来完成战区政府的任务，所以不论从人力的获得、情报的获得或是后勤的支援，全部由它负责，并且随国军的进退而定。进则先进，退则留守。战地政务的目的是担任地下的作战，控制整个战争面以支援作战，能够尽早建立正式的政府，使中央的功能可以与战区立即结合起来。"后来父亲就问陈诚先生有没有意见，陈诚就说我这个构想非常完整，它能够帮助政府，在政府力量不能到达的时候替代政府，使政府功能不会中断。

父亲听完后加了一个指示："今后我们回大陆的时候，在光复地区不要忙于解散中共的组织，我们另外给它一个新的名字都可以，要利用中共原有的机构，叫他们继续负责，我们派一个联络组加以督导、协助，只要我们有人在那里就可以了。譬如说，中共所掌管的粮仓，到那时候第一优先要发放给平民，解决吃的问题，如果是由我们的人来做，万一有一二户没有分配到，或是分配得不够均匀，我们就会受攻击，而且以中共过去一贯的做法与伎俩来看，他们一定会栽赃给我们，然后引起人民对我们的反感；如果是由中共本来的机构负责，例如人民大队，我们不要过早解体，换个名字就可以了，让他们去做，如果他们发得有不均匀的时候，就是他们自己的责任，我们不要纠缠在里面。本着这个原则我们再继续去设计实际的行动。"

另外父亲又指示："在人事报告里有很多机构是要在台湾组织好以后再送到大陆进行，这个事实上是做不到的。如果每一个队都要自己组织，台湾没那么多人，应该要用当地的人，由我们监督他们、督促他们，不要我们自己去组织，弄不好还会遭致非议。其他有关技术性的项目，他们那边没有，非要我们这边派去不可的，我们现在就应该开始培养这种人才。”

此外，战地政务应该根据实际的状况、可行性，以及实际的需要性来做修正。现在金门实行得不够彻底，总是跟政治有牵扯，又有战地政务，又有县政府，其实有县政府就不要有战地政务。至于接近战地的行政如果介乎战地政务跟政府之间，应该由政府来做；如果做的是战地所需要的，应该有另一套设计。战地政务可以由战区司令官兼战地政务委员会的主任委员，既是地方军事首长也是最高行政长官。

当时为了这个名称，我特别举了美军的一个例子，美军在整个参谋组织里面（第五部门），它是受参谋长的统一督导，第五部门就叫做军政府；后来国军就把战地政务交给政战部，由政治部来管，改称为政战部，也就是战地政务，管战地的事情。最后父亲说：“称政治作战，也称政战部，另外成立战地政务也没有什么不可以。不过，问题是跟军事幕僚要如何非常有效的合作，需要大家确实的研究。今天在此就不必多讨论了。原则上你们一定要密切合作，要以军事为主。当然军事要掩护战地政务，这是不成问题的，可是最后还是为了要完成军事的使命。”这是父亲对战地政务的指示。

本来我们设置了一个战地政务委员会及动员委员会，动员与民防原来是连在一起的，但是因为哥哥就他的方便，在他当行政院长时，把这两个单位推到父亲那里去，推给总统。等到他自己当上“总统”了，他又把这两个委员会裁掉了。他只要督导而不必负实际的责任，以减轻他的负担。

第七章

简述装甲兵

装甲兵之建立

民国十七年北伐完成，定都南京后，国民政府于次年三月一日举行第一次大阅兵，当时就有第一支战车队参加阅兵行列，这一支战车队是由北伐军第一师第一团的搜索连改编而成，单独成军的。战车队原来就隐藏在上海税警总队，由宋子文负责，武器则是买英国制造的 Garton Lioyd（枪战车），只有机枪没有炮。

装甲兵刚成军时只有一个营，下设三个连。一个连有三个排，每排有五辆战车，加上连长、副连长各有一辆，共计十七辆。三个连有五十一辆战车，加上营长、副营长各有一辆，所以装甲兵的编制内一共有五十三辆战车。第一位战车营营长是彭克定。彭氏为湖北人，黄埔一期毕业。后来装甲兵编入第一百师，师长是邱清泉。

抗战时，国内有两个战车团，胡宗南将军率领的是战车第二团。所谓两个团，事实上是两个营。后来在抗战后期，我们在印度预备编练七个战车营，其中有一个战车第一营，就是参加瓦鲁邦战役的战车营，后来还成立一个战车第七营，是最后的补充营，中间还有几个营预备陆续成立，但因战争结束未成立。

等到徐蚌会战时装甲兵有三个战车团，以及一个装炮团和装汽团。

装甲兵在三个不应该用装甲兵的地方打过三次漂亮的仗，第一次是昆仑关战役，这是一场山地作战，很成功，但也很艰苦；第二次是森林作战，由战车第一营与其他支援的部队，从缅北的瓦鲁邦攻破日军十八师团部指挥所。青年远征军新一军辖第三十八师，师长为孙立人，还有新二十二师，师长是廖耀湘，该次战役是战车营在原始森林开林辟路时发现一条很粗的电缆，一看就知道是日军的通信线，于是就循着主缆找到日军第十八师团部指挥所的位置，不仅攻下指挥所，而且还拿到师团的大印。整个新一军在那次战役中很顺利，接着就打败缅甸的日军，救出英军。第三次是在汉头海边，也就是古宁头大战，那是场很艰苦的作战，也是一场很光辉的胜利。

进入装甲兵

一、教导总队

民国三十四年十二月，父亲把我调到装甲兵教导总队第四团当中校团副，从此与装甲兵结下不解之缘。当时石祖黄为装甲兵教导总队总队长。教导总队起先只有一个参三缺，而他预定的参三处处长是明世绩，陆军十期的，毕业后留美。不过明世绩当时在华北，职务尚未调开，所以石祖黄就暂时把我安置在第三处，职位是代理处长，阶级是中校。

我的第一件差事就是拟一份干部教育计划。当时我就问石祖黄，这份教育计划的对象是吸收年轻人加以训练成为干部还是旧干部回笼，他说要训练旧干部，这些干部都是尉级官，再加上少数的少校。我觉得很奇怪，便问："这些人都是军校毕业的，而且也有作战经验，应该是非常成熟的，怎会需要干部教育呢？"石祖黄说："不然，抗战期间很多军校毕业的干部都为国捐躯了，现在很多干部都是从士兵升上来的，所以虽然是尉官、校官，但是都没有受过军官教育与训练。”后来我才知道石祖黄的想法是，自己如果没有训练过干部，这些干部就始终不是属于自己的。后来我也发现哥哥办的干部教育也是为了要把那些人变成自己的人，并不是真正注重军事教育，而且他们也让被训练的人知道，要跟着他才会有前途。所以我的教育计划做好之后，派不上用场，后来石祖黄叫别人重做，我也看出了其中的不同。

父亲规定石祖黄每周都要去见他一次，专谈装甲兵的事情，父亲知道要培养装甲兵，一定要用国家的力量来培养，绝不是以国防部的力量就可以达成的。当时父亲对装甲兵的照顾可以说是无微不至，但是石祖黄对装甲兵却是一无所知，父亲问不出所以然来，非常着急，所以就借着我回家的机会问我有关装甲兵的问题。我这个装甲兵是土透土透的，我在部队里不声不响，就是不要让他们认为我喝了几杯洋水之后，就在他们面前耀武扬威，我也不会假传圣旨。我在装甲兵里面谨守本分，但是装甲兵有任何缺点，我都会向父亲报告。父亲再交给陆军总部，由陆军总部加以改进。总之，像石祖黄这样不懂装甲兵的人来指挥装甲兵是不行的。

后来，经过白崇禧的介绍，徐庭瑶接替石祖黄担任装甲兵司令。徐庭瑶是白崇禧的人，属于新桂系，他自己是安徽人，那时候桂系在安徽的势力很大，有一句话说：“李宗仁当选副总统，安徽天高三尺。”徐庭瑶那时虽然当了装甲兵司令，但是他还是脱离不了与新桂系的关系。而且他对装甲兵的现代化与机械化也是一窍不通。徐庭瑶曾经参加过昆仑关战役，但是他对装甲兵新的战略战术（机动）所知不多，他将装甲兵当步兵用。

当时本来要成立战车第四团，我被调任为战车第四团中校团副。在筹备期间，既没有团长，也没有副团长，完全由中校团副当家。我的另一个任务为装甲兵教导总队驻沪代表，负责把散居在印缅战场的装甲部队接回上海，重新加以整修，也就是将所有的战车大翻修。我在沪江大学外面的空地上搭上棚子，进行临时收容与修理的工作；同时我也筹划装甲兵的服装，从破烂的军装变成漂亮的呢夹克，吸引了很多沪江大学的女学生，装甲兵有好几对结婚的新人，对象都是沪江大学的女学生。

在驻沪代表任内，上级也没有给我任何经费。我们一共只有三个人，分别是负责幕僚、行政与技术，把这项任务全部承担下来。这些战车就是而后编为战车第一团的战车，全部是美制的，型号是 M3A3，使用三七炮，在当时来说，已经非常进步。我在美国受训时，使用的是 M3A1，到印度受训时，才看到 M3A3。后来因为人力、战车都未达到需求标准，上级认为无法编成第四团，所以就将战四团与战一团合并，不成立战四团，改为充实战一团，并派我为战一团中校团副。我就带着新翻修好的美国战车到战一团，地点在徐州。

当时与我一起去报到的还有一位上尉成家复，交通大学毕业，非常优秀，当时他也正预备要分发，我就找他一起到战一团，他也欣然同意，那时候他还很单纯。不过，他太太是共产党员，所以他后来也参加了共产党，撤离大陆时没有离开。

我们到第一团报到的时候，看到有人正在团长办公室内翻动抽屉，那个人穿了一条短裤和一件汗背心，背心上还破了两个大洞，我以为是勤务兵乱翻长官的东西，觉得很奇怪，我就站在那儿不动，看他究竟要做什么。后来他看到我们时，就问我们：“你们是干什么的？”我一听这种口气，就知道他是一位长官，而不是勤务兵。我说我是蒋纬国，这位是成家复。他说：“很好啊！欢迎你们！”那时候我还不晓得他究竟是什么人，便试探地问：“我们是向团长来报到的。”他说：“我就是团长。”我们这才知道他就是战一团团长谌志立少将。

我们正在说话的时候，有一个少校技术员带了一位士官，手上拿了一碗机油和战车引擎活塞进来。他向团长报告:“因为机油的号码不对，所以活塞杆打断了。”第一团使用的是美国战车，结果用了日本战车的机油，我走过去在油里捞了一下后，便向团长报告:“美国战车用的是五十号机油，这个是四十号机油，虽然相差十度，只是浓度较稀一点;机油较稀一点时，顶多温度高一点，但是不至于会把活塞杆打断。活塞杆会被打断，多半是有一个汽缸的程序不对，刚好是逆方向，以八个汽缸的力量来对一个汽缸，活塞杆当然会被打断，我想与这位技术员去看一看。”团长同意后，我便与技术员前往勘察。汽缸里面有一个分电盘，电线通过时，分电盘会控制汽缸爆发的时间，我一看便找出其中有一条线接错了。这件事情传开后，第一团成员对我是另眼相看，他们知道我不是外行，不是因为国防部的命令就可以来接团副职位的。从此以后，我在战车第一团的工作非常顺利，而且我与他人相处也很热诚，所以大家都很喜欢我，我对阶级低的人没有摆过架子，对长官则毕恭毕敬，团长也很喜欢我。

我到战车第一团后，就把战车第一团重新教育，彻底从头来过。我把所有官兵按照编制调查专长，发现共有一千一百余种专长，其中六百余种是属于后勤的，五百余种是属于作战的。只要有一种专长，我就开一个训练班，重新加以训练，就这样把装甲兵重新改造。后来我又把老婆的金项链当掉，筹了一点钱，跟着宋子文所特派的小组，由江杓带队，到太平洋去看美军的剩余物资。我把两栖登陆军（LVT）全部搜罗来，编了两个大队，附编在战车第一团，为而后新编两栖部队（海军陆战队）开了先锋。因为我当时觉得大陆的局势极为不妙，如果不早做准备是来不及的。这就是所谓的战争指导，“先战至上，先胜致胜”，否则临时光凭血肉之躯、感情用事是无法解决问题的。

刚开始，第一团还有日本战车，体积比较小。有一次，中共打下徐州的九里山后，把几门山炮推到山顶上，用山炮炮轰徐州机场，有一位空军上尉被弹片击中脑部，我刚好站他旁边，他的脑浆溢出，沾满了我的背部，到今天想起来，仍然感觉那些脑浆还在我背上，非常不好受。从那次以后，我再也不吃猪脑。中共的作战速度非常快，我就自己领队，把日本战车开进两栖登陆车，并且把一连的人运过黄河，绕到敌人的背后，把两栖登陆车的门打开，小战车立刻向敌人进攻，我方步兵接着占领山头。如果九里山落在敌人手中，我们的机场就不保了，徐州本身也受威胁。

在战场上，我充分发挥运动家的精神，我把战争看成是一场竞赛，也训练我的官兵要发挥这种精神。因为这样，大家就不觉得害怕，反正只要事前按部就班地侦察清楚，计划确实，等到执行时，踏踏实实地去执行，就无往不利了。最重要的一点是，我把机动的观念输入到每一个官兵的思想里面。

很快地，第一团有了副团长的缺，我就升上副团长，时间是民国三十五年一月。

二、战一团团长

民国三十六年八月，我升为战一团团长。其间发生了一个插曲，公文中原来写明是“战车第一团谌志立少将另有任用，遗缺由该团蒋纬国上校原阶升充”。送到父亲那边以后，父亲将“上”字圈起来，改为“中”字，结果我是上校副团长升为中校团长。我向来对职位的高低没有特别注重，只要上级指派，我就全力以赴，所以我对降级一事觉得无所谓，如何使战一团上轨道才是重要的事。

特种兵团的编制是少将，不论是任官、授阶或受职都由父亲亲自来颁授，那时候有五个团长同时授阶，分别为战一团、战二团、战三团、装炮团、装汽团。我们传统的习惯是授印，我向父亲分析并建议改为授旗，因为授印是授权，世界各国都采用授旗，其意义是在授责，心理上的感受不一样，与授权不同。父亲同意我的分析，并接受我的建议，将仪式改为授旗，那一次也是国军第一次改用授旗仪式，我们团里面也都改以授旗为仪式，不过可惜国军并没有普遍做到。过去授勋的对象是一个人，如果是团体行动，就把勋带挂在旗上，我们从外国军旗上的勋带就可以知道该团的战绩，我们战一团也开始实施这个制度。

三十六年七月沂蒙山区被中共部队占领，徐州也落在中共手里，山东等于已经沦陷。美援总署有几个仓库位于该地，我就派了一个卡车的部队，以及一个战车排掩护，突穿到敌人后方抢救物资。我们抢救了十几辆卡车的皮夹克，袖子是呢制品，内里是毛制品，穿起来还蛮舒服的，我把那些皮夹克发给战一团每位官兵以及战二团每位军官一人一件，他们都高兴得不得了。

装甲兵一营有三个战车连，另外还有勤务单位。当时政治指导员也要每人一辆战车，但是我们在装备上并没有这种编制，而且队上也争取不到，所以我告诉他们，如果他们要上战车，就要充当车长，一方面作政战，另一方面还要参加战斗。而且他们要先接受车长的训练，如果能够指挥该战车上枪炮的运用，以及明了战车路线，我就把副连长的战车让给他们，让他们执行副连长的职务。换句话说，我们就用副连长兼政治指导员，或是指导员兼副连长。我还告诉他们，如果考试不及格，就不能在战车上担任职务，要负责后方补给、伤患照顾等事，并负责后方指挥所的各种事务。他们也接受了这种分配，后来大部分政战人员都在后方负责后勤，因为他们无法进入状况，战车里面不仅温度高，气味也难闻，呼吸很困难，同时待在里面的时间也很久，再加上天气热，一次战斗下来，有人甚至口吐白沫，躺在地上，非常疲劳；同时，他们也不懂机械方面的知识，无法配合作战。不过，他们虽然负责补给事务，但仍然在第一线，称为前方整补。

战斗时，士兵们大半是上身受伤，因为他们在打得眼红后，喜欢从炮塔盖子里面钻出来，一不小心就受伤了。每位官兵都有二块血型牌，上面写明兵籍号码及血型，一块带在身上，还有一块在官兵阵亡后取下，列入伤亡统计，这种就叫做“坟墓勤务”。官兵埋葬的确实位置，都要在地图上标出，等到战斗完毕，再去收尸。

许多制度建立好以后，官兵的士气都很高。有一次我们进行夜战，有关的地形与路线，我们都在白天侦察好；我在后方点两堆火堆，战车则向后对准火堆来决定自身的位置。作战开始时，每个士兵手上都有一张大比例尺的地图，所以他们都知道自身的位置，再加上我们在白天已经先侦察好地形，每一辆战车都知道自己的路线。到了目的地后，我用无线电下令炮弹齐发，这时步兵在旁边跟进，我一下令停止，战车火力一停，步兵就向前冲锋，进入敌阵。那一次夜战相当成功，敌人也没想到战车居然参加了夜战。

三、装甲兵司令部参谋长

我当了装甲兵上校参谋长之后，徐庭瑶指定吴文芝当副参谋长，他也是陆军十期的。徐庭瑶曾经保送过一批人到美国学装甲兵，大都是陆军九期至十一期的，所以他手里面有一些筹码。我虽然是参谋长，但是他并不重用，样样事情都让吴文芝操纵，后来甚至明升暗降，把我调为副司令，吴文芝升为参谋长。事前我一点都不知情，父亲也不知道，因为升为副司令不需要元首批准。

四、装甲兵司令部副司令

徐庭瑶将军有一批自己培养的第十期及十一期的军校学生，吴文芝是其中之一，徐将军为了要升吴文芝为参谋长，就把我升为副司令，事实上，我变成上有司令，下有参谋长，反而没有实权，不过从不跟他们争。

国共战争

很多人把八年抗战胜利视为战争的结束。我从第一师调到青年军时，曾经讲过一句话："半个鬼子一根毛，日本的战力已经到了尾声，中日战争随时可以结束了，胜利随时可以来临，但是这'一根毛'必须注意。"

当时有一件事，我觉得很值得回忆。在重庆江水的另一边有一个黄山，有一天父亲约了岳军先生商谈中日战后的情形。依照规定，当他们在谈话时，身边的随从人员是不能靠近的，一定要在听不见距离之外，而我是唯一跟在他们后面走的人。当他们的话题结束时，我对父亲说："父亲，我有一点意见，可不可以说？"父亲朝我看了一下，张伯伯在旁边就说："你让他讲嘛！"父亲说："你说好了。"我就向父亲和张岳军先生提出我的看法："日军的问题小，而中共的问题大，虽然中共到现在为止仍然是一个政治问题，但是一旦中共变成政治问题里的军事问题时，情况就非常麻烦了。所以我们一方面要准备接收对日作战的胜利，另一方面要立即发起歼灭中共的行动。我建议把散布在各战区的战车部队统统集中起来，把中共一股一股的打掉。即使是三个月内不能歼灭，半年之内也要达到目标，如果拖延半年以上，国际间就会说我们是内战。国际间通常把内战国家的政治地位看低，认为该国政治不稳定，而事实上，正是国际上在制造我们内部的纠纷。所以我们必须要用速战速决的方式。日军攻打我国失败的原因就是因为他们没有达到速战速决的目标，如果我们对中共也无法速战速决的话，将来的情况一定不得了。”岳军先生非常赞同我的说法，他说：“纬国，你讲得不错的。”父亲听了之后说：“我也有同样的看法。”

后来国军把装甲部队与步兵编成十个快速纵队。我写一份书面报告，很扼要地向父亲报告：“我们的十个所谓的快速纵队都是‘十不能’，所以不能发挥任何力量，应该还要把他们集中起来；另一方面，每一个纵队配一个战车营的做法是不伦不类的。当年德国把全国的装甲部队集中起来，变成九个装甲师；法国战车营总数比德国多，每一个步兵师配一个战车营，结果法国不能进行快速作战，因为战车要迁就步兵的速度。现在我们虽然有十个快速纵队，但是事实上，我们只是把战车营配属到步兵师里，而我们的战车营都是轻战车。轻战车讲求速度，一旦配属到步兵师里，速度自然无法发挥；另一方面，轻战车装甲薄，敌人使用一般的反装甲武器就可以将它打穿，战车要迁就步兵的慢速度，不就正好给敌人当炮靶。所以从编组上来看，我们已经打败仗了。像这样编组的快速部队，既不快速，又不能发挥战车的作战力量，再加上后勤支援也不能配合快速的要求，与其编成十个快速纵队，没有一个可以发挥作用，倒不如编成三个，使国家的力量足够支援，从工兵、兵工、通信各方面加以配合。”

父亲拿到这份报告时，整个战略局势都变了。父亲在那个时候也忙于政治方面的指导以及经济方面的复苏，有关野战方面的指导，都是国防部在负责。而国防部的高级军官身边有中共潜伏，所以变成了国防部的命令正本给中共，副本给国军的情形，国军的战力遂大不如前，快速纵队不是被歼灭就是自己崩溃。

当时薛岳将军在徐州剿共总部，团长和我认为快速纵队是一个打击部队，要拿来作战略预备队，所以多次建议把第一快速纵队收回，放在徐州附近，随时可以出击，结果薛长官将快速纵队一直从徐州摆到碾庄，而且主力都在碾庄。三十七年元旦那天，各部队长都到剿共总部向薛长官拜年，我那时候是装甲兵教导战一团副团长，团长带我一起去。本来我是不用去的，但是团长非要带我去不可，他说："我不带你去的话，你还是要单独去一次。与其如此，不如我们一起去。"我就跟着团长一起到剿共总部。那天薛长官非常高兴，我和团长赴剿共总部之前，曾经一再建议他，千万不要在薛长官面前说这件事，因为我们已经建议过好几次，而薛长官一直都没有采纳。到了剿总之后，或许是过年的气氛所影响，团长又憋不住地向薛长官建议把快速纵队抽回来，更糟的是，他在建议时说了一句不该说的话，他说："这样才合用兵之道。"薛长官听毕，当场一拳捶在桌上，他说："我大小战役打了多少次，我还要你来教训吗！"说完就往里头走，本来那天大家拜年开开心心的，结果这么一来就变成不欢而散了。

元月二日，中共发起攻势，从沂蒙山区打下来，一直到兰陵镇。元月三日那天，快速纵队的补给线就在兰陵镇被切断了。补给线是前方战斗部队与后方补给基地联通的一条交通线，它既是救命线，也是逃命线。补给线一旦断掉，再怎么强大的军队都会变成强弩之末，装备再好，等到随身携带的弹药用完后，也就弹尽粮绝了。中共切断我们的补给线，黄伯韬的军队无法撤回，当时为了撤退，一个战车上堆几十个步兵，结果驾驶员看不到路，很多都掉进坑里，所以战车也牺牲很多，炮兵则是全部牺牲了。

徐州会战

徐蚌会战后，军队到了陈官庄被包围，防卫兵团从平汉路过来援救从徐州撤出被包围在陈官庄的部队，邱清泉就在里面。（我们所谓的徐蚌是靠近津浦路的这一面，从南京出去都是走津浦路，到了宿县，从宿县下车后再到蚌埠）结果防卫兵团到了双堆集附近又被包围，形成上下被包围的局面。

我们在蚌埠时，新总部长官是刘峙，他是个老好人，直接指挥的则是杜聿明。那天我到前方视察，单枪匹马坐了一部吉普车，看见上面有一架飞机投下一个空投包，后面有两条黄色飘带，我就跟驾驶说："我们去捡那个空投包。"我们将车停在公路旁边，还没等它着地，我就一手把两条飘带接住了，拿起来一看是老先生的笔迹，上面写着：胡长青同志亲启。胡长青是军长，本来我是要去看装甲部队的，接到空投包后我就直接到军部去，一见到胡长青，就跟他说："军长，包子还是热的呢，还没有着地我就接过来了。"他打开一看，信里写着：限时打下包家集。

我回去跟刘总司令报告时说："如果我们绕道而过去打双堆集，包家集自然就拿下了，保不住双堆集，共军留着包家集也没有用，自然就会撤兵。"他说："你爸爸的脾气你还不晓得啊，他说要打下包家集就是要打包家集的。"我向刘总司令解释是因为我们给父亲的情报是包家集挡住我们的去路，所以要我们限时攻下，结果他还是坚持要打包家集。我就说："好，如果要打包家集，就由我去打，你不要再牺牲这么多团了，你给我一个步兵营，我再加一个战车连，保证半小时之内拿下包家集。"他还是不肯。我就请刘总司令把步兵营交给其他师营，自己带着人员绕到包家集后面。我认为后面一定有地道，我用战车去压地道，把地道压垮，再在地道口点燃干辣椒，用烟把地道里面的人熏出来，轻易地把包家集拿下。但是已经耽误好几天，如果刘总司令愿意照我的方法做，我们老早就把包家集拿下，双堆集也早就突围了。

事后我们回到南京，王老虎（王叔铭）亲自向父亲报告投粮的状况，他跟父亲报告说他在三千英尺的高度投粮，事实上我看他最低限度也有六千英尺，后来我们知道他们是在九千英尺投的粮。王老虎还说他自己在空中亲自督导，其实不然。军队被包围时，我自己飞了一架侦察机（联络机）L4，去看看包围圈里装甲兵的情形，我还空投一把胡琴，投到陈官庄的包围圈内。那时候战车第一团的团长赵志华喜欢唱京戏、拉胡琴，我就写了一个突围计划，内容包括如何突围、如何掩护、如何打开缺口、突围部队如何走、打通缺口的部队怎么做、炮兵怎么使用以及炮兵突围的时机，每一步我都写得很清楚，塞在胡琴里面。我的飞机保持在八百到一千英尺的高度，我回来时机身翅膀是带着八个洞回来的，不过等到他突围出来后，我才知道他没有收到那把胡琴。后来我们到了后方以后，我还把这份突围计划作为指参教育的教材，教导官兵正确的突围方法。

徐蚌会战时，我的装甲部队战车连配属给空降纵队（降落伞纵队），预备做重点攻击。当时前方状况也不太好，结果空降部队司令带着部队撤退到后面，没有告诉我们战车部队。那时候只有空降部队有手提通话器，使用短波，距离只有一公里左右，结果我的无线电频道与他的手提通话器相合，我听到他下命令要把车队撤走，就跳上吉普车，绕到他必经的一条路，他看到我，就叫部队停下，还对我说："蒋参谋长，你在这儿干什么？"我说："我在等你啊！"他很怀疑地问："你怎么知道我要到这里呢？"我说："是你们自己告诉我的，你拿有线电通话器明语通话，我收得到，共军也收得到。"他听了脸都红了，就说："我们只是两个部队位置移动一下。”我说：“您尽管换，我的战车始终在前面没有动，我在此地要请示一下司令，我们的战车部队要怎么移动？”他说：“你们不准备动就好，我们只是两个团换一换。”就这样阻止了他带部队偷溜。

撤退经过

徐蚌会战后，有人提议把装甲兵调到广西、福建，果真如此的话，国军撤退时，装甲兵一个都撤不出来。我发现有这么一个阴谋时，就去请示父亲：“要让装甲兵先撤到海南岛还是直接撤到台湾，或是分成两部分走，一部分从海南岛出来，一部分直接到台湾。”父亲就说：“直接到台湾好了，装甲兵不必绕那么一大圈，因为现在没有必要去那边作战，重点还是集中在上海，到上海后再出来，当然是到台湾。”我得到命令后，就把徐庭瑶将军及司令部先送到台湾，并且在安置陆军总部的营区里，那时候他们想出来，就巴不得先上船。

装甲兵撤退时，政府只给我撤二个船次的钱，而事实上我撤出了二十八个船次的装甲兵。这些钱就是我每次破获谍案后，上级给我的奖励，我拿这些钱来雇船撤退装甲兵，船公司看见装甲兵就像看见大财主一样。到了台湾以后，我就用剩下的钱，在中正东路买了三百坪的地，中正东路就是现在的八德路，那边本来都是稻田、水田，当时的地价是七块半新台币一坪，我就是凭着这三百坪地起家的。现在这个地区增值很快，一坪都要上百万了，我是在官价七千块的时候卖给我一个朋友的。他替 CAT 盖一个修车场，需要三百坪土地，因为他是我的老朋友，我就算他半价，卖他一坪三千五百块，半卖半送。我先后搬了三次家，越搬越远，现在搬到外双溪附近的山区。地也越搬越大，房子也从一层楼变成二层楼，换来换去，都没有加一个铜板。现在这个房子很漂亮，我这个人是一家一当通通摆上去的，我不留给后人，他们自己去努力，给他们一点点，够他们生活就好了。

装甲兵在台湾

一、争取美援

一九五〇年七月三十一日，麦克阿瑟将军来台访问，上级决定做一次战车旅攻击演习，请他参观。我认为麦帅战争经历丰富，连战车师的攻击都已经看过很多了，更何况是战车旅的攻击，如此一来，不仅吸引不了他的注意，而且还劳民伤财。当时“国防部”准备五十万支援我们，我告诉“国防部”，我们连一毛钱都不需要，而且我建议“国防部”只做一个示范，不做演习。我把所有履带车辆（包括战车、搜索车、装甲炮兵）集合起来，请麦帅来参观履带车辆如何通过稻田，因为美军认为台湾都是稻田，不能使用战车，如果我们示范成功，就可以博得美军顾问团决定继续支援装甲部队。

平时我就训练装甲兵的士官，教导他们驾驶战车通过稻田的技巧，例如如何转换方向，如何在停止后再度起步，如何通过田埂，如何从稻田开回道路。事实上，我们在驾驶战车时，如果加油略猛，履带就会打滑，越陷越深，战车就无法行驶。操典上说战车绝对不能进入稻田，那次我们示范之后，麦帅说："我在西点军校的时候，教官告诉我们'一个好的武器要在一个好的战士手里，才能发挥最高度的性能'，没想到美国战车在中国人手里就能够通过稻田，以后我们知道在台湾一样可以使用装甲部队，我们应该给予十足的支援。"所以后来装甲部队非常顺利得到美援。

另外一次，太平洋舰队总司令史敦普（Felix B.Stump）到台湾来，同样的，我们也要举行一次演习。我建议做小演习即可，而且只作战斗前一段的演习。史敦普上将到装甲第一师师长室休息时，我给他一份营的每周作息表，表上明白写出该日每一营的科目及位置，并且请他随便挑选一个营来做测试。他指了一个战车营后，我就用无线电下令该营集合，集合完毕之后，我给予该营官兵一个状况："台北市已经被敌人的空降部队包围，现在正在激战中，需要我们立刻增援，台北的卫戍师指挥所位置在某地，我们要立即报到。本营为先头部队，其余全师听命继续跟进。该营立刻动员。"该营在营集合场集合时，我陪着史敦普上将去看该营的驻地，营的驻地已经把每位士兵的行李堆放在一处，整个营区的后方勤务都已经整理妥当。史敦普上将发现有缺车的情况，我就用石灰在地上画一个框，战斗车不能缺少，其他勤务车如果有缺少的，就把东西分别放在其他车辆上，使该营的后勤补给不至于缺乏。我公布第一个报告点之后，士兵们就很快地上车出发，然后我就陪着史敦普上将搭直升机，从空中看该营的行军纪律，发现纪律相当好。我们抵达第一个报告点之后，我就派了一个人坐吉普车先赶过去，等到该营抵达后宣布演习停止。然后我和史敦普上将就坐直升机回台北。

当天下午"国防部"举办一个接待会，史敦普上将与几位随员把我们大大地称赞了一番。他说："我没有见过有如此快速的部队动员与如此良好的行军纪律，这个部队是一支好部队。"日后美军对我们装甲部队的支援加强了很多。不过，他到别的部队视察时，情况却不是如此。

二、向一九一七年告别

来台后的几年时间，我都在努力改变装甲兵的思想以及整个陆军的思想，就开始了陆军的机动化与建军。

回顾历史，英国人在一九一八年以战车的机动性转变了整个的作战观念。英军先以机械化部队进攻，再以摩托化部队攻击，最后以步兵完成接收，占领据点，因此打赢了第一次大战，但是英国在战后却没有发展装甲，反而是德国在第一次大战后走上了机动建军的路线。一九二八年，德国国防部派古德里安正式开始研究组织装甲兵，同年，我国的战车队已经成军，纳入陆军行列。所谓阅兵，除了展示军力外，就是告知民众，我们已经有哪些军队成军，不仅仅是在实验室里做实验，也不是在设计场上做试验，而是已经交给野战部队，经过多次的试验之后，在野战演习中经历各种科目的演习，证明可用之后，再纳入军中，也就是所谓的成军。而且德国——全世界闻名的闪电战的主人，在一九二八年才刚刚开始研究，古德里安也是从步兵中调出来的，所以被调派带领运输连，目的在先让他与机械接触。当时德军的运输连尚未机械化，仅仅是摩托化（原名汽车化），摩托化与机械化都讲求快速，但是摩托化的战斗兵要下车以后才能战斗，而机械化的战斗兵在战车上就可以射击。

日军发现装甲兵比我军晚，抗战期间，日军将战车视为步兵的重武器，美国也是同样的情形，所以在美国的建军中有步兵战车，后来又向国会争取骑兵战车预算，实在是煞费苦心。美军如果要另外成立装甲兵，国会恐怕不会通过，所以美军退而求其次成立骑兵战车，可以说是美军在挣扎中争取建立装甲兵。直到一九四〇年，美军才成立了装甲兵训练中心，换句话说，他们当时尚未开始进行装甲兵的干部教育，只是少数几位将领有装甲兵思想。那年我刚好到美国，他们留我在装甲兵训练中心，帮他们建立装甲第一师。美国到现在为止，其装甲师里的装甲步兵尚未机械化，因为其装甲步兵车不是一个战斗部队，称为APC（Armour Personel Carier），就是装甲人员运输车，车子里面没有火力。到今天为止，我还没看到美国的装甲步兵战车成军。美军有一个最大的痛楚就是样样事情都要向国会争取预算，这种偏激性的民主，对于建军一事来讲，妨碍很大，而我们"中华民国"却在高唱削减国防预算，实在是文人误国。

根据我在学理上的了解与直接参与装甲兵的有关事项，我发现装甲兵本身以及使用装甲兵的军团与军队有许多错误，将校没有新的完整的地面教育，就无法正确使用装甲兵。装甲部队配属给陆军之后，陆军不懂得使用，这就是我在大陆上所看到的艰苦与痛心的一面。没想到，到台湾以后，这个观念还存在，刚到台湾时，装甲兵司令徐庭瑶将军竟建议，陆军将所有的战车与装甲车沿着台湾海岸，每五十里放置一辆，把战车变成了堡垒，成为敌人的标靶。其实他可以把装甲部队集中起来放在后方，敌人从任何方向来袭时，装甲部队都可以应战，而且还可以突袭，发挥的效果更大。

一九五八年，我接任装甲兵司令之后，第一件事情就是在湖口举行一次大典——"向一九一七年告别"，参加者包括每一辆战车车长和各级重要指参。典礼由陆军总司令彭孟缉将军主持，我还在典礼中做了一次报告。战车有机动与火力两大功能，但是，在一九一七年之前，世界各国还维持步兵战车的观念，战车只是步兵单位里的重武器，随伴步兵作战，所有一切都以步兵的速度为准，所谓战车只不过是加了装甲的炮兵而已。战车原本有很好的越野机动功能，却没有发挥，反而跟

◇ 一九五八年任职装甲兵司令时的蒋纬国

着步兵一起走，以步兵的速度为速度，在当时的步兵反战车武器之下，已无生存机会。而速度本身是一个物理性的基本因素，能否发挥机动力，则要视其运用方法，因此就变成一个思想的问题，如果硬要战车放弃速度，放弃机动，那么要战车何用？一九一七年之后，英国人领悟了这一点，于是骑兵思想开始抬头，到了一九一八年，将战车脱离步兵，发挥其战场的机动性。另一方面，战车的火力也只有在机动的运用下才能发挥，所谓机动就是主动争取一个新的位置，可以在新的位置上制敌，而且敌人一时间还找不到我们，所以能够产生奇袭的功效。英国人因为发挥了战车的优点，所以在一九一八年把德国人打败，赢得胜利，结束了第一次世界大战。

不过，胜利的同盟国并未检讨胜利的原因，反而是战败的德国再三研究战败的原因，领悟出装甲机动的重要性。所以，德国从此成立了第一个战车连，开始发展装甲兵，时间为一九二九年，首任连长为古德宁。战车连以战车为主，其他装备与人员都必须配合战车的速度、机动的性能与越野的要求，就这样，德国发展了新的思想，不再以步兵为地面作战之王。因为一九一七年之前，战车是步兵里的附属及支援武器，属于步兵的一部分。战车的首要功能在其机动力很强，如果它属于步兵的武器，在机械方面就算有再高的速度也无法发挥其效能。但是他们一旦放弃了战车，矛盾思想就变成矛克盾了，因为战车无法发挥其机动力，速度又不快，再厚的钢板也会被敌人的武器打穿，因此在战场上，胜利的保障是在其机动力。

所谓“向一九一七年告别”，也就是以上许多建军备战方面的新的观念与新的做法。当年的陆军总司令刘安祺将军特别欣赏这一点，因为我有完整的理论与思想，进而提出实际行动方面的建议，并且获得刘将军的大力支持。在建军方面，不是装甲兵司令的力量可以达成，而是要使整体的陆军走上新的道路。

装甲兵与后勤

为了配合装甲兵的思想，装甲兵的后勤观念要完全改变。过去谈后勤，都是从后方向前方追补，但是一旦装甲兵机动起来，后方无法得知真正的第一线部队身在何处，所以一定要战斗体向后方领取补给品，如此就要将载重车编在装甲兵，由装甲兵管制，因为装甲兵知道补给点在何处，而补给点不知道装甲兵在何处。这种新的观念，使得建军备战的训练中呈现新的编组与新的面貌，而人事训练及人事配置都必须达到精简的目标。举例来说，通常随着车辆的增加，必须增加人力，如果我们能够增加车辆的载重量，就不用增加人力，自然可以精简人事；以车辆保修而言，一辆车子必须配有兵工人员、兵工零件，车辆愈多，就愈需要更大的后方空间，才能设置各种后勤设施，所以有关人员的编制，应该重新加以研究。那时候美军的车辆有很多种，从四吨半的吉普车到半吨、一吨半的车辆，甚至九吨的载重车都有，我们就必须重新计算一下，需要废除哪一些东西，保留哪一些东西。后来一直到联勤成立军车制造厂后，新车的设计工作才由该厂负责。而联勤也一直以最低的成本来获得最好的收获。步兵能够找到战场上极为隐蔽的目标，使装甲部队里的主角——战车不至于被敌人突击而导致毁坏，所以需要装甲步兵，而装甲步兵的战车必须能够使人员在车上发挥步兵的功能。换句话说，步兵和战车合起来成为装甲兵。步兵、战车、炮兵，再加上配合机动作战的通信，以及所有的战斗支援勤务（包含工兵、兵工、通信、运输、卫勤、化学兵等七种），都要配合机动的速度。战车能发挥多少程度的机动性，所有的勤务就要发挥同样程度的机动性，这些配合都冠以装甲二字。总之，“装甲”并不是指装上铁甲，而是指机动性。

兵工包括所有的修护，就名为保养，分为一级到五级。一级二级为预防保养，如果做得好就可以保持机动运作，一级是使用者的责任，所以要给使用者所有的工具，二级是支援一级的，也就是提供零件及维修工具，所以二级保养配属在连的保养组里。常常有些长官动不动就骂官兵，认为他们没有把他的办公室的东西处理好，其实是这些长官没有使用者负责保养的观念，也不会向单位里的维修部门申请，即使是命令式的申请也不会。这种责任的区分，感受上的区分，一般的中国长官是不具备的。在部下的面前，中国的长官都是神仙、上帝；在长官的面前，中国的部下都是白痴、笨蛋。

陆军的责任编制是层级相隔的，军团有完整的后勤设施，其中的重保养营负责四级保养；军是以若干个师编成的，只管作战，不管行政；师兼管行政与作战；团只管作战；营兼管行政与作战；连以下只管作战。三级保养属于师里面的兵工营，兵工营有三个连，第一连支援第一团，以下类推，它负责战场保养。因为师兼管行政与作战，不能浪费任何时间，所以三级保养是直接换零件，将零件送到重保养营修理，否则无从机动。保养也是为了配合机动的需要。

五级保养则在后方，又称基地保养，它包括某一种程度的制造，例如零件制造。五级保养把总成修好后，就送到前方。总成就是各个单元，例如变速箱、引擎。所以在装甲部队里面，所有的野战勤务都要配合机动作战。通信也是一样，在固定地点通信的效果虽然好，但是如果在机动时无法发挥，这种通信就没有用处。

我们常常骂人“过河拆桥”，装甲部队做的就是过河拆桥的工作。战斗时，工兵带着一条桥的桥材随时搭桥，等到装甲部队通过后，立刻把桥收起来，这种桥轻快到走在路上是一种车子，往河里开便是一条船，把这些船连接起来就变成一条桥，以便装甲兵通过，装甲兵一过去，桥又变成船，开到岸上后又变成车子。如果无法机动，就会成为敌人攻击的目标。

装甲兵带动陆军朝向机动化发展，所以装甲兵必须重新改组成为装甲师与装甲旅两种部队，与陆军打成一片，正式被视为陆军的一部分，再也不被视为特种机构，这是中国建军的一个发展。

装甲兵教育

对于全陆军的干部教育，从指参学院就已经开始改变了。当时“老总统”有一句非常重要的话：“凡任指参者，必先习得高两个阶层的用兵修养。”所以在陆军官校里面，不论哪一种兵科，都要学战斗营的营连战术，学过营连战术之后，才能成为一个好排长。所谓战斗营，包括步兵营与战车营，所以训练的干部，不会发生步兵不懂战车、战车不懂步兵的情况，他们全部都是在一个机动作战之下，可以适时发挥步兵与战车的长处。这是我这几年来对于建军的一些努力，过程相当辛苦。

“老总统”具有骑兵的机动思想与炮兵的火力思想，他一再强调机动与火力，这也是地面作战非常重要的成败因素。我们要以战术的速度来比赛，而不是以机械的速度来比赛，否则永远没完没了。现在整个部队的思想仍然是以前的步兵思想，所谓运动、射击，也只是运动的速度机动而已。事实上，机动就是因为战机而动。假定没有目的，即使走得快也没有用。因战斗之机而动是战斗之机动；因战术之机而动就是战术之机动；因战略之机而动则为战略之机动。其他事项自然会融入教材中，所以要从手册、典令的修正，到学校教案的修正及部队实质的演练、修正等方面，来着手建立新军。

装甲兵有三个副司令，其中之一兼任装甲兵学校校长。我没有担任过装甲兵学校校长，但是我是主导装甲兵观念思想的人，我透过学校训练干部，再透过干部训练部队。这样我才能有一个完全客观的立场来指导他们，否则我会胶着在学校行政上面。要改变装甲兵的思想不是那么容易，虽然我不在装甲兵学校当校长，但是我把改变干部思想的任务交代下去，先由装甲干部着手改变。当时在陆军总部添设了一个装甲兵室，属于幕僚单位，由我兼任室主任，三个副司令之一兼任副主任，装甲兵有一位副司令兼任装甲兵学校校长，经常亲自到学校督导，我则检查所有教案。我把所有在大陆时期所犯的错误，全部集结起来，作为教材，让学生了解这些惨痛的教训。

总之，在建军史上，我已经尽了心力了。后来我带着部队作战的需求，到陆军指挥参谋大学当校长，开始了我的干部教育的生涯，前后长达十八年。

装甲兵机动化

父亲虽然是炮兵出身，但是他对战车的思想却很前进，他也是一位把炮兵的机动观念发挥得淋漓尽致的人。炮兵用在步兵乎？用在支援骑兵乎？是一步一需乎？是机动作战乎？我们要求战斗性的机动、战术性的机动、战略性的机动，依照所需的时间到达预定的地点，在该时间与地点比敌人强，能够发挥火力，才能够克服敌人，才能够以寡敌众。战车是一个兼具机动性与火力的武器，再加上防护力，以及在战场上的

◇ 与父兄同游

震撼力，合并起来成为装甲兵。战车对于步兵的震撼力是无法形容的，我曾经亲自在战车里面面临敌人的机枪扫射，只听到咚咚作响，因为那些机枪对战车一点威胁都没有，其他如迫击炮、七五炮对战车也造成不了威胁，即使是一五五炮，除非是直接命中，否则其破片顶多把履带打断。

装甲兵原来有五个总队，一个总队等于一个团，但是我们将最上一级称为装甲兵旅，我是旅长。那时候三个总队是装甲总队，第四个是装炮总队，第五个是装汽总队。在作战时，以战车为主的部队先打出去，一般的步兵师跟不上，所以由装汽跟上去，步兵就搭载在我们的车子上，由摩托化的部队接收机械化的战果，再由步兵部队来接收摩托化的战果，一步一步地递补上去，由步兵再交给地方政府。这是一个固定的模式，而战车部队一上去之后就接着超越，他们打过以后再整顿，第二个装甲部队超越，接着第三个装甲部队又超越，而汽车化的步兵继续保持装甲部队打开的缺口，让后续的装甲部队再超越进去。步兵接收装甲部队的成果后再超越。

用装甲兵的是军、军团，虽然陆军的观念不只是步兵，但是事实上，我们的军团与军里面只有步兵，所有的长官们都是从步兵出身，他们的观念就是不讲速度，所以装甲部队交给他们去指挥并不是很适合。就算长官了解装甲兵，其指挥所幕僚（军与军团参谋）没有受过相当的训练，他们负责事前技术与参谋作业室，都没有符合装甲兵的需求，所以装甲部队在大陆上被糟蹋，不知不觉地就跟着步兵一起败下阵来。到了台湾后，我亲自参加一次演习，我们装甲师配属在军里面，没想到军部的幕僚分配装甲部队集中的地方只有四公里直径的圆圈，这种场地连战车营都放不下，更不用说装甲师了。

湖口事件

“湖口事件”的主角赵志华赵副司令是个很内向的人，不过，不论是在战场上或是在平时教育训练各方面他的表现都不错。那次出事情，完全是因为他患了精神分裂症。他是黄埔第十期的学生，装甲兵科班出身，所以凡是有困难的任务都是派他去。尤其到了台湾以后，每次演习时，他都挑重担，所以他功劳苦劳都有。但是赵志华从来没有得过奖，连个纪念章都没有。在缅甸瓦鲁班作战时，就是他这个营建立的功劳，他是营长，可是论功行赏时就没轮到他。等到我到了装甲兵之后，几次想追溯替他请奖、请勋，都没有成功。

我们两人感情很好，相互知心，我跟他的家人就像一家人一样。我常到他家去，谈谈以往的事情，谈谈装甲兵今后的发展，都谈得很投机。我一直注意他受到的不公平待遇，所以我经常在他旁边，也指定了两名军官，万一发现不正常的事情，要有一个人留在他旁边，另一个找最近的电话打电话通知我。

在这里我说一句超出我想说的话，步兵有一种传统性，总不愿意把功劳落在特种兵身上，他们总认为他们是主兵，其他的只是配属而已。等到有功时，如果功在装甲兵就显得步兵无功，其实这种想法是不对的，因为不管什么事情都要发挥整体功能，才能得到成就，所以不应该分家。一场仗打下来，胜利了，不论是炮兵、通信兵、运输兵、工程兵都有贡献，步兵是一个指挥单位的主力，不论是一个师、一个军，其他配属单位都在同一指挥之下，何必妒忌别人的功劳。

当我离开装甲兵时，我还特别告诉接任的人：“志华是个很内向的人，以往也吃了很多的亏，他从来也与人无争，但内心里总是有些不愉快，你们又是同期的同学，你要特别照顾他。”装甲兵那时有三个副司令，赵志华是十期的，另外两个是九期的，其中一个是赵国昌，他是副司令兼装甲兵学校校长，另一个是鲍勋南，他是副司令兼陆军总部装甲兵室的副主任，我则兼陆军总部装甲兵室主任。换句话说，在陆军总部，我的身份是特种幕僚，在部队里我是装甲兵司令，但是司令不能专驻在一个地方，所以装甲兵室有一个副主任；此外，装甲兵学校是在我指挥之下，所以我派一位副司令兼任。

新司令接任以后就被派到石牌高级兵学研究班受训，总队要有一个代理的人。我以前的做法是把赵国昌从装甲兵学校拉回来代理司令，因为装甲兵学校自然有副校长可以主其事。新司令去受训时，也是让赵国昌代理，并向总部报备，但是他又在临走时说了一句话，他说："国昌兄在学校比较忙，司令部的事情还要请志华兄多照顾。"这样的做法是不对的，既然报备是以赵国昌代理，就应该让他全权处理，加上这么一句话，赵国昌还好意思过来吗？其实就在同一营区里，赵国昌要过来很方便，可是他这么一说，赵志华在实质上就变成代理司令了。

有一天装甲兵司令部要到各单位作装备检查，他们在湖口装甲第一师检查完后，部队就在大操场集合，并在司令台前就地坐下，赵志华是带队的人，装备检查时带了一小组成员。最后他向部队训话。就在这个时候，他的精神分裂症突然发作了，以前这种情形也没有发生过，我也只是预防，没想到那次真的发生了。

他对部队说的第一段话是讲过去的历史，还有他跟装甲兵及装一师的关系；第二段是讲过去打的仗，这两段都是用感性的方式和听训的官兵拉关系；到了第三段他就说："台北发生了政变，我们的领袖在台北遇难，被包围，我们现在要赶快到台北去救领袖，装一师有谁愿意跟我走，我们马上就出动，到台北去勤王。"结果底下没有人反应，他说了好几遍，还是没有人反应。

他站在司令台的桌子后面讲话，这个司令台是我们用泥砖砌起来的，很原始，司令台前还有一个小型的演出场地，我们经常在晚上席地而坐，观赏小型表演，后面有一间窄长的房间，还有两个门，一个写着出将，一个写着入相，都用布帘挡着。到最后，他把手枪掏出来放在桌上，大家都不敢动。装一师的师长徐美雄少将坐在最前面，他脑子里想这件事情要处理妥当，不能流血，万一赵志华真要开枪，打死或打伤任何人，传扬出去对国军声誉影响很大。僵持一段时间之后，有两个人——一个是政战中校（朱宝康），一个是上士，站起来对赵志华说："我们跟你走。"于是那位中校走在前面，上士就跟在后面，赵志华便绕到桌子前面跟他们握手，并拉他们上去。这两人上台后，猛一下地就把他抱住了，那时候枪在桌子上，赵志华也来不及反应，这时下面有人来接应，就当场把他逮捕了。

赵志华被逮捕后，徐美雄师长对部队说："部队保持原地不动，等我回来，谁都不准离开，宪兵，如果有人擅自离开，格杀勿论。"说完后便亲自用吉普车把赵志华押送到师长办公室，以师长办公室权宜为一个临时监禁的地方，命令宪兵把他看住。结果在这一段短短的十分钟之内，有一个政战人员站起来就跑，宪兵赶快上子弹，打了两枪，但没打中他。这个政战人员跑到附近打电话，一个电话就打到第一军团通知军团司令罗友伦，这个政战人员跟罗司令说："装一师叛变了，现在预备朝台北出发。"这实在是莫须有的，谎报就是从这个人开始。罗司令一接到这个报告，当然惊慌，于是马上就出动卡车，横摆在从湖口通往台北的公路上。其实他也是一时情急，过于天真，如果装一师真的叛变，战车可以离开马路，从旁边过去，在路上横摆卡车有什么用处呢？总之，一方面他们在马路上摆卡车阻绝战车通行，另一方面他们拿反装甲武器摆正两侧，多半是三七炮与火箭筒，准备在战车绕道时用反战车武器对付。事实上，装一师根本就没动，结果造成虚惊一场。

当时徐美雄打电话到台北找那位新司令，他还在受训，结果找不到他，所以他又打了一通电话给我。虽然我已经离开装甲兵，但是因为我与装甲兵的感情深厚，我听到这个消息，不论如何都会从侧面帮忙，于是我立刻跳上车赶到湖口，同时派我私人的吉普车到高兵班接那位新司令，请他赶快回湖口，并转告他，“湖口有事故，要你马上回去”。那时候我也不晓得实际情况是如何，到了湖口，才弄清楚了实际情形。我到了之后没有多久，那位新司令就到了，又过了一段时间，总司令刘安祺上将也到了。

刘总司令到了之后，由徐美雄做了一个简报，把经过情形报告了一下。简报完后，刘总司令回过头来问我：“纬国，你有什么建议没有？”我说：“就这件事情，可以从两方面来看，一方面这件事情是因赵志华本人精神分裂而起的；另一方面我们不能不防还会有其他变故。我们的处置应该从三方面来做，第一，既然是因为赵志华精神分裂而引起的，所以应该马上把他送到精神病院，精神病院的设备与牢房是一样的，也是铁窗、铁栏，不过里面是软墙，因为怕病患失去意志控制，寻短见。我们把赵志华送到精神病院，传将出去，对于军誉没有损失，而且这件事非但不应该损失装一师的名誉，更不该损及全陆军的声誉，乃至三军的声誉。如果国际间报道装甲兵副司令要带着装一师叛变，人家就会说“中华民国”军队内部不稳定，尤其是最优历史背景的装甲第一师，这是我们不许可的，所以要以精神病患的方式来处理；第二，我们要暗中组织一个小组，要长期严密的调查，看他有没有预谋或同谋，至少要一年的时间，如果发现有预谋、同谋，是有组织的叛乱，我们还是要不惜一切，该抓的还是要抓，该办的还是要办；第三，这次是一个活生生的考验，我建议总司令犒赏装一师，因为装一师的不为所动，所以才能使这件事情局限于因精神分裂而产生的状况，当时师长处理得非常好，我建议总司令为师长以下的弟兄颁勋。这三点建议刘总司令完全同意，他说这三点也是他想说的。那时我的本职是陆军指挥参谋大学校长，他说："蒋校长的建议我非常同意，他的思考也很周密，很完整，就这样办理，等我回到总部再颁发命令。"赵志华则继续由徐师长看管，并且马上派人把他送到台北教导总部。部队解散后，我们就回台北了。

没有想到，第二天，刘总司令突然来一通电话叫我到总部（陆军指挥参谋大学属于陆军总部指挥）。我到了之后，刘总司令说："老弟啊，都变了。"我说："怎么了，发现新资料了吗？"他说："不是的，这次他们蓄意的要把它报成湖口事件，我也没有办法扭转，现在总政战部把案子接过去，一大批政战人员论功行赏，一连串的就把这个案子说成是兵变，还说幸亏有政战人员，使部队不至于酿成大祸。"虽然我已离开装甲兵，有心人士还要藉机打击我。事情有这样的发展，实在是出人意料。

过了十几年以后，我和父亲坐在澄清湖边，下午在阳台上喝茶，他突然说："纬国，你不论是学术，不论是工作，都很努力、认真，一切成绩都很好，就是识人比较差一点。"我就说："父亲说得对，识人的确是一件最难的事情。"父亲就没再接下来说了，我知道他一定有所指。后来吃过晚饭后，我又陪着父亲去散步，在散步中，父亲又说："譬如说湖口出的这件事情，照理说赵副司令在你指挥下已经很久了，这样的人怎么还留他在装甲兵呢，你识人是不够的。"我说："父亲说我识人较差，我完全承认，外面也有很多传说，说父亲会看相，个别召见下属时，听声音就知道这个人的品德，这些本事我都没有。不过，对赵志华这件事情，真相并非如外面所报道的。"父亲便问我实情，我说："父亲如果不问我，我是不愿意说的。总司令知道这件事，我不会越级呈报，不过，父亲如果不问他实情，他也不会愿意说的。父亲要知道真正的实情，我可以做一个分析，至于对或错，父亲可以问刘总司令。"于是我就把整个情形与经过告诉父亲，并对父亲说明，我一直派两个军

◇ 湖口练兵时，蒋介石夫妇现场指导，蒋纬国从旁解说

官伴随在他旁边，因为他从来没有精神分裂过，我只是预防，平时我对他很好，能够让他得到一点安慰，让他得到相当的温暖，也就没事了。

父亲问我："你晓不晓得究竟是什么事让他在那天发作？"我说："事情很简单。当年部队先过来台湾时，我已经预先为他们安排好官兵与眷属住的房子，尤其是高级干部，我都已经为他们买的买、顶的顶，后来他们只要自备两条小黄鱼（二两黄金），就能够把房子顶过来。再怎么困难，几年下来，也能够省二两黄金，不过他在买房子时还差三万台币，他就写了一份报告给那位新司令，请他转呈总司令，向总部借三万块钱，等到他买下这栋房子后，然后卖出去，再买一栋比较小的房子，这三万块钱就可以还掉，前后不需要三个月的时间，因为事情已经讲好了。可是这位新司令把他的报告放在桌上，没有替他转，他心里很不开心。"

我如果遇到这种事情，我根本不必往总司令处转，我会把装甲兵自己的私房钱借给他，反正只是个周转。我们的福利金，光是十两黄金一条（大条）的就有二百七十四条，这些钱随时可以拿来替官兵救急。当时我离开装甲兵时，我继承的黄金、台币、美金全部移交，而且把以往所有官兵向上级借的钱（临时急用，先提一个月薪水，最多借两个月薪水，这是我们的限制）全部还掉，不要他们再归还了，处理完后我才离开装甲兵，没想到过了没多久，这些积蓄全部用光。

“湖口兵变”后，赵志华被关起来，后来病死在监狱。

我很希望我能担任一任步兵研究发展训练指挥司令，但是我从来没有这个机会。那时候是罗友伦将军当研发训练指挥司令，他是一位好长官，不过他终究是步兵出身，幸好他很开明，而且我与罗司令私交不错，所以我经常在谈话时灌输他有关装甲兵的观念，还想尽办法劝说罗司令的儿子罗文山到装甲兵来。罗文山很努力。

装甲兵就是在这种情况之下在台湾开始了整军备战的工作。

第八章

任职『国防部』

高参室

一九五三年，先室去世后，父亲派我到美国陆军指参学院正规班受训，我遂从装甲兵旅旅长变成留学军官。一九五四年六月，我在美国陆军指参学院正规班毕业之后，取道日本回国时，曾经参观了日本陆军的若干教育措施与后勤设备。在教育措施中，我特别注意到一所富士学校，该校因位于富士山脚下而得名。教育课程包含陆军的装甲、炮兵与步兵，等于将三所学校合并在一个学校里面，设立三个班。这种做法非常具有效率，比我们纯粹吸收美制之后，分建三所兵科学校来得有效。但是最令我们有所感触的是该校副校长所说的一句话。我到富士学校参观时，适逢校长出差，由副校长代理校务。一般来说，校长主管行政，副校长主管教育，在参观时，他告诉我日军的做法，我觉得很值得国军学习，他说："我们自从建新军（陆上自卫队、海上自卫队、空中自卫队）开始，无条件接受美军有关一切的手册（典、范、令三类归并为一类，统称为手册。分为两大类，一类是野战手册（Field Menu），一类是技术手册（Technical Menu）。美军的编法是将野战手册编为 F.M.，技术手册编为 T.M.，其他则称为 Regulations。使用美军的手册，在这段时间，我们一方面教授学生，另一方面，我们在每一次演习及讲堂推演中来检讨典范令内容。两年以后，我们要召开一次会议，建立日军的第一本手册，到那时即使一个字不改，也要将手册赋予日军的编号，建立起日本军队的典范令。"

◇长期致力于创立完整的军事教育体系

回国后，我担任“国防部”高参室的高参，编入第五组，负责完成陆、海、空三军教范的重编工作。我们从大陆撤退来台之后，从原先的德军体制变成美军体制，制度上有些混淆不清，但是却没有人将教范重新整理，也没有人研究美军制度的原理。美制有许多好处，但是也有一些方面不如德制，我认为我们应该取长补短，变成自己的一套。

我把这个观点带回来，并且建议父亲一定要重编典范令。没想到父亲第二天下了一个命令，要高参室重新检讨陆、海、空军过去所有的旧典范以及新的美军手册，而这件工作也正好分配给第五组。组长接到命令后，就将这件工作交给我。我跟组长说：“这件事我可以做，但是光是陆军就有许多稿典范令，还未校正完十分之一时，就要做第二次修正了，何况要做三军及后勤典范令的校正，不仅仅是陆军的典范令，所以一定要重新加以分配。”我就建议先检讨陆、海、空三军各学校的干部教育，是否已经有完整的教育体制，教育体制若完整，就可以把重编新手册以适应国军需要的任务赋予各军事学校，例如炮兵手册交给炮校来编写，步兵手册交给步兵编写，以此类推，如此正面展开之后，效果自然提高。一方面教官在讲堂上教授时，如果觉得原手册对国军不合适，就立刻加以修改。修改之后，先在教官团里进行检讨，之后再送到部队检讨，最后修正我们的典令，编写手册的任务就大功告成了。但是这件事情在推动上，并不太如人意。终究我们不能够从头到尾彻底执行，也不能正面地监督，后来我也调离高参室。

另外，我还向父亲报告，美军除了 F.M. 和 T.M. 之外，每一个军种还有一个 Army Regulation，也就是规范。美军的军语辞典都编成 Army Regulation，而我们的军语辞典则被视为普通辞典，没有发挥应有的作用，如果将它编入规范，大家就非遵守不可。举例来说，同样的 maintenance，陆军称为保养，空军称为维护，海军称为修理，又称维修，都没有统一名称，所以我们一切的典令，包括野战手册、技术手册与军中规范，都必须重新整理。整理时，要注意编组与审理的方法，再将这个网与干部教育网打成一片，凡是步兵的有关手册都由步兵学校来负责，才能做到规定与教学相符合。美国的方法是在步校设立几组人员，分别负责授课与编审，大家常在学校接头，但不是同一个系统，而是分别属于编修系统与教育系统。我们的人力与财力均缺乏，所以我们可以编成一套，炮校负责炮兵的手册编修，装甲兵学校则负责编修装甲兵手册。此外，还要和人事打成一片。美军有一种专长编号，我向父亲报告过，国军光是装甲兵就有一千一百多个专长，其中技勤方面有六百多种，作战方面有五百多种，每一种专长都必须要有训练的场所或学校，或者是部队专设训练班，或是在学校里附设训练班，授课时间可以随机调整，从官到兵都要先接受这种教育训练，然后再去就职。不许可在就职后才去摸索，因为经过摸索，等到熟悉后，又要面临调职的问题，我把整个体制设计好之后，要调到哪里都可以，不会受到影响。可惜的是，我设计的这些体制，在我离职后就没有人过问了。

我曾经参考德军编写手册的观念，同时又计划统一三军的沟通方式，我发现最重要的就是军语辞典的编写工作。我们常常看到军官之间谈话，原本以为非常投机，但是到最后却发现，原来大家虽然用一个军语，但是解释却不同；还有看到军官之间争论不休，到最后才发现，原来讲的是同一件事情，只是使用的军语不同。“老总统”曾经多次下达命令，要国军重整军语，但是，这个命令始终没有好好贯彻实行。元首具有哲学基础与事实经验，他的指示也非常远大，但是高级干部却没有好好贯彻，致使建军建国备受阻碍，这实在是我们最大的一个罪过。

第三厅副厅长、代厅长

一九五五年一月我调任第三厅副厅长，至一九五八年四月为止，历时共计三年三个月。本来父亲要我到第二厅当厅长，后来哥哥知道以后，就跟父亲说：“第二厅能讲英文的人比较多，第三厅一个都没有，弟弟还是到第三厅比较好。”结果父亲就着了他的道，把我改调到第三厅。

第三厅厅长王多年和我一样都是第十期的，那年我已经是少将第七年，他还是上校，担任第四厅副厅长。因为他陪哥哥一起到大陈，帮忙设计撤退，许多海上运输的问题都是由第四厅主管，所以哥哥与他较熟，便将王多年升少将，接任第三厅厅长。这个事情对我来说，并没有造成我的困扰，我也没有别扭，我与王多年私交不错，何况他还比我大几岁，只是他从军较晚。

大陈撤退时，还曾经发生一个插曲。当时大陈的指挥官为刘廉一，黄埔六期毕业。师长为胡炘，黄埔十期毕业。哥哥有一次到大陈去，那时候还没有谈到撤退的事，刘廉一向哥哥表示，要守住大陈还要加一个师，光一个军守大陈，而且没有炮兵部队与装甲部队支援，很难固守。当哥哥问胡炘时，胡炘说军人守土有责，无论有无部队增援，我们一定打到一兵一卒为止。胡炘的话很合哥哥的胃口。事实上，王多年与胡炘为同期同学，在哥哥到大陈之前，王多年已经向胡炘暗通消息了。所以胡炘把大话说在前面，得到哥哥的赏识。撤退来台，他也当过装甲兵、司令、军长，后来也当了侍卫长。他的进展算是不错的，完全得之于他当年的表现。而刘廉一从大陆回来就抑郁不得志，不久他也就丢官了。就是因为他在哥哥面前说一个军无法守住大陈，哥哥认为他很“孬”。其实刘廉一是以指挥官的立场来考量事情，并没有错。而哥哥非常欣赏王多年，就是因为他认为王多年将大陈撤退一事处理得很好。

事实上，大陈在海空军支援距离之外，非撤退不可，而且，中共那时已有米格机，而我们才刚刚脱离螺旋桨机。总之，大陈是非撤退不可，即使我们有 F－86 也无济于事。因为距离太远，海军、空军都支援不上，守着孤岛，突出在外头是不可以的。大陈撤退时，我们得到美军顾问团的全力支持。美方本来就主张我们撤退，所以凡是能撤退的都撤退。

第三厅主管全国作战，但我们却是英雄无用武之地，因为几个重要的案子都由上级直接掌握，他们不大用幕僚。这件事情，我的感触很深。我们虽然从事作战的参谋业务，但是厅长、副厅长都不受重用，动辄都是作战次长来掌握业务，而作战次长也不过是给参谋总长传令而已。这种分层而不分工的体制实在是不足取，在上位者总是掌握权力，任意编派，也不顾及职务和工作性质的相关性。我记得德国的古德宁将军曾经对此情形有过批评，他说：“到后来参谋总长似乎只是一个阶级过高、待遇过大的传令官而已，总是样样事情掌握着，自己吩咐自己做。”

我在第三厅时，别说是副厅长了，就连厅长也是没有用处的。我举刘自然案一事来说吧。刘自然案的发生，根据美方的说法，该案是美军顾问团的士官雷诺兹在家里面用四五手枪杀死一位中国联络官刘自然。因为美国人把家视为堡垒，神圣不可侵犯，第三者若要进入，必须得到主人的同意。那天刘自然到他家去，究竟是为什么事情，我们始终都不知道。不过刘自然是在雷诺兹的院子里被杀的，而不是在屋子里，此事引起的争议很大。雷诺兹定于一九五七年五月二十四日做最后审判，五月二十二日那天早上，我主动到参谋总长彭孟缉的办公室向他报告："刘自然的案子不宜扩大。这几天，报纸与民间的状况发展非常不利，如果对于雷诺兹不能课以重刑，民众不会接受；倘若被人利用，这个案子就可能扩大，变成不容易收拾的状况。请总长慎加考虑，早做准备。二十四日就要审判，我方会派有关人员出席作证，说明雷诺兹与中方合作时的表现，我希望不会判得太轻，请总长早些与美方协调。"

二十四日那天，刘自然的太太扛了一块牌子，坐在美国驻华大使馆前做无声的抗议。审判结束后，雷诺兹竟然获判无罪，于是民众不满的情绪愈来愈严重。背后究竟是谁利用这个状况，造成扩大型的暴乱，我就不敢说了。

就在审判的同一天，国军举行第一次防空演习，名称为"拳头演习"。那天空军总司令陈嘉尚用典型的杭州话在军事汇报中报告，他说："报告'总统'，今天我们的演习是'拳头演习'。"演习开始后，我们都进驻到蟾蜍山，那是一个防空指挥所，防空中心就位于该地。那天早晨，我在离开之前，先向总长报告："刘自然案会扩大，请总长注意，我现在要到蟾蜍山去了。"第三厅虽然主管作战事宜，但是上级并没有用厅长主管作战，我是代理厅长，再怎么说也要执行厅长的任务，那天我在防空洞参加防空演习，虽然也是作战，但是刘自然案这边才是真作战。到了中午十二点至二点之间，有一个休止时间，让我们能够回来吃个午餐以及询问原职务的工作。那时候的警政署署长是乐干，我与他私交不错，我回到第三厅之后，打了一个电话给他。我说："乐兄，现在大使馆门口很热闹，到现在为止及我们还没有做过防暴训练，也没有防暴组织，这件事情随时可以发展成为一个暴动，如何能把刘自然的太太接走，才是关键问题。我建议由警察采间隔方式，取正反方向站立，一人朝外，一人朝内，用手臂连接起来成为一条人链，横的插进去一条，竖的插进去一条，隔成几条之后，群众自然可被隔离。"乐干说："我连一个警察都派不出来，全部的警察都在勤务上。"我说："还有警察学校与警官学校的学生可以用。"乐干说："他们都没有受过训练。"我说："没有关系，就算有相当年资的警察也没有受过防暴训练，宪兵也没有受过防暴训练，现在临时应用，现讲现做都还来得及，只要他们能够拉成一条人链，凡是能够穿上一套警察制服的人都可以用得上。外面的人也不知道谁是学生、谁是警察，况且学生也是警察，只是还在警校受训而已。"乐干听完之后就说："只有试试看了。"

我打完这个电话以后，又到总长房间去，总长说："两点钟要继续演习，你不必管这件事情，你去演习就好了。"我总觉得一般的长官对我的指挥能力与军事学术是抱持着怀疑的态度，我不在乎他们平时对我如何，但是真正该发挥作用的时候，却把我搁在一边，实在令人不平，而且第三厅的都没有参与处理暴动任务，而是把重点放在"拳头演习"。总长将这件事情交给参谋次长曹永湘处理，曹次长那时的声望是谋士，好像只有他懂得战术一样。结果他处理的方式竟然是打电话到第一军团调部队，但是他又只请第一军团派两卡车的士兵，集合在三军球场。更妙的是，指挥官居然是"国防部"总务局局长王雨农。在参谋总长的眼里，第三厅厅长与总务局局长孰轻孰重，不言自明。事实上王局长为人很不错，他从前也是一位部队长，我与他私交也很好，但是终究他是管总务的，在职务上也不应该是他来当指挥官。

那天下午，总长打了一个电话到蟾蜍山找我，要我立即到参谋本部报到。我心里想：“三厅的买卖来了。”放下电话后，我就赶回参谋本部。我在随员室报到时，只听见总长高声大叫的骂人，以及捶桌子的声音。参谋总长房间内有保安、宪兵、警备、民防四位司令，因为他们说话的声音很大，所以我在外面听得非常清楚。我听到总长说话的口吻是：“为什么……？”或“你怎么可以……？”这些话听起来就是责怪状况演变到不可收拾的程度，而不是在商量应该如何处理事情。外面的传言说彭孟缉是因为父亲正在午睡，不敢吵醒父亲，请父亲处理，所以才让事情变得不可收拾。这个说法纯粹是彭孟缉的推诿之辞，父亲总不至于从五月二十二日一直睡到五月二十四日吧！我在五月二十二日那天就向彭孟缉报告过了，是他不要我管这件事的。我在事前已经先行判断，而且在事后跟乐干接了头，我在与乐干接头之后，还向彭孟缉报告我们要如何处理——我们决定立刻派直升机到美国驻华大使馆前，在必要的时候，把刘自然太太接走，用人墙隔离群众；刘自然太太如果被接走，群众自然就会离去，但他并没有接受我的建议。结果暴众放火烧大使馆扯下美国国旗，还去攻击美国新闻局（USIS）。这些事情都是我在二十二日预判的情形，结果彭孟缉并没有好好运用第二厅与第三厅，也没有好好运用宪警。他向第一军团调兵也只是借调几卡车的士兵，而指挥官竟是总务局局长，后来虽然动用一个师，却将部队集中到三军球场，试问三军球场能容纳一个师吗？经过他的处理，事情反而发展到不堪收拾的地步。

总长一通电话把我从蟾蜍山叫回来，没想到，等我进了他的办公室之后，他竟然跟我说：“到外头等着。”这句话听起来实在不是滋味，我是“中华民国”陆海空三军作战厅厅长，竟然受到如此不合理的对待，所以我说我们的军制里面根本没有作战厅长的存在。我在外头等待的时候，只看见曹永湘一会儿出来打电话调兵，一会儿又进入总长办公室内，听到一阵嘈杂声后，曹永湘又出来打电话调兵，士兵愈调愈多，而总长办公室内始终吵闹不休。后来我看曹次长情绪慢慢稳定之后，就问他："报告次长，总长要我回来做什么？"曹次长回答我："总长问我们现在可不可以动员？"我听了之后立即向他说明："报告次长，前不久我们也曾经讨论过，我们随时可以动员，因为现在就是动员戡乱时期。至于是否需要动员，则视情况而定，我们虽然没有动员，但是随时随地可以动员。动员以后，我们就可以派遣宪兵及部队，我建议在第一线部署警察、第二线部署宪兵、第三线索部署部队，由部队做外围的保卫，达到震撼的作用。"

我与曹次长交情不错。曹次长每次视察演习，或是视察外岛时，都带着我去，他担任组长，我则担任副组长，再加上几个组员。我们通常出去视察一个礼拜，次长通常是当天就回来，但是我却申请一个星期的出差费，真正实地视察的反而是我，写报告的也是我。还有一位长官更有意思，一个月的出差费报了三十五天。

次长问过我可否动员之后就说："没有你的事情了，你可以走了。"这就是所谓的第三厅厅长的角色。第三厅的职责是要负责许多参谋作业及作业研究，提出报告与分析，但是第三厅从来不被上级重视，调兵遣将都是由上级直接决定。

经过"五二四事件"之后，我对参谋本部的指挥能力彻底看穿。

再举一个例子。金门保卫战发生时，我仍在第三厅任职，不过，上级却派遣总政治部主任蒋经国前往金门指挥。当时高魁元是十八军军长，当哥哥抵达金门时，他赶到金门码头，接了哥哥之后，立刻进入第一个防空洞，等情况稳定，才带哥哥到前线。后来高魁元接任参谋总长，就是哥哥下达的命令。哥哥说高魁元在兵荒马乱的时候，还会先把总政治部主任安顿好，证明高魁元为人非常细心。后来哥哥也重用高魁元，让他担任参谋总长。事实上这件事情谁都做得到，而且仅以此来断定一个人是否胜任要职，实在不够客观。另一方面，金门保卫战的前一天，刚好我们进行演习，我的十三号战车履带断掉，有两辆负责救护的十三号战车当天夜里在该处修理战车，他们看见黑戚戚的人影从海边进来，便立刻对敌方展开攻击，第一线部队反而一颗子弹都没打。可是事后的记录却没有写上这一段。后来我在战史室帮忙，用砖砌起一个台子，把十三号战车放在上面，当观光客从战史室听完简报出来时，都会看到那辆战车，并且会询问那辆战车的情形。几次以后，上级才把装甲兵作战的那一段史实加上去。

国军每年都有一次大演习，由“总统”亲校，演习程序则由第三厅策划，但是参谋次长每次都掌握太多，这位参谋次长是曹永湘。当年被认为能够动笔做计划的人不多，大部分都是陆军大学毕业的，他也是陆军大学毕业的。但是在运用上来说，总不能不训练下属，使他们也具有做计划的能力。所以我到第三厅时，第一件事情就是加强厅以下各组重要幕僚的作业能力，而美军作业的方式与程序，可以说只有我一个人比较清楚，因为我是美国陆军指挥参谋学院毕业的。这种事情从表面上看不出来，起先陆大的人非常嚣张，他们知道我的作业能力也不错以后，我才逐渐在第三厅站得住脚。

我对我的经历与历练非常满足，虽然在表面上看不出我有任何功绩，因为成绩都记在次长的名下，不过我确实充实了第三厅的实力与作业能力。此外在文书管理方面，促进文书流通、制作档案以及将资料缩影，都是在我任内时开始的。我在第三厅一共三年，记得在第二年检讨过去一年的成绩时，我才发现“国防部”评论成绩是以处理件数为标准的。举例来说，假定去年办了一百六十二件案子，今年办了一百五十件，成绩就减低。我觉得很不合理，就将结案件数变成分子，以案子总数为分母，分母愈大，成绩愈低，分子愈大，成绩愈高。会计年度终了时，大家纷纷去领公文箱，一般都增添三十到七十个不等，

◇ 陪蒋介石新校演习

第三厅则缴回七十五个箱子。上级觉得很奇怪，其实我是把重要案子做成缩影片，我向电影公司买了一些胶卷，一个胶卷可以拍四十张缩影片，我把一个案子浓缩为两张缩影片，原始的东西可以不必保留，就不需要那么多公文箱了。我把这些案子拍成两套，一套放在第三厅，一套放在蟾蜍山的防空洞里，以策安全。这个方法也使缩影片成为参谋作业必备的工具。

另外，我还设计一种吉普车，车上装设有通信工具，长官出去视察时，小组立刻出动，变成机动指挥组。车上的无线电随时可以拆卸下来，也可搬上飞机，跟随长官到新的地方。只要另一边准备好吉普车，无线电搬下来后，立刻又可跟着长官走。无线电的波长不宜太长，有效的距离是一英里半，如果距离太远，在整个战场上，周波不好分配，而且会造成彼此干扰的情况。我们使用的是远距离的无线电，因为要跟着长官，起码高雄到台北之间能够联络。这一点称为指通力，是有形战力的一种。有形战力有五：第一是侦搜力，第二是打击力，第三是机动力，第四是后支力，第五是指通力；所谓三大无形战力，第一是学术，第二是意志，第三是纪律。五个有形战力与三个无形战力是训练国军的基本要求，用来加强部队装备、编制以及干部的学术修养。可惜的是，我离开第三厅以后，就没有人注意这个问题了，正所谓“人存政举，人去政息”。

第五厅厅长

一九五八年四月，我调任第五厅厅长。任期仅三个月。

第五厅主管陆海空三军干部教育与部队训练。我发现参谋本部如此编制有浪费人力之嫌，实在有重新调整的必要，便向上级提出建议，将干部训练拨到第一厅，把部队训练拨到第三厅，第五厅则改为研究发展，负责日后建军备战与新武器装备的评估。上级对我的建议颇为欣赏与同意，遂决定修整参谋本部的编制。经过讨论之后，正式修正成为人事次长室（联一）、情报次长室（联二）、作战次长室（联三）、后勤次长室（联四）、计划次长室（联五）。除此之外，再加上政战部与审计处，既能配合美军体制，又能适应国军需要。原来第五厅的干部则转移到相关单位，旧第五厅主管干部教育与部队训练，我认为部队训练应该归第三厅，干部教育则归第一厅负责，也就是新的联三与联一，而我也成为第五厅的末代厅长。等到成立新的第五厅之后，我就调回装甲兵当司令了。

联五主要负责计划，必须一方面先就将来的需要而拟定训练方针，使得干部与部队能够代代相传，不必担心因战法更改或是装备更换而改变，而且参谋本部、各总部、各兵科学校以及各部队也都能打成一片。另一方面，新联五要经过科学程序的评估，计划未来的新装备以配合新的战法，不是盲目地去购买他国武器。所以联五应该让干部专门考量未来的情况，不应与眼前事务混淆一起，新的国防部体制则以未来战争形势来准备适用的装备与训练适用的干部。这就是我设计新编制的理念。

本土化不能离开国家化，国家化也不能离开本土化。这就是“执其两端而用其中”。当年我在第五厅设计新联五，目的就是希望国军永远得到正常的、平衡的发展。所谓“平衡”，并不是三军平均分配预算，而是在准备下一次作战时如何在新的作战方式上发展三军的军力，来打一场我方所需求的战役。这点也是“老总统”屡次提出的观念，但是干部们都没有确实做到。

第九章

军事教育与训练

筹划战争学院

我在任职陆军指挥参谋大学校长时，有一天，侍卫长从日月潭打电话跟我说："纬国兄，恭喜你。"我问他什么事，他说："老先生下了一个手谕，要你去接罗友伦。"那时罗友伦是第一军团军长，我如果能到第一军团，以后就可以接任副总司令、总司令等职务，所以接掌陆军第一军团是一件非常重要的事情。

我一听到这个消息，就连夜赶到日月潭。第二天早晨我陪父亲在阳台上散步，他说："你什么时候来的？"我说："我昨天夜里来的。"我没有说侍卫长告诉我什么事情，我跟父亲说："刚才听说父亲要我去接第一军团。"父亲说："是啊，好不好？"我说："不好。"父亲满脸狐疑地问我："为什么，你不想下部队吗？"我说："没有一个军人不想下部队的，除非他自己不争气。军人的事业在部队里，父亲培植我，要我下军团，我当然是高兴得不得了。"他就说："那么你为什么不想去呢？"我说："您不是交给我一个任务，要我准备筹划战争学院吗？"父亲计划将来建立一个三军大学，同时把屏东的空军指挥参谋大学、左营的海军指挥参谋大学都集中到台北来，把陆海空三所指挥参谋大学更名为学院，上有三军大学。如此一来，在战术的阶层上陆海空各有一所指参学院，战略的阶层上则要我策划战争学院。我跟父亲说："现在至少还要三年才能把战争学院的课程全部编写出来。其他学校教官有的是，说一声开学，第二天就可以开学了，但是战争学院教授的是战略课

◇ 与父兄同游日月潭

程，国军自从陆军大学之后就再也没有一个讲战略的学府了，而且陆军大学所教的不够完整。我打从一九五〇年底回到重庆后，就把陆军大学的八大教程全部看完，我现在一方面拿陆军大学的课程做基础，另一方面比照其他国家的教育内容，再就国内自己的需要，来策划战争学院。父亲原来是要分别办陆海空三所大学，我认为战略阶层不应再分陆海空，而是要训练将领将来都能够统领三军。我现在正在编所有课程，如果父亲能找一个人来接替我的工作，我马上就接第一军团。”

本来父亲把编排课程的事交给张其昀，他底下的台柱是一位将军。父亲给他三次机会订个教育计划，他都弄不出来。后来看了余伯泉和我做的，父亲才很满意，便把准备工作交给余伯泉和我两人。余先生对野战战略的修养有相当的基础，不过他也是初步的，我们两人曾面对面讨论，发展出一套完整的战略。我负责编政治战略、经济战略、心理战略及军事战略，他负责野战战略。野战战略是讲野战用兵，军事战略是讲建军备战，整个的国家战略、大战略，甚至全球战略，都是我一个人编的。但是我编好一堂课的教材后，一定先给父亲看过，父亲点头了才算这堂课可以上讲堂。

我跟父亲说要编好课程还要三年，而课程的编排又不能中断，否则学校永远无法成立，除非父亲找到别人接替，父亲想了好几个人都不妥。父亲说：“你还要三年的时间才能开班，开班以后还要办两班才能脱身，一期的时间算一年半的话，时间加起来总共就是六年。六年以后你的部下都当陆军总司令了，你还要去当军团司令吗？”我说：“我生下来就是为父亲，我一生的奋斗也是为父亲。既然我正在替父亲完成几十年来的心愿，现在更不能中断，我下不下部队，不是重要的事情。父亲的许多学生都到了历练军团的时候，现在只有第一和第二军团，您要把其中一个给您的儿子，那又何必呢？这些学生都要历练，我自己可以不当军团司令，但是我希望将来所有的兵团司令——陆军总司令、海军总司令、空军总司令、参谋总长等，都是从我的学校毕业的学生，那不是为父亲、为国家做更多的贡献吗？”这时我们正在阳台上散步，我说完这些话后，父亲把手伸过来搂着我的肩膀说：“那你太吃亏了，你现在不下军团，将来怎么到总部？怎么到参谋本部呢？你的部下都上去了，你的学生都上去了，你就不能再下去了。”我说：“那没关系，如果现在这件事情父亲认为是重要的，比父亲给我一个青天白日勋章都还值钱。我也不愿意让人家知道，我是替父亲卖命的。”他就说了好几遍：“你太吃亏了，你太吃亏了。”

后来父亲又问我：“一年的时间可不可以？”我说：“一年是不行的，不过还是有一个变通的办法，一年之后可以先开班。开班之后，下半段的教育则是‘套在脚上打草鞋，边打边穿’。一方面编下半段课程，一方面教前面的课程。这一年中间，一方面要往下编，另一方面要拿编好的教材先训练教官，并且要选择有第一流战术修养的教官。”这点我已经与白洪量先生谈过，请他在石牌拨一部分他认为最优秀的教官给我，他选了几位陆海空最优秀的战术教官。另外我们在陆军指参大学隐藏了一个特别班，(当时父亲想办陆军大学，美军顾问团反对，也不肯支援，说老实话，他们也没有人可以派)我就从陆军指参大学研究班三期的学生中选出成绩最好的人，加上石牌最好的教官，先训练他们野战战略，野战战略先磨炼好，其他的都是知识性的问题。一年之后，战争学院如期开学。就这样，我下军团的时间就耽误了。

战争学院规定一年半为一周期，正规班上课期间有一年零三个月，剩下的三个月作为下一期的准备工作时间，我在三年之内办了两期正规班。第一期正规班办好后，父亲说：“很好，你马上准备办将官班。”将官班的对象是已经升为将官，但还没有受过战略训练的人，期限为半年。本来参谋本部只答应让将官受训三个月，因为哥哥认为高级将领不应调训，即使调训也只能短期，最好是三至五个星期，连三个月他都嫌长。父亲认为至少要半年，并且把重点摆在野战战略的磨炼，野战战略的时间一节都不能少。跟正规班一样，其他的政治战略、经济战略、心理战略则不让他们做计划作业，由我们把计划做好，让他们学习，了解国家战略的计划应该如何做，然后大家的讨论，所以可以缩短时间。不过时间虽然缩短了，但是有关政、心、经的战略教育也有七十几个钟点，野战战略则有四百多个钟点。

父亲特别关照，将官班要由上往下训练，总不能师长懂了，而军团司令还不懂。这样一来，部下对长官一定不佩服，将来部队的指挥一定会发生问题。父亲有一句话很重要："凡任指参（长僚）者，必先习得高两个阶层（大两个范围用兵修养）工作学能之用兵训练。"所以我们就先训练"国防部"次长、每一次长室的副次长及主要的组长，然后再训练军团司令、副司令、军长、副军长、参谋长、师长、副师长。后来父亲病了以后，变成军长还没受过训，就把副师长送来搪塞，他们叫做"派受训差"，这是我哥哥在背后作祟。父亲故逝后，他就下令停止将官班，免得这批人在我训练之下，时间一久就变成我的人了。

我总觉得军队里面阶级服从是应该的，但是不同的阶级必须有不同的能耐，有不同的学养。在整个人事制度里，人才如何选用，都要重新调整。以前大家是一条心，一个观念，一个想法，而且战术、战略都相同，这是非常重要的，长官与部下心照不宣，长官还没有下命令，部下已经晓得下一步要做什么。我与哥哥对于人事训练的基本想法都不一样，所以父亲这样辛辛苦苦地培植国军，到后来竟被摧残，我觉得很痛心。

战略教育

我们“中华民国”的将领打从战争学院成立后，他们的心胸、眼界、思维确实是展开了。陆军大学原本有战略教育的课程，但是不完整。战争学院的战略教育是完整的，而且还有全球战略的课程。陆军大学过分限于野战战略，而野战战略也不完整，战争学院的野战战略经过四百多个钟头的磨炼，等于打过四、五十场仗，没有一个人有这种经验，就算是打，也都是先从战斗性的或是战术性的开始，战略性的战争顶多打个二三场仗，就已经很多了。我们要把战略状况反复磨炼，不论古今中外，很多的仗重新打过。以开辟第二战场来说，历史告诉我们盟军是在诺曼底登陆，但是在那里登陆是否正确？如果对，原因是什么，如果不对，原因又是什么？最早的时候有人主张在西岸登陆，往上插上去，使苏俄不得干涉西欧的问题，如果是那样的话，会有什么后果？我们一步一步反复讨论，使他们在心胸、思想上展开一个新的境界。

从战争学院毕业出来的人，心胸、思想确实是另外一个境界，与陆军大学毕业的完全不同。陆军大学尤其对补给线的问题研究得不够，他们只是从后勤来看补给的技术，而没有看成是作战战略，再强的部队都会变成强弩之末。因为万一补给线切断了，人员伤亡无法补充，物资的消耗没有补给，弹尽粮绝部队如何还有战斗力？既然如此，如何切断敌人的补给线，如何保障自己的补给线就成为重要的课题了。如果敌方有三条补给线，该切掉一条、二条或是全部，然后再来决战？如果各有利弊，在何种情况下应该如何，这些问题都需要反复推究，所以每次一讲野战战略都要四个钟头的时间，从早上八点到中午十二点。第一个钟点发状况，大家还没学过战略，发状况后要他们自行判断，他们说没有学过战略，连一条条文都不知道，我说有了条文之后还有机会磨炼吗？有了条文之后就只会摆条文，完全没有思考了，根本无法磨炼。我问他们：“你们没有学过，要从哪里学？”他们说：“教官教。”我又问：“教官从哪里学？”他们说：“教官的教官。”我又问：“教官的教官的教官，甚至更早以前的人，他们从哪里学呢？孙子武子的兵法又从哪里学来的？鬼谷子又是哪里学的？总有一个人是第一个想出来的。二千年以前他们想得出来，为什么我们现在想不出来，大家要用脑筋想。”这下子他们就开窍了，用自己原有的良知良能以及理哲思维，把思路打开，最后我们再把大军统帅的处理状况的条文拿出来，我说：“你们所想的不是跟他们一样吗？”结果他们就有自信了。所谓启发式的教育就是从我们战争学院开始的，这就是真正的启发式教育。

山地战术训练

政府搬迁到台湾时，父亲也准备训练一批山地兵。我们从德国请来一位教官，由他训练一个连，学习山地兵的动作，为期四个月，剩下的八个月则以该连为基础来训练另外几个连，以成立一个山地兵营。至于登陆技术，只要原先训练的那一连学会就可以了。可是等到第二年德国教官再来台湾时，这个山地兵营非但没有训练好，反而还调到澎湖，原本接受训练的那一连，也更换新兵了，可见我们有很多事情都没有持续性。不过第二年还是得训练山地兵的营战术，为期四个月，剩下的八个月还是我们自己训练其他营并成为一个山地兵旅。第三年教官再来时，就训练山地兵旅的作战技术。

有一次我和父亲一起到梨山，父亲要我讲解山地战术。梨山的形势很适合应用山地战术，事实上，山不在高，而在其地势。我把山地战术中特别要注意的部分向父亲报告，也说明如何运用山地战术，父亲对此非常欣赏。

美军的山地兵战术里，师行军路线不是走山脊线就是走山谷线。一九六三年，我奉命接任陆军指参大学校长。我在星期日到差，当天就下了几道行政命令，星期一召集学校教官，共同研究教育课程的安排。在会议里我跟所有的教官说："你们都是留美归国的，所有的案子不是走山脊线就是山谷线，但是台湾高山的山脊连猴子都上不去，我们如何能行军呢？你们不用头脑想一想，就按照山脊画下去，你们去走走看。"他们就说既然不能走山脊线，就改走山谷线，我反问他们："山谷线也展不开，如何能走？"他们就问我该如何做？我说："凡是这种山地，非大军用兵之地，只能用小部队，以连排为单位来作战。"他们听了之后才恍然大悟。

我在三军指参大学校长任内，也慢慢灌输他们有关山地战术的观念。我发现我们的指参教育里面只有参谋作业的程序与格式，缺乏战术思想的灌输，而且无法实际运用。那时候他们才开始警觉到过去错误的地方。同时我也分析给他们听，美军都是在欧洲作战，而且在西欧，西欧的地形都是窝状形，无论山脊、山谷都可以利用，中国的山较为挺拔，于是西方的山地战术无法在中国运用。我们向别的国家学习后，如果食古不化，照本宣科，是非常危险的。过去几期的教育不是误人子弟，而是误人父母，因为这些毕业生都要回到部队教导士兵，他们使用错误的方面，在战场上岂不危险。

陈大庆先生当时是陆军总司令，他很欣赏我，并且支持我改制。起初学校里几位教官气势非常高涨，他们不但认为不能改制，而且还瞧不起我所说的话。后来我把道理讲给他们听以后，他们才改变态度。

中国人到国外留学往往只是知其然，而不知其所以然。举例来说，了解了攻击之后，再来研究防御，防御就是不让别人攻击。在同样一个正面，我们的火力比别人强，所以如果不懂得运用火力来部署攻击，只是依样画葫芦，就无法发挥火力。在一个正面，我们又如何选择攻击点、攻击的突入点以及突入的方向？我们突穿敌人的第一线之后，如何训练目标？战术的纵深就是步兵营的纵深，在步兵营的后面就是炮兵阵地，亦即旅指挥所与旅预备队。所以当我们突穿了敌人的营阵地后，就完成了战术的突穿。换句话说，完成战术突穿所取得的目标首先就是敌人的旅指挥所，使敌人的营部一时间无法发挥同步战略；第二个目标就是炮兵阵地，使敌人没有强大的火力支援；第三个目标就是打掉敌人的旅逆袭部队，所以我们事先要侦察敌人的炮兵阵地、旅指挥所以及逆袭预备队所在。当我们在计划攻击时，除了首先要计划如何突入营阵地、如何突穿营阵地，以及如何确知敌人的旅指挥所、炮兵阵地、预备队的所在地外，我们自己所准备的战力也一定要充足，否则就会前功尽弃。拿下敌人的阵地之后，部队不能离开，要撑住突入口两边，不让突入口合拢，接着让第二波部队超越进去，一直到核心。这些都做到之后，再往前就要找到敌人后面预备队的来处，先占领某一点，使敌人的逆袭部队无法到达，然后我方就可以清扫前面的战场；如此一来，敌人也无法撤退，就会全部被歼灭。这些理论从前在陆军指参大学都没有人教导过，所以我还是要从攻击、防御、追赶、撤退、遭遇从头教起，我也重新编排教案，一定要使学生知其所以然，并且学会如何策划攻击与防御。就这样彻底改造了陆军指参大学的教育方式，改正了他们的观念。国军过去作战常常采用硬拼的方式，不但伤亡很大，而且经常前功尽弃。

战略学会

一、缘起

我在三军大学教授战略时，不但发展出一套完整的军事战略、野战战略，同时也发展了政治战略、经济战略和心理战略。但是我没有那么多精力，后来也没有人接棒，我离开三军大学后，这个工作中断了。我希望在官方机构之外有一个研究战略的机构，因此成立了战略学会，其目的是整理出一个手段与技术，使神圣的目标能够达成。首先我们归纳出一个结论，“老总统”的力行哲学与实践精神，分别是哲学基础与精神策动力，接下来我们再发展到战略阶层、战术阶层与战斗阶层后，就更体会到当年国父所指出的“先知先觉的发明家、后知后觉的宣传家、不知不觉的实行家”的真意了，即使没有发明家与宣传家，实行家确实还是在做。我们的敌人于不知不觉中在运用这个道理，他们做错被消灭的有，他们做对了，造成我们吃亏的情形更是一幕又一幕。所以“老总统”提醒我们要因势御敌，敌人在不知不觉地做，我们要有知有觉地学，体会敌人的做法。我们虽然有许多有知的人，但是我们的力量不能凑在一起，变成一个整体的功能；对方虽然做得点点滴滴，但是他们一直在做，所以在时间上有延续性，空间上有全面性，这些方面都是我们所缺乏的，这就是我们的困扰。所以如何使这些关键人物能够联合在一起，就是我现在下的功夫。

二、成立经过

一九七八年，我在三军大学校长任内，邀集了国内知名的战略家、政论家、学术界人士、大专院校资深教授、金融财经专家、工商企业名流及退役与现役将校等百余人，研究全球战略情势及追踪自己国家战略情势与解决之道，以供政府参考。会议中通过临时动议，筹组战略研究机构，遂于一九七九年三月十日召开大会，正式成立“中华战略学会”。

三、宗旨

中华战略学会为非营利的民间学术团体，以研究战略学术，建立统一、自由、民主、均富、安和的“新中国”，并加强国际学术交流及促进世界和平为宗旨。

四、组织

中华战略学会采取会员制，以会员大会为最高权利机构。每年举行一次会员大会，另设理监事会，于大会闭会期间执行会员大会决议，并研议会务措施，推展会务活动，开拓战略学术领域及提升研究成效。理监事会下置秘书长一人，由理事长提名，经理监事会通过后聘任，负责执行理监事会之决议，综理全盘会务，并设副秘书长一至三人，协助推展会务。会本部设企划组、出版组、资讯中心、行政组、秘书组等单位，分置研究员、副研究员及业务人员若干人，负责办理会务活动。

并附设战史组，负责编纂国民革命战史，其行政独立。

为加强学术研究之分工合作，分别编为政治、经济、心理、军事等四个研究会，各设召集人及执行秘书，分别推动政治、经济、心理、军事之战略研究工作，各会员依个人志愿或专长，自由参加相关之研究活动。

战略学会除会本部外，为便于依地区性质分别举行战略学术研究座谈会，特于台湾省高雄市设立分会，另于民国七十九年将原洛杉矶联谊会改组成立美国分会。

会本部现有个人会员一千二百八十二人。会员大多为学术界人士，大专院校教授，金融、财经及工商企业界人士，现役及退役将校，共占十分之九。其余十分之一则为警界、新闻界及自由职业人士。团体会员有十九个，多为各大专院校与战略学术有关之研究及民间学术社团。

战略学会会本部里的人，不管年龄多大都没关系，因为我们的力量是放在政治、经济、心理、军事四个研究会，军事研究会是隐藏在三军大学里面，因为没有战略、战术基础的人没有办法研究，即使研究出来，成果也不好。其他研究会原来都与政府有关，但上面有所指示，不让他们参加，所以后来心理研究会就隐藏在华视。会本部只能做些协调联络的工作，吸收的人都在研究会里面，光是政治研究会就有两千多人。

五、研究与出版

学会设资讯中心，负责搜集并典藏大战略、国家战略、政治、经济、心理、军事战略与中共之基本书籍及最新报刊资料，提供本会全体会员及各研究会与有关人员，作为研究相关战略问题之参考。

学会依时局及国情变化与国家利益之需要，接受政府委托或主动进行研究，研究成果回报委托单位或主动提供政府有关机关参考运用，并针对国家情势发展，不定期举行专题演讲与讨论，将结论编撰为《国家情势研究》，印送政府有关机构参考。

学会每年举行两次扩大战略学术座谈会，讨论全球性、区域性、中国大陆及复兴基地之重大问题；或依需要适时举办学术讲演会，邀请全体会员参加。另依时局国情之变化，邀请专家学者举行座谈，其研讨内容着眼于国家战略阶层，以及所衍生之全球战略问题，将综合结论送请政府有关单位及本会会员、理监事参考运用。

学会现为伦敦国际战略研究所团体会员，并与日本战略研究中心缔结为姊妹会，此外与美国杜兰大学亚太中心、美国国家战略资料中心、美国传统基金会、美国外交政策研究所、美国全球战略研究协会、美国战略与国际研究中心、巴黎亚非高等研究所、英国皇家军队防御研究所、瑞典斯德哥尔摩和平研究所、比利时和平与安全研究所等战略学术研究机构，均互有联系，进行访问、资料交换与合作研究及不定期举办国际性战略学术研讨（座谈）会。

学会成立迄今，应邀派员赴英、美、日、加等国出席国际性战略研讨会达二十七次；由本会主办或与美、日学术团体合办战略研究会共十一次。此外，学会依政府之安排或本会邀请来会访问之外宾，经常举行座谈交换意见，以学术交流促进世界和平与国际合作。

学会每季出版一期《中华战略学刊》，邀请专家学者以全球战略与国家战略为主题撰稿，其主题内容为战略理论之弘扬；全球及区域性战略之探讨；国家战略问题及中共战略问题之研究。本学刊屡获国内外学术界之好评，中共亦搜集本会文件，故本会极注意于保防事务。

此外，学会每季发行一期《中华战略会讯》，主要报道学会、各研究会、各分会及海外分会各种会务活动，使会员了解本会活动及研究重点。

学会选择高水准并且具有国际共识的研究论文或研究结论译成英文，定期发行英文专集，或不定期发行单行本，分送国外有关学术研究机构或团体，并赠送来会访问之外宾，开拓学术交流空间。

战略学会除各研究会每年遴选会员有价值之佳作，分别编印政治、经济、心理、军事论文集，分赠有关单位参考外，并协调会员之战略学术著作有价发行。会本部出版之重要著作计有《弘中道》、《台湾在世局中的战略价值》、《国防体制概论》、《柔性攻势》、《战争与战略》、《论中国之统一》、《现代军事观念之思潮》等专著，这些著作都由我亲自参与编著。

六、战史组

成立经过

有一天我和父亲谈起八年抗战的事情，我说虽然有需要学者研究抗战，但是没有一个人对抗战的总构想说得清楚，父亲说："喔！你到大溪看过资料吗？大溪没有这个资料啊！"我说："对！八年抗战的总构想，原先怎么策划的、怎么准备的，没有记录。可是我把那些小的战斗、大的战役拼凑起来以后，我发现了总构想。"他说："喔！你倒说说看。"我就用简单的几句话向父亲说明，他听完后便说："完全对，你最好把这段历史写下来。"我说："是。"他顿了一顿，说："这样吧！干脆来编一部国民革命战史，就从战略的角度来分析，分四大部，第一是推翻满清建立民国；第二是东征北伐统一全国；第三是抗战建国；第四是光复大陆重建民国。不过，你一个人是无法独立完成的，你去成立一个小组，正式向'国防部'拨预算。"

父亲说："第一，我们自己来检讨，因为我那么许多学生把我神话了，总认为委员长说的一定是对的，这个心理对于促进团结固然是很好，但是我们编战史的人要客观，错的就是错的，我们自己一定要检讨；第二，现在的人就是发现了错误，他也不会加以批评，尤其不会说重话，但是隔了一代、二代、三代之后就不一样了，人家并不是有意的挑剔，而是很正常地发现错误，所以你们这次要非常谨慎、诚恳地来检讨，是委员长或是军事委员会错了，就是错了，不要加以回避。”

除此之外，他还定了一个优先次序，先编抗战，再编东征北伐，再编开国史，最后编第四部；第四部又分三段，第一段讲抗战前的剿共，第二段是抗战后的战乱，第三段是光复大陆。父亲一开始就为我们构思好了。

研究抗战史

起初我编了一个八个人的小组，不过现在只剩下五个人，已有三人去世了。当时我们把四个人编成一个组，这四个人是代表日方的，另外四个代表我方的军事委员会，两组人马把整个八年抗战重打一遍，来评定对与错。

整体来讲，我觉得一般的抗战史有一点战略、有一点战术、有一点战斗、带点感情，这样子弄下来，在学术上一点价值都没有。在史料上，什么都不是完整的，没有一个独特的意义，所以我们应该讲一个整体的观念，用不着长篇大论，把整个抗战的战争指导厘清，一直到野战战略为止，关于战略战斗的事情及人情、感情的部分都可以排除。能够从这个角度去看，才能够真正体会抗战是如何打的。

在研究的过程中，我把父亲的话转述给战史组的成员听，但是我认为这位委员长就是不会错的。我们要有这个信心，因此在检讨的时候发现了错误要找错误的理由。我们也找出错误来了，结论多半是受到美国人的压迫。我举个一语道破的例子，我在西北胡宗南将军麾下五年，我曾三次向他建议把延安扫平，老实说那是轻而易举的事，而且中共在延安对我们来说是芒刺在背，胡长官当然也很赞成。结果第一次建议到重庆，迟迟没有答复，第二次又建议，答复不准。我就怂恿胡长官打了再说，胡将军说他老早就这么想，但是重庆不让打当然也是有理由的，再说打了是会闯祸的，因为不知道上面是什么理由。不打延安实在是一个战略性的错误，但是战略性的错误，一定有一个更高层次的战略性的理由。二次请示过后，到第三次我们还是再向上级建议，那次是胡长官亲自到重庆去当面请示，才知道是美国人不同意。

问：战史组编的书，完全是给军事专家看的，是纯战略的。给高级军官看的是不是能在书里多加一些经过、实例？

答：如果再多加一些经过、实例就会变得太杂了，写实例有别的书在写，我们分成两大类，他们写这一类的，剩下的没有人写，所以"老总统"他特别指示要纯战略的，可是我还嫌我们这个不够纯，还是带上很多跟这个战略态势有关的琐琐碎碎的事情。

问：日本也出了一套《战史丛书》，总共有一百零一册，我们翻译了四十多册。他们编了二十多年，编得很不错，价值比我们"国防部"史政局所编的抗日战史要高。如果以他那一套东西作为我们抗日战史的敌情资料，把它编过来，将来抗日战史一定能够呈现新的面貌。我已经把这个构想跟新任的史政局长商谈过了，看他能不能够做。

答：战史组在编抗日战史时，我还特别派了代表去东京，去问他们的战史组，同时我也一一去拜会当时战争中担任师团长级以上的人，有一位是当时奉命向汉口挺进的，他在日记上用汉文写着："奉命向汉口挺进，皇军之败时日而已。"那时候不过是第一年，武汉会战虽然我们很惨，但是从战略的角度来说，日军从北向南的作战线被委员长连迫带诱改成由东向西，他已经注定失败了。决定命运的是在当年的八月十三日，闸北的日军的态势是一个突出型的，照正规讲，国军可以从侧面打下去，或从下面打上去，或从两边钳形攻势，这样就可以切断他海上的运补，日本在上海的一万八千人部队就可以消灭得清洁溜溜。但是国军没有这样打，是从顶头打下来，所以打得双方都很惨，可是就是那样，日军也显得守不住了，他从国内调兵，从东北调兵，最后从华北的部队又调了一二个师团。他一个师团相当于我们四个师，人数又多，火力又强，在抗战开始的时候，国军还可以三个师顶他一个，等上海打完以后，就变成六到八个师顶他一个师了。

第十章

外国顾问与军官训练

实践案

一、缘起

父亲从离开大陆之后，就计划在台湾重新建军。那时国军有一个错误印象，认为陆、海、空三军虽然有飞机、战车，结果却被中共的小米加步枪给轰出大陆，所以普遍对武力战失去信心。父亲为了要使国军重新恢复对武力战的信心，一开始就透过冈村宁次的关系，让他派遣大量的日本军官，偷偷地坐渔船漂洋过海到台湾来，成立了所谓“实践案”。

二、实践小组

实践小组，是指以白鸿亮为首的一批日本教官。彭孟缉在实践小组里搞分裂，他拉拢副总教官范健，打击总教官白鸿亮。实践案前后总共长达三十年，前面的十五年由彭孟缉负责，后来父亲当机立断，把实践案交给我。那时候我是陆军指挥参谋大学校长，父亲直接下命令给我：“蒋纬国中将，接管实践小组。”我在任内编了一部实践手册——《实践三十年》。父亲对彭孟缉也非常厚道，那时候我们的干部教育体制已经完整建立，从国防大学一直到军官学校以及各兵科学校，都包含在内。其中有一个高级兵学班，我是第一期的学生，父亲经常与高兵班的学生聚餐。后来在某一班的结业前夕，父亲与他们聚餐时说："以后石牌每办完一班就停止，不再开班。"父亲的用意是等到各种不同的班次结束后，石牌地下大学也就结束了，结果彭孟缉不愿停止地下大学。后来日本教官陆续回到日本，最后只剩下五个人，其中一个是白鸿亮。我的总联络官是包沧澜，现在已经过世了。当时有一批留日的军中干部，他们担任联络官，一个日本教官配属一个联络官，还有很多当年的东北伪军，他们的日文都很好，担任翻译的工作。

三、实践学社

实践学社前一段的事情我不是很了解，我是到军官班以后才比较进入情况。实践学社一共有三个班，兵学研究班是最高阶层的，成员都是军长以上。另外还有一个连长班，成员都是团长以上。蒋公那时候有意要挑选较年轻的军官，比照陆军大学的方式加以训练，主要课程都是由日本教官负责的。军官班一共办了三期，前后共有五十二人，每个班约有十二人，采小班教学制。第一期是召集营长以上的军官，那一期的成绩很好，结业后大部分都分发为团长或副团长；第二期的受训军官没有受到重用的原因，可能是受训军官的素质参差不齐；我们第三期的受训军官，素质比较整齐，从陆官二十一期开始，一直到二十六期，主要以陆官二十四期、二十五期为主，二十六期只有两个。我当连长时就进入军官班受训，那时候考试比较严格一点，而且年龄、期别的限制很大，所以后来发展的途径也比较好，到目前为止有六个上将。

那时候已经有部分中国教官，并不完全是日本教官，不过，主要课程还是由日本教官主导。我们受训期间长达一年半，最初在陆大受训的时间是二年，后来实践略为减少。实践学社军官班以战术课程为主，政治课程则是写“总统蒋公”训辞的读后心得。长官对我们的字迹要求得很严格，我们有两个班，每一班都有班导师，专门负责修改训辞的读后心得。我们每周一定要写一篇训辞心得，而且字体不能潦草，一定要与字典上的字体一样。刚开始的时候，我们都觉得自己对字体很有研究，结果经过导师批改下来之后，发现错误百出，因为导师要求很严格，一板一眼，每一个字的笔画都要与字典上的字体一模一样。他们是以此来代替思想教育，在军官班非常自由，但是作业非常繁重，我们在军官班受训时，从来没有在十二点以前休息的。通常在下课时，老师一定会给我们一个课题或一个状况，让我们来做处置。当天晚上写好后一定要交给老师，日本教官会连夜审阅，透过我方的翻译人员告诉他，第二天就做讲评，看我们的处置合不合乎原则，有时也要与战史相印证。一般来说，通常日本教官会先从我们在战术作业上所画的箭头知道我们的方向，然后再看内容，因为他从圆山军官训练团到实践学社，已经有多年的经验。

培德计划

一、缘起

政府撤退来台后，父亲要我负责军中留德人才的安排工作，从挑选人选、安排留学、继续联系到指导，都由我负责。中国的留学军官很多都滞留不归，一出国后就像风筝断了线一样，实在是很可惜。我经手安排出国的情形则不同，在军官出国前，我会和他们谈话，出国之后又不断指导他们。我无论在装甲兵或在联勤，都在进行“培德计划”。

尤其在联勤的时候，出国留学的军官都说他们从来没有碰到像这样的长官，不但懂得科技，而且不断给予他们指导与要求，从出国之前就有计划地培养，出国之后，还不断和他们联络，拉住感情线与责任线。这件事情对留学军官来说非常重要，三军出国留学的军官常常有人滞留不归的。

我们还另外成立了“明德案”，“明德案”再配合另外一个“培德案”。“培德案”就是选择优秀的干部到德国留学，分别进入各兵科学校与指挥学院。①

二、进德案

父亲一直想要办一个完整的指参教育，其层面包含陆海空大学。换句话说，就是从战斗阶层、战术阶层，一直到战略阶层的思维训练。

---

① 蒋纬国将军：美国人称指挥参谋学院，中国人称参谋学校。德国人认为，所谓指挥用兵，用兵要靠指挥，所以其学院名为指挥学院，所有的参谋业务是为指挥而做，因为是由参谋来做，所以称为参谋业务，其实他们所学的是指挥业务。

张昭然先生：我有另一种看法，德国人的参谋制度太完整，第一次大战后，在某一次会议中，同盟国提出要破坏德国的参谋制度，第二次世界大战时更明显，所以，同盟国就想瓦解德国的一般参谋制度。德国人为了不使同盟国起疑，所以就改称指挥，不再用参谋制度一词。我个人感觉这是其中一个原因。

蒋纬国将军：有这个意味在里面，并没有错，但是他们要摧毁的不是参谋制度，而是参谋团。其实这件事情非常简单，从德国历史来看，在古时候，真正的指挥权是掌握在贵族手里，贵族都是养尊处优的人，只知道权威，对军事学一窍不通。德国所谓的参谋团制度，就是为了弥补指挥官之不足，中国也是一样，中国的指挥官要仰赖军师，一切都是听从军师的，真正下命令的是军师，只是用指挥官的名字而已。后来，参谋团到了一个军的阶层，我们所谓的 court，指挥官如果说要向东，参谋长可以说向西，但是他并不破坏指挥制度，指挥官终究是指挥官，必须尊重他的决定，再加上他是贵族出身，随时可以把参谋长杀掉。不过德国的参谋团制度中，军参谋长如果不同意指挥官的意见，可以不副署，战役仍然持续，如果打输了，完全由指挥官负责。

◇ 父亲亲题“忍”字，他告诉蒋纬国，“忍”并非静态的“打不还手”，而是咬紧牙关，永远以正面面对敌人

过去我们邀请过很多国家的军事顾问到中国来，而这些国家本身有的根本是与我们敌对的国家，例如日本、苏俄，他们怎么会把好的东西教给我们呢？而西方各国顾问也不是真心想帮助我们，也想从中牟利，例如英国、美国、法国、意大利等国。后来父亲认为对我国最友善的还是德国，所以他就决定在军事上与德国合作，另一方面也是应德国的需求。

自第一次世界大战之后，德国经济衰退，一九三三年希特勒上台，便积极地促使德国经济复苏，同时发展德国本身的国防力量。在这两种要求之下，我国正好可以与德国相互配合，所以德国愿意卖武器给我国，我国也给德国最优渥的条件。用“以物易物”的方式，各取所需，而我国建军的基础也在那时奠立了。可是，我们终究是初创，而日本的侵略又来得如此的快，所以，军校第八期到十一期，可以算是比较完整的训练，第十二期的学生在南京入学校后，就一路走一路教，最后在武汉毕业。后来德国顾问也返国了，而德国卖给我们的装备运来不及一半，就被美国从中拦阻，换句话说，在我们的建军备战还没有完成之前，大战已经爆发了。大战爆发后，有四年多的时间，是我国独立抗日的时期，而美国竟暗中为日本撑腰，将炼好的钢铁与汽油卖给日本，还美其名为商业行为，只要有钱买、有船运，任何国家都可以买。

日本军官绝对不会教导我们国军，这是可以想见的而且可以体谅的。再者，日本军官对师以上的部队不太了解，再加上师以上所发生的都是战略性的状况，日本教官即使知道，也不愿意讲。德国则一直很有诚意，而且非常完整，对干部教育、部队训练都有一套完备的方法，其中关于行政、人事、后勤与情报作战，都给我们许多的帮助。在科技方面，也输入了不少新科技产品。所以父亲就下决心请德国军官来，进德案就是如此产生的。不过，德国给予我们的战略教育始终不够完整坚强，这也不能责怪德国，因为各国的习惯是向来不教外国人战略教育的。当年我们在战争学院的战略教育，父亲也是一再叮嘱，不能告诉外人，但是最后国军反而有的是被有意封杀，有的是以行政为主，为了要讨好一个长官，只表现行政能力。而中高级长官也不研究战略。

在大陆时期，父亲曾经两次派我去德国交涉，聘请德国顾问来华。我与德方接触，同时也经过我审慎筛选。民国二十四至二十五年，我们本来要聘请鲁敦道夫来，后来因为在政治上太过于敏感，鲁敦道夫无法成行。后来我们邀请孟泽尔将军来华，帮助我们建军，没有多久，孟泽尔将军被调回德国。

孟泽尔将军被调回德国则是因为希特勒上台后，想要知道他对父亲的意见，以及父亲对德国的态度。孟泽尔将军告诉希特勒：蒋先生对德国是无条件的友善，他自己多年来想要到德国，却苦无机会，所以派遣他的儿子到德国，而且他又邀请这么多德国顾问到中国去，可见他对德国是友善的。后来希特勒为了德国建军的需要，就把孟泽尔将军留在德国，派遣 Fugn House 到中国来，同时也答应以当时德国本身所使用的武器装备与我们的矿产、植物交换。德国顾问在中国一方面训练军队，一方面成立学校，训练干部。以陆军为例，从军官学校到陆军大学，中间兵科学校都成立了，甚至连军乐学校也有。上海撤退时，如果没有我将军乐学校的人带出一大半，今天就不会有“国防部”的示范乐队了。我在战车第一团成立战一团军乐队，后来又加上在上海找到的军乐学校的大部分成员，他们群龙无首，不知该往何处去，我就把上海、南京附近的军乐队成员收罗来，参加战车第一团。战车第一团起初在徐州成立的军乐队，生活非常清苦，原本每一个人都是贩夫走卒，他们把乐器带在身上做广告，我把这些人都收罗来，然后我又教他们吹奏乐器的技巧，并且教他们各乐曲的由来，与各国的风俗习惯，让他们了解乐曲的背景。我跟他们说：“我要先让你们的思考有欧洲人的模式，然后再来演奏欧洲的乐曲。”就这样，他们进入到能够演奏管乐的程度。到了台湾以后，更增加了军乐学校的素质，我的军乐队更为神气。一九五三年，我的第一任妻子过世，父亲就把我送到美国陆军指挥参谋学院去受训。我出国一年多，回来时发现我的军乐队被人“偷”走了，变成“国防部”的示范乐队。我回来后又再成立军乐队，这支新的军乐队既能演奏军乐，又能演奏爵士乐，还加入了萨克斯风。

进德案展开之前，父亲问我聘请德国顾问，能够聘请到哪些人，我回答父亲：“能否聘请得到，是另外一回事，不过，我们要先订立一个标准，带头的人必须符合一个重要条件，他一定要参加过第一次世界大战，而且在第一次世界大战中失败，战败后，有以十万人重建德军的经验，随后又参加第二次世界大战，在第二次世界大战打完后，带着战败的经验退休。”父亲说：“我们能找得到有如此全程经验的人吗？”我说：“我算过了，一九一四年第一次世界大战开始，我在一九一六年出生，如果这个人比我大二十来岁，他就能参加第一次世界大战，何况不一定要在一九一四年参加，他在一九一六参加，一直到一九一八年战争结束，也就够了，所以比我大个十五六岁的人就有这个机会。”我提出这个条件之后，父亲很高兴，他说：“第一次大战、第二次大战如何进行，德国人如何为下一次战争做准备，只有打败的人才会去检讨惨痛的经验，为下一次战争做准备，而打了胜仗的人往往会忘记战胜的原因。第一次世界大战，德国败在英国人的装甲兵之下，因为英国人把战车脱离步兵，发挥其机动性，所以打了胜仗。这个惨痛的经验，证明了装甲兵的重要性，所以德国把装甲部队集中起来，而英美各国反而忘却了装甲兵致胜的关键。”

那时候，父亲原则上已经与德方接过头，向他们的情报局提出，但是并没有提出标准。我提醒父亲，要参照当年日本到德国聘请顾问的方式，不要再沿用我们在南京时邀请顾问的方式。父亲问我这二者有何不同，我说：“明治维新时，日本想要聘请德国顾问到日本去，德方确实考虑了几位名将，但是他们都有要务在身，无法到日本去，最后他们决定派遣麦克尔少校去日本。起先参谋本部还担心他不肯去，因为麦克尔少校是一位非常优秀且经过严格参谋训练的少校。麦克尔少校本人刚开始的确不想去，参谋本部告诉他，已经有十二箱他最爱喝的葡萄酒空运到日本，比他先到日本，他就是不能缺少葡萄酒，所以答应去日本。”而且他跟参谋本部说：“我不用带一本书，也不用带教官团，只要单枪匹马去。”

麦克尔少校把德国建军的原则告诉日本人，每一次演习，每一个教案，都要日本军官自己设计。他要日本军官了解，带领自己的军队，要策划下一次打何种战争，决定何种战争方式之后，就要开始着手计划。麦克尔跟日本军官说：“我是德国人，我不知道你们下一次要打什么仗，你们要如何打下一次的仗，要由你们自己来策划，我只能教你们策划的程序与方式。”麦克尔少校以这种方式训练出来的日本军事干部，就和以前不一样了。他把德国参谋团的基本精神教给他们，又把德国的军官团制度透露给日本教官，这种军官团制度既实际又有精神。日本的干部教育，在开始的时候就选择了正确的道路。

我把德国军官团的制度介绍给父亲后，还特别做了一次演习，父亲很高兴，要求国军学习，可是到了今天，国军也没有学习德国的军官团制度。

孟泽尔将军是合乎我所提出之条件的人，他参加过第一次世界大战，德国战败后，他又亲自参加十万建军的计划，从联邦防卫军一直到代理军长，负监督实施之责，而且他曾两度担任装甲兵学校的校长，这些经验都非常宝贵。他真是一位标准的德国军官，他与老先生两人谈话非常投机，其中有一件战略性的决定，有助于国军的发展，可惜我们这些高级长官，尤其是彭孟缉还要以日本人作为本钱，做最后挣扎，阻

◇ 与德国顾问孟泽尔在中山楼合影

碍了这个计划的进行。

在建军备战方面，我们真是落后一大步，所以更促成父亲要用德国军官。其次就是美军处处为难，而美军能力也不够。父亲从大陆到台湾之后，想要重建陆军大学、海军大学与空军大学，后来我建议设立一所大学即可，因为在战略阶层，陆海空是不可分的，各军种之间都要相当清楚，不论在地面上、海上或是天空中，仍然是以机动与射击为主。所以陆、海、空三军有相互依赖的战术，可以各设一所学校，着重于战术的训练，而与整个行动指导有关者，也就是属于战略阶层者，就只要设一所战争学院即可，让陆、海、空三军彼此都能了解，战争是为人而打，也是由人来进行战争，不论在何处打，人总是住在陆地上，为了解决人的问题，所以要以陆地的战争为主，由海、空军支援陆军。起先海、空军不接受这个观念，我花了很大的工夫，才劝醒他们。我跟空军的朋友说："空军在大陆上没有打过败仗，是因为对方既没有空军，又没有空防，你们爱怎么打就怎么打，他们只能忍着、受着，但是，陆军退到台湾来时，你们不是也跟着一起退到台湾来吗？所以到了战略阶层的阶段，功过荣辱是一体的，而其基础则在陆上作战的胜负。"

父亲曾经说过，我们的建军要从头来起。我认为最重要的是基本观念必须开窍，一定要教他们知其然而知其所以然。过去部队里面的基本态度很不对，长官骂干部时，不准干部问理由，其实他自己也说不出理由，也因此造成一批干部不知要做什么，因为不知目的何在，如此自然会盲目去做，所以训练出来的军官"忠勇有余，智谋不足"，冤死的人不计其数。

培德案进展到相当程度后，德国顾问到台湾时，每一个人都配属一位中国军官，负责接待与翻译，而且是真正的军人，有任何事情，都由实验营来做。不过，有一件事情没有成功，实在是非常可惜。我们曾经计划训练一个山地兵旅，特地从德国请来山地兵专家——克莱伯将军，当年我在巴伐利亚（阿尔卑斯山脚下）入伍的时候，他也在那边。我们的计划是先成立一个山地兵连，由克莱伯将军训练四个月，训练结束后克莱伯将军返回德国，在他下次来台湾之前的八个月期间，我们一方面反复训练山地兵连，另外又按照原先这个连的模式来成立其他几个连，形成一个营。八个月之后，克莱伯将军再度来华，就开始进行营训练，四个月之后结束训练课程，克莱伯将军又返回德国，期间我们再成立另外二个营，等到克莱伯将军再来台湾时，山地兵旅就成立了，就可以开始进行旅的训练。在小小的台湾岛上，有一个山地兵旅已经够用了，因为台湾没有多少山口可供山地兵把守。结果实际的情形是，克莱伯将军第二次从德国来华之后，原先的那一个连，退伍的退伍，也有重新入伍的，这些人对山地兵作战方式是一问三不知，军官干部也换人了，更糟糕的是，这一个连也被调到澎湖去了。好不容易将这个连调回来，但是已经不是山地兵连了。当时我们还是先进行营教练，结果等到克莱伯将军第三度来华时，整个营都分散了，想要把原本的营找回来，已经力有未逮。于是山地兵教练从此就结束了。

三、培德案

我在一九六七年第一次去德国，第二次是在一九七一、一九七二年，那一次是和王懿强处长一起去的。

我们在德国受训时间长达十八个月，人数最多的时候有四位，最少时只有一位，前前后后共有二十六个人，其中郑元凯不幸在德国因车祸过世，其他的人受完训都回来了。每一个人的机遇都不一样，有人快要升中将，还有人没有升将官就退伍了，而且有的受到兵科的限制，例如工兵、通信就受到限制。不过能够升到少将的大概都有机会升到中将，王懿强处长是明德专案的末代中将，他还有机会，除了他以外，其他人大概就无法升上去了。前任总统府参军长林文礼、退辅会主任委员周士斌，以及现任陆军总司令李桢林、国安局长殷宗文都升上上将。中将则比较多，例如原来的退辅会副主任委员施震宙以及原来的史编局局长邓祖谋、高海祥。

我们去德国受训前，先在台湾学习两年德文，再到德国念歌德学院，歌德学院就是德国军官外语学校。经过这么多的语文训练后，才正式受训。

明德案的留学军官都是按照正规的升迁系统，几位升上上将的将官，经历都非常完整。而留美的军官有很多人回国后都做随员，会影响到一般正常性的升迁，可能会多跳几级。

问：张昭然局长、王处长出国留学时，是不是经过了你的征选?

答：他们不是我直接征选的，而是由我核定，核定以后，签报给老先生，由老先生做最后的核定。

问：他们在德国时，是不是由驻德武官来领导？

答：只是间接的招呼而已，还是由我们这边直接管制。

问：所有留德军官都在装甲兵师中待过吗？

答：与装甲兵不相干。

问：他们都当过德国顾问的翻译吗？

答：大部分都当过，他们的德文在应用上比现在的我好。德文学来难，忘得容易。不过这些人的发音没有人比得上我，除了王玉麒之外。①

四、明德小组

出去留学的称为培德，回国后编入明德小组，我就是明德小组的负责人。

明德小组包括两个案子，一个是培德案，一个是进德案。培德案就是把军官送到德国去培植，进德案就是邀请德国将领到中国来做顾问。

---

① 在对张昭然先生的采访中，张说："蒋将军的聪明才智很高，反应也很快，尤其语言能力非常强。以德文来说，他已经有很长一段时间没有讲，但是还能够与德国人侃侃而谈。他在语言方面真是一位天才。而且他为人很谨慎。他是明德小组的联络人，我是联络人助理，多年来替将军处理许多与德国友人之间的来往信件，包括他与戴安国先生的来往信件，都是我帮他处理的。他非常谨慎，任何一个标点错误，一定要重新打过，这也是他向先"总统"蒋公学习来的，因为这么重要的人物，拿出去的东西是不能改过的，因为自己改过，别人也会改。所以他们拿出去的东西绝对没有修改的痕迹，有修改则绝不承认，而且绝对不会发出去。"

问：你领导明德小组，在老先生过世之后，政工系统能够忍受吗？

答：他们从一开始就没有忍受过，还用尽各种方法不让我们下部队。父亲邀请了一大批的德国优秀军官到中国来，做普遍的训练，过程也是非常艰苦，最初连校址在哪儿都不知道。我们的政战系统拒绝让这两个计划的顾问下部队去视察，想尽办法阻止他们。我心里暗自发笑，所谓“行家一出手，便知有没有”，只要看干部就可以了解部队，下不下部队实在不重要。以陆军来说，几乎每一个当营长时受训或是受过训即将要当营长的军官，他们至少也当过连长，其他如高级班次则是当过团、旅长或是师长，甚至当过军长的军官，都在指参大学或战争学院受过训。我在讲堂里面上课、测验，对每一个人的个性、才干都了解得一清二楚，平时与他们个别谈话时，他们也会把部队情形告诉我，而且说得非常清楚。我还需要下部队去看吗？从另一方面来说，我下部队时，如果他们不跟我说，我也不知道，所以下部队并不是了解部队的唯一方式。人与人之间，重在交心，这些干部在军中这么多年，心中有多少话，都会跟我说。他们从受训的军官口中自然可以知道部队的情况，何需下部队。有一次父亲问我：“你这几年没有机会下部队去看看，会不会跟部队脱节？”我说：“我虽然没有下部队，事实上，我已经到所有部队去看过了，不论陆、海、空军都一样。”父亲问我为什么，我说：“我这里有尉级官、校级官、将级官来受训，我与他们个别谈话时，立刻就知道部队是怎么回事，所以我虽然不下部队，也等于下部队了。下部队去看也不过是看一个营的状况，举例来说，父亲您去视察部队时，人坐在汽车上，只看见房子的正面与左右两面漆上新漆，完全看不到后面的情况，因为在父亲去视察之前，营区发下的油漆只够他们漆三面。父亲虽然亲自去看过部队，但是根本看不见这些问题，而营长来受训时，反而会将实际情形告诉我。”父亲听了很生气地说：“他们怎么可以如此欺骗长官呢？”我跟父亲说：“这件事情也不能怪他们，而是要问参谋本部发下多少经费，以及总部分配给他们多少钱，购买了多少油漆，够不够他们来油漆营房。”父亲知道了这个情形之后，有一次去视察时，突然下车到房子后面转一圈，当场拆穿了他们的伎俩。

我们虽然受到这种待遇，不过最重要的是我们成立了一个实验营，有各种编组与装备，并且进行演习。实验营中重兵器连的指导员就是林家老三（佑明医院的院长），林家老二在装二师当兵，林家与我的关系就是如此。

心得与感想

实践案与明德案是对我们建军计划中很重要的两个案子。因为当初我们接受美援之后，全部倾向于学习美国人的方式，学美国人的方式并不是不好，而是师以上的要点，美国人也不教我们。美国人的战术是以火力代替人力，先用猛烈的炮火压制，然后再由步兵攻击，完全以数量来压制敌人。我们的物质不如美国充沛，也不可能有那么大的财力打一场美国式的战争。东方人打仗讲求战术，正面攻击无法成功，就采取迂回战术，美国则是先用炮弹接二连三地摧毁敌人阵地，等到敌人无招架能力之后，才将敌人打败，我们无法如此做，因为我们没有这么大的财力。实践案与明德案至少使所有军官了解我们作战要讲求技术，因为我们的财力不足。这是最重要的作用。

此外，我们多少学到了日本人的动员制度，虽然他们并没有很明显地教我们。这是我自己个人体会到的。动员制度是一个战时用兵的

◇ 不厌其烦地讲解军制

秘诀，没有一个国家愿意透露自己国内的动员制度。我们要求日本教官教我们，日本教官也讲了，虽然不是很彻底，但是也传授了一部分。我们把这一部分放进我们自己的动员制度里，所以，动员制度的建立与这两个案子有关。

指挥有两种方式，一种是勒紧缰绳的方式，一种是放松缰绳的方式。德国人的方式是放松缰绳的方式，上级先设定一个任务，要下属在一定时间内完成任务，至于如何达成任务，则以完成者自己的方式处理。勒紧缰绳的方式，则是每一步都规定好如何做，就像拿破仑带兵一样，所以拿破仑一垮，所有人都跟着垮了。德国人不会如此，德国任何一个将领阵亡，都不会影响战事的进行，因为他们是采取任务战术，德国人打不散，即使被打散，他们也知道目标在何处，也会竭尽可能地到达目标。法国人打仗则看拿破仑挥旗子，挥红旗代表由右边进攻，挥蓝旗则代表由左边进攻，完全依照他的指示来行动。德国顾问让我们中国军官了解不需要对上级唯唯诺诺，只要有与长官不同之理由，可以与长官辩论，提出个人意见，经由主官裁定以后，就不再发表意见。过去的方式则是长官说了就算，部下没有发表意见的机会。德国人的原则就是：给他任务，必定要给他支援。因为长官知道任务的艰巨性，所以一定要给部下适当的支援。孟泽尔将军带了一些德国顾问来华，最大的功效就是让我们中国军官：一、不会像美国军队少爷式的作战方式。二、军官不会像过去一样，完全听命于上级。三、要求指挥官放任部下，让部下有足够的运用空间。所以现在的军官都比较有弹性，不像过去那么死板。

基本上，一九六○年以后，国军里面就没有所谓的洋派与土派之分，因为军官留学的人数很多。洋派、土派的情形可能是指一九四九年以前，也就是大陆时期，那时候留洋军官非常少，像孙立人，就是典型受到排挤的例子。后来留学军官普遍之后，洋土之间的界限自然消除了。国军每接受一样新的装备，军官就会到国外去接受换装训练，像海军、空军都是这样，自然而然就接受西方的观念，相互之间也就没有思想代沟了。原则上洋派、土派的纷争不会产生，不过有些会因个人因素而异，例如师长为行伍出身，连长或营长如果是留学军官，师长会对他们另眼看待，形成两种极端态度，不是极为爱护，就是故意挑剔。

第十一章

军事制度

军制学

我在检讨七十周年建军建校时，有一个重要发现，总理当年之所以要派父亲担任黄埔军校校长，就是因为父亲对军制有很深入的研究。尤其当朱执信先生过世后，总理说："自从执信死后，介石是唯一的人。"父亲因为个性强才能贯彻始终，他对总理尽忠，但是总理有几次误会他，以为他和陈炯明吃味，父亲向总理表明："您可以试试看用陈炯明，我可以走开，我不是来抢职务的。"一开始，父亲在陈炯明部队里当作战科长，他临走时，曾经一再提醒总理："陈炯明必变。"事实证明，父亲的预料是没有错的。

父亲很注意军队的制度，他归纳为"管教养卫"。陆军的方式是一个阶层以作战为主，再高的一层则兼管作战与行政，如旅管作战，师兼管作战与行政，军只管作战，军团兼管作战与行政，像这样的体制，使一切都着眼于作战。有一句话叫："军以战斗为主"，也有人翻译为"军以作战为主"。这两句话都是一样的，不过用"作战"二字较好。事实上，军队除了作战之外，也没有别的事。

谈到军制学时，有些是父亲的观念，有些是我的观念，到后来我们两人的观念已经无法确实分开，但是我不应该居功，即使是我先想到进而提出者，只要经过父亲再度思考并同意后，就应该视为父亲所提出的观念。所以，与其说这本访谈录是写我的一生，不如说是写父亲的一生，只是这件事与我有关，所以由我口述写出。虽然是我的自传，但也变成了父亲的别传。

一、使命与任务

知道“三分军事，七分政治，以武力为中心之思想总体战”的人不多，同样了解“三分军事，七分政治”含义的人也不多。“老总统”提出这句话之后，并没有交给任何一个学术机构加以演绎出来，因此，始终没有任何下文。我总觉得这不是领袖的错误，而是高级幕僚的疏忽。

我从美军体制中，确实有了不少体会。美军不论是自己发现问题，或是接到上级的指示，甚至是下级的请求，只要产生一个任务，他们就会做一个 mission analyze，我们翻译成任务分析。事实上，mission 是使命，task 才是任务，如此翻译不知原因何在。父亲曾经讲过：“中国一般的干部只做两件事，一件是上级交办的，一件是下级请求的，自己只是一个转界站，从来不会自我产生一个 mission（使命），这是很大的缺点。”因此我们就产生了使命和任务的区别。

后来郝柏村当了参谋总长之后，将二者合并，称为任务，这种做法是不对的，尤其他没有请示过“老总统”，就擅自更改。“老总统”曾经清楚规定过，而且美制里也说得明明白白：自己产生的谓之 mission，上级交办的谓之 task，根据自己的基本使命，再加上临时的 task，例如工兵、通信兵有其原有的使命之外，一旦遇到非打斗不可的状况，还是要打斗，这就是临时的 task。所以根据一般的状况与基本的使命，而产生了临时的任务。上级交下的任务，到了自己单位之后，要变成本单位的使命，然后根据使命，再交给所辖的各单位，使命就又变成任务。这是一个非常科学的观念，不可以破坏，一旦破坏，军中就无纪律可言了。

父亲一再强调，不可以只注意上级交代给下级的使命，自己也要产生使命。当时父亲讲了这篇训辞之后，情况好转了一阵子，但是后来又慢慢“皮”掉了。

二、责任制

从封建时代的帝王专制一直到现在，在上位者还是重视权威，闯了祸以后完全不负责任，结果变成由部下承担责任、长官专享功勋的情形。几千年来，在专制的体制之下，职责不明确，因此产生了父亲早年在大陆上所说的“分层负责，逐级授权”的情况。父亲讲这句话无非是要我们建立一个制度，但是高级幕僚对于总裁统帅所说的话，却没有任何反应，样样事情都等着逐级授权。分层负责的观念是对的，但是逐级授权似乎有实行上的困难，而且，过去的情形是长官有权、部下有责，这一点是说不通的，如果采用逐级授权的方式，一旦长官不愿意授权，情况就很难处理。因此父亲后来又提出一个问题：逐级授权应该如何做，多少人会愿意将自己权利往外分呢？另一方面，授权令尚未送达时，责任已经产生，所以应该在制度上明定权随责来，当接到责任时，权利自动产生。为了这个事情，父亲与我谈论了个把月的时间。这些都是军制方面的事情，所以父亲非常谨慎，他只要一有空，就会找我一起讨论。我并不是说我有什么聪明才智，只是父亲提醒我之后，我会再去思考、组织，并且加以体会。当我想出一个点子之后，就向父亲汇报，父亲再以他的逻辑思维，来判断点子的好坏。就这样，我们逐次地确立起国军的军制。

有一天，我拿了八个字到士林官邸去见父亲，他如获至宝。我说：“父亲说的‘逐级授权’是既不科学也不可能的事情，如果传令兵在半路死亡，或是迷了路，无法将授权书送达，即使有授权的事实也于事无补。另外还有很多原因可以造成权未授及，而责任已经开始的情形。”我跟父亲报告后，他完全同意。我跟父亲说：“权不是要等到授才有，而是要跟着责任一起来，并且要变成一个制度。”我还以民国二十年将授印制改为受旗制为例向父亲说明，所以父亲决定取消原来的八个字，但是国军没有一个人注意这件事情。这些决定在训辞里都有。新的八个字是“职责明确，权随责来”。“授”指的是授责，而不是授权，指派职务时，称为一般性的授责，也就是基本责任，在一般授责之下还有一个特定的授责，所以每一个职务都会产生一个责任，有了责任之后，权随责来，有多少责任就有多少权利，不必再等授权，也无须再等命令。形成制度之后，任何人都可以遵守，所以父亲高兴得如获至宝。起先我们还有一点争执，正在争执时，佣人刚好倒了一杯茶进来，我就以茶为例向父亲说明：“父亲如果授权给我喝这一杯茶，我爱喝则喝之，不爱喝则可以不喝，至于何时喝，如何喝，甚至不喝，都由我自己决定，假如父亲说：‘你负责把这杯茶喝掉，现在就喝掉。’我就没有任何选择，但是你既然给我这个责任，又不给我这个权，我如何去喝呢？我不就变成动辄得咎了吗？所以有多少责任就有多少权利。”

父亲那时候已经讲过一篇关于责任制度的训辞，责任制度就此开始。所谓责任制度包含了随责任一起来的权利，每个人的职责要在编制表上订定，凡是负何种责任的人，就有该种权利。责任制度是促进行政效率的重要观念，但是一般的长官都是爱权利不爱责任，这其实也是人之常情。后来父亲在几次演讲中，都特别强调责任制度，最后就产生了行政三联制。实施行政三联制之后，就有计划地执行考核。这点在父亲的思想上非常重要，可惜在建军建制时，我们的高级干部未能完全了解，所以在推行时没有认真执行。直到一九七五年，父亲过世前，还命令人事行政局颁布一份训辞《人事考核要领》——对于责任制有非常清楚的说明。

有关责任制度，父亲曾经提出六字要诀，也就是职、责、学、术、绩、效，在《人事考核要领》训辞中也有明确的披露。有何种职务，就产生何种责任，要完成责任，就必须具备学问，不仅是学问，还包括技术，最后检查成绩，看看有何效果。父亲说：“同样一件事情，第一，甲做好了，乙也做好了，成绩相同，但是效果不同；第二，甲乙都做得很好，但是甲面面俱到，乙却把人得罪光了，下一次连做的机会都没有。”我觉得父亲举这两个例子非常好，可以充分说明六字要诀。讲责任制度，六字要诀是非常重要的。而父亲从六字要诀中又产生出另一句至理名言——“凡任指参者，必先学得高两个阶层的用兵修养（凡任长僚者，必先习得大两个范围的工作学能）。”

三、无形战力与有形战力

父亲曾经提出一个重要观念，即：“无形战力有三，一是学术，二是意志，三是纪律。”父亲毕竟是经过多年历练的人，再加上他非常具有理哲思维，所以能够提出这个重要观念，我觉得民主和专制的差别就在于长官有没有理智，他的思维理哲如果是科学的，这个长官就是好长官，没有什么危险性，就算是错了也一定有其不得已之处。父亲从来没有下过一个专横的命令，就是因为他具有思维理哲。他同时也要求我们要有行动理哲，行动理哲确立之后，便能增加不少工作效率。父亲还特别强调思维理哲是逆序式的，行动理哲则是顺序式的。以登高为例，登高时，一定是一步一步向上爬，不可能一步登上高峰，但是我们在思维时，一定是先想要不要到山顶，再退回来想如何到山顶，先建立条件、工具，成立部队，然后再一步一步地往前走。没有做到前一

◇ 终生致力于军事教育和训练

步，就到不了下一步。但是，没有先做逆序式的思维，马上就做顺序式的施行，走到半山腰时才知道走错路，到那时，要退回来重头开始，既浪费时间精力，也失掉了时机。所以父亲强调逆序式的思维与顺序式的执行。而这些都需要以学术为基础，有了学术之后，先了解状况，再以学术分析状况，其决心才是客观的，才是有基础的、不会动摇的，否则就会把自己的私心放进去，这种计划一定是最笨的。所以父亲曾经指示我们：智慧的反面是自私。孟泽尔将军曾经对父亲说过德国参谋的一句座右铭——“无我”。因为“无我”，才能够对事不对人。

父亲在与我谈话时，常常对于黄埔系的人“忠勇有余，而智能不足”耿耿于怀，所以父亲不断地举办训练班，派遣素质良好的干部出国留学，尤其是到德、日两国，因为这两个国家对于军事干部的培植非常严格，而且这两个国家的民风就是踏实。当年日本邀请德国军事顾问到日本训练军队，德国考虑再三，预备派遣有名的大将到日本，最后有一位迈克尔少校向参谋本部建议：“什么人都不必去，也不必带一本书，只要我一个人去就可以了。”参谋本部问他有何能耐，他说出一套理论来：“我们人派得愈精愈多，人家只学得点点滴滴，我一个人去，向他们说明军事学的道理何在即可，道理弄懂了，就一通百通。其他的是要日本人自己建立军队，而不是德国人去帮日本人建立军队。”这是父亲一直鼓励我们、叮咛我们的地方，要我们通理，要我们了解理则。他写过一篇训辞，内容提及西方的逻辑学就是我们的理则学，而我们的理则学更包含西方的逻辑学，更甚于西方的逻辑学。逻辑学只是演绎与归纳的方法，但是如果没有理则，就不能做到演绎与归纳。父亲鼓励我们要通理，所以我常常在想古人说过的一句话：“读书所以通理也。”究竟通些什么理呢？归纳起来有人之理、物之理、事之理，如果理不通，任何事情都无法实行。在历史的演进中，中国人逐渐地偏重到人之理，疏忽了物之理与事之理，而西方人则太偏重物之理，疏忽了人之理与事之理。中国人要恢复原有的理智，才能够真正通理，所以国父说："学问救中国。"父亲则提出："无形战力有三,一是学术，二是意志，三是纪律。"这是我与父亲多次讨论后所归纳出来的结论。当我们在讨论时，最为困扰的一件事情就是道德是否为无形战力，父亲说："无形战力就是精神力，就是心理力，但是如果没有道德作基础，很难达到要求。"不过，最后我们还是没有把道德纳入无形战力中，因为道德太抽象了，很难评量。

后来父亲做了一次演讲，主题就是无形战力，讲稿的原始设计也是我写的。既然讲战力，就要先从有形战力说起，先讲五项有形战力，再讲三项无形战力。五项有形战力为侦搜力、打击力、机动力、后支力、指通力。三项无形战力，如果没有学术作为基础，就没有所谓的道德标准了，所以学术第一，如果没有学术，意志的发挥也变得毫无意义，而且不会持久。而意志有两种表现，一种是研判状况之后，下达一个决心，来表达意志，决心包括"六何"——何人（何力）、何事、何时、何地、何如、何为。前五何属于战术阶层，战略阶层则是何为，同时也是最重要的，甚至只要说明指派某个部队达成何种目的（何为）即可，其他都不必说明。古德里安元帅有一句口号，隆美尔也非常赞同，这个口号是"要把绿灯开到战场的尽头"。他们的做法是把最后的目标告诉部下，中间需要暂缓时，再开个黄灯，要部下停止时，才开红灯。我们中国的长官学问不够，无法做一个全程的策划，也不愿意把全程的计划告诉部下，部下走了一步之后，才告以下一步，所以一路都是红灯，等到长官研究之后，才接到下一个命令，但是长官又不能以最快的速度做决定，所以研判状况之后的整体性决心是很重要的。

第二种是状况有所变更时，是否要下达第二个决心，指挥官最困难之处就在于第一个决心是否要坚持到底，还是要即时调整决心，因为成与败就在于这一念之中，再加上如果情报系统不准确，或是拿到的情报报告不够及时，无法发挥作用，甚至于在制度上都要加以改革。这些事情，我跟父亲报告之后，他非常欣赏。本来是要一级一级呈报上去，我改成隔级呈报，举例来说，排长发现有敌人的五十辆战车之后，呈报给营长，连长在中间监听；连长如果不同意，再插进来表示意见，营长听了若干方面的报告之后，再加以研判，并向师长报告，同样的，旅长在中间监听，师部做了总研判之后，可以决定是否派遣反装甲部队迎战。部队反装甲武器与反装甲部队是两回事，部队里面所编装的反装甲武器，是属于战斗性质的，现在师里面的反装甲部队，则是属于战术性质的，即使武器一样，其性质也大不相同。但是我们在呈报的程序上，还是要逐级呈报，这种方式不但耽误时间，甚至还延误战机，使我方转而面临困境。现在已经步入机动作战的时代，但是国军整个的指挥方法却跟不上现代化的工具。不论战斗机动、战术机动或是战略机动，都与使用工具的技术有关，如果体会不够，连担任战斗员的资格都没有，所以，军中的教育要重新来过。我在三十多年以前就已经向父亲提出建议，父亲也下令了，但是那群老将领无法体会父亲的意志，结果就一直拖延下来，再加上我们做任何事情都要经过参谋本部，任何事情都要请示参谋总长裁决，换句话说，我们一路都遇到红灯，他们也不愿意开绿灯。而且郝柏村当参谋总长时不仅将计划程序弄混，也将计划格式弄混了。正确的格式应该是先做远程计划，远程计划是目标研究，我们要先认识目标，所以先要有一个目标分析；中程计划是为了要达到目标而设计的预算计划；近程计划则是以现有的东西应变。但是郝柏村将计划程序改为先做近程计划，再做中程计划，最后做远程计划，有所谓的三年计划、五年计划或是八年计划，完全不合乎思维理哲。

总而言之，不论任何事，事前都要告诉部下如何做，而且要让他完全能遵守，按照指示来做，不要等到事后用处分的方式处理。事后处分是消极的纪律，事前能够建立制度，有所规划，有计划命令、联络工具、控制方法，来维持一个有效的纪律，这才是具体的，而不是建立在人守不守纪律上。像当年的波斯湾战争，联军的部队都集中在科威特西方，作势要夺取科威特附近两个小岛，有一部分的部队从海湾两栖登陆，另一边则直接打进科威特。没想到一大堆部队在六个星期的飞弹攻势之后，仅仅只是等于我们攻击以前的炮兵准备射击，到了结束前两天才下命令把这些部队排成一条线，然后再按照史帝芬计划，像关门一样地从上往下关下来，这几个部队如果走快十五分钟，或是走慢十五分钟，部队之间就会交叉起来。这种计划一开始执行，就要具备行军纪律，然后等到陆上作战发动，就像关门一样关下来，前后只用了十个钟头，这场战争就打完了。即使是一场演习，事前经过无数次排演，要能够做到这种地步，也不是我们能够胜任的。懂得的人看门道，一种是 IP（即出发点，事前已经有详细的时间表，先头部队在何时到达，时间如果晚一点，横方向过来的部队就会受到阻碍）；另一种是 RP（即分进点，分配部队达到地点）。这些在平时教育、部队训练、实际作为、时间管制、地图认识方面，都要注意。我到台湾后，时常向父亲提醒这些事，父亲去视察大演习时，也知道在 IP 及 RP 视察，父亲看了装甲部队之后，也非常满意。

有一次，美国太平洋舰队总司令到台湾来视察，“国防部”原本预备做大演习，我提议让他看装甲兵部队，他到了我们的营房之后，我给他看了一张表，表上面写的是该周每一个单位、每位士兵应该做的事，我请他随便点一个营，他点了之后，原本这个营在演习场进行教练，我临时下令要他们回驻地集合。下达命令后，我就与那位总司令一起到驻地，看着部队集合，人与车分开，我所下达的科目是战备检查，总司令看到有些地方用石灰画一个框框，里面并没有车子，我向他说明凡是框框的地方就是“缺装”，应该要配属多少弹药，也都放置在该地。战

◇ 与美军代表团成员交谈

备检查之后，我就下令：台北受到两个师的空降部队占领，本师（装甲第一师）从湖口立即向台北出发，到某地点与卫戍师取得联系，由卫戍师指挥，先头部队归营，立即出发。所有缺装的部分留下，自然有留守部队看管。我一吹哨子之后，部队就开始行进，我与太平洋陆军总司令一起坐上他的直升机，一路看部队的行军纪律。我事前已经派遣一位军官，乘坐一辆吉普车，赶到某地点，等部队正式到达后，下令演习终止。我则与那位陆军总司令则搭乘直升机回台北，参加在台北举行的酒会。在酒会中，那位总司令说："我在美军里，一辈子也没见过这样子的部队。"而且那位总司令在离开装甲兵营部之前，还看过官兵的营房，每一位士兵所属的箱子，也都放在一个房间里面，每个房间也打扫得干干净净，然后由留守单位将箱子送回每位官兵的家中。他看了之后说："这是美国所没有的。"父亲本人也看过几次装甲兵的演习，他对装甲兵可以说是完全放心。只可惜三军没有如此展开，不过，从另一方面来说，国军如果没有干部训练，而且平时又没有军官团、士官团的活动，不断地温故知新的话，这是不可能做到的。我们想要让军队变成一个活体，在制度上就要使每一个人能够主动下决心采取行动，不要事事等待上级核示，否则绝对动不起来。所以我们的教育标准，也就是父亲所说的：凡任指参者，必先习得高两个阶层的用兵修养。一个二等兵如果了解全排的任务，也了解自己在全排的位置，他就能主动配合全排的需要，否则他主动不起来，而且士兵之间也很难协调，所以一定要先知道整体，然后再做局部的工作。从前的观念是知道一点就要做很大的工作，这是不对的，但是我们要推展新的教育形态时，受到哥哥的阻难，因为他无法体会军以战斗为主的重要性。

有形的战力之外，需要有无形的战力，才能使有形的战力变成行动、事实与结果，否则光有无形的战力，根本无法发挥作战能力。父亲是一个非常讲究思想论、方法论与工具论的人，而这些都是成之于人，所以他对急躁性的黄埔教育深感有所欠缺，虽然忠勇有余，但是毕竟训练时间不够。

四、战备与战略修养

三军大学首先由美方引进C3IS，我把它改成我们的C3IS。美方所说的C3是指Command、Control、Communication，而我加上去的C3则是Contact、Confirm、Combat，而IS则是Intelligence System。美方的C3，我们翻译成“指管通情”制度，其实是错误的，美方的I应该是Information，而不是Intelligence，我把System翻译成体制，因为System可能是软体（制度），也可能是硬体（工具），就好比音响设备吧，一组好的音响设备，需要具备良好的唱片、唱针、唱头、传音、接收、真空管、滤音、喇叭，如果任何一个环节品质不佳，全部的音质就不对了。由此可知 System 是一个组织、制度。

以高射炮为例，它是在同一个时间内用很快的速度将很多炮弹射出，在立体空间中间，在同一个时间有很多炮弹爆炸，任何目标只要在同一个时间经过那个立体空间，一定会碰到爆炸的炮弹。这是一种思想。另外还有一种思想是，一发炮弹打上去，如果离目标太远，炮管立刻做修正，使第二发炮弹更接近目标，如果还太远，就再做修正，到第四发时，即使没有直接命中，但是距离已经很接近，炮弹爆炸时，炮弹里的钢珠及炮弹本身的破片，就能够把空中的物体炸掉。瑞典的炮弹工厂发明了一种炮弹，口径为四十厘米，里面有很多钢珠，外面有炮弹破片，弹头还有一个引信。这个引信非常敏感，完全以电脑操作，能够将讯息立刻传回炮阵地。这一发炮弹比大量发射的炮弹造价贵很多，“国防部”向哥哥报告时，分别有这种四十厘米的炮弹以及瑞士制造的三五炮弹。为此“国防部”还做了一次演习。演习时总共有六门三五快炮齐发，快炮以天网雷达（sky guard）与电脑相连，演习结束时，他们向哥哥报告：三五快炮总共发射一百四十余发，命中飞靶有十几发，平均十发炮弹命中一发。哥哥不懂其中的道理，发射一百四十余发，命中十几发，并不是指每十发可以命中一发，在飞弹的术语中有所谓的“一个猎杀（one killing）”，虽然几率是十几发炮弹命中目标，但是并不能保证只发十几发炮弹就能够有一发命中目标，这并不是几率问题。因为一个立体空间有纵深、长度和宽度，只要飞机或飞弹进入这个立方体，一定会命中十几发，并不是只打十几发就会命中一发的意思。换句话说，十几发炮弹的命中就称谓“一个猎杀”。反过来说，四〇炮弹经过修正后，只要发射四发炮弹就会命中目标。但是他们只跟哥哥说四〇炮弹比三五炮弹贵很多，却没有说四〇炮弹只要乘以四，

◇ 壮年时期亲任教官，全年授课时间近400小时，其中八成课时是讲授野战战略

三五炮弹却要乘以一百四十。这两种炮弹同样都完成“一个猎杀”，四〇炮弹只需要四发，三五炮弹却要一百四十发，二者价钱的差别，行家一听就懂，一想就通，而且这两种是不同的制度，一种是逐渐修正，击中目标；一种是集中火力，让目标自行来撞击。三五快炮的钢珠量不够，如果要使钢珠量足够，每一颗钢珠的体积一定比原来的小，即使打中目标，也无法发挥作用，因为引擎与座舱都有很厚的钢板保护。他们都不跟哥哥说明这些理论，结果买了一大堆的三五快炮，注定无法发挥更大的作用。

我们购买三五快炮，主要是给陆军使用，美军的防空任务也是由陆军负责。因为空军本身是防空中的一环，它所使用的拦截机，是防空时必备的武器。

System 有硬体、软体两种意义存在，如果讲组织，指的就是硬体，如果讲制度，指的就是软体，我把它翻译成体制，包含硬体与软体的意义。所以 I 应该是 Information（咨询），S 是体制，现在“国防部”始终翻译成“指管通情系统”。系统意谓硬体，硬体与软体不同的地方在于硬体是个技术，而软体是个观念，没有观念，只有工具，不知道目的何在，而指、管、通三者也都是工具、方法。西方人把重点放在方法上，讲求工具、方法，但不清楚目的；而中国人则把重点放在目的上，常常形成目的神圣，方法拙劣的情形，更毋庸论及工具。基于此，我就发明了 C3，也就是原来的 Command、Control、Communication，再加上 Contact、Confirm、Combat，这个观念非常重要。我发明这个观念之后，美方大为惊讶地发现我解决了他们的问题。不过，美国人有一个好处，因为西方人在语言中就已经表现出逻辑思考，使用的文法不同，对方的理解也就不同，举例来说，如果有人问你：“Do you speak English？”而你回答：“Yes, I did.”时，就表示你过去会讲，现在不会讲。换句话说，在文法中就能够确定文意。事实上，中文也有文法，只是大家不注意，常常颠三倒四的，我们的思维逻辑不够，没有思维逻辑，就没有表达技术。我在三军大学校长任内，就非常要求思维理哲、表达技术、将校风范等三件事情。

现在“国防部”将C3IS交给联二负责，我认为这个观念是所有部门都要使用的，包括联一、联二、联三、联四与政战在内，因为I是Information，不是Intelligence，而且咨询不单单只有军方使用，所有经贸方面也需要咨询。而且咨询属于电脑体制，所以翻译错误就表示观念之偏差。我所增加的C3可以做广泛的运用，例如Combat不一定是军事上的打斗，在立法院、省议会都用得到，在Combat之前，必须先发现敌人，所以要Contact（接触），接敌是一种运用，到哪个地方拦截才能够接敌，时间、空间、方向如果有错误都不对，至少是浪费时间。接触之后，还要Confirm（辨正），否则容易造成大错。所以第一要Contact，在军事上，始终要保持接触，也就是Keep in Contact，否则敌人容易脱离，没有用处，接触之前，如果判断在何处会遇到敌人，这就是一门大学问，就要依靠战略修养。

十九世纪初，拿破仑席卷欧洲，一般人只能望其项背，却无法体会拿破仑之战略。有一次，米歇尔·奈带着约米尼去见拿破仑，拿破仑只拍拍约米尼的背，要约米尼好好干，约米尼很失望，因为没有机会与拿破仑讲话。当他退出宫廷，深深鞠躬时，他对拿破仑说了一句话：“感谢万岁，我在班堡等候圣驾。”拿破仑大感惊讶地问：“谁告诉你我要到班堡去的？”约米尼说：“最近我们与普鲁士之间情势很紧张，大有出兵一战之势，根据陛下过去用兵的方式，我认为我们的大军应该会到班堡集合，然后再从班堡出兵，我相信陛下会亲征。”这几句话完全将拿破仑打动了，就将约米尼接二连三地升级，因为他知道约米尼能够体会他的战略，不到两年的时间，约米尼就当了元帅了。班堡是一个战略要点，所谓“战略要点”就是不经过这一点，就无法达到下一点，从别的地方去都不适宜，非走该处不可，所以，只要派一个人到班堡看看有无大军等着即可。如果对方不懂战略，就会疏忽战略要点的重要性，如果对方是个战略家，就会将重兵驻扎在班堡。这是在没有 Contact 之前的战略修养。到了战略要点之后，如何知道敌人之所在，就要靠战术修养，至于如何接近敌人，就要靠战斗修养，否则自己会先被发现，继而遭到攻击。Contact 之后，要如何 Keep in Contact，是非常重要的，尤其现在是机动作战，敌人可以随时转移，特别是在海上及空中作战时，更需要 Keep in Contact。防空要用机（拦截机）、弹（飞弹）、炮（高射炮），何种目标应该用何种武器攻击，当目标更动时，我们如何使武器灵活交替运用，在事前就应该有所设计，这样才能够在 Contact 之后 Keep in Contact，才不会发生杀鸡用牛刀，甚至是用鸡刀去杀牛的情形，而仍然能保持牛刀杀牛、鸡刀杀鸡。所以，在 Combat 之前就要先做到“S.O.P”，所谓“S.O.P”就是 Standing、Operation、Procedure，否则到紧要关头时才请示长官一定来不及，即使 Combat 胜利，也付出了相当大的代价。

我在军中，灌输军官们现代的观念与科学的精神，也是我对国军的贡献。父亲要我在大学时先修习理工，因为要做一个现代的军官，必须具有数理观念，培养对于科学的了解与思考方式，所以我进入东吴大学理学院第一组就读，主科物理，副科数学。念完理学院之后，父亲又建议我去念文学院，主科政治，第一副科经济，第二副科社会。虽然我在文学院念了一年后就到德国去了，但是这一年的训练，对于而后我在建军备战的研究上很有帮助。

父亲有一句名言：凡任指参者，必先习得高两个阶层的用兵修养。当父亲如此告诉孟泽尔将军时，孟泽尔将军立刻说：“完全对，完全对。”还跟父亲说：“你问纬国，他在慕尼黑军官学校学的是什么。”我就跟父亲说：“从第一天到毕业那天，就是反复教营连战术。”父亲就加上了一句话："一定要战斗兵营的营连战术。"孟泽尔将军就说："对，纬国在慕尼黑军官学校时，只学了步兵营的营连战术，现在我们已经改为战车营与步兵营的营连战术。任何军官都要懂，将来在战场上，才懂得如何支援，例如战斗支援、勤务支援。"

学习德制与美制

民国二十五年我到德国留学，临走前到黄埔军校跟父亲辞行，并问父亲有无指示。父亲说："有两样东西你出国去学，外国人是不会教我们的，起码不会主动讲给我们听。一个是军制，军制里包括人事制度与后勤制度；另外一个是动员制度，你特别注意一下这两种，如果有多余的时间，后勤也注意一下，虽然大家都学会了战术这一套，但是如果不懂后勤就永远不懂战略。"

父亲还特别叮嘱我要用心体会，他说："虽然许多军制有书面资料，但是还有许多地方需要询问将校团。"所谓将校团也称为指参团。将军没有校级军官的辅助，"将"不起来；校级军官没有将官的把舵，也"校"不起来，校级军官是高级参谋，在英文里面，参谋是 stuff，希腊文原意为树干，一个公司里面各部门的主要干部称为 officer，其他的职员则称为 employer。

此外，父亲还要我注意后勤的问题，要联想连的后勤从何而来，如何透过营、旅，或是跳过旅、团，直接到师，或跳过师，直接到军团。这些后勤体制，一般来说也是学不到的，一定要仔细留意，才能学习到。最后，父亲说："其他的我也不必跟你仔细说，你放心去好了，到德国后，到大使馆找谭伯羽；德国的军方则找莱谢劳（Jeneral von Reighenau），他是德国第七军军长，司令部设在莱比锡（Leipzig）。”我到德国之后，刚好蒋百里将军也到德国去考察，武官处就派我为蒋将军的随从副官，我在蒋将军身边学了很多，也得到很多启示。我在他身边当随从副官的时间虽然只有几个月的时间，不过他每天晚上与我聊天时，都是谈军制问题。他懂的东西很多，国学底子也很好。

我到了德国之后，非常注意军制，特别是教育体制、人事体制与后勤体制，后来我还注意情报体制。情报与作战是每一个军人都必须学习的，但是很少人会花时间去研究教育、人事与后勤。

回国后我不断地研究国军的军制，一有新的观念，就立刻跟父亲反映，因为那些事情不是父亲的下属可以决定的。一方面，他们的权威不够，另一方面，我去跟某些长官讲也是白费口舌，我跟父亲讲，他马上就懂。而且父亲本来就是这样的想法，只是身负全国的重大责任，他忙不过来，没有人提醒他一下，他就搁下来了，我一提，他就会有反应。父亲如果同意我提出的观点，他就会马上摇电话，或是在便条纸上写几个字交办下去。可惜的是父亲缺乏一个管制单位，交办下去的事，如果没有想起来去问问，最后就石沉大海，结果大事变小事，小事变成无事。大家原则上是听父亲的，并不想阳奉阴违，但是却因为惰性而造成事实上阳奉阴违；大家也不是有意去违抗他，可是事实上就是这么拖拖拉拉的。

总统府虽然有侍从室（后来改为第三局），但是他们的工作是向上管制，把底下送上来的公文往上呈，而父亲交办下去的事情，虽然有档案备查，但是他们并没有追踪考察。后来我向父亲分析报告后，才设立了一个负责考察的“纪管”（纪律管制），可惜纪管也没有完全发挥功能，结果底下就官官相护，交差了事。

有一个日本人曾经问我一个问题，他说：“为什么你父亲把你哥哥送到俄国去，后来又把你送到德国去？”我回答他：“父亲把我送到德国，是因为父亲本身一直想到德国，但没去成，所以送我去，他的目的是要学德国的东西，我代替他去也是一样的。我回来以后把我所看到、听到或学到的事物，不断向他报告，而且父亲问得很详细，使我能够回想在德国学习的种种，否则我是视而不见，听而不闻，不会体会那样深。就是因为父亲不断追问，我才明了其中的道理。”

虽然中国人常讲带兵，但是往往只注意到带单兵的方法，没有注意到带单位。究竟连、营、团、师之行政该如何做？为什么我们学德军的一套，却又学不像？为什么有值星班长、值星排长、值星连长，尤其连里面的教育班长之设置是何种道理？国军可以说是一无所知。后来我写了一个本书专门介绍营连以下的行政管理，如果这个制度不建立，我们陆军的建军最多只能完成一半，始终是半吊子。

一般人都是知其然而不知其所以然，不是我自己吹牛，我学德国的东西，确实是学到了家了。举一个例子来说，从前我们采用德制时，部下见到长官，在离开六步之远处就要向长官敬礼，再走三步时将手放下，这个动作每个军人都会，因为这是从二等兵开始就有的训练，但是我敢拍胸脯说没有一个将校想过这个问题。德军规定“前六步后三步”的道理其实很简单，所谓“前六步”，指的就是长官和部下每个人走三步平行；所谓“后三步”，就是长官、部下各走三步，双方又相隔六步。行进间，第一步时已经举手，而且长官已经看见，第二步时长官已经回礼，部下也看见，此礼持续一步，两人就擦肩而过，然后再走三步，将手放下。因为六步是以行进间距离来计算的，长官部下都在前进，所谓“前六步”，事实上是两个人各走了三步，后三步走完后其实已经离开六步了，所以前六步等于三步，后三步等于六步，距离是相等的。前面的六步事实上只走了三步，后面的三步等于已经离开六步。在行进间，走的步数必须与手配合，一定是左脚提起时，右手举起，所以前三步一定是右脚放下时，左脚提起，右手跟着举起，后三步则将手放下，配合人体的构造与时效的要求。父亲说：“我在日本也没有听他们说过。”那是步兵时代的做法，后来德军有没有重新更改，我就不太清楚了。

我们到台湾之后，改采美制，将“前六步后三步”改成“前八步”，同样的，也没有人去研究这个问题。事实上，美国人是把空距变成时距，一般人一分钟可走一百二十步，也就是一秒钟走两步，八步就是四秒钟。以二个人相对走的时间而言，只有二秒钟的时间，所以“前八步”就是以两秒钟完成敬礼与还礼动作——一秒钟敬礼，另一秒钟长官答礼。如果仍然以空距来计算，有人坐在汽车上，有人在走路，或者双方在不同的车上，等到离开八步时才开始敬礼，对方的手还没完全拿起来，我方的车就开过去了，连回礼的机会都没有；如果以时距来计算，我方敬礼二秒钟，对方看见了，也回礼二秒钟，彼此都有反应的机会。所以不论车速快慢，都是以两秒钟为原则，而两秒钟的距离则依状况自定。通常车子开得愈快，我们就愈不容易看清楚车上究竟有没有长官，甚至不知道对方是不是军人，因为车子上一定要悬挂明显的阶级标示。建军要按照各种时代、各种条件而有不同的规定，不过很多事情都没有人加以研究，探讨原理，是相当可惜的。

德国军制的理念是一个人要先懂得全面，然后再负责局部，如此就懂得如何与别人配合，所以德军编制中师参谋长是中校，团长是上校，副师长是准将，师长是少将。先当师参谋长，以幕僚的身份懂其全面，然后再去当团长。我们在抗战前采用的就是德国的军制，政府搬迁来台后，军事制度改采美制，遂改为先当团长后当师参谋长，然后升副师长、师长。我跟父亲说这种制度有两个坏处，第一，在人情方面不上路，例如有三个团长，原来是生死弟兄，好得不得了，等到要升师参谋长时，三个团长抢一个师参谋长，这三个人就变成冤家了；第二，从理智方面来说，父亲常说要先全盘历练，了解了全盘之后，再去负一部分的责任时，才会主动配合整体的需要。换句话说，当师参谋长能了解全师的需求，等到成为团长时，他知道他这个团在全师里是一个什么样的位置，他会自动地来配合，等到师长下命令，他心理上早已有准备，知道在这种状况之下，下一步应该做什么。

当初在军中的时候我还为了这个问题争论过一段时间，可是我们的长官并没有加以思考，认为规定先当团长就是先当团长，没什么好争的，先当团长或是师参谋长都一样。其实这是不一样的，从前是先当师参谋长或是军里的处长，然后再当团长，就是要军官先知道全面，先观摩别人如何领导全局。

德军有一个规定，要先当过师的二种科长以上，才能当师参谋长，例如你历练过参一、参二，我只有历练过参三，你比我优先当师参谋长，因为你有二个幕僚部门的经验与知识，所以有些人宁可当过三个不同科的科长，再去接师参谋长。德军一个主官下有两个副官，一个是人事副官，一个是教育副官。换句话说，一个主官要负责两件事情，把人事摆在副官处。我们没有人详细研究为什么美军多设了一个人事处，其实美军是按照法军的制度，而法军的制度是拿破仑制定的。我认为美军是参考孙子兵法，“知己知彼，百战不殆”，参一管人事、参二管情报、参三管作战、参四管后勤，参五是全盘性的，甚至于把军政府摆在参五。

人事编制

军官制度里，过去有军官与军佐之分，我们把军佐看成低于少尉一等，这是完全错误的。军中的文官有一种是与军官分担机密者，称为佐官，与从前的军佐不同；另一种则是与士官分担机密者。在外国都有 staff sergent，我们只有战斗士，既没有技术士又没有参谋士，后来技术士有了，但是还是把他们看成作战士。我在装甲兵司令部的时候，技术士的地位则是自成一体的。

特种人员应该有特种的人事制度，我们应该设立一个专家的职位，这种职位在美国就叫做 warrant officer，我们将这个名称翻译为准尉是不对的，因为准尉这个阶级是不正常的，而且准尉这个名称总是被认为其地位在少尉之下，正确的名称应该是佐官，意思就是辅佐军官，与军官共同担负机要的人。他的身份是军中的专家，阶级从一级到九级，佐官在某个等级以上还可以进军官俱乐部。例如一个雷达专业人员，可以从佐官一级二级三级一直升到九级，仍然从事雷达的工作，我们现在如果派一个军官去管理雷达业务，他不是专业人员，也搞不清楚状况，即使受了专业的训练，过几天又会因为阶级升迁而调走，造成军中的损失。

此外，专家（Expert）和专业士（Specialist）是不同的，美军广播电台的广播员都称自己为新闻专业士某某人，如“本新闻由一等专业士（Specialist）编纂，由三等专业士（Specialist）报告”；如果换成我们中国人办的电台，一定又是由一个中校与一个少校担任。我们把军官系统混淆了，其坏处是专业性工作无法持久；美国的专业士则是一直做下去，一直做到九级，到最后他的薪水可以相当于中校。所以任何一个干部都有机密等级的考核，阶级升了，机密等级不一定升。

举例来说，英国有一次要到德军后方做个突击，他找了四个专家，这四个专家是从监牢找来的死刑犯，一个是开锁专家，一个是爆破专家，四个人最后把任务达成安然回防，由英女皇亲自颁赠勋章，得到吊袜带勋章。这个吊袜带勋章是英国最高荣誉的勋章。(古时候有一个英国国王赠勋时，大家都得到勋章，只剩下一个功劳最大的大臣没有得到勋章，这个大臣也觉得奇怪，心里想："我出生入死贡献这么大，怎么会没有？"结果旁边有一位大臣悄悄对国王说："这个人功劳很大，几乎是首功，您怎么没提到他？"国王笑了一笑说："现在我们的勋章已经发完了，大家觉得这次的赠勋公平吗？"底下没有人说话，国王便说："你们不讲，我来替你们讲，某公爵这么大的功劳，结果没有列入受勋名单中，这是一件极不公平的事情，但是他现在身为公爵，还有什么奖可以给他呢！其实我早已准备好了。"原来他悄悄地把自己的吊袜带解了下来，揣在怀里，并对众臣说："你们看，这是我身上最重要的东西，没有它我的袜子就会掉下来，这是我们英国最高的勋章，也是我保留着要送给某公爵的，请某公爵上前领勋。"国王亲自站起来走下去为公爵赠勋，从此吊袜带变成勋章里的最高等级。)

整个军队应该根据现时代的需求，建立一个新的架构，要有新的部队与新的人事分配。我向父亲提出另外三种不合理的人事分配，分别是参谋士、女青年大队与花木兰。我说："父亲记不记得每一次下去视察演习，指挥所里都用军官来插地图，这不是很浪费吗？这事情我们训练一批士官就可以了，这些完全是参谋士的工作，为什么要浪费一个军官来做这个事情？"父亲想了之后也认为我说得对。我又指出有很多参谋业务根本不需要军官，以档案官来说，如果以军官充任，他升到某一个阶级后就非要调职不可。事实上，档案处的处长的确必须是一个军官，但底下的工作人员却不必要以军官充任，至多需要一二个军官而已。美方的军事机构里，长官的门外有一个秘书，这一个秘书应该由女青年大队充任，派一个中校或上校来做，岂不是造成人力浪费。

之后我又举了一个例子给父亲听：“每一次我们上了空军的飞机，从此地到高雄或花莲，父亲有没有注意服勤的每一位空中女服务员的阶级都是中尉，您认为有派一个中尉端茶送水、打毛巾把子的必要吗？”父亲想了一想，就说：“不可以让军官做这些事情。”我说：“可是也没有必要把她们降成跟下女一般，她们在空中服务，在京城跟高级将领接触，应该要有她们的身份，但是绝不是又把她们混到军官堆里头去。”我们现在的花木兰只是一个点缀，而没有变成整个军事体制内的一部分，只是在前方喊个话、在军中教唱歌、演个话剧，这有什么作用呢？“花木兰”在美国称为妇女辅助队员，也有升迁的管道，担任军官的就要受军官训练，有些则是佐官。

父亲听了我的说明以后，也觉得这一套建军的人事制度并不像从前那么单纯的只要有尉官、校官、将官就可以，必须要专业化，而且不论支薪或一切福利都要比照军官。这方面美国有一套制度，但是我们没有完全学习，还是保留自己的一套，而人家不好的东西不该学的，我们却学来了，还把原有的制度给扔掉了。

国军编制上有一个内务班长、教练班长，一个连里面有三个排，每排三个班，总共有九个班长及副班长，另外还有若干特种勤务的士官。这一方面，国军也学习德军，但是并没有好好运用内务班长及教育班长，什么事情都是由编制内的排长、班长来做，久而久之，他们也疲累了。如果内务班长及教育班长制度不加以推动的话，士官便会忙不开。我们的口号是“军官士官不离兵”，其实是错误的，军官与士官如果不离开兵，又如何去接受军官团教育与士官团教育呢？这点我们国军始终没有学到。事实上，军队里只要留一个值星军官，其他军官都可以回家；再留一个值星士官，其他士官也可以回家，由内务班长来管理即可，内务班长则由资深士兵来担任，再辛苦也不过一年就退伍了。

编写典令及统一军语

父亲的建军思想非常新，而且非常科学，只可惜他的干部没有完全了解。一般干部习惯于待命，听完训辞后不会主动行动，一定要等到命令下达后才会行动。父亲在训话后，参谋本部也没有马上采取行动。有一次，我跟父亲谈话时，父亲说："我们在开会时，读了训辞等于是白读，他们读训辞时，心里还有一些感动，读完之后就撂下了，一般的人把我的训辞简直当做《毛语录》，大家都说我的训辞很重要，但是念完后却没有发挥任何作用。"我向父亲建议，干脆取消念训辞的形式，父亲问我："念训辞都不管用了，不念还得了？"我回答父亲："父亲，这句话我不同意，念训辞的效果等于零，不念还是等于零，怎么会'怎么得了呢'？其实根本没什么差别。"

父亲知道我的习惯，当我那样说话时，心里一定有办法，他就问我："你觉得该怎么办呢？"我跟父亲说："训辞可念可不念，但是念训辞时一定要根据内容来限定等级，念完后要纳入研究，就是所谓军官团的研究，研究之后，要把结果纳入典令里面，典令里面不称'领袖说'，只写"国防部"或各军司令总部所颁授的典令第几号。把训辞变成典令后，在时过境迁时还可以修改，如果是父亲的训辞，谁敢改父亲的训辞？父亲有一次在训话时曾说：'如果我从前的训辞有事过境迁的状况，你们要主动地来修改。'我认为这个立意虽然很好，但是问题是谁敢来修改，如果把当时的训辞改为典范令（即后来之军中手册）就好了，可惜后来实行得不够彻底。"

另外，我又建议父亲，将父亲的观念纳入干部学校的教材里面，父亲的观念就可以普遍流传。父亲很赞成我的意见，也立刻下令照章执行，但是做得还不够彻底。

父亲曾经再三叮嘱要重编典范令，但是典范令太多了，如果没有科学的组织就无法实现。后来我又建议一个方法，以德国典令为范本，该典令为《作战纲要》，分成上下两册，上册是人人必读的，下册则是机密文件，限制阅读。在大战期间德国把该纲要改成五册，阶层限制更为明确。其中第五册是把该部书所使用的军语集中起来编成一册，其中还有军令，如果没有经过总部的许可，不能更换其中一个名词，或将军语做另外的解释，同时也规定修改整篇的时间。父亲多年来也计划要把我们的军语重新整理，但是也没有做到。这件事情进行起来的确很难，同样的一件事情，各军种的说法就不一样，例如 maintenance 在陆军称为保养，海军则称为维护，三军说法都不一样，后来父亲下令要名称一致，就改称为保修。

另一方面，中国的军语常常和民间的用语有一段距离，外国则将日常用语变成军语，所以人人能懂、能记。我国则是用旧的操典，与日常用语相差更远，一方面是因为翻译的关系，另一方面则是因为早年都是一批学人来编写操典，所以文言太多。

我向父亲报告德军的做法之后，父亲觉得他们非常科学，便下令各兵种分别编成一册手册，最后编军语，每一个军语都加上定义或涵义。编好之后由陆军总部召开一个会议，陆军各兵科一起来审视有无不同之处。如果有不同者则进行协商，最后加以固定不再各行其是，从此各兵种之间的沟通不会产生问题。

我们要能够做到从参谋本部到各总部及陆海空各部队，在部队作战训练、干部教育上打成一片，首先就要从军语辞典的统一开始做起，使大家有共同的沟通语言。军语辞典的修正过程，最初是从上级开始诱导下属，由“国防部”开始，后来，我把德国的方法向父亲报告，父亲认为德国的方法比较可行，就改采德军的方法。德军的任何一本手册，都把有关的军语提出，编在手册后面，成为附编，从下属开始做检讨，例如集合炮兵、装甲兵、步兵一起检讨附编，如果发现有同样的事情用不同军语，或是同样的军语有不同的解释，大家讨论之后，裁定一个共用的军语。陆军整理好后，海、空二军也按照这种方式，找出冲突之处，将观念统一。可惜我们没有彻底实行。军语的统一必须持续不断，因为会产生新的战法，也会增添新的装备，如此一定会有新的术语产生，所以要每年不断的修正。德军在主要手册后面都会加上一张纸，上面有一张表格以及各军种总司令的命令：如果有建议者，就把建议事项填在表上，直接寄到总部。总部接到建议表，如果该建议有很大价值者，总部还会给予建议者奖赏。所以每一个干部可以不断参加修订新手册的工作。父亲很欣赏这种方式，要我们采用这个办法。如果干部们真的按照父亲的指示来做，国军的军语一定很快就能统一。所以国军的统一思想工作，要从修正手册开始着手，修正手册要达到统一思想的目的，就一定要统一军语。

我到陆军指挥参谋大学当校长时，第一个星期就着手策划下一次演习的状况，其中有一部分与后勤有关。按照国军翻译的美军后勤手册中，有一个状况是：在某一条河边要建立一个码头，称为“打火机码头”。因为这是一个术语，大家必须统一，我看手册后面有第一次、第二次、第三次修正的说明，而且在最后一次修正时编为国军的后勤手册，但是在编为国军手册时，还是称为打火机码头。当时我问教官，为何称为打火机码头，教官说：“大概是漏了一个字，应该称为打火机型码头。”我说：“市面上有各种类型的打火机，哪一型才算是标准，英文的 lighter 有打火机、驳船二种意思，因为大船无法靠近码头，所以需要小船接运，由小船将大船上的人或物资送到岸边，这种码头就称为驳船码头。”我要他们找美军手册来，他们就找来了美军最原始的手册，果然手册上写的是“lighter wharf”。如果翻译成“轻型码头”，还可以接受，但是他们竟然翻译成“打火机码头”，这就是因为翻译者不是

◇ 由参谋总长赖名汤上将主持授阶，接任三军大学校长

军人出身，只知道按照字义直接翻译，但是后勤教官应该要了解其中的意义，怎能如此轻忽。诸如此类的事情还有很多，因为很多人不用脑筋，使得统一国军观念的要求，多年来一直纠纷不断。领袖只能交办一次，再追问一次，无法时时刻刻注意，毕竟他要处理的事情太多，他还有政治、经济等方面要指导。领袖在政治、经济、军事、心理上都没有好的助手，反而有很多人替他开倒车，实在是一件遗憾的事。我在学校这一段时间，使我更认识了三军的弱点。以陆军而言，从“国防部”、各总部、各军团，一直到营、连长，凡是到学校来受训的人，我都曾与他们个别谈话。

美军每一个军种都有手册，只要有一样东西就有手册，假定有新的战车，也会有手册说明。我们第一次购买 M41 战车之后，也是我们“中华民国”陆军第一次有自己的射击场。在射击场举行揭幕典礼时，由当时的陆军总司令刘安祺将军亲自主持，当天由我第一个试射，我从来没看过 M41，可是我把 T.M. 读熟后，在射击场发射三炮，每炮都命中靶心。

士官团与军官团

在军事制度中有一点非常重要，即军官团与士官团的制度。军官团从前是以团为范围，团长为核心，师长为辅导；士官团是以连为范围，士官长为核心，连长为辅导。军官团与士官团最重要的两件事情是人事与教育。在德军的编制上，师长下设两个副官，一个是人事副官，一个是教育副官，师长透过两位副官的作业来辅导下属的几个团。所以，平时干部们除了受学校教育之外，在任期间，一个团还要把营连排的建制打破，只包含军官，这一个抽象的名词就称为军官团。它既不是一个建制，也没有编组，而是指全团的军官。团长的责任就是教育与辅导这些军官，辅导包括人事与教育。所以军官团教育就要注意每一位年轻军官的理想、前瞻与发展，帮助他们规划教育进程以及未来职务升迁，我们常常发生“好人不求职”的情形，完全以上级的分配为依归，这种人常常耽误了前途；还有一种人就是到处钻营，有一句话形容得最为贴切：有人便有事，没人别求事。所以到了今天为止，我们的建军还没有上轨道，就是因为军官团体制不健全所致。

再谈到士官团制度。士官长是一种职务，不是阶级，本来一个连里面有一个士官长的编制，但是国军最后却将士官长变成一种阶级，如此一来，一个连里面多了好几个士官长，既然是士官之长，是士官团的带头人，怎么可以有几个士官长呢？这不就等于一个家庭里面有几个爸爸吗？如何安排士官的人事晋升及教育训练，加强学术修养，优先学习新装备的使用，都是士官团的责任，但是这些事都没有人管。好的主管虽然会主动去安排，但是总部却没有设计成一个体制，指导与鼓励部属，完全让部属自生自灭，这不是建军应有的态度。

有一次我与一位中共的师级干部在美国相见，他向我抱怨中共的高干子弟胡作非为。我告诉他："这是属于你们内政的问题，我不应该加以批评，不过，我现在以纯学术的立场来分析这件事。以道德的标准来说，军队及百姓的确会看不惯高干子弟的胡作非为以及他们勾搭高级衙门的行为，但是事实上，共产体制国家提倡无产阶级专政，在这种状况之下，样样事情都要集中到中央执行，民间以及下级部队、地方政府，都无权过问。试问你们还有什么机会可以做到经济起飞？在一个极权国家里，只有如此，经济才有希望。英文'起飞'是 take off，也就是开始的意思，如果不是由高干子弟来做，直接由高干子弟联系，就无法得到政府的支持，开始大贸易。这么一来，还有什么经济起飞的机会。"那位师级干部听了之后恍然大悟，完全同意我的看法。我相信在不久的将来，中共一定可以控制整个东方的经济，与西方抗衡，到那时候，中国就可以变成大中国了。所以我建议他不妨与高干子弟多联系。不过，站在道德的立场，这件事就另当别论了，能否在国家的制度上、法制上得到许可，以及如何取得一个平衡点，完全要看政府顶峰的全面看法。我认为应该承认体制，因为有制就有法可以循，有法就可以管制。

动员体制

一、国家动员

以军方的系统来说，动员分成国家动员、军事动员与军队动员。这种方式有其缺点：第一，没有明确的部队动员与军事动员的责任划分；第二，最上有国家动员，但是最下只到军事动员而已。所谓国力应该有四大区分——政治、经济、心理、军事，但是我们没有政治动员、经济动员和心理动员。心理动员还有人在学术上提，而事实上真正有做到的恐怕只有父亲掌握最多。在抗战前、抗战中和抗战后，他都逐步做到。在心理动员方面有新生活运动；在经济动员方面有弊制改良，以配合不得已的通货膨胀（当时通货膨胀也是因为财政部门受到中共渗透，使得我们财务上若干政策中了中共的计，例如黄金储蓄。这种情形都是因为没有做到经济战而产生的后果）；我们虽然做到了军事战，但是军事战略和野战战略之间并没有明确划分，军事战略重点应该在建军备战，而野战战略则由战区管制，不过二个或二个以上的战区如何共同来策划一个行动，这就属于参谋本部军事战略的范畴了，所以军事战略要管全程的野战战略。

二、守势动员与攻势动员

国内有一个专门的动员训练班，原来是以日本人的动员训练为标准，后来我认为日本人的那一套不适合我们，父亲也认为国军自己要有一套动员的方法，日本人的那一套方法给我们参考就好。

动员分攻势与守势两种。以守势动员来说，国家动员愈晚愈好，过早会扰乱社会结构、经济结构及行政结构。整个国家进入动员状态后，又恢复到军政时期，整个体制会产生变化，以经济来说，一旦动员，工厂要转移，本来是做民用品的，动员后要做军用品，整个的贸易架构随之改变；以政治来说，政府的架构也会改变，本来是政府，动员后则变成战地政务；其他如交通、通信等都要以军事为主，所以动员要愈晚愈好。至于决定时间的标准则依据：（1）我们情报机构的功能。（2）我们沿海的雷达。

如果我们现在的潜力变成可以参战的实力需要一个月的时间，就要改良我们的情报机构，非要有一个月的情报不可。但是在情报组织改善之前，如果只有一个星期的时间，那么我们的动员就必须改为一个星期。像日本人给我们的动员计划，动员制度的设计是根据当年日本的经验，他们三个月动员都还没关系，那边先打，后方动员的归动员，这个方法并不适合我们。

另外，我们必须检查我们的雷达装备。敌人来攻时，究竟要距离我们海岸多少距离，我们才来得及防卫。早些年，我们的雷达只有二十海里，改良后达到六十海里，但是也不够。雷达不够精密，我们怎么知道敌人来攻呢？现在的雷达较好，可以一直进入大陆的心脏地带。

父亲听了我这些话以后，他说他知道我的用意了，要一方面改善我们的情报组织，另一方面要改善我们沿海直接的雷达设施。这个雷达设施要和我们空军作战战管整个扣合在一起，防空的战管一直推到金门马祖最前方的战营，所有的雷达组织变成一个系统。美国的雷达体制是归陆军管理的，而我们是归空军管理，由空军管理是否能够解决海上与地面的问题，这个要详细的考虑。如果是因为空军拿到消息以后再转到地面作战的指挥部的这点时间而令我们作战吃亏了，这是不可以的，所以绝对不要有军种的意气用事。再者，将来如果跟美军协同作战，美国是陆军归陆军，海军归海军，空军归空军，如果我们这边的雷达是归陆军的，我们的陆军跟美军的相对部门一联系，他们的零件马上就可以发过来，我们的雷达就能继续保持有效了。如果还要从空军那儿打个转，那就成问题了，同意与否是个问题，就算同意了，也需要一点作业时间，今天的作战是每秒必争。父亲也很同意我的说法。守势的动员是在确实知道敌人来攻后才发动命令，因此平时的动员计划与制度要做到使动员的力量达于民间，在多少时间之内把民间所有的潜力变成可以参战的实力，这就是动员的定义和目的。举一个例子来说，我曾经建议所有的计程车都应使用五门车，一来可以放置枪械弹药，二来也可以载运伤兵，结果我们没有做到。另外一点，机踏车小的一种可以作为传令、输送之用，另一种粗宽轮子的越野车可以用来战斗，结果也没有纳入动员体制。所有交通工具里面，只有卡车纳入动员体制。

以攻势动员来说，则必须确定何时下动员令。我们先做军事动员，军队先行出发，确知敌人雷达性能，当我们的军队触及雷达前沿时，也就是下动员令的时候了。一下动员令，老百姓就都知道了。所以我们要从这方面来研究，建设我们的建军备战。备战的重点应该在民间，将来军事的运输量应该有多少，现在建码头时就可以计算进去，而这一笔预算则纳入交通部里面，如此“国防部”的预算就会大大降低。其他国家也都是这么做的。

此外，我们有国防医学院，我们把国防医学院每年的预算除以国防医学院每年毕业的学生后可以发现，培植一个医生的花费甚大，如果我们把这笔预算分配到各大学去，即使培养一个医学院学生也不需要原来经费的一半。如果不放心，可以建立一个小兵营，学生的生活起居都在兵营里面，接受军事管理，上课时才到各大学去。同样的，中正理工学院也不必自己办，把预算统统交给教育部来编列，不但国防经费可以降低，教育经费亦可符合“宪法”规定百分之十五的要求，这样做不是很好吗？可是我们中国人就是样样事情都想自己来做。

动员分为国家动员、军事动员、军队动员，立即动员属于军队动员的一种。平时若无训练军队动员，临时就无法动员。除此之外，还要加上留守业务，战斗部队离开后，营房里面的留守人员要把东西整理清楚，私人的行李要集中在一处，上面都挂有名牌，这些是平常就要准备的。

战争论

有许多事情，在执行之前不一定写成书的，你可以把战略写出来特别是许多关于战争指导的事情，也只有像父亲那样怀有一颗仁慈的心，后来我慢慢分析，然后在替父亲拟稿时，一点一滴地编到讲稿里。以战争为例，战争目的分成内在与外在，以外在目的来说，战争只是作为解决问题的手段，此目的是仁慈的，是救国救民的，战争内在的目的则是杀敌至果，要压迫敌人放下武器，要敌人臣服于我们的政治意志。因此以目的的层面来说，一个拿战争作为手段，一个是战争本身的目的，其目的只有杀敌至果，不能考虑别的事情，而外在的目的也绝不能颠倒，所以要救自己，也要救别人，这一方面就变成战争论中一个重要的要项。战争的本质在以战止战，以目的来说两者不同，以手段来说，战争绝不能滥杀无辜、赶尽杀绝，但是内在的战争是残酷的，如果外在仁慈，内在则是残酷的，就如父亲所说：“对敌人仁慈，就是对自己残酷。”

战备支援

我担任第三厅副厅长（相当于现在的作战次长）时，因为厅长病故，我代理厅长参加国防会议。在某一次国防会议中，“国防部”提报一个反攻的案子，在报告中说我们有资财可以支援反攻作战四十八天，最后我分析这个案子并做了一个结论——本案只能支援八天。父亲听了之后很生气，因为其他人报告时都说可以支援四十八天，前后相差太多。这么大的一个反攻作战计划，登陆后只能打八天，到那时候又不能撤退，是非常严重的一件事情。

父亲当时朝着参谋总长看，总长朝着副总长看，副总长就朝着次长看，大家都无言以对，其实他们也是无辜的，因为错误出在第四厅。不过，父亲非常仁慈，从不令部下紧张，当时他就回过头来对着我说：“蒋代厅长，你说只有八天的支援能量，是从哪方面来看？”我说：“报告‘总统’，所有的支援都足够维持四十八天，或是四十八天以上，所以他们报告有四十八天的支援量，但是我们只能以后勤物资最少的支援量来做打算，因为其中一样东西没有了，其他的东西再多也没有用处，所有的物资中润滑油只能支援八天，没有一辆车子到了没有润滑油时，还能加汽油就走的，所以我说本案只能支援八天。”后来父亲还大大地称赞我一番，并告诉我一个参谋作业必须如此细腻。我举这么一个例子，是因为相似的例子时常发生，向元首报告必须注意，攸关战略的才是重点。

预备役

我们的预备役不健全，对国家而言是一种浪费。“养兵千日，用在一朝”，为了那一朝，都得养着，这是不行的。要发展预备役，保持预备兵的能力是一件很重要的事情。到现在为止，有智慧、有能力的人，在民间的职务都已经是经理级以上的人物，但是他们的官阶只是预备役少尉、中尉而已。有一次我在瑞士去看一个朋友，他是一个银行经理，我到他办公室去，他正在写东西，我问他：“一个银行经理还需要自己写东西吗？”他说他在做一个演习作战计划。他是预备师的师长，每一个月他都要请团长级的人聚餐，包括师部参谋长、第一科至第四科科长、第一团至第三团团长、炮兵团团长以及其他直属部队的营长，每一次聚餐都讨论一个问题，同时团长回去后会找各营营长聚餐；依次类推，营长找各连连长，连长找各排排长，排长找各班班长，班长找本班的兵，都是一个月见一次面，讨论问题，所以瑞士全国皆兵。反观我们这儿什么都没有。我在三军大学创了一个专有名词，中国人的计划、行动都是“太监式的”——做了一半，下面没有了。我在三军大学一提出这个名词之后，他们在作业上就提高警觉了。

攻守一体制

一个防御计划一定有一个逆袭计划，敌人打进来时，我们如何把他打出去，保持我们的阵地；此外，如果我们是守势，守势计划的最后一

◇ 1957 年金门“自强演习”

段则是转移攻势的时机与方式。我们对于“攻守一体制”叫了很多年，但始终没有做好，如何从守势转移攻势，在哪种时机转移，以哪种方式转移，为了这种有计划的做法，联勤的生产一定要有策划。如果我能够早十年当联勤总司令，我就可以把国军发展到相当程度。我曾经说过：“一九三三年希特勒上台后，只花了六年的时间准备，就敢发动欧洲大战，希特勒是以五十年以前的德国工业来备战，打一个五十年以前的战争，现在以台湾的工业基础，给我六年的时间，我绝对可以让国军打回大陆去。因为以中共当时的工业基础而言，除了拿到一点二次大战所留下的武器之外，只有愈用愈坏，愈用愈少，敌不过我们所建立的新军，只要给我六年的时间，我们一定可以打回大陆去。而且经过六年之后，大陆人民对共产主义也厌倦了，所以这场仗很容易打，只可惜我当联勤总司令的时间太晚了。”

不过，话又说回来，当我们有机会反攻时，美国又百般阻挠。举个例子来说，我们有一架战斗机要飞跃一百几十海里的海峡才能到大陆，还要进入内陆五十里或一百里，甚至更远，到了那里没有多久又要赶回来，否则回不到基地，因此飞机外有外加油箱，通常是翼肩外加油箱，这个东西看来简单，像个雪茄烟似的，挂在翅膀两端，在过海峡之后，先用翼肩油箱，一有状况就把翼肩油箱拉回掉，飞机就恢复战斗性能。这种油箱我们自己不会制造，因为其流线型要和飞机性能配合，否则可能折断机翼，因此要计算好流线力学。后来我们想制造，美国也不准，说由他们供应很方便，不必花这么多钱，结果每当有一线反攻时机时，美国就把此地的翼肩油箱收回送到关岛，每一架飞机只给四个，只能飞两次。试问每一架飞机只能飞两次还能打什么仗？所以我们的一切行动都受美国限制。此外，如果陆军要以超过一个营的兵力向大陆做一个突击登陆的威力搜索，必须经过美方同意，美方不同意，我们就不能做。究其实，就是怕我们反攻。所谓协防司令部，究竟是协谁的防，坦白说，就是不让我们反攻。大陆的赤化，从延安到雅尔达会议，可以说是美国一手策划的。

第十二章

联合勤务总司令部

接任联勤总司令

我当三军大学校长时，王多年是联勤总司令。一九八〇年四月，我们两人职务对调，我就接任联勤总司令，直到一九八四年七月为止，共计四年三个月。

行政改革

在四年多的任期中，我做了许多行政上的改革。联勤包括兵工生产署与服务部门。过去他们是一起开会，不过相隔很久才开一次。后来我改成每月开一次，单月为生产类，双月为服务类。换句话说，他们是每两月开一次会。任何一个单位，每次开会时都把自己单位得意以及不得意的事情报告出来，让大家做参考，就这样，我们逐次地改进。

一、购料与订货

我在办公桌上摆了一个终端机，国外有人来参观时，说我是全世界唯一的三星上将旁边有终端机的。我到联勤之前，工厂要购料时必须先向“国防部”申请，“国防部”批准后再领钱去买。我到联勤以后成立一个电脑中心，把各厂所有的剩余材料统统登记起来，如果某一个厂要申请某种钢，我就从电脑资料中查各厂剩余材料中有没有这种钢，如果有而且足够的话，就不需要买了。这么一来不晓得省下多少钱。我对于购料有一套程序，很公开、很科学，使作业人员没有机会贪污，也不需要贪污，我用一种方式鼓励他们、酬谢他们，不但做到冠冕堂皇，使公家不至于吃亏，也使东西合理化的便宜，而且品质也不差，同时因为手续比较简便，因此过程也较快。

二、补给到家

联勤负责“补给到家”的业务。从前的方法是开着油车，当着军眷的面，一升一斗地量给军眷。后来我就改变方式，依据基本单位，先把补给物品包装好，直接送到军眷家，这种做法可以节省人力。实物代金从前也有，但是以前即使有钱也不容易买到东西，所以我们仍然采取“补给到家”的方式。

三、发放薪饷

在我担任联勤总司令以前，联勤始终保持农业社会的做法，完全以人力密集的方式来做事。以三军发饷一事来说，每个月一定要把薪饷放在饷包里，写明薪水数目，发到每一位官兵身上。我认为这是很荒谬的事，为了发一个月的薪饷，联勤每个月都要动员所有的人，花上十二个昼夜的时间来包饷包。后来我建议了几次，才改变方式。在编制上，师、旅、营、连都有管财务的人，每逢发饷时，凡是机动的部队，联勤就将整数发到师部，再由师部往下发给各旅、营、连的财务人员，由财务人员发给官兵；固定的部队，如仓库、工厂、学校，“国防部”则透过邮局（小乡村）或银行（大城市）发薪，每位官兵先在金融机构开户，薪水直接拨入账户里。刚开始有人反对这种做法，因为他们习惯领现钞，把薪饷放在金融机构里，他们不太放心。我跟他们说，如果连国家银行都不相信，还能谈打仗吗？如果对国家没有信心，怎会为国家去拼命。事实证明这种方式既省时又省力，而且从来也没有发生过困扰。

四、业务接洽

在我担任联勤总司令之前，商人要来联勤接洽业务，不能走大门，只能走边门，他们要先在边门旁边的小房间接头好之后，才能进入联勤里面，向负责单位接洽。我接任联勤总司令之后，改变了这种做法。我认为，既然是堂堂正正的事情，就应该堂堂正正从大门进来，不应该走偏门，而且不一定要透过官员介绍。商人要来与我们接洽，可以尽管进来，我在大门口竖立一块告示牌，把整个总部的布置图漆在牌子上，让来者知道应该到何处去接洽。有关的安全措施，我称之为营区安全制，我把它改为分区安全制，一般的机构进大门很难，但是你只要进入大门后，不管到哪里去，也没有人来过问；我则注重每一个办公室的安全措施，任何人可以进入大门，但是进入大门后，非办公室的职员就不得擅自进入该办公室。这点非常重要，绝不能说进入大门后就可以随便走动，随便闯入办公室，没有人管。

◇ 性情开朗的蒋纬国与嫂嫂蒋方良（左）和妻子邱爱伦（右）

联勤有许多业务是由民间承包的，另外我们还有一个以非官方出面的公司，这也是奉“国防部”之命成立的。该公司的办公地点不在联勤，但是它所承办的业务是联勤总部经营的，所以也经常需要到总部来接洽。我的观念是，如果不是堂堂正正的做事，就会变成说项。举例来说，有一个民间的公司或商人以个人名义写封信给我，如果事情与空军有关，我就正式备文，并附上信件，转到空军总部，并把副本送到“国防部”及来信本人手上，由商人直接向空军接洽，我在中间绝不插手。我担任“国安会”秘书长时，“立法委员”曾经就几件案子追问我，我就告诉立委，我是正式以公文行文过去的，公事公办，根本谈不上关说，他们接头之后要如何发展，就不是我职责以内的事了，而且我也向“国防部”报备过，“国防部”如果要管制也可以直接管制。

这种制度我认为值得全军推行，但是事情并没有如此发展，借机图利的人还是很多。有一次，“国防部”有一个承办业务的少校参谋，他跟商人说必须以某公司的名义出面接头，生意才做得成，我派人在他们接头时照相录音，并以此证物直接向上级举发。不过这位少校并没有受到撤职查办的处分，只是被处以调职而已；调职是人事部门负责的，他们并不清楚其中的原因，只是接到将那位少校调职的命令，结果就将他掉到联勤总部来，我只好向上级说穿此事，请他们不要将此人调派到联勤总部来。从此事可知，他的背景一定很强硬，可能是一个组织，否则人事部门不会不清楚他的调职原因。

技术改良

一、老机器新用

我们刚到台湾的那一段日子真是艰苦，从大陆搬来的机器，在大陆时就已经使用很久了，搬到此地后又经过几十年的时间，老是一成不变也是不行，而且这些机器我们也扔不起，不过如果不加以改良的话，这些机器都会变成废铁。这些机器有些还是用高价皮带传动的，我为使机器仍然能用，就改进传动系统，把几个机器连在一起，或者是让一个机器发生几个作用，这样就大大地增加了旧机器的功能。至于传动方式，则是从机械式的传动改为气体传动及液体传动，最后又改为电脑传动，电脑也是我们自己设计的。在这期间联勤的工程师没有多增加一个，也没有更换一个，还是同一批人，我只是让他们把知识能力充分发挥出来。我们把这些东西改良后继续使用，让它变成自动化，工作能量提高了五六倍，甚至高达十几倍。从前的老“立法委员”来视察时，都是由我亲自接待他们，并亲自解说，他们对联勤的技术改良都非常欣赏。此外，我也引进自动设计与自动生产。“国防部”觉得很奇怪，为什么我到联勤后，这些老机器反而能提高工作能力，我就请他们来参观，看看这些机器是如何改良，如何变成自动化的。

二、膛内弹道

在我接任联勤总司令之前，联勤的工程师只知道膛外弹道（一发炮弹从炮膛打出来，离开炮口以后，这一条抛物线叫做膛外弹道），至于膛内弹道（炮弹在炮膛里面，从后面的弹仓到出口之弹道）就没有人过问了。我不能说他们都不知道，他们应该听过，也应该知道，但是却从来没有注意过，我到了联勤总部以后，要求兵工研究膛内弹道，第一堂课还是由我为他们上课的。我教他们如何制造炮口初速（V.O.），如果我要使膛外弹道能够再升高、再远，或是再稳定，我就要改变它的初速。初速一方面是速度的开始，另一方面是炮弹自身旋转的速度，如何操纵它的速度，完全是在膛内弹道中控制，而且火药的燃烧程度也要注意，火药燃烧至最高点时形成膛压，膛压的变化和火药的种类有关，如何来改良火药、操纵火药，使其燃烧速度适中是非常重要的。我要火药厂改变火药的爆炸力及燃烧的时间，来产生我所要的推动力。

此外，枪里面有来福线，没有人知道为什么要转六十八度，又为什么要转七十二度，我们只会依样画葫芦，买人家的蓝图，照着蓝图来做，可是买人家的蓝图是买人家的“Know How”，我要求联勤工程师要做到进一步的“Know How”。

三、终端弹道

除了膛外弹道、膛内弹道外，还有一种叫做终端弹道（又名目标弹道），从炮口出来是膛外弹道，炮弹碰到战车，穿透钢板后在战车里爆炸，从碰到战车到爆炸这一段叫做终端弹道，也叫做目标弹道，这一点也没有人过问。前一段的膛内弹道不管，后一段的终端弹道不管，光有一个膛外弹道有什么用处。我是学物理出身的，可惜我晚了十年当联勤总司令，甚至晚了二十年。

我觉得很奇怪，为什么在我前面的几任联勤长官从来没有发展终端弹道？联勤里面有许多科学家、技术人员也没有人建议过，我觉得学术上的事小，但是影响工作精神事大，因为这件事情足以显示联勤不够进取，难道这么多学科技出身的技术人员一个都没有想到吗？都不知道这个学问吗？不会的。我这个半内行的人都能够注意，都能够自我要求，为什么那些工程师不会想到呢？其实他们不是不会，而是工作精神不够积极，这就是我最感慨的地方。我不相信我们的老兵工署署长俞大维先生没有传下来，别人可以想不到，俞先生不会想不到的。中间相隔几十年时间，为什么现在反而没有了呢？

四、自制炮弹

联勤有能力自制炮弹，而且我们也将弹型重新设计，例如同一个口径的弹体可以加长，如果加长后重量较重，是否能把中间掏空一点，炮弹爆炸时的威力如何，弹头引信该如何改良。我到联勤后，就要求按照美国的弹型规格设计出一套我们自己的生产标准来。所有炮弹生产都必须遵从其规格，否则就是伪造文书。这是很有效的，而且按照美国规格有一个好处，以美国的标准来说，一个炮弹制成以后，标准的包装可用十年，十年后拆开重新装药，从第六年到第十年中间，都算是新炮弹，过了十年以后才算是旧炮弹。我们有许多炮弹存放在金门，我建议放置五年之后就可以卖给其他国家。但是我们的长官们的想法是：军队怎么可以做买卖呢？其实我们只是负责生产，可以由外交部去处理买卖事宜。外交部认为我们需要与哪个国家有外交关系的，就可以把炮弹卖给那个国家。我们把存放在金门六至八年的旧炮弹卖到外国，那边正在打仗，交战国家急需炮弹，他们如果向韩国订，要八个月交货，向我们订则可以立即交货。而金门始终储存着五年以内的新炮弹。如此一来，金门等于是我们的仓库。但是我的建议并未被上级采纳。当年的伊朗、伊拉克发生战争时，双方都非常需要炮弹，美国则在背后控制着中东国家；那时我们与美国定有合同，凡是美援的武器我们都不能卖。

五、自动化

在机器改良方面，我们只要稍微有一点能力以后，就马上朝新的方面发展。从电脑的设计、生产，慢慢变成尽量的自动化，这些都是一般人无法了解的。举例来说，联勤发展机械臂的使用，事实上没有所谓的机器人，而是一个机械臂。人的手臂只有二尺多长，机械臂可做成四尺多，而且可以用在很危险的工作上，例如易爆、污染以及单调枯燥的工作环境，或者是定时看管的工作，用一个感应器加上一个机械臂，就可以达到工作的要求，不必浪费人力。至于人力方面，我们尽量让一个人能够做到三种不同的工作，因为每种工作需要用不同的机器，如果一个人能够操作三种不同的机器，就不会造成人力浪费。这许多制度与人力的发挥，渐渐使得联勤的整体工作发挥功能。

六、其他发展

我们自己也发展了一些新东西，以炮弹飞行距离而言，我们发现炮弹在燃烧后，弹尾的真空自然被排除，炮弹就飞得更远了。我们另外还发展一种方法，不过上级并没有核准，这个方法是把炮弹与火箭联合起来，等到炮弹打到某一个高度时，把火箭点着，靠火箭推动的力量又可以让炮弹继续飞行一段距离。另外我们还发展电子引信，以及其他各种改良产品。

武器制造

现在台湾制造武器的地方有两个，一个是中科院，一个就是联勤。但是参谋本部有一个政策性的命令，规定联勤只能制造二次大战时所使用的武器。二次大战的武器已经逐渐淘汰，这么一来，联勤早晚也要关门。像这样的政策性指导，就是不懂得军事战略。军事战略是全面性的建军备战，而我们实在没有做好。假定当时定好标准，以大小标准来规定何者归联勤做，何者归中科院做，联勤的作业上就不会有这些困扰了。而且，中科院许多工程师都是从联勤转过去的，同样一个人，在联勤，他就是一个笨蛋，到了中科院，他就是科学家，这种想法不是很可笑吗？这两个单位的待遇、福利实在相差太多。

二次大战之后的武器，不能全部交给中科院来做，例如小型飞弹应该交给联勤来做，因为中科院没有太多的人力与时间。如果交给联勤，联勤早就做好了，可是上级不准联勤做，而中科院又没有人做，也没有时间做，结果最后就变成不了了之。此外，战术性、战斗性的武器可以由“国防部”来决定分配，例如，二十五公里射程以上的火炮由中科院做，二十五公里射程以下的火炮由联勤来做，可是“国防部”并没有如此执行，结果造成中科院与联勤之间的纷争，实在没有意义。

一、夜视镜

福克兰战役之后，我曾分析英、阿二国的战略与战术，我发现英国在长途劳顿之后仍能战胜阿根廷，其原因在：（1）美国帮助英国在非洲做一次中途加油；（2）英军每一位官兵都穿了一种通电的轻装，衣服虽然单薄但可以保暖，而阿根廷的部队则穿着大棉袄作战，在格斗时很不方便；（3）英军的钢盔上有夜视镜，本来敌前登陆要在拂晓以后，但是英军是在黑夜攻击，因为他们戴上夜视镜，使黑夜如同白昼；按理来说，占领滩头阵地，继续往内陆推进，也要在拂晓以后，但是英军也是在半夜发动，就是因为他们戴着夜视镜。福克兰战役结束后半年，联勤已经制造出夜视镜。

有一次，我参加军事会报时，特别为陆、海、空三军及警备总司令每人准备二具夜视镜，参谋总长、副总长、次长，则每人准备一具夜视镜。在会场中，我向他们说明：“在野外多少有一些星光，我们现在在房间里面，除了电灯之外，没有任何光源，各位试试看，我们把电灯关掉之后，能不能看清楚墙上的地图。”每一样东西本身原本就会发热，戴上夜视镜之后，任何东西都可以看到。我告诉他们，生产这种夜视镜需要一个周期，“如果订货应提前一个月的时间，并在下一次军事会报时提交给我们需要的数量以及交货时间。请各位尽速订货。”我特别对警备总司令说明：“我们要防备走私漏税以及夜间偷渡登陆、出口。我们的夜视镜有大型与小型两种规格，也有远距离的，可以看到五公里以外的东西。”联勤做的夜视镜上有一个光管，全世界只有苏俄、美国、英国三家公司生产制造，我们是向英国订货的。结果参谋总长说：“你们要带回去看看也可以，不过现在要交给中科院做鉴定。”试问中科院凭什么来鉴定联勤制造出来的东西？联勤有一个光学工厂，而中科院只有一个光学部门，况且我们把夜视镜交给中科院后，经过半年，中科院都没有回复结果，后来总长竟然说：“中科院也早就做出来了。”事实上，中科院是拿了我们的夜视镜之后拷贝出来的，而总长又说要指定一个晚上，把所有的夜视设备集合起来，找一个屋顶，请所有的总司令来看看。本来我在那次军事会报中交给每位总司令一具夜视镜的目的就是希望他们去看一看，结果总长最后要把各种夜视镜列出，并标明造价。我知道中科院做出来的夜视镜与联勤的一样，造价较高，我就跟他们协议，中科院把造价压低一些，联勤把造价提高一些，两单位定相同定价，再由总长决定由哪个单位制造。结果等到高总长来视察时，中科院所标明的造价比联勤的还要便宜，并没有遵守双方的约定。

二、三五防空快炮

三五防空快炮由瑞士制造，联勤则负责制造炮弹，制造出来之后，要举行试射，总长亲临视察。试射的部队是陆军总部派来的，打了十发炮弹之后就无法连发，总长就责备联勤没有做好，就下令联勤停止制造三五防空快炮的炮弹，改为直接向外国购买。

三、三〇炮

根据三军的要求，从我这一任开始，制造武器的预算不发到联勤总部，而是直接发给三军，由三军向联勤订货。当时我们发展新的三〇炮，比德国的二五炮大一些，但是比空军过去所使用的三七炮口径小，炮身也比较轻，非常理想。空军有意将三七炮改为三〇炮，因为各国都改用三〇炮。海军也想把三〇炮装在快艇上，陆军则想装在车辆上。我们希望找一位在美国有制造炮弹经验的人，当时由“国防部”介绍了一位我国某位高级首长的儿子，他在美国专攻机械，再由他介绍美国某家公司负责承揽。这家公司是由美国若干兵工厂退休的工程师所合作经营的，照例我也请采购团帮我们征信，采购团长为温哈熊。经过征信之后，确定该公司能符合我们的要求，而且该公司的三位工程师都是造炮专家，于是我们就与该公司签订合同。合同内容经由陈长文律师认证过，我们往上呈报到“国防部”，“国防部”（参谋总长）批可后，再退回联勤总部，我们接到公文后就开始进行。

这门炮是一个新的构想，我们委托该公司制造三〇炮，不管能否成功，都要该公司除了提供蓝图之外，还要提供制造三〇炮的原理，以及计划原理的基本表格。例如炮身要多长，其原因何在？炮里的来福线弧度多少度，其原因何在？炮弹装药需要多少分量？膛内弹道为何在某一位置是膛压最高的位置，在某一位置是燃烧最高的位置？

在报酬方面，我们采用每月结算一次的方法，他们按照合同规定的进度，每月寄来若干分量的东西，“国防部”则根据寄来的东西，直接拨款到美国采购团团长温哈熊手上。温哈熊接到我的电报之后再付钱，我绝对不经手钱。照理说，这是非常好的制度。可是，几个月后，美国那家公司寄来的东西逐次减少，温哈熊没有接到我的电报，却仍然付钱，就这样，我们多付了几个月的钱。这件事情，过错不在联勤，因为温哈熊没有接到我的电报，却先付了钱，而那家承揽公司则影响了造炮进度。后来联勤还为此投入很多智慧与人力，使得三〇炮能够使用。就在这个时候，“国防部”突然发现多付了钱，便叫我们停止，先追究责任。结果“国防部”把责任都压在联勤的工程师头上，厂长被勒令自动请求退休，包括联勤总部兵工生产署马署长在内，都受到此事的波及，总工程师也受到了处分。

为了此事，我亲自到“国防部”去，与参谋总长郝柏村商量，我说：“我第一天就向你建议，凡是有新的发展，万一有差错，要追究真正的责任，而不是只要不成功就要受处分，否则以后再也没有人做研究发展了。”这件事，照理应该追究温哈熊的责任，结果他却一点责任都没有。郝柏村说：“纬国，你受骗了。”我说：“总长，我受骗是受‘国防部’的骗。这件事是参谋本部批准的，那家公司也是透过参谋本部高级首长之子介绍的，而且我们也请温哈熊在美国征信。我们这边订立合同时有陈长文律师参加，该合同也送到参谋本部，参谋本部还会过‘国防部’本部，然后批交我们来做，请问我是上谁的当？”他就说：“最好你不要管这件事。”虽然那时候我已经离开联勤总部，但是我看到联勤总部的人以及兵工厂的人无辜受害，我不能不替他们说话。可是结果还是联勤总部与兵工厂的人倒霉，真正该负责的人反而逍遥法外。

这件事情就是不按照好制度行事的最佳例证。幸好联勤得到了技术原理的资料，可以稍微弥补一些遗憾。

有一次我们要将美国原造的一五五炮改良成增程炮，该计划由国防专用经费拨下做研究发展，希望我们能将射程由十五公里增加至三十公里。我们经过研究后，已经将射程延伸至二十八公里半（二万八千五百公尺），这样的距离，已经需要使用雷达来观察弹着点。这个雷达是我向高雄拆船同业工会争取来的，他们将商船拆下后，雷达仍然可以使用，我们就将雷达搬过来，并且加以改造，作为前方观察站，观察弹着点。弹着点的控制、计算与修正则由中科院负责，此外，他们还要负责辅助雷达测距的工作。后来中科院始终计算不出来，没有交差。结果“国防部”硬是说我们不符合要求，规定要做三十公里，只做到二十八公里半。“国防部”还举南美洲某国为例，说经过改良后的增程炮射程可达四十余公里。“国防部”没有想到，那门炮是在高达六千公尺以上的高原上发射的，在空气稀薄的情况下，炮弹射程较远，如果那门炮放在台湾发射，恐怕连二十八公里的距离也达不到。而且我还在炮上加一个小机器，这个机器可以使炮的阵地不须经由拖车拖走，可以自行在短距离内做二三百公尺的移动，我称之为自移炮。这门炮实在很不错，结果没想到“国防部”硬要说我们没有达成任务，将负责此事的总工程师记过处分。

产销问题

我当时就提出跟国外产销合作的观念，但是上级只想到合作生产。我们跟外国合作生产，固然可以简化很多事情，但是如果只生产而不销售，成本就永远无法减低，因为国内的需要太有限。我也曾经建议与日本、韩国、新加坡、以色列、南非等国合作，各国一起发展机枪，一次生产二十万挺，成本自然降低。我们只为自己所需而生产，还是要用许多材料，费用太大，如果与其他国家合作，不就等于销售了吗？

有些事情我们感觉到上级不够配合，以对外销售来说，其实不是不能做，只要在进行时小心一点就可以。但是当时哥哥不赞成对外销售，这么一来，我们这么大的工作能量就浪费了。联勤制造生产所供应的只是陆海空三军每年的教育训练的消耗，没有战争的消耗，这一个工作能量我们可以充分运用，拿来做外销。上级不做外销当然也有他们的考量因素，但是为什么要因噎而废食呢？美国反对我们外销是站在美国自己的立场，对我们而言却是有害的。举例而言，台湾的人民生活习惯更改之后，台湾的米生产过剩，美国不让我们出口，如果要出口，价钱必须由美国来决定，而且不得低过于美国的价格，这叫做自由市场吗？这个叫做人权吗？这分明是百分之百的帝国主义。所以我不仅讨厌美国，而且还瞧不起美国，美国人的政治智慧、政治国格实在是太低了。

一般高级长官不会想到公事的来往要花多少周折。例如联勤有一件公事要会办，必须经过内收发、外收发，然后才能送到“国防部”。到了“国防部”后，也要经过外收发、内收发，才能到达作业人员的手上。作业人员要一层一层签报到长官处，长官批可之后，又经过一次的内收发、外收发，才送到外交部；外交部又经过这么一套行政程序，再送回“国防部”，“国防部”再转回联勤。两个月的时间都不一定能够得到答复。一件公事需要经过这么许多关，如果刚好有一位长官出差，这份公事又要摆在桌上几天，延误时机。我认为订货时应由外交部订，而且让我们直接与外交部接触，副本送“国防部”报备，至少可以少两道关卡。

我也曾经建议用另外一种方法，先将外销对象分成三种，由外交部加以管制，外交部可以制作三种单子，分成 A、B、C 三级，属于 A 级的是绝对不交易的，属于 C 级的国家，我们不但要与对方交易，而且还要给对方好的待遇，B 级则是“浮动汇率”，也许今天可以，明天就不行，需要斟酌。我们根据这三张单子，只要有一个国家来接头时，我们就可以打电话到外交部询问是否合乎单子上的规定，这些事情只需前后几分钟就可以解决。外交部随时可以调动这三个等级，并且随时通知我们。这么一来，我们连外交部都不必问，只要单子上注明，我们就可以决定。国际交涉军火买卖的人，到台湾都是只停留两天就走了，他们的工作效率高，不像我们拖上几个月都不在乎；或者他们到台湾的时候是周末，到星期一再接头，如果可以，马上就开始讨论如何买卖，但是我们的制度不允许我们这么做。我建议用的三张表，也不是就此按表实施，因为订合同还是要通过“国防部”。但是上级始终不肯接受，似乎是不掐住你一关，就觉得自己没事情做。事实上制定单子是由外交部把关，外交部能够掐住这个关就行了，为什么不掐住科学化的关，反而要去卡不科学的关，实在是令人无法了解，除非这其中有鬼。

我认为我们可以把全世界变成一个销售对象，可惜我们没有一个商业网。照理来说，大使馆就是一个很好的商业网，但是我们没有那么多大使馆，而且大使馆的商务单位也不健全，如果与别人合作，他们有的是销售网，不过，政府不相信掮客。其实所有替人销售的行业，有些是 consultant，有些是普通的小业务员，有些是专门替各国跑腿的，他自己还有联络线。反观我们，样样都要官方自己设站设人，我们设得起吗？全世界有几十万个掮客，对于哪些国家需要哪些东西，或是哪样东西有哪些地方在生产的消息，都是很灵光的，这些人都会来通风报信，也没有要我们付薪水，等到事情做成了，再付给他应有的佣金。为什么我们不定这种制度呢？我建议过很多次，我们一定要相信这些人，至于他拿多少佣金则根据总量来决定。但是“国防部”始终以掮客会赚我们额外的钱为由，拒绝与掮客合作，结果额外的钱反而漏得更多。同时他们也不相信国际的征信制度。我对我自己的国家真是感到伤心万分。

我主张的国际销售生产，一直遇到阻力。后来总算做了几次，但是却要经过多次来回建议及申请，好像是我们在做坏事情，请上级通融一样。有许多时候显得好像我在苦求人家，即使核准，也好像是人家卖我多大的面子才做得成。

我当联勤总司令时，并没有跟德国有什么合作计划，所有事情都要透过“国防部”，“国防部”有一道门来限制我们。例如炮管的钢是从德国来的，上面命令我们要用自己制造的钢，但是我们自己制造的钢没有定性，如何做得出来？从德国运来的钢管，从此处到彼处有多少钢，中间就是很均匀，但是我们自己制造的原料每一处都不一样，实在不能与之相比。

战力支援

我觉得整个国防力的准备要有一个整体性与远程性的看法。我们的基本政策是精兵主义与攻守一体，虽然是领袖交代下来的命令，但是干部们都没有认真作业。所谓精兵，顾名思义就是平时养兵少、战时用兵多，从人的素质到物资的配合，来提高性能；人的素质就是领袖所说的“凡任指参者，必先习得高两个阶层的用兵修养”，但是我们却没有做到。即使有少数人素质提高，也是没有用处的，如果我们一般的素质提高，但是国防素质没有加强，反而会起反作用。过去我们一直很自豪，我们的军队谨守“忠勇”二字，从黄埔建军开始，“忠勇”虽然做到了，但是智能实在是不够。我时常看到一个师长责怪营、连长，可是他没有想到他自己是因为当了师长之后才有全面观，他当营、连长时，也许还不如现在的营、连长。拿自己的阅历来责怪现任的营、连长，实在是没什么道理。我们应该在事前先给他们师、旅的知识，这样他们当营、连长时自然可以得心应手；同样的，先有了营、连的知识之后，再当排长，也会得心应手。

领袖综合他的经验与智慧说出这句话作为一个结论，并且变成我们的政策，但是我们在军事上的教育与人事并没有确实实行。这种方式应该不论兵科、兵种，到了高阶层则不论军种，无论是战斗兵科、支援兵科，都需要学用兵修养，学习战斗、战术与战略。有了野战战略的修养之后，才谈得到建军备战的军事战略、国防思想与国家战略。所以我在联勤的时候，一方面重新教育我的干部，让联勤的人懂得作战。他们不一定要能够写出作战指导的构想，不过，至少他们要听得懂作战指导的构想，接下来才能在制造武器上及武器改良上有所贡献。只有纯技术性的知识是想不出东西来的，而且在装备上如果没有其他装备配合，主装备也无法发挥威力。例如说，我们自己设计一个增程炮，我在增程炮上加上一个仪器，使得炮本身能够自己移动三百公尺，换句话说，这种炮能够打完就走；如果要打远距离，则加上拖引车，拖了就走。可是，在作战进行中，不能一直跑来跑去，所以只要能够自动移位就可以；至于为什么要定三百公尺，则是因为地形的关系，在野地上无法移动太远后还能够越野，而且敌人的炮弹威力半径也不过是一百五十公尺，所以我们在三百公尺以外就没有危险了。从这个例子可以知道，如果造炮的人不懂作战，他不会知道敌人的炮弹有一百五十公尺半径的意义何在。根据从前的经验，造炮者可以知道自己炮弹的威力，但是今后炮弹要如何改良，可能就是一大挑战了。例如军用载重车，从前我们称为十轮大卡车，它的载重量是二吨半，拿现在的炮弹来说，还没有摆满半辆车时，重量就已经超过二吨半了，这么一来，车子不就浪费了吗？一辆车子有一个驾驶和一个助手，如果载重量能够增加，就可以节省车辆数目，而且还是只用一位驾驶和一位助手，尤其是二吨半的车子改装成五吨的车子时，只要换大梁即可，几乎没有什么改变。所以我们在装备各方面，如果让一个非战斗员出身的人来负责，他不会考虑到这么多。

我在联勤时，非常注重加强他们的用兵知识，来陪衬制造武器的效果，哪怕是后方勤务的服务，也要想到战斗。例如，我们后方所作的补给到家，联勤也没有一个人想到战时动员之后，军人会增加，军眷自然会增加，到时补给量与补给制度是否还配合得上，这是一个很大的问题，可是都没有人去注意，其原因就是后勤支援的人不懂军事战略。

军事战略与野战战略是不同的，野战战略是讲野战用兵，用小本钱做大买卖，以寡敌众。虽然总数不如敌人，但是在某一个时间、某一个地点时，能够强过于敌人。就凭这句话，我们制造武器以及从事战场勤务的人，就要想到如何做到这点，我们的要求是能够做到这句话："随时能打，继续能打。"尤其是战场勤务（后勤），如何能使第一线的士兵随时能打，立即能打，如此才不会中了敌人的埋伏；继续能打的时间，则只要比敌人多五分钟就够了。所以用兵与勤务要能够配合，而负责勤务的人要懂得用兵，才能够支援用兵。

希特勒在一九三三年上台后，就在一九三九年发动第二次世界大战，这件事给了我很大的启示。我认为以五十年前德国的工业基础而言，希特勒敢在执政六年后就发动如此惊天动地的事情，我们以五十年后的工业及科技基础，在三年的时间内，应该能做一些事情。即使我这三年看起来没做什么事情，但是我要在这段期间筹备到一个程度，让下一个接任的人马上就可以有实际的成品出来，由联勤来支援一次大的作战。我不相信在这几年之间，大陆能够赶得上我们，只要我们有决心全国动员，然后再进一步做好守势作战（保卫台湾）及攻势作战（反攻大陆）的准备。但是"国防部"提出的"攻防一体制"也只是说说而已，不但从来都没有解释，而且连字眼都用错。在战略上只有两种不同的作战形式，一个是攻势、一个是守势，只能称"攻守一体制”；在战术上才叫做攻击与防御，所以“攻防一体制”是战术用语。但是以战术来说，攻是攻，防是防，无从一体，而且我们现在所策划的不是战术而是战略。此外，“国防部”从来没有计算过攻势需要多少准备，守势需要多少准备，如何能够一体？如果说做攻势准备需要一百元，守势准备需要二十元，我们做了攻势准备后，守势准备自然也在其中，这就叫做“攻守一体制”。但是这个一体一定要集合在大的一体下，好比一只大狗和一只小狗只要合开一个大洞就可以，不需要开两个洞，但是我们现在究竟要开多大的洞，从来没有人研究过。

当年“老总统”为了节约国力，要求将攻势、守势二者合为一套。原则交代下来后，部下一定要去计算，《孙子兵法》说：“多算胜，少算不胜。”但是我们经常做的就是“无算”。我的做法是，第一，把攻防一体改为攻守一体；第二，把两个需求先计算出来。从基本上来说，守势没有时间限制可言，我们也应该算一算以现在中共的作战能量来攻打台湾（或是外岛），需要多少天可以决战，这几天的时间关系到决战的胜负，这么紧急的时间，还等得到联勤生产吗？所以陆海空三军现在就要计算，要打赢这场战争，现在要储存多少东西，无论是工具、器材、弹药等各种需求，必须清楚需要多少分量，因为没有机会等待联勤再生产，为了打赢战争，现在就要开始储存，有了这个数目之后，再看剩余多少，不足之数，“国防部”则根据其对中共的预估来要求联勤限时补足。

通常从守势作战到攻势作战有几种不同的时机，一种是在守势作战时常常会去做有限目标的攻击，但这不是攻势，而是为了让守势安全，或是为了探敌人的虚实，或是为了加强守势的力量，或是为了缓和敌人对我们所采取的攻势。敌我双方对峙时，我们也要对敌人加以突击与试探，如果试探到敌人有机可乘时，我们可以立刻转为攻势，这就是转移攻势；第二种是敌人正式对我们发起攻势，而敌人的攻势顿挫时，我们可以立即转为攻势，因此当我们从守势转移为攻势时，不能因储存量不够而失去战机。我们为了转移攻势，应该要储存哪些东西，要多少分量，这个预算应该由“国防部”提出，但是“国防部”从来没有提过。我站在联勤的立场，假定“国防部”认为提出需要两年半的时间来补充军需，我就要告诉“国防部”，在两年半之内，为了后勤的缘故，不用去想转移攻势的事情，只要好好守着就可以。这点我建议过“国防部”，但始终没有做到。所以我们的建军与备战这两件事情，真是天知道。

现在的军人，起先是为了应付政战人员，不能动辄得咎，只要在任上能够平安度过就算了；后来进入大的政治圈里面，应付不好的话，就会丢官。军人是很可怜的，下台以后就没有再上台的机会。

行政阻难

联勤在国内要生产一样东西，不论原料、材料或是特种工具、模子、仪器，只要买一样就困难重重，有时为了赶时间，很多手续就必须简化，一简化，上级就挑剔。事实上，我们也有一套很健全的制度，不会出毛病，但是只要一简化，上级就不同意，认为里面有不对的地方。尤其是到国外去买就要开国际标，上级就会说为什么一定要到美国买、为什么要到法国买，反正他们问一句话，我们就得晕头转向几个月也说不定。

此外，我们在处理业务时，上级时常会出难题考验我们。例如在开标时，“国防部”总政战部第三处管纪律监察的会来查问，事实上联勤的政战部已经查过了，为什么“国防部”的总政战部对联勤的政战部也不相信呢？如果总政战部认为政战是一个系统的，就应该对这一个系统有信心，但是总政战部却不是如此。举个例子来说，联勤的印刷厂要印地图，只要买一个多色一次墨就可以作业了，不但效率高、准确度好，色彩也准确。我们比了很多国际标，经过几方面一起开会决定，其中也有联勤政战部参与开会，结果上级说另外一个牌子更为便宜。从表面上看，这个牌子是便宜得多，但是它却有三大缺点：第一，我们决定用的产品可以印六种颜色，上级建议的只能印四种颜色；第二，上级建议的品牌，在一部机器上要用好几种不同的润滑油，而我们选用的机器只要用两种即可；第三，我们选用的机器一年中间只需要两个星期的维护期，所以一年里只要停工十四天即可，而上级建议的机器每个月要维修几天，经常要停工，工作成本比我们选用的机器还要多。但如果申请换一台不是上级建议的机器，几乎是不可能的。报告送到上面，结果又耽误我们几个月时间。原来的决议不能执行，所有的手续又要重来一次。总政战部在各军事机关设有政三，专门负责检查。每当我们的案子快要完成时，政三就要插手调查，所以我当联勤总司令时，要联勤的政三从第一次会议就开始参加，有任何意见都在开会时说，不要等到我们快完成案子时，随便讲一些半痛不痒的话，结果耽误事情。举个例子来说，“国防部”命令我们重修松山机场的跑道，我们首先要决定使用柏油路面或水泥路面，比较之后，决定使用柏油路面。不过跑道所使用的柏油必须能够承受飞机落地时机轮与地面摩擦所产生的高热，而国内尚无厂商制造这种特殊的柏油，只有美国一家厂商生产，世界各国的跑道都采用该公司的产品。我们经过征信后，各种手续都办好了，到最后，总政战部的政三部门说要派人去看那家公司的柏油生产过程，以鉴定是否能够达到程度。这种做法实在有欠考虑，第一，任何公司都不会泄露产品机密；第二，总政战部没有这类的专家。我们在事前已经透过一家既专业且具分量的征信公司调查过，该公司调查之后，应属可靠，实在不需要两家铺保的鉴定，而且那家征信公司是我国驻美采购团所介绍的，其诚信程度应该毋庸置疑。结果却因为总政战部的政三插手，耽误了好几个月，最后还是用该公司的产品。

研究发展与进修训练

我在联勤总司令任内，曾经多次建议，一定要设立一个专门的研究发展机构，这样子才能够有人、有器材、有专业。那时候在联勤的每个兵工厂内，都有一个小组负责研究发展。事实上，如果没有器材、专业人员，如何从事研究发展。所有制造武器的工作人员、部队、战略阶层都会反映意见，总不能只把意见交给一个小组，就指望这个小组能够想得出办法，后来我就成立一个专责的研究发展机构。但是这个研究发展中心没有固定的预算，都是我们自己努力奋斗，想办法凑来的钱。

本来联勤每年可以有十个出国进修的名额，可是都被别的军种占去了，这也是参谋本部的政策。同时，三军都有学校，唯独联勤没有训练干部的学校，我多次建议把中正理工学院变成联勤的一个干部学校，结果没有成功。其他军种有新兵训练中心，我们的技术人员却没有训练的地方，联勤的干部训练都是联勤自己办的，上级没有给我们预算，我们自己从武器上摊得经费称为“摊费”，因为成本高，结果我们自己制造出来的东西就比别人贵了。如果国家另外有预算倒也罢了，但事实上，我们要从各兵工厂调干部来当教官，要自己设计一套东西来做训练。我们的技工要守军法，却没有军方其他军种战斗员的待遇、福利与保障，退休后也无法享有荣民的身份，所以我们自己成立一个“荣工之家”。在整个体制方面来说，联勤似乎不是三军的一环，好像私生子一样。这点真是令人痛心。

总而言之，联勤远不如三军，有自己的新兵训练中心。从中正理工学院毕业出来的学生到了联勤之后，我们还要再训练一番。后来我慢慢争取出国进修的名额，而且，我对出国进修的人始终保持感情线与责任线，他们逢年过节都会收到我的贺卡，过双十节、春节时，我还发钱给他们，让他们可以在国外代表我们国家，与国外友人联络感情。所以联勤派遣出国进修的人在国外很体面，而且他们也不会有进修结束不回国的情形发生；反观三军出国进修的情形，有许多人逾期不归。我向上级建议这个方法，可是他们也没有接受。另外，如何和外国人做公共关系，也是军方必须注意到的，我们必须依照各种不同的宗教与风俗习惯来应对，在增加国际接触的情况下，这些都是必须注意的。

一、自力更生

联勤做了很多东西，但是上级都不给预算，例如每年双十节时，上级要联勤做烟火，要求我们达到量与质的标准，但是上级最多给我们七成预算，有的时候给四五成，甚至于三成，其他的要联勤自负其责。我不知道他们到底把预算省到哪里去了，最后还说我们制造武器的预算太高。上级要求联勤要设立篮球队、评剧队，但是也从不给我们预算。联勤的篮球队原名骆驼，赖名汤将军当联勤总司令时，在骆驼上加了一对翅膀，改名“飞驼”。

二、制作军图

我提出由联勤制作军图的计划，那时候，联勤不能制作海图、飞行图，海、空军如何制作海图、飞行图，我不太清楚。我向上级建议过好几次，要按照中共行政上的更改名称来制图，但是他们都不接受，最后我说，如果按照旧图，经过几十年的变化之后，地名名称都变了，新一代根本不知道原来的名称是什么，再保有旧图有何用处呢？我们大不了在新图上注记“中共订”三字，以示区别。另外，情报部门应该供应我们资料，结果他们要我们自己去搜集，有一张地图在广东，他们画了一个大水坝，好几倍于我们的石门水库，但是我们的军图上没有。我在德国路边的小摊子上买的一份地图上反而已经标明了，我们这边动不动就是机密，阻碍了工作的进行。后来我又透过国外的商务关系去买卫星照相，改进了联勤的制图，可以说是一大突破。

第十三章

『国防部』联合作战训练部

"国防部联合作战训练部"是"老总统"下令成立的，简称为"联训部"。他非常重视这个机构，希望借由这个机构来统一陆、海、空三军联合作战的观念。每年的大演习，"老总统"都要亲校，并由联训部组织裁判单位，从设计、指导到考核演习，最后提出检讨报告。

我任职"国防部"第三厅副厅长时，部里有一个小组，副厅长余伯泉担任主任，我是他的副手，负责与美国人打交道。所有的计划都是由我们这个小组负责，我带着作业官做了很多事情，增加很多训练机会。余伯泉将军在理论上很有修养，关于守金门的"洛城计划"、守马祖的"力士计划"都是我协助余伯泉将军做的，也可以说是我直接指导作业官的成果。当时还有一段插曲，我们把计划拟定好之后，由美方在复写纸上打字，由第三厅厅长签字，我那时候是代理厅长。在厚厚一叠的报告书里，美国人称呼自己的军队为"U.S.Army"、"U.S.Airforse"，却称呼我们为"G.R.C.Army"，我坚持要美方改正为"R.O.C.Army"或"G.U.S.Army"，否则我不签字。在这种方面，我对美方是绝不含糊的。美方改正后，我从头到尾看了一遍，又找出了一些错误，再退回去重新改过，直到完全没有错误为止。

由于这些计划与经验，一九八四年七月，我调职为联训部主任，任期到一九八六年七月为止，一共两年。联训部的编制除了一个主任、三个副主任（陆海空）外，其他都称为委员；另外还有一个裁判作业中心，我主要是掌握这个中心，裁判作业中心里的干部都很不错，包括陆海空三军的优秀人员。联训部的成员都是将级军官，大部分都是少将，少部分为中将，只有我一人是上将。我到联训部之后，发现里面真是人才济济，非常优秀，但是却不受重视。在举行两次会议之后，我了解了他们每个人的特点与才干，而且在学术上都有一些基础，不过，可惜的是他们都没有学过战略。演习的时候，多半是属于战术性质的，至于总构想则一定要站在战略的立场来拟定，把总构想做好之后，再去测验战术的措施，才能知道该战略措施能否支援总战略构想。所以我就不断完善他们战略思想，他们也很容易接受。中国干部都是非常优秀的，但是我们在认识制度上与教育制度上没有完整的战略教育来培养他们，实在是非常可惜。

自从有了战争学院之后，国军的战略教育才被提升。在从事战术职务之余，必须要有战略的观念。将级官以及将级指挥部里的校官都必须了解战略，所以战争学院的正规班是训练教官，而将官班则是训练将军。这点也印证了父亲当年所说的“凡任指参者，应先习得高两个阶层的用兵修养”。军长与军部里的参谋应该有同等学历，除了年资之外，学历必须同等。如此军长说的话，幕僚才听得懂；甚至于军长还没说，幕僚在做计划、研究时，就已经有了战略的着眼了。所以，从师级的幕僚到军团，至少中校以上阶层的军官，都应该接受战略教育，他们在事前替军长拟定战术性的计划。

以情报计划来说，一个好的战略家在尚未得到任何情报时，打开地图就可以知道敌我交战的地方，因为在地理的关系位置上，可以得知战略要点。所谓“战略要点”，是指“攻者必取，守者必顾”的地点，如果大军往一个方向前进，而没有遇到敌军，那是我方面的运气与敌人的错误。不一定要派搜索部队，或是借由空中照相才能发现何处有大部队集中，在地图上一看，就应该知道了。法国著名的元帅约米尼将军就是一个很好的例子。十九世纪中期，约米尼原本是米歇尔·奈的随从参谋，有一次，米歇尔·奈带约米尼去参见拿破仑，他对拿破仑说：“陛下，我好几次向陛下提及一位优秀的年轻人，他现在是我的侍从参谋——约米尼上尉，我好几次想引荐，让陛下能够认识他。”米歇尔与拿破仑谈完之后，约米尼接着就参见拿破仑，拿破仑拍拍约米尼的肩膀，说：“年轻的军官，你跟随奈帅是一个很不容易的机会，你要好好地学。”当约米尼退下，回身鞠躬的时候，他对拿破仑说：“我在班堡恭候圣驾。”拿破仑听到之后甚感惊讶地说：“谁告诉你我要到班堡去的？”约米尼说：“陛下，最近这几天普法之间情势很紧张，大有一战之可能。如果两国发生战争，按照陛下过去用兵的战略指导，陛下会在国境边上选择一个最重要的战略要点，那就是班堡。所以我猜想我军的主力会在班堡集中，而圣驾一定是亲临指挥。”拿破仑听了这段话之后，就将约米尼连升三级，后来的约米尼也成为法国著名的元帅。

我在联训部时，经常讲这些战史给他们听，一步一步地介绍他们战略的构想，所以他们很快地就吸收了野战战略的几个原则。我发现一个人只要能诚心诚意的学习，很快地就能沟通思想。我在联训部与他们之间非常好。我从不摆架子，他们如果有任何问题，可以随时敲我的房门，与我一起讨论，平时一有时间，我就会跟他们谈谈战史与战略，联训部的素质原本就不错，经过我加强他们战略的训练后，联训部的素质更为提高了。

国军每年会举行一或二次大演习，演习期间，联训部负责裁判组的任务，我带着裁判作业中心的干部，一路看一路作批评，旁边的参谋就帮我记录下来，然后交给联训部的经管部门，由他们整理之后成为演习的讲评。所以，演习一结束，我的讲评就做好了，但是我自己从不出面提出讲评，我把讲评送给参谋总长郝柏村，由他来做讲评。他每次讲评完后，都会很客气地问我有无补充的部分，我则回答：“总长所言已经涵盖所有的范围。”几年以来都是这种情形，我在联训部也没有遇到大问题。但是我们只能做到使传统作战整齐划一，几次向上级做突破性的建议，都没有成功。

在联训部做事是很辛苦的，尤其是在演习的时候，我们都是住在临时的地方，和衣而睡，夜间还要出来观察军队情形。我们在夜间所看到的建军备战方面的缺点更多，因为一般部队的夜间作业也比较松懈。此外，演习时作假的事情实在太多，有一次，俞大维部长来视察，我亲自陪着他，我们走进后勤帐篷时，他告诉留守参谋替他接电话到前方炮兵指挥所，问一问炮弹补给的状态，那位参谋就煞有介事地摇起电话。我从他摇电话的轻重程度判断电话并没有接上，我就当场点破，我说："老弟，你不要装模作样，"说完后我就向俞部长说："报告部长，这条电话线没有接通。"然后我顺着屋里的电话线走到外面，在沙堆里捞出两条电话线头。部长看了之后便笑着对那位参谋说："你们是演习还是演戏啊？"

演习时，检查的人是否内行，关系到演习的成败与意义。有好几次演习时，裁判组采用电脑作业，他们的代表做简报时说得天花乱坠，我认为如果各指挥所不能电脑作业，电脑就无法联线，既然无法联线，也没有电脑作业的必要。听完简报之后，我就跟总长提出，那只是裁判电脑作业，野战指挥所并没有电脑作业，无法发挥电脑作业的效果。

任职联训部主任二年下来，我对陆海空三军部队的认识又增加了一层。以陆军航空队来说，父亲起先要他们买战斗直升机，结果他们买的都是行政用的直升机——UH 1H。这种机型速度太慢，只能发挥运输、空中观察、空中指挥、运送伤兵等用途，无法支援地面部队。我在七十岁那年，下决心去学习驾驶直升飞机，当我学会各种战斗动作后，我也明白了这种直升机不能担任战斗任务的原因。UHIH 的时速无法超过一百二十英里，如果第一线的部队发起冲锋，UHIH 的速度太慢，容易被敌方打下来，根本无法在空中掩护冲锋的部队。UHIH 平时巡航的飞行时速是九十英里，到了上空，时速超过一百二十英里时，就无法平稳飞行。所以 UHIH 只能用来骗骗外行人，认为有了 UHIH 之后，就能够做到陆海空联合作战，事实上，它是做不到的。我们买

◇ 70 岁时取得直升机驾照的三星上将

五十架飞机，用来运输步兵部队增援第一线时，第一线增加一个营的兵力，实在是多此一举。如果这五十架直升机上能够装设四个火箭或两门炮，就能够使一个正面增加一百门炮，第一线立刻就得到支援，而且直升机也可以立刻返回基地装弹，再飞到第一线支援，时间绝对足够。但是我们却买了一些运输飞机，这些运输飞机变成高级长官的专机，徒增国家资源的浪费。到现在为止，我国还没有战斗直升飞机。我在联训部时，曾一再明白指出这个建军方面的大缺点。

我在联训部看到很多事情，也学到很多，对三军的认识，从参谋本部的指挥到第一线都很清楚。中共从参谋本部下达命令后，到传达至第一线时，只需三十五分钟的时间；反观我们，三天的演习完毕后，堆积在文电中心等待处理的密码与其他资料，还需要三天才能处理完毕。我曾经建议他们使用一种自动处理机，第一线的整个地形都可以在荧光幕上面显示出来，从军团就可以直接指挥第一线。他们不接受，理由是上面的事情不能让底下人知道。其实这种情形只要以周波来限制即可，可见我们的高级将领对于技术的了解不够，连这么好的东西不仅不知道也不能接受。

拿军官系统来说，我们的规定是连长要能够将部下报告做一个全连的正面研判，营长对于连长的报告也要能研判，同样的，旅长对于营长的报告也要先经过研判，才能向师长反映。如果第一线发现了敌人的装甲部队，而敌人的装甲部队如此快速，等到敌人突穿第一线，到达师指挥所时，我方对于状态的传递还没有达到旅。依照这种情形，还有资格打仗吗？因此，我认为第一线的排应该跳过连向营部报告，中间的连长可以监听，如果同意排的报告，则不作声，如果不同意，则可直接提出其研判报告。营长接到报告后，直接向师部报告，旅长在中间监听，如果不同意，再向师部反映，如此消息的传布就很快了，否则等到师指挥所被敌人的战车压扁时，消息都还没传达到。我建议上级在新的战场上要有新的指挥法，结果没有被上级所接受。谈的时候大家还听得进去，等到要付诸实行时，大家又不敢做了。他们的借口是万一营长、旅长在中间没有听到怎么办？我就反问他们，万一排长的电话线断了该怎么办？这些意外情况都可能发生，不过要应付一个快速或机动作战，我方必须要有快速反应才能解决。例如反战车武器要放在第一线，班里面应该有火箭筒，营长也应有专门的反战车武器，但是我们没有。旅长要配属营长一个战炮连，否则就是师长的事情，整个战炮连集中起来反战车，火力绝对足够，如果把战炮连分散，根本无法发挥力量。再者，如果排报营、营报师，师就可以马上发动战炮单位，进入某一个位置，等敌人进入范围内，就可以一举将敌人歼灭，即使不能歼灭，至少可以把敌人阻止到某一个程度。像这种战术的运用，要同时使用最新的电子器材，此外，情报反应的层次与作战命令的层次，都要有新的一套方式，否则无从机动作战。

我担任联训部主任时，联训部所提出建议，得不到上级的支持。我曾经再三建议，不要光为参谋本部做演习，也要为部本部做。部本部有三大责任，从它的编组就可以看出来，一是人力动员（人力司），二是物资动员（物力司），三是法制，我们在平时就要把法制做好，送到立法院通过立法。因为战争一旦开始，国会就会休会，如果在事前没有把法制做好，战时有很多事情就没有法源根据。例如在战区里面发现一个问题，与法国某位修女有关，我们该用何种法律；又例如在某一个海域里面，有一条英国船被打沉，应该如何处理。所以我们要在演习中，构想多种状况并且加以策划，经过检讨后，要想出如何使战区相安无事，顺利推行作战的办法。也因为如此，所以才产生了战地政务，换句话说，战地政务就是当政府组织在战争中瘫痪，其政令无法及于战区时所设立的临时机构，美国则将战地政务称为军政府。可是每次演习之后，我们所提出的建议，都没有受到重视，到下一次演习时，仍然没有步入正轨。这多半是因为一般的干部喜欢作假，偷工减料草率行事。本来演习是很辛苦的一件事情，比真正的作战还要辛苦，但是国军喜欢就易避重，很多事情都不能求得经验，进行下一步的改良。

联训部原本有三处，行政处负责行政事务；学术处负责学术研究；编译处负责编译出版。编译还出版两种刊物，一种是《军事译粹》，翻译国外有关军事的论文著作；一种是《三军月刊》，由国人撰写与三军有关的文章。后来我建议《三军月刊》由三军大学负责编辑，学校如何教授就如何编刊，如此思想便能统一，否则《三军月刊》由联训部编，而三军干部由三军大学训练，万一思想有出入时该怎么办，军中不许可有不同的思想存在。至于《军事译粹》则应由编译局的专业人员来负责，如此编译处便可取消，联训部队由三处变成二处。后来哥哥当“总统”以后，又并掉学术处，只剩下一个行政处，幕僚机构的人员减少很多，联训部的能力被大大削减，成为高级将领等待退休的地方，曲解了父亲成立联训部的本意。上级不大尊重我们的意见，我们也不敢主动提出意见，七十五年七月，我就离开联训部了。

第十四章

『国家安全会议』

缘起

父亲一直希望中央最高决策能够贯彻到底，把总理的意愿、主义及理论变成行动。他提倡力行哲学，讲求实践，将决策变成行动，不过，一定要经过一个程序，否则会变成独裁。换句话说，虽然目标是神圣的，但是如果没有一个有效的行动指导，就永远达不到神圣的目标。父亲一直很担心一件事情，眼看我们已经进入宪政时期，但是还没有脱离训政时期以党领军的情况，建立应有的民主作业程序与作业机构，仍然是让党部作业之后，直接发到行政机构执行。宪政时期应该是把党的工作转移到行政组织里面，而行政组织里也应该经过科学以及民主的程序。为了使国家进入真正的宪政时期，父亲甚至于说，如果没有一个有效的工具，他不愿意连任“总统”，他告诉“国大”代表们，就算推举他，他也不想做。

一九五三年底，有一天我跟父亲住在大贝湖（今澄清湖）招待所，那天下午五点钟左右，我们父子坐在阳台上喝茶、聊天。突然间，父亲沉默下来了。我有一个习惯，每当父亲在沉默的时候，我也不讲话，因为那时候他在思考，我绝不打扰他。后来他突然抹了一把脸又伸出拳头重重地打在椅子上，同时叹了一口短气。通常一个人叹长气是表示悲哀、消极，叹短气则是激昂、愤怒，充满忧国忧事的心。

我故意逗父亲说：“父亲您累了吧！”父亲说：“我不累。”我说：“父

◇ 携子侄陪同父亲出游

亲，您是不是有一种无力感？”他听了之后就在桌子上拍着说：“对！对！我找不到一个字来形容现在这种情绪，就是这个意思。”我跟父亲说：“父亲，我们大家都无力感不知有多少年了，没想到国家元首也会有无力感。”他接下来说：“哎！想想我这些部下，不论在党、政或军方面，没有一个不是我自己训练出来的学生，没有一个不对我尊敬，个个都是百依百从的，但是等到正式命令交待下去后，就是做不通，不是打了折扣，就是突然中断。”我对父亲说：“国家政策的领导一定要由中央党部发起，在‘中常会’决定之后，透过从政同志推动，从政同志并不是传达党的意志，而是自己有一套推动工作的程序，也有一套经过正式训练的干部，有组织地从事作业。现在问题的关键就在于我们缺乏一个作业的机构，就算是有一个作业机构，也没有够格的人来作业；即使是有够格的人，也没有一批科学程序与作业方式；此外，我们还需要推动责任制。如果能够做到这几点，我向父亲保证，当父亲下命令后，属下一定会全程监控，命令一定会被执行，而且在执行期间一定会不断向您反映工作进度及情况，组织里面还有一个专门部门不断做协调，站在父亲的立场，应该是责怪少而支援鼓励多。”

我接着又说：“现在顶峰没有一个作业机构。”父亲疑惑地问：“我们不是有一个国防会议[①]吗？”我回答说：“对，但是一个国家的事务分成两大类，在正常状况下以民生建设为主，在非常状况下以国防安全为主，二者合成国家安全，国防会议只注意国防安全，忽略了民生建设。”接着我又提出一个重要观念：“国家战略计划包含战略目标、战略构想及战略政策。顶峰阶层先做好纲要计划，决定国家战略政策后交给行政院，使之成为政策指导，行政院各部会则依次指导做行政指导计划，站在元首的立场，有这些指示就够了。”

最后我说：“父亲在理念上指示了很多，坏就坏在我们这批高级幕僚没有人替父亲推动，国防会议的功能只能做到一半，应该要改成‘国家安全会议’。”父亲就问我“国家安全”如何解释，我说：“一般人只注意国防安全，事实上，国家安全包含了国防安全与社会安全[②]，所以要设立‘国家安全会议’，而不是只有国防会议。以父亲的立场来说，要以‘国家安全会议’的‘会议体制’来实行，才不会被误认为独裁。过去父亲指导军事、经济、政治的有关事务时，把每个部门掌握在自己手里，不但辛苦而且效率也低，只有‘国家安全会议’才能解决问题。另外，我们必须培养作业人员，加以严格的训练，所以一定要有相关的学府，而这个学府的教官、教材一定要先准备，由专家研究教材，经过

---

① 父亲当时是国防最高会议委员长，主持会议。当时名义上是训政时期，实际上又回到北伐时之军政时期。

② 一般很少人想到社会安全问题，其实在政党时期就要注意到整体的社会安全。每个工作者除了要有将来的安全保险外，目前也应该有病假、休假、生育婚丧之辅助，他应该有健康保险与失业保险，这些都属于社会安全的范围。我们要做到三民主义的民生主义就必须要先完成这一方面，否则我们的政府早晚会被人民批评。

元首的审定后再使用，经过这一套教材训练出来的人员，一定会有一致的作业模式与作业程序，每一个人的责任也在编组表上写得清清楚楚。”

我跟父亲报告之后，父亲才恍然大悟，过去工作没有效率是因为我们缺乏体制（编组、制度二者合起来，我称之为体制）。所以父亲立即决定要设立“国家安全会议”。

组织与功能

父亲同意设立“国家安全会议”，并让我帮他研究“国家安全会议”的组织，于是我就当场画了一张组织图交给父亲，如下图：

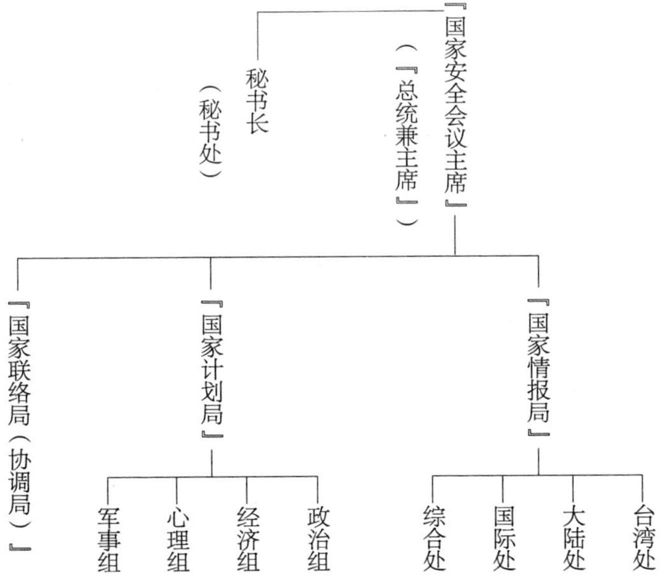

我对父亲说明："表上仍然是'总统'兼主席，下面分三个局，第一个是国家情报局，但是既然已经有安全局这个名词在，所以名字不换也可以。安全局的工作就是负责了解本地区、大陆及国际之状况，除此三处之外，还有一个综合处，主要办理人事、总务、文书等工作；第二个是计划局。国务就是管理众人之事，管理众人之事就是国务指导，也就是国家战略。国家战略计划的任务就交给计划局，当年在国防会议时有一个计划局，这个计划局可以继续保持下来，但是计划局的任务不只是国防安全，还要顾虑到整体的国家安全，也就是父亲所讲的国家的事务、国力的运用，所以计划局下分四大组：政治组、经济组、心理组、军事组，各组多是计划专家，懂得政治战略、经济战略、心理战略以及军事战略。最后还要成立第三个局——协调局，也就是国务的协调，以军务来说，一个命令下来之后，陆、海、空三军之间尚且还要派遣联络官联络，除了带一个联络组外，还要带着一套联络通信的工具来完成联络的工作。国家事务比军务更烦琐，而仅仅靠着派出去的一个联络组来工作，身份也不够高，如果要派一大堆联络的人，又没有那么多人手，而且也不必要，所以只要在'国家安全会议'下协调局部即可。协调局的职责是站在总统的立场替行政单位解决问题，所以必须先了解问题，继而解决问题。各部会局之间，彼此会有冲突之处，例如观光局希望国际人士时常到台湾观光，而警备总部则希望愈谨慎愈好，因此双方产生了一个冲突点；协调局了解双方的情况后，马上就可以反映给元首，经过'国家安全会议'商讨后，再作最后的决定。'总统'也可以借着会议调度各院的力量，所以五院制虽然由立法院制衡，但是也需要其他各院来协同支援，促成院与院之间的分工合作。"

这三个局里面最重要是计划局。因为计划是第一要件，为了要做计划，所以要先了解状况，为了要让计划能够变成行动，并且能够执行，所以要协调，其他两个局则都是为了国务指导。父亲对这些观念非常赞赏，我就把这些要点写下来，同时把“国家安全会议”组织图一起交给他。父亲把秘书长拉到指挥线之上，透过秘书长指挥各局，如下图：

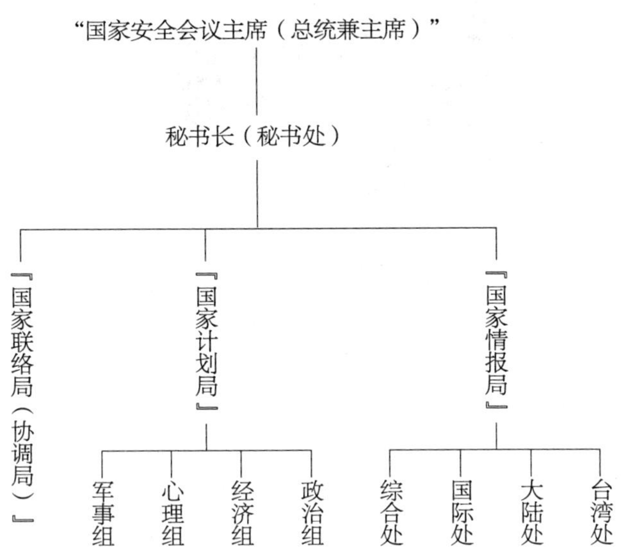

如此一来，秘书长的身份既是幕僚长也是副指挥官，各局呈报上来的报告先由他过目，能够先批阅就批阅了。第一任秘书长是黄少谷（少老）先生，他非常稳健，没有任何问题发生。后来哥哥当第六任“总统”时，觉得少老太资深了，就请他去当“司法院”院长，由沈昌焕接任秘书长，结果国家建设计划委员会的周至柔先生就递辞呈了。哥哥处理这件事非常老道，他亲自把周至柔先生的辞呈送回去，并对他说：“至公，本来我也不应该在你的上面，你也是我的老长官，今天按照国家体制，我接了‘总统’，势必要兼‘国家安全会议’的主席，但是幕僚长不应再兼副指挥官，所以你看新的编组里已经把秘书长拉到一边，只管秘书处，你们在作业方面需要与秘书处、秘书长协调的地方，交给他们去处理。您的指挥系统直属‘总统’，请您勉为其难，把辞呈

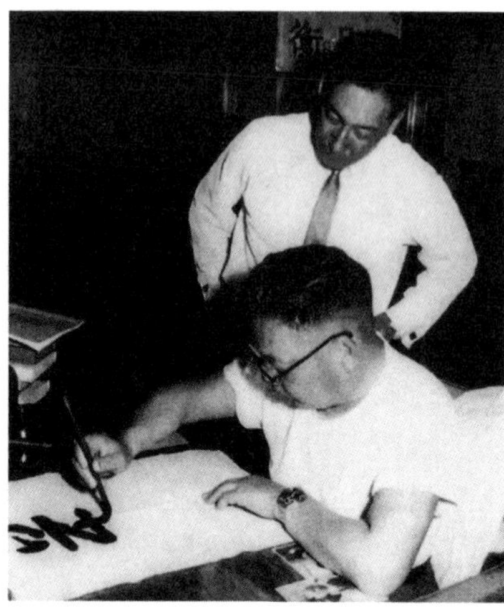

◇蒋介石曾言『经儿可教，纬儿可喜。』蒋经国（前）、蒋纬国（后）兄弟后来的关系一直是世人关注的话题

收回去。”这样子就把周至柔先生挽留住了。周至柔将军那时候腿不便于行，已经是坐轮椅了，但是他还是非常热心，每天到“国家安全会议”上班。

作业方式

“国家安全会议”开会之前应该先把执政党的指示交给作业单位，根据执政党所决定的本阶段战略目标，先做好研究计划（纲要计划）。所谓纲要计划则是以国家利益来决定国家目标，由全程的国家目标来订定本阶段的国家目标，由国家目标提出达到目标的总构想，此构想包含政治、经济、心理、军事四大项。为了达成构想而提出政策，此政策称为国家安全政策。它不包含行动计划，而是将计划发交行政院执行，所以绝对不会越殂代庖，因此称之为政策领导。行政院为了实施政策，就要召开政务会议，发布行政指导计划。我时常以十大建设为例说明，如果在实施十大建设之前，有一个指导计划，决定何者工程先开始，何者先完成，就不会造成人力与工具的浪费。十大建设是一起开始进行的，每一个建设都争着先完成，造成民间工程公司相互挖角，不但工资提高，连工具价钱也水涨船高，但是工作品质与进度却落后了。如果我们在事前有完善的通盘计划，就不会造成这种情形了。

再以统一问题为例，我们究竟要采取政治统一、商业手段统一，或是武力作战等方式，都要经过详细研究，不是党部里凭意气用事就可以决定的。但是究竟选择“统一路线”还是走“独立路线”，就需要由党来决定。党如果决定统一，而且是和平统一的原则，就将此原则交给顶峰的作业机构，先经过幕僚作业，订出主计划与副计划，或者是主计划与备用计划。计划拟定好后，再召集“国家安全会议”，有关人员一起讨论，大家交换意见，修整计划，由主席总结后再询问行政院长的意见，这就是“宪法”里面所规定的——“总统”之命令必须经过行政院长副署。如果行政院长对计划不表同意，“国家安全会议”就不能通过该计划。计划通过之后就变成书面计划，由“总统”发交出去，并由行政院长副署盖印。这就是合乎“宪法”的民主程序。有人说依照我们的“宪法”规定，“总统”是虚设的，但是又说“总统”有宣战与媾和的权力，如果没有经过安全会议的讨论，“总统”任意宣战或媾和，就能说了算数吗？果真如此，与帝制有何差异，所以一定要通过国家最高的讨论会，这个讨论会就是“国家安全会议”。而国家安全会议提供行政院许多保障，绝对不是太上行政院。

计划局在拟定计划时要先看决策是否适合，人力、财力、物力能否配合，以及时间与空间是否适当。换句话说，除了研究事情本身的对错与好坏之外，还要研究事情的可行性。第二步就是策划远程计划，所谓远程计划并不是以时间为限，而是以敌人的能力为研判标准。我们以十年为期，十年以后我们可以完成哪些事情，而且要在注意十年之后，敌人成长到哪一个程度。如果没有假设敌人成长的程度，也不去加以计算，我们一切的准备就没有根据，十年以后，仍然不如敌人，试问，我们有何实力与敌人作战呢？有了这个决定之后，要研究国际的状况与敌人的发展，再决定自己的发展程度，如此就产生了中程计划。如果中程计划以五年为度，就要决定五年内要完成哪些事情，然后每一年朝前进一步。并不是五年做完后，才进行下一个五年计划，而是每一年都维持五年计划，这是采取渐进式的，因为每一年能够做的事情有若干弹性，也许进度超过，也许进度落后，下一年度做五年计划时，就要加以改进。中程计划核准之后，才能提出年度计划，以完成中程计划，并明确规定任务。近程计划则是每一年度的应变计划。

战略牵涉三个因素：力（力量）、空（空间）、时（时间），一定要先有通盘计划，在时间方面是传承的，在空间方面是全面的，所用的力量是全力的。以国家而言，包含政治力、经济力、心理力与军事力。以人力论，一个工兵营做一个月，称为营月，假定二十个人做二天，就是四十个工时，我们总工作的需求先有通盘计算，这是力的运用，再加上时间的运用及空间运用。战略不一定要有敌对的观念，而是要决定一个共同的使命然后分工合作。要完成共同的事务，也需要战略，同时也称为战略。所以，书面计划送到行政院后，就由行政院做成行政指导计划，交由各部会局分配任务，做成行政计划。再依据内容拟定预算计划。各单位把预算计划集中到行政院，行政院则在院务会议中讨论。预算计划出炉后送交给立法院，由立法委员审核预算，行政部门交给预算计划时也应附带送交行政计划。立法院院会的责任则是要明白指导，如果要削减预算，就要提出相当的理由，并且纳入国会记录，以备日后追究责任，这就是责任制。如果无从查证，则容易造

◇ 蒋纬国一直希望与父亲保持“亦父亦友”的关系，发展军事，稳固政体

成“立法委员”专断独行，说话不负责任的情形，进而阻难行政机关推行行政计划，影响行政品质。所以父亲提倡责任制，有多少权利就有多少责任，负多少责任就有多少权利，不能光有权利而不负责任。现在立法院的乱象就是因为权责不明。很多人说“立法委员”在院会里没有责任，这是不对的，“立法委员”应该要负起国家战略阶层的战略责任。

设置情形

后来等到正式发布命令的时候，不但没有设立协调局，哥哥还将计划局改为国家建设计划委员会，另外再加上动员委员会、战地政务委员会及国家科学指导委员会。如下图：

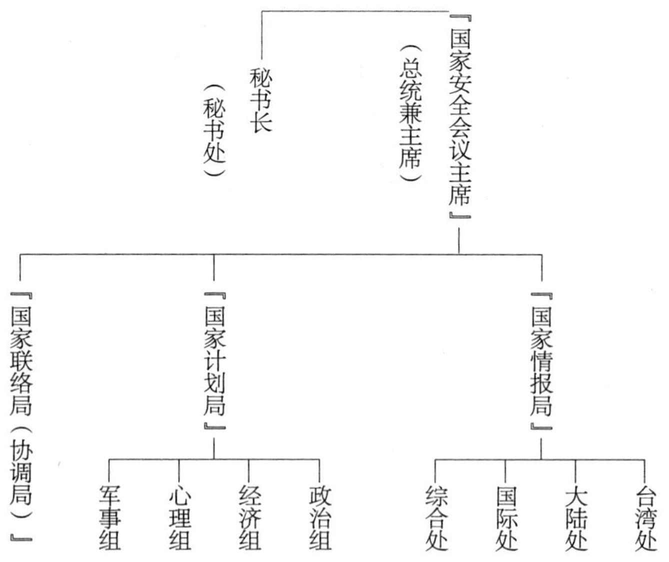

科学指导委员会是用来支援行政计划的，不是因“科导”而产生政治经济，而是因经济的需要而产生“科导”，所以此机构根本不应设于顶峰阶层。而动员委员会与战地政务委员会后来脱离“国家安全会议”，也没有人继续推动。

命令发布后，父亲问我的意见，我跟父亲说，既然命令发布了，也无从再更动，不过有几个大的错误我要向父亲报告、分析一下：

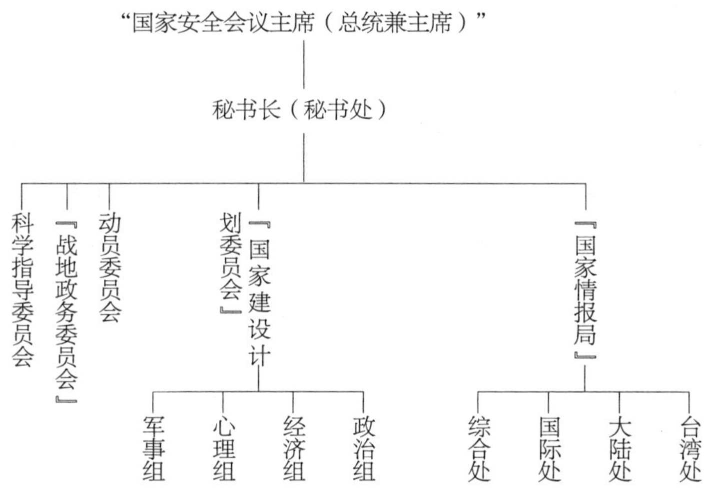

第一，国家正常的业务固然是建设，但是既然设立“国家安全会议”，就要注意到反反建设，也就是如何来防护我们的建设。敌人一定会反建设，敌人要反建设，我们就必须要反反建设，这中间就产生了敌我之间的斗争。我认为我们的国家建设计划委员只偏重在建设，而没有注意到敌人来破坏我们的建设，也没有防阻敌人来破坏我们的建设。

第二，我们没有注意如何破坏敌人的建设。事实上，国防并不是真正的防御，只不过是在国际间说起来好听而已，原则上我们只能做到防御，不去侵略人家，但是一旦敌我情势形成之后，对敌人就不能客气了，否则就永远变成守势，守势能守多久呢？敌人不来则已，一来就会选在我们最薄弱的时候，这点只有父亲在督导方面不断地指示、提醒他们。

第三，计划局不能称为国家建设计划委员会。因为委员会里的人都是委员，大家七嘴八舌，你一句我一句的，说法很多，只有目标而没有行动的计划。好在计划委员会下仍然有四组，但这四组也有一点偏差，他们把第三组称为文化组，我觉得名称并不妥当，因为心理可以作战，文化不能作战。我们跟日本打了八年的战争，从来没有想过要去毁灭日本的文化，文化不是我们作战的目的，虽然有时成为作战的手段、工具、知识与力量，但是真正要作战的是心理上。况且文化组如果只做到交流与文艺工作，就显得太小儿科了，我们应该着重如何加强自己的士气、民意，奠定我们的国民教育，发挥我们中华民族的特性，保存自我的尊严，以及如何来破坏敌人的心理建设以巩固我们自己的心理建设。这些要从学校教育、社会教育开始做起，最后落实到国民的行动，使群众一致，即《孙子兵法》中所谓的“道者，令民与上同一也”的道理。

第四，科学指导委员会是用来支援行政计划的，不是因“科导”而产生政治经济，而是因经济的需要而产生“科导”，所以此机构根本不应设于顶峰阶层。

第五，战地政务与国家动员二事是在“国家安全会议”把纲要计划做好之后，再由单位去做的事情，不应放在政策决定的层次。

最后我跟父亲说：“军事组的人事安排也有问题，本来‘国家安全会议’议决的案子要送到行政院由行政院指挥‘国防部’，‘国防部’再指挥参谋本部，结果在周至柔将军指导下的军事组的召集人是参谋本部的副参谋总长兼执行官，这么一来，究竟是副总长听总长的，还是总长听副总长的？万一副总长悄悄地把总长的案子带到‘国家安全会议’计划委员会下的军事组里，这个案子究竟是属于军事组的还是参谋本部的，如果不小心处理，很容易引起周至柔将军的不满。如果说周至柔将军指导四个组，军事组不听也不行，因为很显然的是长官与部下的关系，但如果听他的，他明明晓得这是参谋总长拿来的案子，他能够听参谋总长的吗？在军中来讲他是老总长，如此会造成周至柔将军与各届总长产生摩擦，而内部的作业也不能够一贯，这一点也只有请父亲在督导‘国家安全会议’的时候，在会议中尽量以父亲的权威使气氛能够融洽。”

变质与现况

“国家安全会议”审核预算时，由主计处与财政部先提出税收部分，再检讨过去一年的成果，考虑今年可能的收入，不足之数则发行公债，而公债值亦有限制，使之合乎今年的行政预算。我曾经与父亲讨论过删减国防预算来增加教育预算的问题，我建议将军事学校的教育划归教育部，外表既看不出来，而内部则增加了实际的功能。父亲很赞成这件事情，同时他也很懂得用“国家安全会议”来推动事情。

父亲生病以后，无法主持“国家安全会议”，但是按照“国家安全会议”规定，只有“总统”能兼主席，连副总统都不可以，哥哥当时是行政院长，他就把“国家建设计划委员会”改成“国家建设研究委员会”。结果使得“国家建设计划委员会”变成一个学术研究机构，只负责将研究论文分别送往有关机构，至于行政上应该要采取何种行动，则无任何计划，既无计划也无督导，更没有协调与监督。这么一来，我们的行政就停顿了。以这件事情来说，哥哥犯了三个错误：第一，他如此改变，变成只有建国方面的考量，忽视了国防安全，国务指导并不完整，所有几个机构都是以建国为目标而成立，对于究竟要建设什么样

◇做华视政治教学栏目的主讲

的国家，以及在建国的阶段中，遭遇阻碍时，都无法提出具体的解决办法；第二，委员会只有在开会时由各委员发表意见，没有形成一个计划，缺乏行动指导的依据；第三，这是一个委员会，而不是一个计划单位，所以所属人员只制作研究报告，而不是做计划文件。其中尤其是人事，既是没有培植，也没有新陈代谢，一直做到老死，或是辞职为止。所以“国安会”现在成为一个瘫痪的机构，既不用也不能用。

每一次在讨论计划之前，应先由安全局做状况报告，但是现在每一次开安全会议，从不见安全局提出报告。

自从哥哥当“总统”之后，他从来不用“国家安全会议”，因为他能够掌握党，所以“中常会”就在会议中直接决定，继而发号施令。但是“中常会”常常出现反党的人，例如余纪忠曾经提出一个议案，他说：“满清被推翻至今，都已经几十年了，我们还称自己为革命民主政党，我们现在要革谁的命？所以本党党性应该改为民主政党，将革命两字取消。”会议中有很多人起来反驳，尤其是沈昌焕振振有辞，但是他并没有一针见血，直捣问题核心。我是列席者，所以能不开口就不开口。后来我在另外一次小组会议中提出我的看法：“革命民主政党必须要有一个定义，而我们最好的一个定义就在总理遗嘱的内容里，遗嘱第一句就是‘余致力国民革命凡四十年’，所谓国民革命就是为全国民的利益而革命，也是全国民参加的革命，革命之内涵则在‘求中国之自由平等’，试问，现在我们求到了吗？如果求到了，革命二字就可以取消，但是，环观国际与国内情势，中国并没有得到真正的自由平等，所以，‘革命尚未成功，同志仍需努力’，如果要把革命二字去掉，也怪不得现在同志不要努力了。”所以“中常会”的意见不能代表“国安会”。

李登辉担任第八届“总统”之后，第二个月就向记者发表：“‘国家安全会议’愈少开愈好，最好是不开。”很多人批判李登辉说的这一句话，其实这句话是哥哥说的，李登辉只是重复而已。从此以后，“国家安全会议”形同虚设，而政府的体制又回到训政时期了。但是真正的训政工作却没有做，所谓训政就是要教导人民如何做好宪政，等到训练好了，再进入宪政时期。现在宪政时期的作业程序不但没有进入轨道，反而还倒过来责怪“老总统”独裁，并且不断地以此做宣传，污蔑“老总统”。事实上，“国家安全会议”是哥哥破坏的，他恢复了训政时期以党领政、以党领军的做法，结果造成变相独裁的局面，“国家安全会议”的功能就此停摆。

到现在为止，“国家安全会议”每年只开会一次，就是国家总预算审核会议，但是会议本身并没有审核计划，只是让大家发表对国家总预算的意见，然后由主席裁示，也没有追踪检查及整体远程目标。与会者大部分都是中常委，但是他们不是以中常委的身份参加，而是以本职的身份参加，而且开会的时间一定是星期三的上午。所以事实上只是把中常委搬到总统府里去开会，名义上是“国家安全会议”决议，实际上是“中常会”决议。如此一来，“国家安全会议”非但不是太上行政院，甚至还只是行政院的橡皮图章。我任职“国安会”秘书长时间前后六年零八个月，除了每年一度的预算审核是“奶妈抱孩子”以外，就是替“中常会”改个名，因为“中常会”的决议不能直接交给行政院，由行政院转到立法院去接受立委的质询，“国家安全会议”可以说从此寿终正寝，虽然形式上仍然存在。

接任我的是张国英总长，之后是陈雪屏先生，接下来是洪寿南先生。李“总统”在一九九二年六月底下命令把“科导会”、“建研会”这两个机构裁掉，而动员战乱时期的“国家安全会议”的功能规程，与事前所设定的组织是经过立法院通过的，整个功能一直维持到一九九二年年底为止。换句话说，动勘时期的“国家安全会议”的功能到八十二年底为止，如果再没有立法，不仅前者没有了，连后者也没有了。所以现在他们要争取在这一期的院会期间能够赶快立法。（按：立法院已于一九九二年院会三读通过“国安会”三法）

“国安会”现在只有五十多人，除了秘书长之外，还有三个副秘书长。

总而言之，我们从以党为主的训政时期，进入到宪政时期之后，中央要达到指导国家建设、民生建设与国防准备的目标，就必须要有一个“国家安全会议”。“国家安全会议”的职责就是要完成纲要计划，让行政院拟定政策指导，政策指导中包含政治、经济、心理、军事等全盘的政策指导，由行政院做通盘的行政策划，分别给行政院所属各部、各局、各委员会完成工作计划，由工作计划再完成预算计划，集中预算计划后向立法院申请预算，核准预算之后，按照进度开始推动。所以在预算内一定有一笔预备金，就是让政府能够弹性运用，提供支援，这才是正规的、民主的治理国务方式。“总统”有“总统”的责任，行政院有行政院的责任，党有党的责任，立法院有立法院的责任，也就是父亲所说的“职责明确，权随责来”。很可惜的，这些我们都没有做到。

问：“国家安全会议”的设计会不会造成府院之争？

答：如此之设计不会造成府院之争，其原因是：（1）行政院长由

“总统”提名，“总统”如果不满原有之行政院长，可以设法更换人选。（2）“国家安全会议”开会时，“总统”无法左右会议，不会造成“总统”独裁；同样的，行政院长也无法独裁。如此一来，府院之间就不会争执，即使有争议，也是在“国家安全会议”开会时提出来讨论。任何人提出意见都要纳入记录，将来好与坏都可以由事实来证明，由历史来考核，只要有记录可查，就没有人敢乱讲话。另一方面行政院长也只做综合的行政指导，真正的作业还是在各部会局，预算则由立法院控制，立法院如果随便删减预算，也要对此事负责，也就是美国人所说的“纳入国会记录”，如此便能环环相扣。

这种做法有三个优点：（1）执政党不仅能贯彻意志，又不会造成一党专政；（2）“总统”及行政院长等行政首长不会独裁；（3）“总统”虽然是发号施令的人，但是“国家安全会议”召开时，行政院长及有关各部会首长均参加会议，这些人都是行政院长的助手，所以“国家安全会议”不会变成太上行政院。而且我主张的是推行责任制，各部会首长均为专才，也不能由行政院长随意指挥，而且各部会在“国家安全会议”召开之前已经先开过行政会议，以便在“国家安全会议”时将意见提出讨论。

问：动员战乱时期结束后，“国家安全会议”是否变成了黑机关？

答：动员战乱条例废除后，我在修宪委员会提出说明，第二届“国民代表大会”在增修条款第九条规定——“总统”有权成立“国家安全会议”。但是现在的李“总统”宁可成立“国是会议”、“国统会议”，而不要“国家安全会议”。事实上，“国家安全会议”的国家战略计划是一个纲要计划，所以不应该另外成立国统会议，而且，不论“国是会议”或“国统会议”都包含在“国家安全会议”的执掌之内。另外，“国是会议”、“国统会议”没有预算，完全是由“总统”费用中支援，结果“国统会议”用的钱远超过“国家安全会议”所用的钱。

问：“国统会议”用的钱是不是张荣发捐的钱，他好像有一个基金会？

答：听说张荣发的基金会已经取消了，但是他有一个“国策研究中心”，凡是民进党立委都有两个助理，大多是大学毕业的，薪资由“国策研究中心”代发。“国是会议”、“国统会议”里的研究人员不是硕士就是博士，有的已经超过五年的工作经验，有的是由国外聘请回来的，国家给的钱如果不够，他们就在“国策研究中心”挂个研究员或副研究员的名义，支领薪水，而且为数不少，大约五万至八万。此外张荣发还设立一个资料中心，随时可以找资料，所以民进党立委在院会时振振有辞，行政官员抵不过他们，而我们的行政官员实在太糟糕了，备询之前也没有沙盘推演，平日也不懂得充实自己。我在“国家安全会议”秘书长任内参加过八次立法院会，某些立委提出的问题都很尖锐，后来他们自己也感觉到，每一次他们一提出尖锐的问题，我就会帮他们上一堂课，在座的立法委员都为我鼓掌，发言的立委反而灰头土脸。

问：执政党好像仍然想保留“国家安全会议”，但是看样子可能凶多吉少，因为新党也不赞成。

答：新党不赞成“国家安全会议”的原因是他们没有弄懂“国家安全会议”的性质为何，总以为“总统”可以借“国家安全会议”而独裁。他们没想到既然是一个“会议”，就不会造成独裁，如果“总统”可以独裁，就不需要这个会议了。

问：“老总统”在位时，“国安会”组织法是在临时条款之内，刚解严时，仍然纳入临时条款，现在临时条款已经取消。既然“国家安全会议”不被重视，为什么李登辉要将它放在修宪上，是否他想利用“国安会”达到某种目的。

答：作为执政党他当然想全面调整指挥国家的方向。但是执政党不能在宪政时期出面指挥政府，他必须要透过从政同志，而从政同志也

◇ 为国事分忧

不能没奉党之命处理事情，只能从党里知道党的目的，然后在自己的行政组织内达成使命。不过，这一切都要经过民主的程序。这是宪政时期与训政时期显然不同的地方。李登辉刻意使外界认定“国家安全会议”是一个太上行政院，误认有“国家安全会议”反而会造成独裁，使“总统”能够掌权，殊不知“宪法”早就有先见之明。第一，国务要经过“国家安全会议”的程序讨论，而参加者多半是行政院的人。第二，“总统”发布命令，要由行政院长副署，行政院长如果不副署，“国家安全会议”的决议也无法实行。现在有“国家安全会议”而不召集，错在“总统”，因为只有“总统”才能召开“国家安全会议”。“老总统”在世时只要遇到重要事情，无不召集“国家安全会议”。到了哥哥在位时“国家安全会议”每年只召开一次，负责预算审核，李登辉也是一年召开一次，换句话说，现在还是以党领政的局面，“中常会”决议后，直接交由行政单位执行。如果从政同志不依从，李登辉就会取消其党员资格，从此一脚踢出政府门外，这种做法不就是独裁吗！所以以党领政的情况在宪政时期是不允许的。“国家安全会议”的决议需要经过行政院长副署才能实施，而“中常会”的决议则不用任何人副署，就直接交办下去，二者之间的差别就在于此。从前在“中常会”里，大家还踊跃发表意见，现在则是没有人愿意发表。现在即使是大家热烈讨论，有所结论，但是中央党部只要一个通知下来，谁敢不做。所以，从种种情况来看，我们又走回训政时期了。如果是经由“国家安全会议”讨论决定，则由“总统”发号施令，并不是党主席发号施令，而“总统”发号施令之前，必须由行政院长副署，必要时，有关部长也必须副署。这就是“国家安全会议”民主之处。

第十五章

退出政坛

对李登辉的看法

哥哥在世时很难得会跟我谈政治性的话题。对于李登辉，哥哥曾经问过我对他的看法，可惜他问我的时候已经选定了李登辉为“副总统”。那是在选举发表之后，没有多久，哥哥问我对李登辉有什么看法，我说哥哥已经讲过了，报上也发表了，就是那三点：“他是一个很好的公务员、虔诚的基督徒、研究学问的农经学家。”哥哥说：“你总有对他个人的看法。”我跟哥哥说我不认识这个人，我只见过他两次面，而且都是在很多人的场合中，分别是他当省主席及台北市长的时候。哥哥再逼问我，我只好跟他说：“我不是批评他个人，而是分析像他这样子的一个人会有什么情况出现，这个人是一个没有后人的人，他唯一的儿子死了，也没有孙子，因此李家变成绝后的一代，请哥哥千万注意，有这种状况的人可能两种发展：一种情况是变得非常消沉、厌世，什么事情都提不起兴趣来，例如前一阵子他还想去当牧师，这种情形如果在哥哥之下，对于行政不会有任何大问题，因为中国制度上有六种大官不可以主动做事情，分别是副“总统”与五院副院长，除非是他的上司叫他做事情，他才做；第二种情况就比较麻烦了，像这样一个人，是一个危险人物，他可以走极端，只为他自己本身想到有所建树，而不会留任何余地。我们中国人常常想到为子孙积德，他就不需要顾虑到这方面，所以如果当他独当一面时，请哥哥千万注意，现在也不能给他任何机会独当一面。”我当时的判断是要注意这样的人可能有两种不同的发展，一种是消极，一种是偏激，不幸后者被料中。

李登辉不懂中国的道理，没有中国传统的修养，从小没有受过这方面的教育，而且所读的《圣经》是旧约，他是属于长老会的。长老会虽然属于新教，但是与旧教非常接近，仍然保持旧教的观念，虽然也主张直接与上帝沟通，但是所用的经典是旧约。新教则用新约《圣经》，新约以耶稣为中心，所以我们称为耶稣教，旧约是在耶稣之前就存在的，是以摩西为核心的，当时的时代背景是罗马人对犹太人赶尽杀绝最厉害的时候，所以旧约中充满了恨，而新约则充满爱。长老会以旧约圣经为主，还是讲革命、反抗及恨。李登辉举宗教上的例子时，只能举出旧约的例子。在长老会里，只要有一点事情，就站在反派的立场，不是正面的建议，而是做反面的破坏性，所以他们会和民进党结合是有渊源的，这并不是宗教问题。

全世界的中国基督徒每年都会在台湾聚会，有一年，他们请我去证道，我所演讲的题目就是我在一本小册子——《六个证人》中所写的一篇文章。当年由莫斯科直接控制的一个情报系统在莫斯科设立了一个训练班，这些受过训练的人被送到长老会去做牧师，从事渗透工作，中国的长老会也不例外。

大家都知道李登辉当过共产党，他进的又是长老会，很显然地可以看出他的立场和作风，加上他自己家庭的遭遇，所以我认为这个人至少是极难合作的。我从当排长开始，先后跟过的长官，有过多少类型的人，我都可以跟他们合作得很好。我从来不跟长官争，实在是影响太大的，甚至于对长官本身也不利的，我会向长官建议，长官也会感激我，因为等于我帮了他的忙，但是像李登辉这样的长官，我无法伺候。所以一开始我就决定，即使他要找我搭档，我也不会答应，何况我根本不想参与政治。几十年来我都不从政，只单纯地在军方，我对于政治的能力是“有限公司”。一个人要有自知之明，特长是什么，弱点在哪里，自己要知道。有些手段我们是不屑用的，政治人物那种说了会错、错了会赖、赖了就火、火了就整人的做法不是我从小走的教育路线。

凡是李登辉要做的事情，他自己从不出面，明的由民进党出面，暗的由内部的人，如陈重光、高玉树、康宁祥等人，他自己则说好听的话。他说错的常常是理论性的，一不小心把内心话流露出来也是有的，至于大的事情，他总是说好的，但做的都是反的。

问：有人说李登辉原想找您搭配竞选“总统”、“副总统”，后因有人提醒他，如果他出事，蒋家会借机复辟，所以他就放弃这个念头，此说法是否为真？

答：的确有很多人期待李登辉找我做搭配，不过我知道他绝对不会，因为他原则上不要大陆，我老早就看出来。在第八届“总统”选举前，确实有人向他建议，但是事实上如果他真的提我的名字，我也不会接受的，因为替这样的人当副手，我实在无能为力，还不如不占任何位子，来替党及国家做点事情。这是我在事前就已下定的决心。

候选缘由

“国民代表大会”有许多朋友想征召我出来，因此我是候选而不竞选。我对党政事务虽然有高度的兴趣，但是只是站在研究战略、关心国事的立场，至于对从政、从党一事，我在几十年前就下定决心不接触党政事务。

大家或许会置疑，既然我没有兴趣从政，又为什么要候选，其实连候选都可以拒绝。这点需要澄清。当时我的目的就是要造成一种政治性的心理压迫，因为到那时为止，李登辉在代理“总统”期间，没有说过要反共、反台独、求统一，而这三件事情都是国家的大计，本阶段的国家战略目标，我为了让他从他嘴里说出这三件事情，所以答应“国大”代表的征召。

本来“国民代表大会”的决定是提名我为“总统”候选人，林洋港先生为“副总统”候选人。我告诉“国大”代表们，现在已经有台湾籍的人代理“总统”，今后非要本省籍的人当“总统”不可，最主要的考虑因素是根据李登辉身边的人所透露的消息，李登辉如果无法当选第八届“总统”，他就会利用民间发动类似二二八的事件，造成更大的流血事变。换句话说，他的阴谋是要造成省籍对抗。如果真有此事，外省籍的“总统”只能运用柔性的方式处理，如果是本省籍“总统”，他的处理方法就比较具有弹性，可以刚柔并济，如此才能产生战略作用，否则会被别人吃定。所以我坚持一定要林蒋配，如果竞选失败，我觉得不丢人，因为现在是民主政治，竞选时总是有人成功、有人失败，以当时的情况来看，我即使竞选成功，而对方真制造一个类似二二八的事件，后果将是很严重的。我并不在意个人失败或成功，但是如果牵连蒋家，蒋家此前所建立的基础就毁于一旦了。我这一生并没有多少才干为父亲多做一些事情，我最大的能力就是替他办战争学院，把战略教育建立起来。除此之外，我只要做到不为蒋家丢人，不为父亲制造困扰，就是我一生待人处世的重点。这次选举，我明知如果选上，会产生一个大风浪，所以我没有必要去冒这种险。

不过，从某方面来说，我实在对“国大”代表很失望，他们之间没有人能够起带头作用，表面上看起来是藤杰代表，事实上其他的代表也并不一定听他的。“国大”代表内部谁也不听谁，谁也不买谁的账，所以一有事情就得分别去沟通，要说服他们林蒋配，真是煞费苦心。我虽然不竞选，但是站在为国家做事的立场上，我第一件事情就是要说服代表们改为林蒋配，可是“国大”代表有好几百人，也不可能一个一个去沟通，所以我就用请吃饭的方式，有的时候一桌，有的时候二桌，我也无法一次席开六十桌，不清楚内情的人还以为我们在搞什么名堂。那阵子的饭局沟通也花了不少钱，我光是为了传达一句话，就请了好几次才把这几句话传达给代表，好不容易说服了他们，总算把蒋林配变成林蒋配。

在说服“国大”代表之前，最难的就是说服林洋港先生。我们俩的交情不错，打从他在省政府工作时我们就一直是朋友，可以说是有十余年的交情。林先生非常客气、谦虚，他说：“你是长辈，怎能屈居于下呢？”我说我比他大几岁是有的，但谈不上是长辈（我比他大十一岁，我属龙，他属兔）。我还对他说：“今天我们是演戏，什么人取什么角色，下一出戏我做主角，你做配角，这一出戏必须是你做主角，我做配角。你做主角，我愿意做你的配角，除非你不需要我，另外有更好的人选，我也是赞成的，而且这次我是绑鸭子上架，也是不得已的。”我与林洋港先生商量后，林先生也同意了我的看法。我鼓励他出来竞选，林先生说他没有票源，我答应他负责为他取得票源，结果他也得到一百五十多位“国大”代表的连署。他答应改为林蒋配后，我们再去说服代表们。

另一方面我与大陆方面的联系管道早已打通，因为只有先将联系管道打通，我们才能够事前策划，而且临时有所需求时，更是需要联系管道。我告诉大陆方面的人，一个国家的国防动员，一年要演习一次，这项经费反正是要使用的，重要的是在演习的重点与目的。所以我建议他们做一个假设，以台湾独立、三军进犯大陆为前提来做一次演习，当台湾方面李登辉的气焰愈高涨时，大陆方面的动员就愈厉害，而且毫不遮掩，因为是国防演习，不会有任何国家出面干涉。那次大陆方面的演习实况是——北海舰队南移、南海舰队北移，分布在台湾海峡南北，陆军集中几师到东南地区，增加飞弹的储备量，轰炸部队也从北方往南移，来势汹汹。同时大陆的大老频频发表绝不排除武力犯台的可能性，有五件事是中共犯台的借口：第一，台湾的备战军事力量超过大陆，但这是不可能的，我们只有二千多万人，大陆有十二亿人；第二，如果台湾有核子武器；第三，台湾独立；第四，台湾有内乱，中共不许任何一省有内乱，如有内乱，必须帮助该省平乱；第五，统一之事等得不耐烦。那时候的两岸关系愈来愈紧张，中共又强调不论台湾用何种方式独立，中共决不放弃以武力解决问题，也暗示如果选举李登辉为“总统”，会有走向台独的危机。

我的目的是要冲掉李登辉台独的思想与行动。除此之外，我又透过一位李登辉的内线告诉他：“蒋纬国并不想竞选（他们还是称为竞选，毕竟我对他而言确实是个压迫的力量），但是代表大会要提名他，对你是绝对不利的，现在他已经有一百八十位代表连署，只要你讲三件事情，我保证蒋纬国一定会撤退。他本人并不想搞政治，这次是被“国大”代表逼上梁山，如果代表大会提名他，他也只有听命。“总统”，你试试看，说三件事情，一次说也好，分开说也好，我相信说了以后，蒋纬国一定会撤退的。”我们希望他能够走上正路，但是他要怎么做，我们也无从影响他。不过，从“总统”嘴里说出这三件事情，我们有依据了——我们反共、反台独、走统一的路线都是元首的意志。

李焕的如意算盘

当我们各获得“国大”代表一百多票连署时，行政院长李焕与“国防部”长郝柏村两人联袂动员林洋港，我觉得很奇怪，以李焕这样一个党政老经验的人，怎么会对“国民大会”代表动员林蒋二人之事一无所知，这是不可思议的。

刚好那时王升回国，郝柏村就派王升去当说客。林洋港告诉王升："我连郝柏村都没见到，光听你这几句话，我怎能做决定呢？我总要见见李焕、郝柏村，面对面谈一谈。"王升说："郝柏村先生在办公室等您，只要您同意他过来，他会立刻过来见您。"林洋港认为在办公室商谈此事不妥，就约郝柏村到他家去。过程极为愉快，林洋港一口答应，不过林洋港没有告诉郝柏村有关"国大"代表连署动员他的事情。林洋港向来不说不必要的话，必要的时候，他一定会提出自己的意见，他是个很有主见的人。同时林洋港告诉郝柏村要自己选择搭档，郝柏村说："那当然！你要我找哪一位？"林洋港便说："我要找纬国先生。"郝柏村说："好啊！那很好啊。"林洋港说："这要我自己去看过纬国先生后才能决定的。"从这个地方可以看到林洋港的精明和不买账，同时可以用很客气的语调，等于已经给郝柏村第一个软钉子。

我与林洋港先生原本就相约在次日一起吃午饭，当时他就把这段经过说给我听，我听了之后就说："这本来就是我们的原案嘛，你就假装已经与我商量，而且我已经同意了。"

"国民代表大会"动员我和林洋港的事情，已经进行了一段时间了，照理来说，李焕和郝柏村两人应该知道，可是从林洋港、郝柏村两人的对话来看，显然李焕和郝柏村两人对这件事一无所知。这样的人来搞政治，实在是不行的。

我在那个时候因为是候选而不竞选，所以愈到热闹的时候我就走开。刚好美国柯莱恩教授举办一个座谈会，邀我去参加，时间由我决定，我特别定在党内选举的时候。行前我向李登辉报告在党选举时我预备去美国参加柯莱恩举办的会议，他说："那很好啊！'总统'选举的事情希望你多配合。"他没有说你多帮助，也没有说你不要夹在里面搅合，只说请多配合，这是一种既不自卑又不自大的语词，我也听得

◇ 1990 年赴美参加学术研讨会，右为柯莱恩博士

出来，我只告诉他："李先生，你放心，我绝对不会跟我的党魁唱对台戏。"其实我这句话也是很调皮的，我没有参加竞选"总统"，没有跟他唱对台戏，唱对台的是林洋港。我离开的时候，经过郝柏村的办公室，顺便跟他说我要到美国去。

我从美国回来后，要向"总统"报到，因为我那时是"国家安全会议"秘书长，他是我唯一的顶头上司。从"总统"办公室出来后，又经过郝柏村的办公室，我们是老朋友，而且他们又在进行一件大事，我回来后也要让他知道，所以到他办公室坐了一下，说了一些不相干的话。等到我站起来要走了，他才说："我们现在换履安了。"我说："哦，什么事情啊？"他说："就是跟林洋港的搭档啊。"我说："喔！那好极了。第一，我本身对搞政治没兴趣；第二，我们也应该早一点培植下一代的人，履安很聪明、很能干，我相信他一定会做得好，这样子我们对陈老将军也有交代。”其实我这些话是在损他的，细细地体会一下郝柏村的态度。起先要我来，现在连一句话都没交代，就告诉我现在换履安了，这是什么口气，实在是不近人情，呼之则来，挥之则去。我并没有求任何事情，他的那种心态实在不对，我也没有任何酸味，因为我本来就不想干，所以我始终是候选而不竞选。整件事情的关键就在李焕、郝柏村两人身上，因为那时候是党政军三结合，如果李焕负责党，郝柏村负责军，我们参了政，将来如果不能合作，就不必去竞选，即使选上也没意义。本来我很希望能与李焕、郝柏村多谈一些知心的话，在共同的构想之下发展，结果我发现，党政军无法“三合一”。

郝柏村跟我说完那句话后，我就慢慢往门口走，他又说：“今天晚上我们有一个小组会议，在陈长文家。”他说完后又不讲了，我又继续往门口走，他又说：“其实你来听听也可以嘛！”我总是比较诚恳，我说：“只要你们需要，我随时都在，我总是配合你们，你放心好了。”那天是三月六日星期二，晚上我就去参加他们的聚会。

陈长文家里的客厅摆设极不科学，既不按照中式旧法也不按照西式新法。他的客厅用的是西式家具，摆的是中国大厅的摆法，在上位有两个单人沙发，中间一个茶几，两边有两条三人座的大沙发，可以挤四个人，上位对面有两把普通椅子，中间又是一个茶几。照理来说，李焕、郝柏村两人既然要捧林先生和我出来做“总统”、“副总统”的候选人，总要尊重我们，结果一进门，李焕和郝柏村就分坐上位的两个位子，我和林先生分别坐在两边的长沙发上，其他参加的人有陈履安、郝龙斌（郝柏村之子）、李庆华（李焕之子），再加上关中。陈长文是房东，他就跑进跑出的，端茶送水的，表示我们谈国家大事他不参与，只是借地方给我们。

郝柏村第一个开口，他第一句话就说：“林院长，这次我们请你出来，如果选举能够成功，以后你还是要照着我们的设计来做，否则我们对你还是有办法的。”从一开头第一句话就是这种口气，根本是不近人情的说法，这种口吻与对我说“我们现在换履安了”是同样的。郝柏村一直是一个没有人情味的人，他做事最大的失败就是不会做人，不管他指示下来的话是对是错，最低限度口气上应该要给人家适度的尊敬，何况现在面对的是一位“总统”候选人。幸好林洋港的修养非常好，没有因此而面有愠色。后来郝柏村宣布了由陈履安为“副总统”候选人，林洋港就说：“我跟履安兄到台湾以后一直是朋友，我们很熟，我也很高兴能够跟他合作，不过讲老实话，如果纬国先生不来的话，我没有票源。今天代表大会里面，我能够争取一百二十票的连署，完全是纬国先生的关系，假定他不来，我没有票，履安兄有多少票我不知道，至少我的票是没有的。”就这样，他们又恢复林蒋配原案。

那天晚上李焕始终没有说什么话，到了晚上九点钟，李焕要我把名单拿出来对票，我说：“我们林、蒋两人是你们动员的，你那里统计多少票，也是为了我们两个；我们自己联络的，也是为了我们两人，这些票没有核对的必要。如果你那里统计的是为了李李（李登辉、李焕）配，跟我们对票倒可以看得出优劣胜负，何况我们这边究竟有多少票，我们自己也不清楚，要问‘国大’代表才知道。他们有三个人被推举出来保管这些票，而且拿到票后就送到银行保险柜里，我也不知道是哪家银行。我们所知道的只是一个数目字，不知道姓名，而且他们也已经把双重登记制成的票[①]剔除了。到现在为止，我有一百五十多票，林先生有一百二十多票，不过我们知道民青两党有三十多票，如果加上这

① 按照规定，只要“国民大会”有一百位代表连署，就可以通过提名竞选“总统”。李登辉的对策是买通五十位代表两边签署，他认为他损失五十票无所谓，我损失五十票则影响甚大，但是他没想到我的连署票数高达一百八十张，两边签署的做法对我已无影响。关于这点，我纯粹是要造势，这是一种战略的运用，决无当“总统”的想法，不过当时不能先透露。连署时对方（李登辉）各种手段表现之恶劣，真是无所不用其极。

些票，我就有一百八十多票，林先生有一百五十多票。绝对够了，你可以放心。”接着我又说：“我知道在你手里有七十张票，在履安手里有三十多票，再者军方出身的人都是透过总政战部言伯谦作业，是郝先生掌握的票。我跟言伯谦很熟，平常都有见面，为了这次选举的事情，我怕他为难，所以我从来没有为了票的事情去找他，也没有为了票的事情找过你们（指李焕与陈履安），而我们现在已经分别有一百五十多票和一百八十多票。”我说这些话的意思是要告诉他，我们是实力派的，我们和“国民代表大会”是直接联络的，不是李焕和郝柏村要我们出来，我们才出得来，事实上他们的票也没有给我们，我只跟他们说这些票就留到正式选举时再用好了。

后来我知道在三月三日那一天，李焕做了一件傻事，他找何宜武出面跟我商量，把我的票让给他。何宜武告诉他：“我是‘国民代表大会’的秘书长，这些业务我完全经手，我可以告诉你，这次绝对不是纬国来拉拢我们，是我们征召他的，所以他说的候选而不竞选是对的。要他与不要他，操之于大会，而不在纬国本人。我们既没有吃他的也没有拿他的，我们口不会软手不会短。你与其找纬国叫他把票让给你，不如你赶快来争取‘国大’代表。”以李焕这样经历的人，怎么会连这一点事务性都不懂，他既然想当副总统，就应该老早跟“国大”代表联系。他不与“国大”代表联系，临时要我转让票，票又不在我手中。原来何宜武曾告诉他这些话，怪不得他一个劲儿地要看我的票。

当天晚上快十一点时，李焕要陈履安打电话给蒋彦士，蒋彦士转达给李登辉：“明天‘中常会’务讨论完后，请主席发表，如果他当选第八任‘总统’，不再兼主席。”并且要林洋港也宣布退出“总统”选举，林洋港说：“如果我要宣布的话，也不能在‘中常会’宣布，因为我这是向全国人民负责的，我一定会在‘中常会’门口向记者们宣布。”我认为这是李焕的愚蠢，他在党政方面的经验无比丰富，却把此事看得如此简单，而且在人事处理上又如此的无情无义。这件事也使我认清了李焕这个人，我觉得他是个很无能的人，连我候选的用意都不知道，他有没有票源是一回事情，但是我能掌握多少票源他应该知道；林洋港的立场为何，他也应该知道，结果他竟然如此做。

李焕一方面拉拢郝柏村、推举林洋港，我蒋纬国只是在他的计划中，偶然站一站的人，根本不在他的策划中；另一方面李焕又拉拢李登辉，想当“副总统”。结果三月七日当天“中常会”议案结束后，李主席并没有宣布这件事情。不过他还是站起来说了几句话，他说：“现在是一个非常严重的时刻，我必须要有几句话向各位同志、各位先进表白我的心态，我这次由‘副总统’接替‘总统’也是一件非常偶然的事情，也是我们大家所不希望看到的。‘总统’这样子的故逝，我现在替代了他的职务，同时也在党里面替代了主席的职务，这是当时‘中常会’所通过的事情，兹事体大，当了‘总统’该不该兼主席是国家体制的问题，由不得我自己来说。我当了‘总统’后兼不兼主席，应该由大会来决定，不是由我决定做与不做。”换句话说，李登辉就在大庭广众之下，打了李焕、郝柏村几个耳光。

王升阵前倒戈

我知道“候选”这件事情从一开始就不是一个好因缘。没想到，我们在陈长文家中聚谈的次一日，王升跑到自由之家（我在城里办公的地方）去找我。本来我在当大队长时，王升当过我的大队指导员，虽然他先升三颗星，但是见到我还是喊我老长官，而且走路也不敢走在我前面，我也曾经跟他说，军中总有军制，我怎么能够走在他前面。本来他对我是很尊敬的，结果那天他的口气突然完全变了，一见面就指着我的鼻子说：“你们这样子搞，亡党亡国啊！”我说：“我并没有想参加政治，到现在为止，我有说过我要竞选吗？不要说是另起炉灶来一套，就算是李登辉先生找我去当他的副手，我也不会去的。两天以前，是你代表郝柏村去动员林洋港，现在到了第三天，你突然来对我说这种话。我是被林洋港拖进去的，当天你们去动员林洋港，林洋港说他要自己选副手，是他选了我，难道我自己有竞选副总统的意思吗？你说‘你们这样子搞法’，我又搞了什么呢？‘你们’应该是去动员林洋港的人才对。现在你对我说‘亡党亡国’，昨天晚上你去过李登辉的官邸了，是不是他答应你当国防部长，所以你现在的口气就变了。你出尔反尔，我哥哥找你这样的人来当政工，难怪这几年部队的政工教育这么坏，不晓得是我哥哥瞎了眼，还是你隐藏得不错！抱歉，今天中午我有约，我已经迟到了，这个房间就是你的房间，你尽管用好了，再见！”

退出“总统”选举

李登辉在公开场合提出反共、反台独、求统一三件事以后，我就跟林先生说：“我要撤退了，假如你要继续下去，找到别人更好，如果没有别人，我会一直陪你到底。”他说：“我也觉得没有继续再候选的必要了。”为什么没这个必要呢？因为我们早已决定，如果李登辉肯提出反共、反台独、求统一的声明，林先生和我就放弃竞选“总统”。

就在这个时候，李登辉把蒋彦士请了出来。自从李登辉当上了

“副总统”后，他从来没有想到过他这位恩师，也是曾经提拔他的人。到了最后他紧张万分，据说他每天要服三颗安眠药才能入睡。他的夫人也非常紧张，建议他去找蒋彦士，李登辉就找了蒋彦士来帮忙。

蒋彦士替他出了一个主意——中国人最怕人家拿中国的伦理来压他，你一定要把大老们请出来，让大老们出主意，跟他们两人一说，他们一定会撤退的。李登辉请大老帮忙，大老也答应出面。我同林先生商量，还是给他们一个面子，让他们先说话。三月八日那天，八位大老——陈立夫、倪文亚、李国鼎、袁守谦、谢东文、黄少谷、蒋彦士、孙连瑞，在台北宾馆请我们吃饭，参加的人有我和林洋港、李焕、郝柏村及陈履安等五人。饭局中，蒋彦士带头说了很多大道理，“晓之以理，动之以情”，他先说约他们七位出来聚一聚，又说这个时候国家也经不起内部不统一，不要在中央顶峰复杂化，换句话说，有一个人竞选就够了，其实他的意思就是叫我们撤退；其他大老也说了一些，接下来就要我们几人表态，挨着次序分别是李焕、郝柏村、林洋港和我，我们四个人先后说话。

轮到我讲话的时候，我讲了这么一段话：“今天八位大老出面约我们吃饭，其实用茶点就够了，而且也不必劳动各位，有一位出面跟我们说就够了。不过，既然我们有机会聚聚，我倒想趁这个机会表达些意见：谈到主流非主流的问题，我认为合乎中国道统的才称之为主流，不是谁主政、谁在朝、谁当权才是主流。如果说我们这几个人是非主流，对历史的交代来说，我们是不能承认的，何况我们同李登辉并没有分开，我们始终是配合党政中央的。所以林洋港先生和我到现在为止并没有竞选，也没有和李登辉唱对台，只不过是代表大会征召我们，所以各位大老要说服的是代表们，而不是我们。我们很希望与政府配合，不过我希望这次八大老出来不是着眼于要林先生和我撤退，因为我们根本没有竞选，也无从撤退，只要代表大会不征召我们就可以。但是我想趁今天的机会请求八大老做一件工作，我希望在政府转型期间八大老是真正的幕后主持人，来看守我们的政府以及我们的党中央，使‘中华民国’在这一阶段继续奋斗，保持我们立国的目标。今天八位大老有这份感情找我们五个人谈，我相信八大老也有本意及地位可以来督导今后的政府。今后各位如果要聚餐，我随时愿意出面做邀请人，请各位聚会聚会，舍下也可以提供各位作为聚餐的地点。今天这件事情劳累大家，真是十分过意不去，再次向各位赔罪。”当时我心里面很痛苦，明知道这些话说了等于白说，但是我说这些话等于是美国人在国会里提出建议，即使行不通，也能够请求纳入“国会记录”，将来历史的责任是要追究的。

说完那些话后，八大老就要林洋港出去会见记者，在宾馆大门进来的走廊上摆着一张桌子，桌上摆了很多麦克风，很多记者都来了，林先生就发表退出竞选（蔡鸿文曾经找过林洋港，但是事实上在蔡鸿文找林洋港之前我们已经决定了，事后很多人归功于蔡鸿文，其实是因为李登辉还不知道结果，所以他才请蔡鸿文到林洋港家里）。

第二天早上八点钟陈立夫先生邀请我一起吃早餐，他也约了蒋彦士。显然的，前一天林洋港已经宣布，第二天就要对我施压力了。我与陈立夫之间交情很好，平常都有联络，我喊他老哥哥，因为陈英士先生与父亲是结拜兄弟，所以他们夫字辈的都是我的哥哥。我在七点半钟出门时，记者就围着我问，昨天林先生撤退后，我的态度是什么？我说：“这个问题很简单，我是林先生把我拉来做他的助手的，现在‘总统’候选人退出了，我当然与‘总统’候选人同进退。”

吃早饭时我们都在闲聊家常话，吃完早饭后，蒋彦士那些晓之以理、动之以情的话又来了，他甚至于对我说：“我到台湾后，虽然认识的人那么多，真要论到朋友，纬国，我只有你一个。”多么动听的话。我心里想：你从来没找过我，这还是第一次，怎么讲这种话呢？把我当小孩子似的。我就跟蒋彦士说：“我送你一个雅号——编剧兼导演，你是第一流，以后我要称你大导演。选举的事情，我来此地之前已经向全国宣布了，恐怕现在连国际电报都发出去了，只有你一个人不知道。”蒋彦士很惊讶地问我：“啊！你已经发表了？”一副很失望的样子。接着又说：“大老们准备十一点钟在台北宾馆请你吃饭。”我说：“这实在不必了，有你一句话就够了。”他又说：“你总要给他们一个面子，再去一次，让他们有所表现。”我说：“好嘛！反正你是导演，你怎么说我们怎么听。”

到了台北宾馆后，我看到在进门走道上已经摆了很多麦克风，一大堆的记者等着我正式宣布，他就唠唠叨叨地跟我讲要怎么说。八大老里面就他一个人讲，其他人没有人讲话，也没有劝我什么，就是他拼命教我该怎么说。当时我心里已经很气了，但是还是用轻松、诙谐的口气跟他说：“大导演，我这个配角怎么讲都没关系，你再要说的话，我就不出去讲了，我就从后门出去了。”倪文亚先生当时有点着急，因为他知道我的个性，我说得到就做得到，就怪蒋彦士，说：“让他自己讲，他会讲的嘛，你去说他干什么呢！他还用你教吗？”我就说：“各位大老，我当然会去讲，何况我在今天早晨七点半钟已经讲过了，我只是因为彦士先生说各位约我十一点钟来一次，所以我特别来一次，我今天早晨已经告诉全国，‘总统’候选人已经宣告请代表大会免于征召，我这个被动员的‘副总统’候选者当然是同进退的。我要告诉记者的也就是这几句话，不需要多讲。”蒋彦士就说：“你赶快去讲吧！待会十二点钟‘总统’要亲自去你的办公室致谢。”我跟蒋彦士说那就不必了，蒋彦士说他说了就一定会去的。

说完后我就往镜头的地方走，几位大老就跟着一起出来，我在麦克风前面，几位大老站在我后面，成一个弧形，好像证人一样，其实等于绑着上法场似的。我宣布的内容就像我当天早上说的：“林洋港先生已经向国民代表大会请求免于征召，我当然与‘总统’候选人同进退，谢谢各位。”有记者想发问，但是我没有接口。“今天我只答复一件事情，不要再扯到别的问题上面，各位还要赶回去发电。”说完我就谢谢各位大老，我说我怕“总统”到我办公室去，我要赶快先回去，所以我就告辞了。

我到总统府后没有回办公室，就直接到四楼“总统”的办公室去。这时候“总统”正好要出来，我在进门的地方碰见了他，他拉着我的手，反复地说：“非常感谢，非常感谢。”我说：“‘总统’，不需要谢我，这本来就是顺理成章的安排，所以我到现在为止，从来没有存一个竞选的心，尤其我一再地讲，我绝不会跟我的党魁一争长短，而我这个‘副总统’的候选也只是被动的，我自己也不知情。我会继续帮助你，只要我懂的事情、我会做的事情，我一定会全心全意地帮助你，你放心好了，等到你当选第八届总统之后，我唯一的请求是请你让我告退。”等他当选之后，就好像内阁总辞一般，我也上了一个辞呈，结果他请副总统把我的辞呈退回来，亲自送回到我的办公室，并告诉我：“‘总统’的意思是请你继续帮忙。”我说：“好，那我就继续做，以后我不再说辞职的事情。”这句话的意思是以后我如果要走，一定是让你说不要我了我才走。这次算是我表示过了，此事也算告一段落。

私底下我和林先生曾谈到李登辉开出的支票会不会兑现的问题（例如只做一任），事实上我们也知道他不会兑现，他说那些话也只是当时为了要过桥，等到过了桥后就会拆桥。林先生也很了解，但是他总是给人家台阶下，人家爱怎么说就怎么说，而且当时我们也不能跟李登辉说：“你只是说说而已。”虽然我们心里很清楚。不过他始终怀着一个信心，如果公开竞选的话，他不见得输给李登辉。以当时的状况来说，李登辉的势力尚未造成，所以林洋港有相当的自信，如果公开选举的话，不会输给李登辉。不过当时“总统”选举的关键是在“国民代表大会”，不是民间，林洋港的自信是在民间选举不会输给李登辉，但是在“国民代表大会”就没有太大的把握。

第十六章

两次手术

肝胰手术

一九八六年六月的最后一个周末，我为完成联训部主任职责内的最后一次督导工作，而南下视察陆军一次大型演习，没想到途中胸口剧痛，乃于二十七日忍痛北返。由于调职在即，当日便先至慈父灵前祝告，当天夜里即入荣总就医。后因七月一日举行“国安会”秘书长宣誓及二日参加“中常会”，经医师许可，提前完成三小时之点滴注射；会后随即回院。此次急症，来势极凶，间曾因高温而昏睡，白血球增至一万四千许。经医师三天检查，始知为葛氏肺炎菌（Klebsiella pneumoniae）袭击，以细菌侵入血液，故称“菌血症”（Bacteremia）。其他可疑病源一时不易诊见。经抗生素治疗后，于七月出院，医师并嘱注意发展。至七月十六与十七两昼夜，复因胸口同一位置剧痛，乃于十八日清晨再回荣总，经超音波扫描检查，发现肝脏为细菌盘踞，并发展成直径13厘米之肝肠疡（Liver Abscess）。经穿刺手术抽出10CC肠液，未几剧痛不止，即以两种特效抗生素作点滴式注射。至八月十五日始暂离院复公，并继续口服抗生素。

距于八月二十六日复以胰脏发炎，剧痛通宵，于二十七日晨五时再回荣总。经以X光摄影、超音波扫描及CT扫描等检查与抽血等检验，诊断病因，医师即饬令停止进食与饮水，使胰脏独得绝对完全休息。原先之口服抗生素片，复恢复为点滴式注射。于九月三日胰炎渐消，准许进食极稀之米汤水，逐次增加为米粥或牛奶麦片。

医方诊疗专案小组从我三次入院之病状及反应，经综合研判，怀疑病症之根源绝非限于三次各别之因。从剧痛及各项检验所得，判决知有若干种可能，逐次除却不是者，最大之嫌乃为结石。

惟因数次 X 光透视皆无发现，可能因我之结石为非钙质为基。但数次皆因其他炎症，若用 ERCP 注射药物入肝与胰脏，将引起破坏作用，而不敢轻易施行。及九月中旬判知胰炎已消，胰脏功能恢复，乃决定于炎症再起之前，迅即于九月二十五日采用 ERCP 法，以胃镜直接进至十二指肠，并对正总胆管，籍塑胶管向肝脏与胰脏注射药水，以助摄取 X 光照片（因我之结石无钙质为基础，故 X 光片可以穿透，而无法摄取显影。故非药水包裹不可能获见。而药水有可能损及胰脏功能，因而大大为害生机，利害相判，最后在胰脏炎消尽后，仍不得不用 ERCP 法侦知是否确实为胰脏或肝脏内之结石）。终于诊知确为主支胆管已受大量结石堵塞（手术时发现四颗）；肝左叶支胆管内细小结石无以计数，且管径已扩大变形。因此三次皆因上腹腔剧痛而入院；首则铸成菌血症，继则形成肝肠痨，终则引起胰脏炎。

病源既明，诸专家乃会策处理之法。遂于九月二十九日晨施行手术，除将总胆管四颗大型结石清除外，并将左肝叶之一部，一并割除，以达一劳永逸。此次手术虽延至七小时又半，但进行极为顺利成功；又因我体质强健，并能忍痛配合医生建议，故手术后之复健亦远超过预期进度。手术后之次日（九月三十日）午前即勉可自行起坐。前四昼夜虽较辛苦，但为以后的日子稍作勉强，复健更能加速，并免日后内脏黏连作痛。迄十月九日晨通入体内八条管子之最后一条（连总胆管之 T 型引导管），予以拔除。并于十八日正式出院，暂作半休式之上班。惟遵医嘱尚须作三个月之养息与渐进式之复健运动，始可作正常之活动。迨于十一月中旬返院复检，一切正常，至十二月一日起以作全日上班。

这次我能够忍耐病痛与为时长达七小时三十分钟大手术，及迨病源清除后，能迅速复康，实系于深厚体力基础。而此系自髫龄既开始勤练武术，也感谢父亲在我幼年时即亲自严予教导。

主动脉剥离症

一九九三年十二月二十六日清晨四时许，我起来上洗手间，走到一半时，觉得脚拇指麻痹，而且人也摔倒在地，所以我就赶紧爬回床边，用对讲电话打到家里服务人员的房间。我有两位服务人员，每人轮值一天，有一位姓陈，人非常聪明，而且会讲英文；另一位姓黄，反应较迟钝些，那天刚好是小陈轮值，我打完电话给他之后，就连打电话的力量都没有了。

二十五日是国定假日，又刚好是星期六，所以许多名牌大夫相约到外地去打高尔夫球。我在荣总有一位指定医师——周嘉裕医师，当时其他医师也约他去打球，因为他还有事情没有做完，而且几天后还要出国去开会，想在休假日赶紧将事情赶完，所以就没有与其他医师同往。当时我只告诉小陈，我立即要到急诊室，他第一个动作就是叫醒我的儿子孝刚以及内人，然后立即打电话给周大夫，虽然没有人告诉他要打电话给周大夫，但是他知道周大夫是我的家庭医师。

周医师告诉小陈，先让我服用硝基盐（NIG）后立即送医，但是家里已无硝基盐，于是周医师要小陈让我改用降血压剂（towarate），方法是先将药片咬碎，放在我的舌头底下，因为这样吸收最快，同时也告诉他，加紧把我送到急诊室去。等我上车时，麻痹已经蔓延到膝盖，除了脑子清醒之外，身体几乎瘫痪了。

那天刚好我的司机休假，不过我家里的服务人员都有车子，不论谁值班，都是开着自己的车子来的。那夜我们就坐小陈的车，我内人坐在前面，孝刚和家里的厨子护着我坐在后面，从山上直奔荣总急诊室。以后的事情我就不知道了。

根据周医师所说，从脚拇指到膝盖之间的麻痹，不过是个表面现象。周医师一方面先赶到急诊室，动员了急诊室里的医生，为我作心电图及其他重要的检查；另一方面电召城外的国宝级医师赶赴荣总来为我医治。这些医生在第二天早晨都赶到荣总了。

医师们在检查时发现我的两侧动脉脉搏微弱，随即判定主动脉剥离，而心电图显示中又无心肌梗塞现象，立即以电脑断层扫描，确定系剥离性主动脉夹层瘤剥裂的情况严重，自升主动脉、降主动脉、颈动脉至肾动脉，都出现剥离情形，且肾脏已发生缺血性梗塞。由于恐怕动脉剥离进而破裂造成大量出血而休克致死，周医师建议紧急手术，并冒险实施心导管检查，确定主动脉剥离之入口与冠状动脉之情况，并联系心脏外科做开刀之准备。

那时候我已经昏迷，所以他们就与孝刚商量，进行开胸手术，医师们认为，如果开刀，有二分之一的存活率，如果不开刀，则一点生存希望都没有。孝刚决定立刻开刀后，医师们立刻为我动手术。那天如果孝刚不在家，恐怕其他人都会六神无主，即使是我内人，遇到这么重大的事情，恐怕也很难下决定。

手术由心脏外科主任赖晓亭医师率领小组从十一时三十分开始进行，开刀后证明判断无误，并且也找到了剥离之源以及延伸之处，他们先于两头制止出血同时修理中间的血管。结果发现升主动脉根部有两个裂孔，而且已破裂渗血 250CC 进入心包膜内，剥离部位且波及右冠状动脉开口，在做完修补与绕道手术时已将近午后四点。整个过程颇为顺畅，我在五点十分被转入手术后恢复室观察。

在恢复室时，我已逐渐产生意识，血压、脉搏、呼吸及排尿量都很正常，但胸腔引流管之血流量较多，约每小时 350CC。但到晚上九点时，周医师发现引流量已达每小时 650CC，遂提醒外科医师，除输给新鲜全血外，另有出血之倾向，而后出血量已达每小时 950CC，乃于二十七日凌晨三十分再剖胸探查止血，从大腿切除几段血管，移至心脏作为管道，经三小时候后完成。第二次手术后一切生命现象均趋正常，但尿量却几乎没有。后因为考虑护理照顾之方便，将我移至心脏外科加护病房。

因为我原本就有慢性肾炎及糖尿病，再加上此次因血管剥离所造成的严重缺血性伤害，导致肾功能严重减退，水份及废物无法排除，以致水份过度蓄积影响肺部换气功能，当日下午，肾脏科黄东坡主任建议进行三小时脱水，共析出水份 2900CC。二十九日凌晨，我从鼻管进食流质食物，肠胃亦开始蠕动。一月一日当天拔除呼吸器及鼻胃管，开始自己进食，并且可以坐着看电视，以写字与医护人员及家人交谈，两腿亦可自主活动。一月十二日，医师因我血管已趋稳定，但肾功能仍未恢复，必须定期进行血液透析（洗肾）治疗，遂将我从心脏外科加护病房，搬至内科加护病房。此外，医师又担心亲友打扰以及我的心脏功能不够稳定，可能并发其他合并症问题，而严防探视。后经医生们评估后，我便于一月二十四日中午十二时，自加护病房转入普通病房，现在我的肾功能已有显著改善，不必洗肾，除继续接受必要之诊疗外，并做渐进式复健运动。

医师们指出，我在恢复室及加护病房期间心脏曾先后停跳三次，他们立即为我急救，总算又恢复心跳。

这次病发的原因是因为去年（一九九三年）二月奉命卸去公职后，个人接触之国内外事务反而日趋繁重，使偏高之血压加剧，导致如此严

◇有白衣大士罩护的『亲爸』戴季陶

重的病症产生。这种死亡率极高的剥离性血管疾病，发病前毫无征兆，而事前许多不幸的状况一再发生，幸好在最后又有奇迹产生，一道一道关卡都通过了，真的可以说是上天保佑。也幸亏荣总医师们的卓越医术以及护理人员悉心的照顾，才得以使我化险为夷、死里复生。同时，在手术时闻讯前来输血的保一纵队官员及荣总医师、护士小姐蜂拥而至齐集于手术室捐血之情，尤为感人，对此我内心充满着无限感激。

病发后的三天三夜，我只要一闭上眼睛，就看到父亲坐在我旁边，我跟父亲说："我很高兴来参加你们了。"父亲说："孩子啊，你还有未竟的使命，现在是我来看你，不是你来参加我们。我们这里也忙得很，这几天你要好好静养。你放心，你没有问题。"我也看见总理、朱执信先生、吴礼卿先生。戴伯伯当然也来看我了，但是每一次戴伯伯来看我的时候，他背后都有一位白衣大士。戴伯伯是皈依观世音菩萨的，当年他从重庆跳水自杀，在汉口获救时，他说他始终没有沉到水底，而且始终有一道白光护着他，一直到他获救，所以他也没有喝到一口水。他来看我时，白衣大士就在他后面，我喊他亲爸，亲爸说："大士会保护你的，你放心好了。"他还教我在感觉不舒服时念：唵嘛呢叭弥吽。这句是六字大明咒。

第十七章

老夫人

老夫人在美情形

老夫人现在重听得厉害。孔家、宋家几乎没有人在了，宋家男的如宋子文、宋子良、宋子安，女的如宋庆龄、宋蔼龄都过世了，只剩下她一个，宋家之后也没有什么人。孔家跟老夫人比较接近一点，老夫人在美国也是住在孔家，因为她没有房子。长岛那幢房子是孔夫人的，但是太远了，不会有人去看她，住在那里太寂寞了，只有孔二小姐陪着她，所以她们住在曼哈顿孔令侃的家里。现在孔令侃死了，孔家大姐住在别处，她们之间来往并不多。

孔家老二孔令杰是孔家最争气的一个。当年他带着从小积存的两千美元，单枪匹马到德州开油矿，从小职员做起，到最后当公司老板（总裁）。在世界经济萧条时，有好几个债务人还不出钱来，造成他周转不灵，幸好美国的法律规定没有赚钱就不需要付税，而且只要经由法院判定其调转不灵是因为别人的欠款未付，便可达到这项法律的标准。这个难关渡过后，公司营运情况也慢慢好转起来。他是一个很争气、很自立的人，但是他远在德州，也无法照顾老夫人。老夫人身边没有亲人，我内人如果不在美国，老夫人身边就没有亲人了。我们在美国买了一幢小房子，离孔令侃家不太远，老夫人只要一通电话，我内人在短时间之内就可以到达。

老夫人原来有两个毛病，一个是过敏，另一个是带状疱疹。带状疱疹现在已经痊愈，过敏则比较严重，不论食物、空气、药物都会引起过敏，而且一种药物只能吃一段时间，过了一段时间后又会对该种药物过敏，又要换另一种药。她现在一切都好，只是在精神上比较寂寞，所以我不忍心让内人搬回台湾住，因为她住在纽约离老夫人近，可以随时探望。一九九三年十月，我到美国探视她时，最高兴的事莫过于十月五日、六日那两天晚上她愿意上馆子吃饭。

老夫人眼力还不错，平常就是看看书报、听听广播。每天的报纸一定看，但是不大看电视，喜欢聊聊天，台湾的事情她虽然不问，但是都晓得。从哥哥主政开始，她就对国内政治感到失望了，父亲几十年来的领导，始终都是推崇国父，领导期间都是以三民主义为皈依；但是哥哥领导的时候就把父亲的领导线一刀一刀的切断，所以才造成李登辉有今天的机会。

老夫人关心政治，但是从不过问政治，唯一的一次就是当哥哥过世以后，第一次召开“中常会”的时候。那次是余纪忠担任主席，该次会议要决定日后“中常会”由谁做主席，当时有一个主张由李登辉做主席的案子要提出，老夫人连夜叫蒋孝勇通知俞国华，言明此事万万不可，主席可以轮流担任，但是中国国民党不能够被人控制。后来宋楚瑜在“中常会”质疑，谓此案既已准备为何不提出，又批评俞国华，说好了叫俞国华提出，俞国华又不提，他说：“我对于这样的同志，这样的党，宁可看党无人领导，准备好的案子不提出来，都已经印好了，却不交付大会讨论，我非常失望，没有参与这种会议的必要，对不起，我先走了。”结果宋楚瑜这么一来就等于是把案子提出来了，最后该案还获得通过，由李登辉代理主席职务。所有的祸患就从这里开始，这件事的元凶就是宋楚瑜。老夫人为了这件事情非常伤心。

自从民国十四年三月十二日总理过世之后，党中央一直没有“主席”，直到抗战爆发后才产生总裁，这期间党主席一直是轮流担任的，也就是所谓的“集体领导”。我在“中常会”是列席身份，不好随便开

◇宋美龄对蒋纬国一直关照有加

口，老夫人那次没有指示我，其实只要她通知我，我只要有所本，就可以临机处理。所以当时孝勇如果一方面通知俞国华，另一方面通知我，只要是老夫人的意思，我就会在“中常会”力争，只要我力争，再有一个人起来呼应，其他人就会附和了。而李登辉不能当党主席的主要原因，是因为李登辉有美国的背景、日本人的背景，以及台独、共产党背景，对中国国民党与“中华民国”的危害相当大。

老夫人返台

问： 老夫人这次回来，是不是可想一办法把她留下来，不要让她一个人留在美国，在台湾总比美国照顾方便。老夫人这次回来的主要目的是什么？

答： 她主要的目的就是要回来看孔二小姐。

问： 她事先跟你通过电话吗？

答： 没有，她现在重听，听不清楚电话的声音，不像其他重听的人，听电话反而清楚。因为话筒就好比是一个辅助器，从前我有一个亲戚的情形就是这样。但是老夫人的情形不同，她听电话很吃力，所以我想等她到台湾后再说。

问： 我是很自然地想到，老夫人一个人在美国，照顾起来也不方便，不管怎么说，李登辉也会看在蒋家的面子，把老夫人照顾好。

答： 我虽然没有跟老夫人碰面，也没有跟她谈起这件事情，不知道其中的情形，但是根据以往的经验，老夫人比较习惯西方的生活习惯，因为这是她从小的生活习惯，很难再改变。例如，我吃西餐时，点心喜欢吃苹果派，这是我在德国三年的生活所养成的习惯，因为德国只有苹果，没有其他水果。我在德国经常吃苹果派，也就吃惯了，甚至任何苹果制品，我都喜欢吃。再加上政治性的因素，老夫人连在纽约都会对此地政治发展感到忧心，更何况住在台湾，她每天要面对台湾的政治状况，一定会受不了的。老夫人在美国也很关心台湾的一切，美国 CNN 电视新闻网每半个钟头就会播一次全球性新闻，消息传播非常快速。

问： 根据我的经验，美国不管哪个州，报道台湾的消息都非常迅速，但是我这次到大陆时，发现大陆与香港没有有关台湾消息的报告，只有气象报告提到台湾。

答：这是大陆的政策，有些新闻则是一放再放，特别是我们这边打架的事情。

问：现在连这个消息也都一字不提，只要有关台湾的消息都不见报道，连香港也是一样。

答：老夫人回来，这几天传播界应该会来采访我，对他们，我只是把话题集中孔二小姐身上。事实上，老夫人这次回来，要避免被李登辉利用，帮他辅选。老夫人当然不会帮他辅选，但是李登辉一定会利用这次机会，造成党内大团结的假象来造势，如果李登辉不懂得利用这次机会，他无疑地就是笨蛋。

问：李登辉夫妇一定会到机场接机，而且态度也会毕恭毕敬，还会透过新闻让全国人民知道。这是一种广告的方式。

答：宋楚瑜在一九八八年提议立刻决定由李登辉代理中国国民党主席时，老夫人连夜要孝勇送信给俞国华，千叮万嘱“中常会”没有资格决定由谁代理主席，结果并不如预期理想，到今天我们还深受其害。根据这件事，老夫人这次回来，可能是以探望孔二小姐为名回国，实际上是要为救国尽一己之力，所以她应该会支持新党、新同盟会以及一批过去追随“老总统”的人。如果老夫人能够借此机会整体召见一次，应该会有所作为。许多“老总统”的追随者以及一批学生青年，都会在机场竖起旗帜欢迎老夫人回来。不过，我听说民进党人要在老夫人返华那天，到机场示威。至于老夫人会不会留在台北，倒是一件次要的事情。因为留在台北，构成一种面对面的冲突，会引起预期不到的各种后果。

问：李登辉是很会利用机会的，他一定会利用这次机会告知世人，他对蒋家非常好，像你在退役时，李登辉赠勋给你，替你升一级上将。

答：李登辉并没有帮我升一级上将。

问：据我所知，李登辉有意要让你升一级上将，是郝柏村把这个案子搁下来的。这件事情对李登辉而言，只是个顺水人情而已。而且听说李登辉要再升你做五星上将后请你走路，还要把你“国安会”秘书长的职位拿掉，不晓得有没有这么回事？

答：事实上，并不是郝柏村搁下来的，而且李登辉没有说过要把我的“国安会”秘书长的职位拿掉，只是说要升我当四星上将。他第一次跟我讲的时候，我说：“我并不要求什么，‘总统’给我什么我全部接受，但是‘总统’问我要什么，我什么都不要，我但求你让我退休。”他说：“你身体那么健康，你还要继续帮我的忙啊。”我说：“‘总统’的意思是不是要每一个干部都要从办公室走到太平间。”他听了之后也笑了，并且说：“我没这个意思。”我说：“我要趁我身体还健康的时候来享受我退休的余年，否则等到我退下来的时候，就离太平间不远了。如果是这种情形，岂不是丝毫没有幸福可言。这一生能做的以及该做的，我没有不尽心尽力去做，我认为我现在应该有闲情来享受我健康的余年。我没有见过太多的世界，我预备去旅行，也希望将来有机会回到大陆，从前在大陆上我没有走过太多地方，我预备带着历史去看地理，到大陆多看看。”“总统”还是说：“你现在还要帮我的忙。”后来他就提到要给我加第四颗星的事情。我并不以在李登辉手里得到四星上将为荣，而且在制度上，我升四星上将一事也是说不通的。李登辉跟我说他要再跟郝总长商量商量。我就说：“你不必跟郝总长商量，以他的立场来说，他不能让我升四星上将，因为我已经除役了。”军人第一步是退役，第二步是除役，本来三星上将应该是六十二岁退役，经国先生主政时规定延到六十四岁退役，而且他也没问过我们本人的意愿，命令一下来，所有的三星上将都到六十四岁退役，我们也没讲话。等到我快满六十四岁的时候，他又下来一个命令——到七十岁除役的时候一起退役，将退除二者中的其中一个，例如战争学院院长（二至四星荣誉职）。这个规定是“老总统”订立的，当时组织战争学院时，他就如此交代。因为战争学院是三军大学下的一个单位，因此三军大学校长也可以当四星上将，换句话说，四星上将也可以当战争学院院长。

问：刘安祺将军、刘玉章将军是三星上将调战略顾问委员后，再补升四星上将。

答：“老总统”还规定将级不一定接荣誉职。我早已离开战争学院院长职务，除非“总统”下令，否则参谋总长不能作主，因为这不是参谋总长职责分内的事。李“总统”问我时，我就说过：“不必去跟参谋总长商量，因为在他的职责范围内，没有权力管这件事，如果你问他，他一定说不可能。”“总统”问我该怎么办，我说：“很简单，这是‘总统’的权责，‘总统’可以询问铨叙部长，只要铨叙部长将条例略加修改，就可以了。”四星上将是军人的最高荣誉，如同父亲亲手订定的，战争学院院长不一定接荣誉职。后来我也知道李“总统”问过陈桂华，陈桂华也向他建议过，但是他却先问郝柏村，如我所料，郝柏村一口回绝，有人就因此认为郝柏村对我不好。郝柏村对我好或不好是另外一件事情，但是以这件事情来说，确实在他的职掌范围内是不可以做的，不能错怪他。我这个人感情与理智分得非常清楚。

问：关于情感与理智，我曾经看过雨果写的有关法国大革命的小说，他在书后写了几句话，我觉得很有道理，他说：“很多人认为感情与理智是两回事，事实不然，没有最高的感情，不能发现最高的理智，二者最后是合二为一。”

答：没有理智的感情是疯子，没有感情的理智则是冷酷。理智与感情的确是一体的两面。

问：谈谈老夫人回来的实况？

答：老夫人回来的前一天，地下电台的主脑人物许荣祺想违法出境，他明知自己不能出国，却还要用买票搭机的方式出境，有关当局

◇老夫人一直很疼爱纬国夫妇，邱爱伦亦长期在纽约与老夫人为伴

当然会将他加以逮捕。明知不可为而为之，一定是另有企图。一方面，他选在老夫人返台的前一天下午，另一方面，他个人欲搭机离境，还带着两百多辆满载的计程车前往机场送客（估计至少有四五百人），摆明不是送客而是蓄意去闹事的。他们虽然没有正式到老夫人旁边闹事，但是国际机场闹开，也算是他们的成就。我看到晚上七点钟的新闻镜头时，觉得心惊胆战，马上就判断第二天老夫人回来时一定会受到干扰，于是，我就与国家安全局及治安单位联络，请他们赶快行动，要用最好的方法来驱散那批计程车，或者尽快解决这件事情，将许荣祺带离现场。

将许荣祺带离现场只是个消极做法，另一方面我们还要有一个积极做法。民进党有捣乱的行为，我们这边一定要有正面的表示，组成欢迎队到机场欢迎老夫人返台，这个欢迎队是动员民间各组织机构而成的，也是我们事前就预先计划的队伍。但是我们的政府专门对自己人保密，什么消息都不让我们知道，对我也是如此。这次有妇联会、遗族（华兴）学校代表及许多团体组成欢迎队伍，每个团体自成一组，再加上新同盟会、黄埔同学会及新党，都要向老夫人有所表示。另外我们还在振兴医院安排一个欢迎队伍。但是老夫人的座车究竟从哪个方向经过，我们都不知道，不过我发现机场只有两条必经之路，所以我要这些单位兵分两路，虽然人数少了一些，但是起码可以在老夫人坐车经过时欢迎老夫人，如果压宝错了，就会错失机会，同时，我们也向警察单位联系。

当天清晨四点，我就已经到了机场，但是当我到达机场时，没有看到欢迎的队伍，原本他们告诉我的是当天清晨四点以前要在那边集合，后来我才知道，他们说的是四点钟以前在中正纪念堂集合。原本我是要跟欢迎队伍见个面，即使老夫人没有看到他们，我也要代表家族的立场先谢谢他们。等我四点一刻到达机场时，计程车已经退去了很多，留下大约两百多辆在机场，警察人员把他们包围起来，缩小范围。老夫人从国宾室入境，接受高级官员的欢迎。起初我在大厅里外都找不到人，心里实在很急，担心李登辉耍花样，不让老夫人入境。后来老夫人下飞机后，悄悄跟侍卫官说要先到慈湖，我在旁边听见，就立刻赶往慈湖，等老夫人到达慈湖时，我已经在慈湖恭迎了。老夫人一到慈湖，便由我扶她下车，我自己都还是个病人，原本预备扶她一下，没想到老夫人将全身重量都压在我的手上，所以我的脚在上台阶时拧了一下。经过治疗之后，现在已无大碍。老夫人从慈湖回来后，就先回到士林，然后再到振兴医院。事前我们也防止民进党人到士林阻碍老夫人，因为以前发生过老夫人被包围的事情。我们在振兴医院已经准备好一个房间，让老夫人住在医院里，一方面可以就近看看孔二小姐，另一方面可以防止民进党人捣乱。

第十八章

生活琐忆

游泳的经验

我这次大病一场，心脏曾经停止跳动三次，最长的一次是四分钟，最后又活过来了，而且脑子也没有受损，可能与我自小水下的功夫有关。

小时候，我家前面有一个潭，就在武岭之下。笞溪非常湍急，到了武岭下形成一个潭，溪水比较安定。有一个叔公经常带着我到溪水游泳，也在潭中教我潜水，使我练就了一身的游泳功夫。

在我十几岁的时候，有一次跟着母亲到舟山群岛的普陀山，母亲与其他香客都在庙里拜拜，只有我一个人到海边游泳。我游着游着，突然发现岸上的人愈来愈小，我就警觉到海水退潮了。潮水非常快速地把我带到海中，我怎么游也游不到岸边。当时我非常镇定，也幸亏我水下的功夫还不错，我就一下潜到海底，抓着海底的沙，爬进岸边；憋不住气时，就浮到海面上呼吸几口，虽然会被冲走一段距离，但是我又迅速地潜回海底，抓着沙爬进岸边，就这样，我爬回了岸上。

我从来没有计算过我能够在水里待多久，后来在学校里有一次测验，成绩是两分半钟，相当惊人，因为一般人能够有两分钟以上的非常少。

苏州东吴大学靠近城边，那时候有内城河及外城河，学校与城墙之间有一条内城河，同学们常常在内城河里游泳。有一次，我们有七个人一起去内城河游泳，结果有八个人起来，这下子把我们都吓坏了，那个尸体不知道沉在河里多久，经过我们拨动河水后，就在我们七个人中间浮起来，脑胀得好大，而且尸体已经发绿。我们一见状，就赶快游回学校边上一个小码头的台阶，速度之快，我想应该有资格参加亚运了。我从来没有游得那么快过。

学校在下午三点钟有一堂游泳课，老师向来要我们先站队、报数，看看有没有人缺课，等到上完课之后，再站队、报数，我们向老师鞠躬之后就解散。有一天，我们站队时发现少了一个人：我们都认为他没有来，他事前也没有请假。那天的课程是跳水，学校的游泳池是十公尺宽、二十五公尺长的小型标准池，深度分别为三公尺、九公尺、六公尺。我们跳水是在九公尺处跳，我跳下水后，身体翻过来，脚一蹬，感觉踩到一样东西。回到岸上后，我就跟老师报告："报告老师，下面有一个西瓜。"老师一听，立刻潜下水，把那位同学拖起来，大家一看，原来就是那位缺课的同学。原来那位同学在中午吃过饭后，就先到游泳池游泳了，他的泳技并不好，因为天气热，所以他喜欢在上课前去游泳池泡泡水。我们检查时发现，他并不是溺毙的，而是胃里的东西涌出来，塞住食道，食道一胀开，就把器官憋住了，他是闷死后沉到游泳池底的。这件事对我来说，也是一种经验与教训。

我在德国留学时，经常与几位德国同学结伴去游泳。有一年冬天，我和另外三个同学，四人租了一部车子，开到郊外，我们把冰砸破之后，就在冰河里游泳。我们并不怕冷，而且我们的身体锻炼到可以在冰天雪地里光着上身，在阿尔卑斯山上滑雪。那时候我觉得自己的身体与大自然好像合为一体，不受大自然气候的影响。

有一次我在周末到南德的一个大湖游泳，湖中有一个小岛，距离大约有五千公尺，通常我们都不带游泳衣，骑着机车，到了湖畔后，把衣服一脱就下水了。不必担心有人会偷车和衣服。湖边与中间岛屿之间，还有一个突出的半岛，我刚游过半岛时，发现有一条船，船上有三位女性在划船，她们将船与我平行，还问我要不要到船上休息，喝汽水、吃冰淇淋，我很不好意思地说我没有穿衣服，她们说：“你看看我们。”我就扒在船边上，没想到她们三个也没有穿衣服。她们说：“我们都不怕，你还怕什么。”所以我就到船上与她们聊天、吃东西。这个经验让我觉得一个中国乡下土孩子出国，看到一个新世界，新的生活方式，我发现中外对礼的表达方式完全不一样。那次我真是上了一课。

我回到国内后，哥哥把我调到江西，帮他办夏令营。那个夏令营一共有三个大队及一个直属区队，区队的队员都是女生，其他三个大队的队员都是男生。第一、二大队的成员是中学生，第三大队的成员是高中毕业生与大学肄业生。我担任第三大队大队长。有一次出去远足，回到赣州城时，要走过一座渡江的桥，我还没有走到桥头就跳下水了，横渡赣江。赣江的水相当急，我算好我游泳的速度，并配合河流的速度，正好游到桥头上岸，比队伍还早到。但是我事后想一想，那时候我毫无准备，也没有跟任何人说，就跳进湍急的赣江，虽然渡过了，毕竟也是年轻逞强，多少有点冒险。

我家有一个游泳池，有一天，我邀请很多朋友到我家游泳。前几年我因为白内障，水晶体被取出，并装了一副隐形眼镜。当我跳下水后，发现隐形眼镜被冲掉了。那时候我有一点紧张，因为根本看不见，完全白茫茫的一片。幸好我可以辨认上下左右就立刻浮出水面，我叫着说：“我的眼睛掉了。”大家都觉得很奇怪，我的眼睛居然会掉。那副隐形眼镜戴久了，会影响角膜的呼吸，所以后来我又重新开刀，安装了一个人工水晶体。所以现在我既没有远视，也没有近视，我戴眼镜完全是因为闪光。

扶乩之奇

陈济民（陈济棠之兄）会看相，陈济棠叛变那年，陈济民看到父亲印堂发黑，认为父亲时运不济，他还特别到我们溪口老家看风水，他一看到丰镐房门口大街旁的两面墙中间有一个弄堂，两面墙显得一高一低，他就断言说我们家的风水断掉了。陈济民离开没有多久，父亲也回乡下去了，他常常在进行大事之前，会先回到乡下去住一段时间，在祖母坟茔旁边的房子住上几天，思考问题。他回到乡下后，看到丰镐房的弄堂，觉得不好看，所以就做了一个门以及一面弧形的墙，把原来一高一低的两面墙连接起来。当时广东有一所航空班，能够使用的飞机有二十五架，作为平时作战与训练飞行之用。教育长是蒋孝棠，人长得瘦黑，很像广东人，他的父亲是蒋国英。蒋孝棠虽然年龄比我大，但是他比我小一辈，在那时候都没有人知道蒋孝棠是我们蒋家的人。蒋国英的父亲很早就离开溪口，他长大后赴日习医，他的父亲住在南京镇江，所以蒋国英回国后便在镇江办了一个医院，自己当院长。蒋国英字怀仁，所以以“怀仁”来替医院命名。他生了五个儿子，蒋孝棠排行第四，从小就跟着祖父到广东，就在广东念书，所以他一口广东话。后来他学习飞行，慢慢地就变成陈济棠的手下，先后担任飞行学校的教官、组长，继而担任教育长。陈济棠叛变时，蒋孝棠就带着二十五架飞机飞南京。在事情发生之前，陈济棠曾经去扶乩，得到的答案是“机不可失”。他以为是要掌握时机，叛变方可成功，没有想到“机不可失”的“机”指的是那二十五架飞机，真的是人算不如天算。

扶乩是非常神奇的，不但预测得准确，而且在开始时神灵都会先报出自己的身份或名字。我当装甲兵司令部参谋长时，有一次在孝感住在一户大户人家里，这户人家因为战乱而离开，我们的军部就设在这户

◇ 最喜爱“楚留香”的歌词

人家里。有一天晚上，大家在一起聊天，其中有人懂得扶乩，他们就开始扶乩，到后来，突然出现英文字，他们叫我去看，我一看，上面写着 Williams，我们问过看房子的老家人之后才知道，原来威廉士是附近天主教堂的神父，在两年以前过世，没想到我们扶乩时把他请来了。有的时候我们把关公请来了，有的时候则请到了诸葛亮。

同名之累

夫人有一个秘书，名字叫 Pearl Chen。她是檀香山华侨，她的英文很好，但其貌不扬。我回国时，结识了一位欧亚航空公司的空中小姐，碰巧她也叫 Pearl Chen，结果外面传言因为她到我们家吃过几次饭以后，被父亲发现，父亲非常喜欢她，就把她留下来当夫人的秘书，把我派到西北，使我们相隔两地。这简直是天方夜谭。那时候我刚回重庆不久，我与这位朋友也没有婚嫁之谊，而且我到西北是原本就计划好的，没想到外人竟把这两件事情混为一谈。有一次我在家里吃晚饭时，向父亲及夫人提起这件事，夫人大笑，还问父亲："我这个 Pearl Chen 你会要啊？"父亲则笑得假牙都掉下来了。

翻译

我最怕帮大官翻译，因为无法翻译出来，即使你把他每一句话翻译完，对方还不明白你在说什么，因为这些官员自己都不知道该说些什么，只好绕圈子。我在"国防部"第三厅副厅长任内时，有一次我经过参谋总长门口，他叫我进去做翻译，因为外宾快要到了，而他的联络官还没到，他要我先翻译一段，等他的联络官到了以后再接替。我心里想翻译是我最讨厌的事，也是最不擅长的，可是说着说着外宾来了，只好去帮忙翻译。那时候刚好有韩战后到台湾的一万四千个中共官兵，就是所谓的一万四千个证人，总长向外宾说明"一二三自由日"的由来，口号是"一二三，到台湾"，要我翻译成英文，而且要押韵。我不知道从那儿来的灵感，翻译成"One Two Three，We Want to be Free"。既押韵，意思也对。这么一翻译，这位长官就认为我的英文好得不得了，我说你完全误会了，我的英文很糟糕，不过我自己知道糟在那里，错在那里。我的英文是不够好的，但是人家讲错了我还是可以听得出来。

升级

我当少将长达十余年，父亲要升我为中将时，我向父亲婉辞。原因有二：一，在未反攻大陆之前，没有心情升级；二，如果升迁慢，我还能多当几年军人，因为上将是特任官，一当了三星上将之后，就会与政治有所接触，我个人不想与党政业务有任何接触，因为一接触就会有不同的意见产生，到那时候，我不论表达意见与否都不好。父亲非常同意我的看法，所以我就做了十几年的少将与十几年的中将。那时候我还向父亲说了一句赤裸裸的话："蒋家的下一代，有一位政治家就够了，不要再有任何人去搅合。"

一九七五年，就是老太爷故世那年，我升上将。原本他要升我为上将，我没有答应，我跟父亲说："希望父亲把这个人情留给哥哥，而且我做军人做到中将已经是登峰造极了。"上将是个政治官，所以一开始父亲要升我为上将时，我不愿意。后来我是在父亲过世后那年在哥哥任内升上将的。我升上将一事，老夫人、何应钦将军都有帮忙，因为那年我六十岁，如果再不升上将的话，就要退役，我退役对哥哥不利，人家会有批评，所以就升了上将。

◇ 1975 年 8 月，终于晋升为陆军上将

枪支风波

近几年来，每当有一点动乱的可能时，管区警察就会借故把我的自卫手枪（左轮38）拿走。第一次的理由是知道我有一把奇特的手枪，想拿去看看，起先我不知道这是一个计谋。以后他们又假借替我检查武器的理由，把我的手枪拿走，这种情形已经发生过好多次。起初我也不疑有他，后来我才发现，每次有选举或其他特殊状况时，管区警察就会把我的枪拿走。

我是个武器收藏家，有许多很珍贵的武器，政府规定一个人只能有一把自卫手枪之后，我就把这些武器都放进联勤总部的陈列馆，馆内角落有一个柜子，放的就是我所收藏的武器。我有空时，就到联勤总部去看看它们。

我不是编制内的“总统府”资政，每个月只能领两万两千元的车马费，“总统府”也没有派随身护从给我。有一些顾问、资政虽然有汽车与随从，但是都是使用原单位的车辆与人员，而不是“总统府”编派的，如果没有人提出抗议，这些人也不会受到处罚。

从前我住在天母时，住处有宪兵守卫，冬天时我替他们增购冬衣，雨天时替他们买雨衣，而且我的住处与宪兵排本部有一段距离，我还替他们买摩托车、脚踏车，过生日与节日时，还要请他们吃东西。我的收入实在不够照顾他们。虽然在规定上我不用如此照顾他们，可是我不能不照应他们。起先我不要宪兵护卫，一九七八至一九八一年，王永树当国安局长时，他跟我说：“纬国兄，你的侄子那儿我都派了卫兵，你的住处不派，人家会骂我。”他跟我说了第三遍后，我才答应，所以他就派了两个卫兵过来。后来我搬到山上之后，宪兵队就和我商量，原来的宪兵排驻在地在我家附近，房子不好，而且交通也不方便，既然我正在盖新房子，能否在我家前面多盖三间，让宪兵队能够移过来，一方面他们也住得好一点，吃得好一点，我家也可以受到保卫。所以现在变成好像是他们派了一个加强班，有十几个人住在我家前面，实际的情形是我供应住的地方给他们。他们现在有一间储藏室、一间卧房、一间厨房以及一间小型康乐室。这些宪兵虽然住在我家前面，但是并不是我家的卫兵，所以我仍然要有一只自卫手枪。但是每当我特别需要自卫手枪时，他们就把我的手枪拿走。

一个军人最大的羞耻就是缴械，除非是战俘才要缴械。欧洲至今还保留一个古风，在战俘营里面，一个被俘虏的指挥官仍然被允许保有指挥刀（佩剑）。我当了一辈子的职业军人，临了还要一年数次的缴械，我百思不解。国安局无法管到“国安会”秘书长的头上，如果没有政策性的指示，他们不会这么做的，而且这几次都是由警局出面，而不是国安局出面。警局不是我的指挥关系人，实在没有理由来替我保养及检查枪支，而且时间经常在一二个星期左右，第一次时间最长，后来还有一次把我的枪弄坏了，一打开之后，左轮的轮子居然掉下来，装不上去，结果我拿到联勤去修理。这种事情实在无从追究。由警局出面让我缴械，我觉得这是我这一辈子最大的侮辱，连这一点的尊敬都没有，实在是使人无法接受。

我查问了一下，登记个人私枪的有十二个人，但是个人有私枪的不止十二人。这十二人是守法的好人，我是其中之一，其他十一位是否也被缴械，我并不清楚，但是我是受到这种对待的，动不动就要我缴枪。而且他们并没有说出缴枪的真正理由，这是我在经历过几次经验之后所分析出来的心得。

军人素质

一九三二年，我在东吴念书，住在苏州。“一·二八”事变发生时该地很容易受到波及，所以我就暂时离开苏州到湖州去，在湖州待了两个多月，上海平定之后我就回到苏州。那时候的苏州火车站乱糟糟的，我下火车时发现有很多士兵，有一个兵拿着步枪上了刺刀，走过来搜查旅客。我从火车上下来，带了一个小铺盖，就是把一条被子叠好卷起来，再用绳子绑好，这个兵要我伸手进铺盖摸一摸有没有东西，我心里想：是你检查我还是我检查我？既然是你要检查我，你反而要我把手伸进去摸一摸，即使有东西，我还会告诉你吗？我问那个兵为什么不自己摸呢？他就“啪”一个巴掌打过来，说：“让你自己摸是给你面子！”所以我只好把手伸进铺盖去摸一摸，摸完后，他把手一挥说：“走了。”我也就走了。之后，我看到很多旅客的行李都是被打开的，弄得乱七八糟。我体会到部队里的阿兵哥平时受够委屈，当兵这个职业也不好玩，有那么一个机会能够在火车站检查别人，当然会耀武扬威。另一方面这一次我所看到的军队，与我在广东所看到国民革命军完全不一样，使我对军队的认识又增加了一层，同时对社会的认识也增加了一层。

一九四二年，我坐陇海线的夜快车从潼关回新安，胡宗南将军有事找我去研究。我喜欢睡在上铺，因为臭虫都在下铺，不过他们分配下铺给我，我也就坐在下铺。火车还没开时，进来了一位少将，我就站起来向他敬礼，我敬完礼还没坐下，他就说：“上去。”我心里想：“我买在下铺，你叫我上去，我还求之不得呢！”于是我就把上衣脱掉，挂在上铺，这么一挂，就露出我的配枪来——一把银色的白朗宁，是我去部队临走时父亲送给我的。那位少将一看到我这把手枪便问我：“你这把手枪哪里来的？”我说：“我老人家送给我的。”他又问：“他也是军人吗？”我说：“是。”他说：“我看一看行不行？”我说：“行。”便把手枪拿出来，退下子弹后交给他。他看了以后很喜欢，说：“我跟你换一把怎么样？”他的手枪也是白朗宁，不过已经生锈了，我就把退出的子弹再装回弹夹，把弹夹也给他，并且说：“对不起，我只有这一个弹夹。”他说：“好了。”意思好像是你还啰嗦什么，然后他就把他的手枪放在我的枪套里面。

第二天一早火车到了西安，胡宗南将军派熊副官来接我，这位少将也认识熊副官，见了他便恭敬地问：“你来接谁？”熊副官说：“我来接蒋上尉。”说来好笑，这位少将跟我换枪时也没问我的名字，他又问：“在哪一车？”熊副官说：“就在你后面。”后来这位少将就走了，我也跟熊副官一起走。等到将近中午的时候，有人来报告：“外面有一个少将跪在门口不肯走，要求见上尉。”我就赶快出去把他扶起来，他把枪还给我，我也把枪还给他，并且请他不要介意。我跟他说：“这件事情没有什么，这把枪任凭谁见了都会喜欢，将军如果喜欢的话就带回去用好了，没关系。”他说：“那不行，以后见了老太爷怎么说。”这件事情就这么过去了。

另外一次是我从西安回到潼关时发生的。白天火车很挤，虽然是对号快车，但是过道上都坐满了人，很多人带了行李，往走道上一放就坐在行李上头。火车开车后，我看到一个上校自彼处挤过来往前走，没多久又看到他从前方挤回来，第二次经过我的座位旁边时，我就站起来问他：“上校，你是要找人还是要找位子？”他说：“找位子啊。”我就说：“请坐吧！”他看了一看我，就“啪”一巴掌打在我脸上，很生气地问我：“刚才我过来时你看见了没有？”我说：“我看见了。”他说：“你刚才为什么不让？”我说：“上校，刚才你是从我背后过来的，等到我看见你时你已经走过去了，我以为你在找人，及现在看你又挤回来了，所以我特别问一问。”没想到他又“啪”的一巴掌打过来，说：“你啰嗦什么！”意思是你还不让位。其实我已经站在旁边，我说：“你请坐。”说完就到厕所里坐在马桶上。

后来列车长来查票，车厢里有认识我的人就跟列车长说：“那位上校刚才打了蒋纬国。”列车长就问：“那蒋纬国呢？”那个人说：“他现在坐在厕所里，他的位子给了那个上校。”列车长就跟那位上校说：“你坐在人家的位子上了。”而且那位上校根本就没有票，列车长一方面要他补票（那时候能叫军人补票已经算是进步了），同时告诉他刚才那个上尉是蒋纬国。他听了以后，等补完票就跑到厕所门口“嘣”的一声跪了下来，并且再三地道歉。这一来反而把我吓坏了，我挨揍时并没有被吓，反而觉得很正常，但是看见了一个上校跪在我一个上尉面前，我可受惊了，就赶快把他扶起来。那位上校一定要我原谅他，说他家里还有老娘在，好像我马上就要把他拉出去枪毙似的。我把他扶起来后请他回到座位上，我还是坐厕所里，他坚持要我回到座位，说厕所里臭，那时候的厕所当然是臭得不得了，但是坐久了也不觉得了。

从这些事情中我看清楚了中国的军队是怎么样的一批人组成的，要带着这么一批人去打仗，还要面对如此精锐的日军，还要打胜仗，实在是不容易。

有一次我们在德国的武官换人，新武官是酆悌（所谓“十三太保”之一。武汉失守后，湖南省主席张治中下令烧长沙，他明知不对，却又不讲。因为中央要坚壁清野、焦土抗战，不能把一个完整的城交给日本，但是烧城应该由里往外烧，他反而从四个城门开始烧，人民还没撤走，把老百姓烧死在里面，所以他被依军法判处死刑，执行枪毙。当时他是长沙警备司令，阶级是少将）。他看到我有一把漂亮的七六二手枪，要跟我换，他给我的一把手枪是二五的，连栓都拉不开，完全锈死，这么一把手枪，他还好意思自己佩戴，还要跟我交换。军人的枪是第二生命，哪能让枪锈得连拉都拉不开。我对中国军人实在是失望，而且他知道我是谁，竟然敢这样占我便宜，我就怀疑他的智慧，除了用阶级压人家之外，还能做什么事。而且最糟糕的是，他自己所配挂的手枪锈得不能用，还不觉得是耻辱，这是个很大的问题，即使他对我有礼貌，也只是封建的观念而已。

我们的国家制度的确有很多地方值得批评，官员的办事能力的确欠缺，办事态度也的确不好，但是这不是中国国民党的错，也不是“中华民国”政府的错，这是传统养成的习惯，这种习惯存留在民间也存留在政府内，不论是谁，稍稍有权威后就开始耀武扬威了。有一次大家为此话题辩论，我认为实在不值得如此争论，重要的是，我们要承认现实，努力纠正。例如一个小小的二等兵，当他奉派去当桥头盘查哨时，自认有了权威，执行任务时就对老百姓大声呵斥，或者有其他不礼貌的行为；共产党看准这一弱点，便对老百姓态度亲切，老百姓自然倾向他们。

化敌为友

一九三二年冬天，有一天在学校大操场上，落雪刚停，有一个同班同学，硬逼我从他裤裆下钻过去，结果我钻过去了。那个学生在我们班上年龄是最大的，个子也是最高的，因为他已经第三次留级了，他当众骂我是“继父的孩子”，我都忍住了。那时候我们在第二、三堂之间有二十分钟的休息时间，其他各堂间则是十分钟。一个普通的教室可以容纳三十位左右的学生，就在同一天，我们合并三个班级在一个大教室上课，那个大教室可以容纳八十个人。在第二堂下课时，那个大个子就在讲桌上把我叫上去，要我跟他扳手。他总是过一段时间要找个机会羞辱我一番，早晨在操场羞辱过我，现在又要我去和他扳手，我说："你明知我扳不过你，你的个儿这么大。"他说："给你一个机会你还不要啊！"一定要我跟他扳手。他不晓得我练过工夫，尤其两个人手一握，只要我的手往里边一紧一按，他马上就晓得我有多大的劲，不过我还是让他扳过去了。后来他就当着所有同学的面说："你们不要以为蒋建镐扳不过我，其实全校没有人扳得过他，刚才我要他钻裤裆，实在是我的不对，我当着大家向蒋建镐道歉，以后希望大家不要看不起他，他实在是一个功夫最好的人。"从此这个人也不做混混了，书也念得不错，跟我们一起毕业，后来他考进上海海关，做了关务员。他的家庭背景也不错，不过我们毕业后就没有来往了。

吃闭门羹

一九五三年，我的先室过世，父亲就送我到美国陆军指参学院正规班念书。那时候从中国出去的多半都是念召训班，我则进正规班。念了一年后，一九五四年我回到台湾，与母亲（姚夫人）住在一起。那年冬天，我向石家老丈人借车，他借了一辆很漂亮的七人座车给我，平常他自己都舍不得用。有一个星期天，我一个人也觉得无聊，便带了一本书及笔记本到淡水海滩上做一些思维的工作。情报学校就在淡水河附近，我到情报学校大门口后，卫兵不让我进去，那天我穿了一件灰布棉袍子，我的驾驶就下去跟卫兵说："那是蒋纬国将军。"卫兵大概念过几天书，他就跟我的驾驶说："你告诉他，这是蒋经国将军办的，叫他别开玩笑。”就是不让我进去。后来卫兵排排长出来了，他问清楚情形后就骂那个卫兵：“蒋纬国将军就是蒋纬国将军。”那个卫兵说：“对不起，我以为他开玩笑的，我跟他说这是蒋经国将军办的。”

公路遇袭

一九五五年，有一天我从台北到台中，路过铜锣山，那时候的纵贯道上常常会有涵洞，涵洞上有小桥，公路上路肩虽然很宽，但是路面很窄，只有中间一段，两辆车要会车时，外面的轮子就会落在路肩上，而过桥时则只能有一辆车通过。我们的车到铜锣山时，前面有一辆弹药车，上面坐了一大群军眷，男女皆有，看他们很兴奋的样子，可能是到某处参加晚会后要回营房。那天我还是坐我老丈人的大车子，说也奇怪，我在台湾从不戴枪出门的，那天临走时，因为是晚上从台北回台中，所以我就跟驾驶说：“咱们今天把枪带着吧。”于是我们各带了一支卡宾枪和一把四五手枪，我身上带着四五手枪，又在后座摆着一支卡宾枪。

当我们的车子要过桥之前，听到弹药车上的人嘻嘻哈哈的，后来他们开得愈来愈慢，也不让我们过去。到了有涵洞的桥上头，他们就停在那里，我们就过不去了。我们在距离他们二十公尺左右的地方停下来，然后就看到前面跳下两个大男人来，我听到他们说：“肥的！”原来他们看到我们的车子很漂亮，想抢我们。我就跟我的驾驶说：“开远光灯照着他们。”说完后，我就从后面右手门下来，他从前面左手门下来，他拿着枪，我也拿着枪。因为车子开远光灯，所以对面的人看不见我们。对方起先有两个人跳下来，后来又跳下四个人，都是男的。我带枪时一定先上子弹，但不是为了要警告对面的人，我就喊我驾驶的名字："徐宏，上子弹！"他拿着卡宾枪，我拿着四五手枪"啪嗒"一声上膛，牺牲了一颗子弹。他们听到我们拉枪后说："小心，他们有枪。"我们两人就绕到远光灯的前面，其实我们车子上已经没有人了，我故意往后指挥，说："你们在后面看着，我们朝前面走！"让他们以为车上还有很多人。说完我们两人就前进，并对他们说："不准动！"因为我们的灯光照得很清楚，而且我的驾驶拿着卡宾枪，等于是一支小冲锋枪，他们也不敢乱动，我就拿着四五手枪绕到那辆弹药车的驾驶座旁边，一伸手就把驾驶的识别符号摘下来，我说："你回去后老老实实地向你自己的部队长报告今天晚上发生的事，我不提出报告，这个识别符号我会还给你师长的，以后不可以这样子。"那位师长是周中峰，后来还当过军团司令、国安局局长，可是他带部队实在不行，他的部队的纪律由此可见一斑。

一九五六年，有一次在衡阳街，我自己开了一部民用的黑色吉普车，那天我穿便服，路上有一辆"国防部"的交通车把我的吉普车逼到人行道上，我听到、也看到一个中校阶级的军官对驾驶说："揍他！揍他！"他叫他的驾驶下来揍我，不晓得是什么意思。结果驾驶就跳下来跑到我的吉普车旁边，伸手进来，想要揍我。他把手伸进来后，我就把他的手按在我的胸口，往前一弯身，把他的手一叠，他就"砰"地一下跪在旁边。他一跪下去，我把手一伸，就把他的识别符号摘下来了。我说："我不会怪你的，是那个中校指示你的，你向总务处处长报告，我会把识别符号还给总务处处长。"那时候的总务处处长是王雨农。

这点点滴滴加起来，账都算在"中国国民党"身上，也难怪民进党有那么多机会指责国民党，实在是有些人做得太过分了，予人口实。

解决义演纠纷

在“一江山事件”之后，有一天我穿着军装到空军总部去接洽事情。那时候我是“国防部”第三厅副厅长，阶级是少将。那天总部外面围了很多人，围墙上也贴了很多标语，这些标语跟共产党的差不多。当时我还不太清楚发生了什么事情，就直接到总部里面去办事，办完事情后，听到广播器呼叫：“请蒋纬国将军到大礼堂门口服务处，有你的电话。”我就到服务处接电话。我接起电话说：“我是蒋纬国。”电话那头就说：“喔！蒋将军，请你稍等，夫人请你讲话。”蒋夫人问我当时人在何处，我说我在空军总部大礼堂门口旁的服务台，她问我知不知道大礼堂里在做什么事，我说我不知道，她说：“大礼堂正在举办‘古今中外服装义演’，是我与陈香梅两人联合主持，特别为‘一江山事件’的遗眷和空军总部托儿所募捐的。陈香梅现在正在大礼堂里，有人阻止他们演出，使义演无法开锣，你去看看究竟是怎么回事。尤其听说今天来观赏的使节有很多人受到困扰，特别是东方面孔的外国使节，不论是在空军总部外面或是里面，都受到侮辱。你赶快去看一看。”

我挂完电话后就进去大礼堂，看到反对者的宣传口号是“我们中国人拿中国女孩子的大腿去慰劳美国洋鬼子”，带头的则是江海东。江海东当时是军友社的总干事，官拜少将，他带着两辆军友社的广播车，又动员了退伍的青年军，从基隆开车到台北，集结了一大堆人，大概有六七百人聚集在空军总部门口。我走到大礼堂台上，看到第一场是贵妃醉酒装，由当时著名的武旦戴绮霞示范表演。我到后台一看，挡住戴绮霞不让她出场的就是江海东本人，穿着少将的军装，我听到他对戴绮霞说：“你今天如果出台去，以后你就休想在台湾的市面上混。”我就过去对戴绮霞说：“戴小姐，你上台好了。”然后我就“砰”地一下用擒

◇ 宋美龄生日聚会上，经国、纬国等人陪蒋夫人下棋。左一为韦永成，左三为石静宜

拿术把江海东的手扣起来，我问江海东："你知不知道今天在做什么事情？"他说："她们拿我们中国女孩子去慰劳美国洋鬼子啊！"就和外面讲的口号一样。我说："你晓不晓得是谁主持的？"他回答说："陈香梅啊！"我说："错了，是夫人与陈香梅两人联合主持的，你怎么可以捣乱呢！"于是我就把他押到外头去，戴绮霞也就顺利出场了。

义演会有好几箱借来的服装被挡在外头，没有江海东的命令不准进入，我就押着江海东到空军总部门口，他就拼命叫："有人打人啊！有人打人啊！"他一叫，我就把手紧一紧，并告诉他："再叫我就把你的手弄断，谁打过谁啊，我们两人一块好好走！"那时候有很多人包围上来，我手里拿着一本说明书，他们看我穿着军装，也不敢随便动，我看见有一个人是青年军二〇六师退休的，我说："我是二〇六师六〇六团的。"那个人就接口说："我是六〇八团的。"于是我就问他们："有没有人想知道里面究竟在做什么？"那时候大家你一句我一句的，乱哄哄的，那位二〇六师的同胞就说："也给他机会讲讲嘛！"我就说："这是我们'总统'夫人与美国陈纳德将军夫人陈香梅女士联合为我们一江山牺牲弟兄的遗眷募捐的，各位看这本册子，有现代服装与古装，有中国人也有外国人上台表演，而且都是有名望的人，哪有拿中国女孩子的大腿去慰劳美国大兵的事情！不要中了共产党的诡计。”那时候服装也放行了，我讲完后便说：“只有带头的人负责，我们不要被人家利用。”江海东那时候就大叫说：“你是少将，我也是少将，你凭什么抓我？”我说：“你做这种事情，就不能算是少将。”说完又把手紧了一下。最后我就把江海东送到警备总部，然后向老夫人复命。

父亲知道这件事情后非常生气地说：“这个人在审判定案之前，谁都不准去监牢看他。”后来审判还没结案，过了三个月后哥哥就悄悄把他放出来，没有多久他便升上中将，在总政战部管三军人事。

跟着哥哥从江西出来的有王升、李焕、江国栋三人，江海东无法与他们三人并列，后来因为江国栋死了，王升才蹿起来的。江国栋是这三个人之中最好的。

不打不相识

德国人的习惯是论位子而不论桌子，只要有位子，不管认不认识，都会坐同一张桌子。有一次我到德国慕尼黑的一个中国小饭馆里吃饭，那天人很少，我坐的那张长条桌的另一个犄角有两个德国人坐在那里，另外一张桌子坐着一位中国人，瘦瘦小小的，黑黑黄黄的，一个人在那里吃东西。这两个德国人就一直用很难听的话说那个中国人，那些话语对我们中国人是有侮辱性的。我就告诉那两个德国人：“中国人有句话‘一不打瘦黄，二不打和尚’，你们不要看他瘦小，他的功夫了不起。

而且如果你们侮辱他，我也不饶你们。”说着说着这两个人就站起来了，对我说：“怎么，你想打架啊！”我说：“我并不想打，不过你们用这种态度不会有好处的。”其中一个人想伸手过来抓我，我站起来一掌推前面那个人，他往后退又撞到后面那个人，两人都坐在地上，倒在犄角里面，我又对他们说：“那个中国人的功夫比我高十倍以上，他只是不像我这样毛毛躁躁的，你们千万不要去惹他。”然后我还是装做没事情似的，一边伸手把他们拉起来，一边招呼侍应生，“小姐，啤酒三杯。”就这样跟他们变成朋友了。

在西方社会里，有时候不能太过于礼貌。还有一次也是在慕尼黑，有二十多个年龄在二十出头的孩子围着我，你一句我一句地说中国人的坏话。当时我一直忍耐着，突然有一个人说：“你们中国人都是猪，蒋介石是最臭最大的猪。”我就跟他说：“这句话请你收回去，你骂我个人可以，骂我整个中国人不可以，尤其骂我们的领袖更不可以。请你把话收回去。”他说：“我们德国人说出来的话从不收回的。”我说：“我就要请你收回去。”其中有一个人推了我一把，说：“怎么样，你要用什么方法让我们收回去？”我说：“你要动手吗？”他说：“动手又怎么样！”说完就“啪”的一拳打过来，我一让、一抬手，他就“咻”地摔出去了。我说：“你们要打架也要推派个像样点的。”结果他们就推派了一个很强壮的人出来，个子有一米八左右，他打我两下，我都是用虚招躲闪，然后我给他一个虚招，他一闪，我一抬手，又“啪”的一声把他摔出去了。结果他们大伙哄一下地全上来了，我心里想：这下完了，没想到他们把我抱起来朝天上扔，他们非常佩服我，说：“中国人是最好的朋友，蒋介石是我们好朋友里面的最好的朋友。”我问他们为什么会把话收回呢？他们说：“刚才讲的话也没办法收回，因为我们从来不收回。可是，我们重新讲总可以啊！”后来这些人也变成我的朋友了。我觉得有些时候实在是我们自己太不中用了，所以被人家看不起。

第十九章

俄、美之旅

访俄缘起

去年（一九九二年）我邀请俄国一位海军上将来台，起初我也不知道对方会派哪一位来，只是去函邀请，人选由他们决定。最初他们决定派国防部长来，后来他们几经思考之后，认为第一次来就派阶层如此高的来台湾，不太妥当，就改派太平洋舰队的舰队司令，但是又觉得现任的太过敏感，所以就派遣一位刚卸任的海军上将——Vladimir A.Sidolov 上将（以下称史上将）来台湾。俄国的四个舰队里以太平洋舰队最大，史上将本人也确实很向往中国，他曾先后经过台湾海峡数次。他到台湾访问时说："台湾对我而言并不陌生，只是过去从远处看，现在到近处听。"

史上将回国后，俄国国防部长想邀请我到俄国访问，当我向"外交部"接洽时，"外交部"人员说政府马上要在俄国开馆了，要我到时候由"外交部"办手续到俄国，自己先不要接头。（中国的一般官员，凡是自己做不到的事情也不要别人去做。"外交部"与俄国交涉多少次，始终没有进展。章孝严虽然亲自到莫斯科两次，但是他没有见到什么人，只碰见三四流的人，而且也没有到办公室正式拜访，人家到旅馆见他，究竟来者是何人也不知道。）我的人生观一向是"功在党国"，有任何成就都是归功于党及政府，我不会去抢他们的功劳，外交部也是属于国家的，我根本不会去争功。但是他们就叫我不要进行，由他们去进行，我问他们在俄国设机构还要多久，"外交部"回答我说，在两个礼

◇ 一九九三年作为“总统府”资政，携夫人（右四）及蒋孝刚（右二）应邀访俄，与戈尔巴乔夫（右三）会晤

拜以内大概就可以。我说："好吧，我就等两个礼拜。"结果就从去年等到现在（一九九三年），等了一年。现在虽然设立了，但是业务还没有展开，而且这个以商务为主的机构，对我的事情迟迟未办，甚至于这次我去俄国，他们都没有派人与我同行。

俄国方原本邀请我们十个人去，除了我全家三个人以外，另外我安排战略学会副秘书长齐茂吉先生，再加上翻译韩松林，他是我的老部下，从小在哈尔滨生长，俄文等于是他的母语，是最称职的翻译人员，将来中俄之间如果有什么需求，他就可以替我翻译；另外有五个人，我原本和参谋总长刘和谦将军商量，请他派陆、海、空、飞弹、电子各一人，与我一同去俄国访问。总长非常高兴，因为俄国虽然很穷，但是国防很强，非常尖端。可是请示"总统"之后，"总统"的回答是"不必"，如此一来总长也没办法了。其实他们去俄国也都是以战略学会会员的身份去，对外身份不公开，本来总长预备给我全部的经费支援，结果"总统"说："他给新同盟会一捐就是两百万元，还需要你支援他吗？"就这么一句话，总长也不敢支援了。不过总长与我的私交很好，他跟"总统"说："我们对纬国夫妇俩总要有点表示，就送他们来回机票吧！""总统"未置可否，没有否定就代表同意，所以总长就送了我们夫妻俩一人一张头等舱来回机票，再悄悄塞给我一万美金，解决了我很大的问题。可是我们不只两人，连我儿子一共三人，我们就买三张经济舱的机票。后来航空公司的人说我可以买一张头等舱和两张经济舱，我内人和我儿子就坐经济舱，到了飞机场后，因为头等舱有空位，就把他们两人"升等"了。我们既然不是以国家官员身份出去的，所以就搭日亚航，不是搭华航，我还是第一次不搭华航出国。

刘总长一直认为这是一个很好的机会，但是遭"总统"否定，所以他只好派一个海军少将以战略学会会员的名义跟我一起到俄国，他也是我的学生，这个人将来可以发挥很大的作用，因为他既是我的随员，又替参谋本部做事；同行中另一位就是韩松林，他的俄文不仅流利，而且还能把意思完全传达，不失本意。我内人原本在美国陪老太太，她就横越大西洋，先飞到欧洲去看几个朋友，然后再到莫斯科，我们约好在莫斯科碰面，刚好两个班机只差半个钟头，她先到，在机场等了不到二十分钟，我们就到了。我们坐日亚航经东京到莫斯科，时间安排得非常好，一方面可以躲过十四全大会，因为我在此地不但帮不上忙，反而会被人利用，即使毁了我自己，也帮不了国家的忙，因为大势如何都已经确定了，所以我不在台湾反而好，免得有人用我的名字造势，不但造不起势，反而于事无补；更重要的原因是我父亲是民国十二年八月访俄国的，我在七十年后到俄国，深具意义，所以我赶在八月八日到莫斯科去纪念父亲节，我的儿子孝刚为我过父亲节，我纪念我的父亲——访俄七十周年。父亲去过的几个地方我都去过了，特别重要的有莫斯科与圣彼得堡。

旅俄见闻

这次去俄国，不但是看现代的俄罗斯，也回忆当年的俄罗斯。俄国革命一幕一幕地映在眼前，尤其是二月革命，因为有二月革命才有十月革命。我常常说一句话："带着历史去看地理，从地理中回忆历史。"否则就不产生任何意义了。

我到俄国是俄国国防部策动邀请我去的，出面接待我的是《消息报》，而真正随行接待的人则都是克格勃（格别乌）。我的旅程是先到莫斯科及圣彼得堡，回到莫斯科后再到伯力，最后到海参崴，再到新宿，再从新宿到东京。到新宿去一方面是因为航线的关系，而主要是因为当年父亲在新宿高田骑兵连队入伍，这次虽然来不及去看看高田连队的位置，但是我到了新宿也算是一个纪念了。所以这次我亲自从父亲的访俄地点到父亲入伍之地，可以说是好好地纪念父亲。

我在俄国看到沙皇时代留下来的古迹，对于俄罗斯这个民族非常钦佩。在沙皇时代，贵族虽然非常骄奢淫逸，但他们不只是珠光宝气，而是表现出文化来，每一件东西都有其艺术价值，这是了不起的。不像我们现在有了几个钱之后，家里只会弄得珠光宝气的，一点美感都没有。在俄国，每一件东西都表现得像艺术品一样，不论哪一种装饰，都是艺术品。这显示了古老的俄国并不只有奢侈，而是有文化的表现。不论在建筑、纺织、雕刻、绘画方面，在在都是有文化的表现，尤其在大众的服务方面，如交通、水利、路上运输、河流疏浚、船舶运输、码头建筑、铁路等，很早就有整体规模。一个大城市的整体规划，都是古俄罗斯在文化方面的表现。这些都可以归功于历届帝王，特别是彼得大帝和凯萨琳女皇。

父亲当年特别到俄国去研究彼得大帝，彼得大帝对俄国的现代化、科学化、工业化有很大的贡献。彼得大帝亲自到西欧学习，回到俄国后大力展开建设，无论是水陆交通、炼钢、开矿等方面，都有可观的成绩。他开疆辟土，奠定国防与民生工业，可以说是全面性的，也只有加强民生工业才能民富国强，他确实做了很多事情。此行有机会去参观他们的工厂，发现彼得大帝对俄国的工业化贡献真的很大。

我在莫斯科时曾参观克里姆林宫，克里姆林宫到现在为止还没有开放给民众参观。如此高大的建筑物全部都是无梁的，有柱无梁，全部用拱形力量撑起来，在中国称为无梁殿。世人形容克里姆林宫金碧辉煌，我认为金碧辉煌四个字还不足以形容它，因为它是艺术品，连门把都是一件艺术品，不像台湾很多人虽然把家里弄得金碧辉煌，连马桶都用金子做成，可是却俗气得很。克里姆林宫里面，无论是雕刻、壁画、拱形的顶画，或是框子、柱子、家具、陈设，没有一个不是艺术品，因此看过克里姆林宫之后，其他国家的宫殿或许就不值得一谈了。从大的规模一直到细小地方，在在都显示出它的整体性，哪怕一片墙是用碎石拼起来的，拼出来的图案都是艺术，铺出来的地板也是艺术，用各种颜色的石头拼成一副图案，并不简单，有些是用本地的石头，有的是外来的石头，在在都显示是充分的艺术。其他如写作、音乐与诗歌也有其细腻的地方，在在赋予感情，绝对不是我们所想象的经过七十多年的共产制度而变得无情无义，仍然保持她固有的文化。这个民族还是可爱的。

希腊正教在罗马时代分成两种，留在罗马的称为西正教，随着西罗马的灭亡而毁灭了；搬迁到土耳其的称为东正教。当东罗马帝国灭亡的时候，东正教的教皇被俄国人请到莫斯科，从此在俄国生根，共产时期始终没中断过，只是被压迫而已。

在莫斯科及圣彼得堡参观时，都是住五星级旅馆的总统级套房。俄国每一幢建筑物不论硬体设施很新或是很老旧，大部分都是非常扎实的，可惜几十年来没有经费可以整修，所以房子的本质虽然好，但是年久失修之后，脱落的现象很多，从这里可以看出来几十年以前的了不起，也可看出后几十年的“起不了”。

离开莫斯科，到了伯力和海参崴后，建筑更是破烂得不得了，号称五星级的旅馆居然没有热水。我们买矿泉水来当饮用水，从来不喝当地的水，但是即使如此我们都还泻肚子。在共产党统治时代，海参崴是避寒胜地，对外不能交往，所以完全落后；而伯力离中国大陆近，容易偷渡，所以经济有跑单帮的情形，经济比海参崴好。不过海参崴是俄国太平洋舰队所在地，不论海防、空防都是一流的。俄方也没有忌讳我们，太平洋舰队司令亲自接待我们，同时间恰好俄国总理出巡，他每到一处，俄国的重要官员都会去接待他。为此，舰队司令还亲自赶回来跟我们打声招呼，说他离不开，于是就由上任司令史上将全程陪同我们，并且让我们到巡洋舰上参观，而且讲解得非常详细。

这些巡洋舰是飞弹巡洋舰，一九八八年下水的。舰队司令还把他的坐艇借给我们乘坐去巡港，史上将也替我们讲解港湾的排列情形，光是港湾内的船坞就有五条，所以他们的修造能力很强。后来我们在一条渔业加工船上吃午餐，这条船才从台湾修复好回到俄国。他们说过去都是在新加坡修船，这次也是第一次他们发现台湾的修理成绩比新加坡好，比新加坡便宜，而且也快，唯一的缺点是船员在台湾的花费比新加坡贵。我们那天在这条渔业加工船上吃饭，在船上闻不到一点鱼腥味，因为空调做得很好，清洗也很快，加工作业做完后立刻清洗干净。不过在港湾内没有作业，因为污水太重，会污染港湾，一定是出港湾后才开始作业。他们说工厂一动工，几十条船都来不及送。史上将在陪同我们参观海参崴时三次提到他到台湾访问时我方不让他上船去看、也不让他游港的事情，他说："其实我一看就知道那些是什么船，又何必如此神秘呢。"我说："中国人稍微保守一点。"他虽然对此事念念不忘，但是还是让我参观所有的设备。

俄国现在大幅度削减国防预算，所以凡是军用的工厂都改成制造民生必需品，才能勉强维持下去，不至于关门。可是还是有很多生产线停顿了。大型尖端工业对他们来说确实是很容易的，除了造水翼船（水面效应船）及气垫船外，他们又发明了一种新产品，是一种水面上的飞船，售价很便宜，但是他们现在尚未公开，只拿船模型给我看。我认为这种船对于解决南沙问题很有帮助，因为南沙附近都是暗礁，一般的船无法航行，这种船也能飞到空中，但是耗油较多，所以经常保持在水面上两三公尺的高度。它的速度很快，与飞机速度相当。另外还有一种气垫船，船身非常大，光是战车就可以装三辆，还可以装其他勤务车辆及战斗人员，可以一直从水面上行驶到地面上。

我还参观了战车博物馆，里面有俄国、德国、英国、法国、意大利等欧洲国家的战车，从最老、最小的，一直到最新、最大的都有。其中有一辆战车重达一百八十吨，光是履带就有一米宽，不过这种战车每平方英寸的重量并不重，除了大河桥不能通过之外，其余地方都没问题。这种战车是德国制的，当初只制造三辆，其装甲之厚，三七炮、五七炮等战防炮都打不穿。其中有一辆在作战时沉到松软土里，另外一辆损坏了，就剩下博物馆收藏的这一辆。当年德国如果充分使用这三辆战车，的确会所向无敌，其实德国的战败完全是野战战略的错误，所以弄得最后无法挽救。在战车旁有一门自走炮，炮口非常大，不知道口径有多少，像是一个活动要塞，也是德国制造的。在战车博物馆内存放了三百多辆战车，每一辆都不相同，而且每一辆战车都擦拭得很干净，但是博物馆建筑物本身却是破旧不堪。

俄国民间之穷，公共厕所里都没有卫生纸。不过这个并不稀奇，稀奇的是他们上完厕所后直接用手擦拭，然后再甩到墙壁上去。他们怎么洗手我不晓得，但是每一个人走在马路上都是整整齐齐的。虽然也有偷抢的事情发生，但是一般说来，在欧洲各国里，俄国的社会秩序还是不错的，马路上没有一个人蓬头垢面，没有一个人哈腰驼背，鞋子都擦得干干净净，头发都梳得整整齐齐，衣服的料子虽然差一点，但是都干干净净。这就是我所谓的欧洲人的自尊，他们没有讨饭相。

俄国几乎没有服务业，在海参崴的五星级旅馆里也没有热水，而且服务奇差无比，几乎等于没有服务，行李要自己提，甚至到了机场，行李也要自己送到飞机肚子里，连推车都没有。因为他们没有服务，所以公共设施非常不好，抽水马桶虽然有，但是不多，不是到处都有的。在部队里面仍然是先挖一个坑，用过以后再埋起来，就像我们抗战期间的生活。

我到了伯力之后，《消息报》安排我们住在五星级旅馆，虽然名为五星级，但是也是破破烂烂的。在我们到达当天，该地的省长陪同总理参观，第一副省长就到旅馆来找我说省长临走时特别交代要我们住在省宾馆，就把我们接到省宾馆去。省宾馆稍微好一点，设备与五星级差不多，但是也是没有热水。第一副省长虽然亲自陪着我们到省宾馆，但也要先到柜台登记填表，前后花了半个多钟头时间，登记完后副省长要帮我提箱子，因为省宾馆内没有服务员，客人都要自己提箱子。旅馆要确保房客安全，所以不同部门房间的房客不能随意走动，都要显示身份后才能通行。随行有一个人把旅馆的登记表格放在房间里，只带了房间钥匙出去，结果要到柜台去查他的原始登记，再填一张表才准他进房间。这方面的确不习惯。

与戈尔巴乔夫会面

这次我与戈尔巴乔夫见面，大约谈了半个钟头。戈尔巴乔夫对台湾了解不少，对俄国本身也很有信心，不过他说俄国现在立法来不及，因为立法总要有一个相当程序，需要一些时间，这段时间是俄国最痛苦的时候，但是他有信心。对于中共问题，他认为需要时间，不能急，对俄国是如此，对中共也是如此，历史是不会回头的，潮流是朝前的，现在已经开放了。原则是不变的，真理是不变的，但是同样的事情不会再发生，我们想退也退不回去，只能往前走，这一段时间尚待大家努力。

戈尔巴乔夫做了一件吃力不讨好的事情，即使是知识分子，尽管知道他做的事情是好的，是对的，可是他们没有饭吃是真的，所以也对戈尔巴乔夫有埋怨，虽然他们称赞戈尔巴乔夫，但是也说：“我们现在过不去啊！”他们确实是穷得一清二白，一个月的薪水有相当于二三十美金的收入就已经不得了了。所以他们现在最大的危机是人才难留，特别是高科技人才，幸亏他们有国家观念，否则都走光了。这点与我们有点相似，回想抗战时，那时候的生活多苦，不过在中央集权的制度之下，薪水虽低，但也不愁吃穿，也不愁住，这也就够了，而且走也走不到哪里去。俄国海军少将的月薪只有相当于五十元美金左右，可是他不愁吃穿，出门还有汽车供应，还有国家分配的司机，出门也是风风光光的，军装笔挺的，比我们抗战时还好，抗战时我们连军装都买不起，他的军装还是呢制品的呢！

现在戈尔巴乔夫来台湾对于中俄交情并没有帮助，因为他在俄国是反面人物。如果戈尔巴乔夫访台，俄国现在的执政者不一定会高兴，由学术界出面倒是可以，由政府出面则不宜。俄国最重要的还是总统府里面一个具有决策性的机构，那是叶尔辛最亲近、最信任的智囊团，我在俄国时与他们见了面，也跟经济部长、交通部长、新闻部长见了面，外交部远东司司长还特别到旅馆来看我，他们都表示想来台湾看看，尤其是新闻部部长，他透过《消息报》出面，特别积极。那边有一个学术机构希望把我的名字纳入第一个东方人会员名单上，其目的是要我捐五千元美金，我也捐了。

台湾俄罗斯的合作

现在俄国的国防生产竞相改变为民营，生产民生必需品，在这个时候，我们有很多合作的机会。他们现在有很多外来的合资公司，非常欢迎我们去，他们不喜欢外来独资，也许是因为他们透过合资可以控制。欧洲有很多人到俄国，我也建议俄国人一定要展开服务业，有了服务业才能兴盛，否则永远是闭塞的。

俄国官方的人注意到要赶快交换留学生，我也就这一点向他们表示了一点意见，他们都很赞成：当年日本与中国同样派遣留学生出洋学习，但是两国有一个显著不同的地方，中国派年轻孩子去美国，要等这些孩子念到大学、硕士、进而变成一个专家，需时甚久，回到国内还要从基层做起，等他们变成决策阶层大概还要二十年，前前后后至少需要三十多年的时间，所以等孩子成长是很慢的；日本则派遣成人出国留学，这些人在某方面有很丰富的经验，出国学了语文后就可以直接学专业的东西，回国后可以直接应用，而且可以成套地运用，完全接受西方的方式，成功得快。我们的小留学生学成回到国内，能不能找到工作都还不晓得，而且即使找到工作，能不能在集团里起作用也不晓得。所以我建议他们派遣留学生时可以双方面并进，小孩与成人可以同时派遣。尤其现在工商界可以彼此访问，不过会辛苦一点，因为双方语言不通所以翻译的培养很重要。

现在台湾的俄文人才非常缺乏，上一次史上将来台湾，我们请了一个人做翻译，他们还说是程度好的，结果没有多久就翻不下去了，要不是我的老部下韩松林，彼此的沟通就有问题了。不过韩松林今年已经六十九岁了，体力无法与年轻人相比，所以我们要赶快培养俄文人才。现在官方人士虽然高阶层的需要相互访问，但是事实上真正从事作业的人员也要互访，让他们彼此了解，否则总是格格不入。

此次访问俄国，我所接触的人几乎异口同声以经贸交换为重点，从经贸交换又讲到留学生的派遣，所以我给了他们以上的建议。他们对于扩展贸易非常急迫，要我们去投资，这些都从言辞之间流露出来。我总觉得俄国方面有这种需求，但是我们的配合不够，我们走的路线常常错误，出去的人对上要自我吹嘘，对事情则不够诚恳，以谋自己的利益为优先，并不是为国家谋福利，这是最大的障碍。其实俄罗斯人的基本心态是不错的，我们虽然与俄国已经展开贸易，但是质量与时间的进展不成比例，应该还有许多可以做的事情。

关于溥仪的小故事

我们在伯力时曾经到黑龙江江面最窄小的地方看大陆，中间经过一个小村子，我们看见一个四四方方的大围墙，那个地方是当年关末代皇帝溥仪的地方，据说后来变成工厂与仓库，现在则是荒芜的。那个地方很大，所以他的家眷都可以带着，所有的勤务人员也跟着，生活条件一切都不缺，就是没有自由。当时俄国方面派了一位上校去看管他，为他服务的则是一位上尉，这个上尉就是后来到韩国的金日成。当年俄国有好几次要起解溥仪，把他送回中国，溥仪不肯，一再地拖延，除了没有跪下来以外，什么好话都说尽了，他怕一回到中国就会遭到中共的迫害。到了最后，俄国人还是把他押走了，他搭乘火车经由西伯利亚大铁道到哈尔滨，抵达哈尔滨车站后，他看到外面有很多部队，还有很多高级官员，等到他要下火车时，突然一声令下，这些人都跪倒在地，完全是以君王之礼对他，溥仪就很放心地从火车上下来，没想到下来后中共就把他抓起来送走了。这段故事是在俄国的陪同人员告诉我的，当年他也参与其事。

访俄心得

这次访问俄国，我有两点心得：

（一）俄国人有欧洲人的一种自尊心，以尊重别人为自尊的这种风尚是我们东方人所缺乏的，至少在近年里没有见过，虽然我们拥有财富，但是一般人都是低头哈腰，只要我比人家差一点点，对方就期待我对他低头哈腰。俄国是一个非常典型的共产社会，没有服务，可是人与人之间还是很客气，谢谢、早安、你好、再见这种词句大家经常挂在嘴边，与东方人不同，所以我认为西方人的自尊是建立在尊重他人上面。

欧洲的人性发展成普遍性观念，由达尔文总结起来，称之为“进化论”，并不是达尔文发明的，正如中国人有了对人性共同的看法，才有了儒道，并不是由孔夫子发明儒道，中国人才变成这个样子，所以中国人的道统与西洋人的道统都是自然形成的。国父指出西方的进化论只是一个原始森林的规律，也就是禽兽的规律，强大厉害的人就是真理，弱肉强食，适者生存。可是从另一方面来看，为什么欧洲人凡事总让妇孺优先，妇孺应该算是弱者，所以他们的行为显然又与进化论前后矛盾，事实上，达尔文所谓的进化论只适用于禽兽，一旦进行到了人类文化后，就是要强者扶助弱者，这也是自然产生的观念，而这种真正的人性，就使得欧洲还有希望。但是在整体人类社会的竞争下，往往会偏于进化论的斗争，这是人类文化进行中的不幸，我希望欧洲人今后的局势能够走向人性的曙光。

（二）俄国在废除共产主义之后，照例说她社会秩序要重新开始，一切法规也要重新拟定，可是决定政策容易，要实行则不是短时间之内就可以做成的，而中间这段青黄不接的时期是最危险的。可是他们有一个优点，当新法规尚未建立之前，还继续遵守旧的规定，如果发现不对，宁可等待，并遵守从前的规定，所以现在还不至于乱。固然不能立即解除贫穷问题，但是至少社会不会有乱象。我觉得俄国的社会还能维持一个秩序，这是一个非常重要的因素。例如我们到旅馆订一个房间，光是填表等登记手续，就要耗上半个钟头才能订到一个房间，客人进出自己房间的楼层，也要经过检查，少一张登记证就进不去，有自己的房门的钥匙也不足为凭，原来在柜台登记的表格如果没有带在身边，就进不了自己的房间。这些虽然是小事情，但也是维持社会秩序的要素，虽然带来很多的麻烦，但也维持了它的安全。固然现在大锅饭没得吃，小锅饭还没建立起来的，这一段时间是非常痛苦的，但是只要能够维持这样子，再慢慢地从贫穷中脱胎出来，俄国还是有希望的。

应邀赴美

一九九三年十月，海外兴中会举办一个讨论会，主题是“中国的未来”，他们邀请我去演讲。在我去美国之前，由邱创焕先生创办的“国家建设促进基金会”旧金山分会要举行周年纪念，也邀请我去做一个专题演讲。后来我也参加黄埔同学会。

这次的讨论会有一次是在餐馆举行，完全是用聚餐的方式，还有一次就是在齐鲁会馆。我在海外发现，我们的政府及党中央是用全面封杀的方法来对待海外民间组织。民间建立的海外爱国组织在各方面都受到阻碍，特别是国内上级还指示该地华侨，凡是这类组织开会，都不得出借场地，使得海外爱国组织借不到场地开会，甚至连酒楼都租不到，即使有钱也一样，而且以其他组织的名义去租借场地也借不到。更过分的是，原本借好的场地，还会在开会前几天被取消，弄得他们临时措手不及。这种做法非常恶劣。幸亏旧金山有一个齐鲁会馆，不仅自动出借场地，还参与我们的讨论会。

发表演说

讨论会中，与会者不讨论什么题目，重点都是讲中国的前途与将来。我讲的题目是“中国之未来”，内容详见拙著《论中国之统一》。我在会中提到泛东方地区的国、族如果不团结起来，我们无以自保，也无法真正实现大同世界，因为西方是侵略的帝国主义，我们自保之前首先要自强，但是我们的自强并不仅仅是为了自保而已，而是要与西方合作，追求全人类的福祉，建立一个太平世界，双方如果不能团结自强，就不能实现这个愿望。历史告诉我们，世界之所以动乱不安，就是因为西方有一种观念，这种观念就是由达尔文综合提出的“进化论”，他们认为整个进化过程就是斗争，“适者生存，优胜劣败”。国父明白指出这是丛林中的规律（the law and order of jungle），也就是禽兽的生活规律；他接着又指出人类的进化是靠互助合作以及互相的关切与尊敬，这个基本精神就是济弱扶倾，这才是人类的文化。

我领悟出整部人类史就是西方思想与东方思想相互交流的历史，西方特色是斗争，强者胜、胜者存，弱者被淘汰是天经地义的，没有人会同情，只有我们中国人从中道思想发展出仁政，才能实现世界大

◇ 获美国诺斯洛普大学颁赠的荣誉理学博士学位

同的愿望。

现在地球上的问题加诸人类痛苦愈来愈严重，如果人类再不静下来思考今后的生存问题，联合起来谋求改善生存环境，大自然就会毁灭人类，就如同当年恐龙灭亡一样。我们人类难道想走上这条路吗？所以从远大的方面来想，中国人应该团结起来，特别是在台湾的这些人，不要再搞这一套政治上的斗争了。所以我就下了一个结论：“我很诚恳地赞成邓老（小平）的有中国特色的社会主义。”

我说这句话的目的是让大陆人民认同邓小平说的是对的，他所谓的开放与革新就是要使中国走上“有中国特色的社会主义”，让他们去发展，发展到后来，逼着他们去做政治改革，同时也让台独运动死了心。这句话是有双重意义，对大陆而言，我鼓励他们走向总理的民生主义，对台湾而言，就是要打击那些否认自己是中国人的人。所谓“中国人”指的是信中道、行中道的人，这就是我推广梅花运动的目的。我知道这句话说出来之后，大陆上人民要有时间以及有人来提倡后才能明白，可是在此地的台独运动者则马上就怕，而且认为不能让我这种思想滋长，所以不准我回台湾，就是回来了也要驱逐出境，这是我在事前就料到的。在十月四五日以后，有一些报纸，包括《中央日报》，此起彼落地攻击我，所以我临时决定不到德国。我在美国看过老太太（老夫人）之后，马上赶回来。他们知道我要到欧洲，等到他们发现时我已经回来了。

邓小平、江泽民所称“有中国特色的社会主义”是指适应现在中国状况而发展出来的社会主义，称为有中国特色的社会主义，但是他们没有明确地写下来。我是一口咬定，所谓中国特色只有中道，合乎中道的才叫做有中国特色，否则仍然是西洋的东西。我也不作建议，何者该做，何者不该做，否则会变成正事不办，光是争论枝微末节的情形。中共如此发展，就接近中山先生所讲的三民主义了。我这种做法事实上也是一种战略。此地报纸说的市场经济，我从来没提过，因为我不准备举任何实例，只要一举任何实例后就可能偏离本题，所以我只讲一个原则——有中国特色的，这个特色就是中道。凡是合乎中道理论而发展出来的政治、经济、社会甚至于军事作战都包含在内。合乎中国特色的战争指导是以战止战，有好几位思想前进的人马上就接受这个观念，在国内也是如此，虽然有些报纸打压我，但是另外也有好几份报纸发表几篇文章赞成这个观念。

第二十章

水的哲学

“国家统一纲领”

“国家统一纲领”分为近程、中程与远程计划，其原则是近程计划达到目标后才进行中程计划，中程计划完成后才进入远程计划。换句话说，如果近程计划做不完，就永远无法进入中程计划，就更别提远程计划了。另一方面，要等到进入远程计划后，才能与中共谈判，而谈判能否成功，尚未在计划之列。这种纲领能称为计划吗？订定这个计划的人，一定是个内行人，因为他懂得如何阻碍统一，所以作出这种计划，让我们永远无法达成统一。“国家统一纲领”的主笔者是宋心濂，他懂得一点国家战略与战略计划的技术，但是他的心究竟偏左还是偏右，我不太清楚；更何况，这些计划的指导都是最高当局下达的，他只是主笔而已，他既没有办法说服当局，也提不出自己的主见。宋心濂是战争学院将官班“坐红椅”毕业的，如果父亲在世，绝对不会将重要责任交付给他，而宋心濂还洋洋得意地跟我说了两次“国统纲领”是他写的。

美国做国务计划的方式是在计划上贴一张黄纸，计划人员做好计划之后，经过讨论、修改，得到结论后，把黄纸撕掉，盖上红纸，就成为国家绝对机密。但是过一段时间，还要再重新检讨、讨论。

参谋业务

做参谋业务时，要注意起承转合。案子的第一段先写明案由；第二段则是问题的提出，发现问题时虽然还没有答案，但是总比连问题都没有发现要好得多；第三段是有关事实；第四是障碍因素；第五段才开始进行分析，依据有关事实、障碍因素来决定研究事项；分析之后，再做各种状况的比较，这是第六段；第七段才是结论，得出结论之后，还要会各单位，不能闭门造车。经过汇整后，呈交单位主管，经过主管同意后，便可开始行动，等到呈给单位首长时，意见协调已经完成了，最后再将案子分送到本单位的相关各处。如果我们学习参谋业务时，能够了解其中的思维理哲，再来了解部队编组的方法，就能够了解参谋分哪些部门，部队分哪些阶层，每一个阶层里有哪些编组，编组里有什么工具，以及编组里的干部要先接受何种教育等问题。但是这方面我们实在是做得不够。

飞机生产

中东的 F5E、F5G、F5A 是在台湾装配后，卖给中东国家的。本来空军航发中心负责飞机生产，郝伯村当了参谋总长之后，就把此项工作并入“中科院”（国防科学院），后来才有经国号战机的发展。

行政缺失

任何一件事情一定有政策阶层与行动阶层。举例来说，人事行政局究竟该归“行政院”还是考试院？大家为这个问题争论不休，认为设在“行政院”，会使行政首长大权独揽。在制度上大家都知道会计跟出纳要分开，当年在参谋本部有个联一部门，还有一个副官局，这是美军制度里好的东西。联一是管人事制度、政策，而执行则归副官局，所以“总统”掌管政策应该有一个机构，而行政院长掌管执行应该也有一个相对的配合机构。“总统”管人事政策交给考试院，由考试院来研究政策与制度，再由“行政院”执行。“行政院”是个行政部门，人事不归它管很别扭，所以人事行政局设在“行政院”下较合理。而订定考试标准，则是考试院的职责，同时行政院必须先计算未来需用人才，交给考试院考选，至于我们的教育制度与人事的进出，则是要快则快用，要慢则慢用，由不得“行政院”为了自己的方便而改变。

我刚当装甲兵司令时，为了要造预算，就要做工作计划，有了工作计划再提出预算计划。我本来有一个构想，要把装甲兵建军备战做到某程度的发展，就先设想一个远景，再计划下一年度要做的事情。结果有一些老幕僚给了我一些建议，他们说：“司令，根据我们的经验，我们不要一次提出那么多事情，只要提出一年中一定可以完成的数量，不要自己提了计划自己压了腿，我们宁可少提一点事情。司令要做的另外几件大事，将来我们再专案申请。如果通通并在提案里，第一点，万一做不完将来考核时一定说我们落后；第二点，预算太高一定会被削减，削减之后事情还是要做，这样划不来。所以宁可把这几件大事留着，实在做不完的我们留到下年度再做，今年我们可以做专案申请，假定有三个专案，核准了二个，还有一个明年再做。”起先我是很委屈地同意了，后来想想，如果不同意还有什么更好的办法呢？从这件事情，我就联想到，假定上级有一个分析，分析到我们的假想敌在哪一年会动，到敌人极可能动的时候，我们的准备赶得上赶不上？如果赶不上就是我们自己的设计太慢了，如果赶得上，我们做到那一点为止就好了。到明年我们再多做一步，再多过一年再多做一步，只要敌人没有先动，我们总是比他多一年的准备时间。这才合乎建军备战的原则。

研究精神

魏景蒙曾告诉我一件事，当第二次大战结束后，有四十几个国家的顶尖记者组成一个访问团，到莫斯科访问斯大林，他们所发问的问题，斯大林都一一答复，最后斯大林反问三个问题，结果四十几个记者没有一个人可以回答。斯大林说："我连小学都没有毕业，你们起码也是学士，可是你们无法回答我的问题。事实上，我进的是社会大学、世界大学，我把我生存的时代作为我的实验室，而从前的历史是我的学校，我自己来不及读，别人读了之后讲给我听；你们虽然有高学位，但是没有用处，你们念的是死书，明明可以用的学问，你们也没有好好用。"我是在艰苦卓绝中领悟出这许多道理，我并不是不鼓励人家进大学，而是认为凡事都要研究。西洋字里有 student 一字，中国人不大愿意承认自己是 student。你称他学人、学者，他很高兴，你称他学生，他觉得你太瞧不起他了。事实上，西洋字 study 的人是 student，我们翻译成学生，殊不知 study 指的是研究，student 是研究者，你称一个人为研究员，他觉得很有面子，你称他为学生，他就自认为是"小学生"，

◇ 获韩国庆熙大学荣誉法学博士学位。蒋纬国是唯一的外籍现役军人获此学位，也是唯一一位接受荣誉博士学位时呈交论文的人。论文题为《军制基本原理》，当时已经译成韩文出版

充满了自卑感。英文里的 school 是一个学府，但是我们通常误以为是小学的意思，从前我在东吴大学念书时，学校名称为 science school，现在翻译成理学院，不过那时用英文的时间比较多，也从来没有人想过 school 这个称呼太小。到了台湾，明明只是个指参学院，美国人称 college（在外国，college 是指宿舍，而不是学校），我们非要翻译成指参大学不可，后来我跟父亲报告过后才把名称正规化，正名为指参学院。

革命实践研究院

革命实践研究院设立时，“老总统”身兼院长，后来李“总统”在代理主席的职务期间，把革命实践研究院变成“中常会”的下一级单位。有事情要先报告副秘书长、秘书长，才能上达主席。从前是主席亲自兼院长，革命实践研究院等于是跟党平行，也是党内的教育机构，从李主席以后便被打入“中常会”下的机构，另一个政策委员会也变成副秘书长下的一个机构。

陆军训练作战发展司令部

陆军训练作战发展司令部的前身有二，一为陆军预备部队训练司令部，成立于一九五五年，首任司令为刘安祺将军；一为将军训练司令部，成立于一九六一年，首任司令为郑挺锋。一九六六年六月成立陆军训练发展司令部，罗友伦将军担任第一任司令，最后一任司令是陈守山将军，后来改成第八军团。

当时中共推行“两百公尺过硬”，父亲要国军研究对策，如何能“硬”过敌人。当时发展司令部初步的研究结论是我们要做“三百公尺过硬”，在呈送“国防部”之前，还召开过一次高级将领会商，我也被邀请参加。在会议中，我向与会者提出我的看法：“这个建议案千万不要送到最高统帅那里，如果呈上去，我们一定会挨骂。”结果很多人不了解我的意思，我就接着向他们解释：“‘两百公尺过硬’是一个战术问题。国军有一个毛病，接敌运动都做得很好，但是一到冲锋陷阵时就无法发挥了，尤其是遇到日本人，国军在冲锋时往往吃亏，因为敌人以逸待劳，我们的格斗自然无法胜过敌人。一般的炮弹爆炸威力半径达一百五十公尺，步兵到达一百五十公尺后就不能再向前了，否则会被己方的炮弹击中。这时炮兵就要延伸射程，转移目标。延伸射程是制压后面的火力，转移目标则是制压左右两边的火力，当敌人左右及后方火力被制压后，中间的一块阵地就需要靠步兵营本身的火力来进攻。一百五十公尺的炮弹半径再加上五十公尺的纵深，刚好是两百公尺，这两百公尺就要靠步兵营的火力自行支援，最后到步枪支援步枪。这就是所谓的“两百公尺过硬”。所以我们要研究如何克服最危险的一段区域，如果能够过得了，该次的攻击就成功了，如果过不了，就会被歼灭于敌阵前或敌阵内。我觉得中共提出“两百公尺过硬”是非常了不起的，我们如果要做“三百公尺过硬”，就表示我们的炮兵打得不稳定，使步兵到了两百五十公尺后就不能再朝前了，否则会被己方的炮弹击中，即使延伸之后，也只能再加上五十公尺阵内战，所以我们才定为“三百公尺过硬”。如果我是炮兵指挥官，我首先要辞职不干，因为这种做法等于是对炮兵的侮辱。

最后我又强调，如果将“三百公尺过硬”的结论呈报上去，“总统”一看就知道是不可行的。“总统”会交代这一个任务，要研究发展部研究，他自己绝对已经想过了。所以我们首先要从步兵营的武器装备、火力运用以及最后一段的部队运动方面去加以修正，并且注意部队运用与火力运用如何交替，这才是我们要研究的课题，而不是比过硬的长度。这种情况完全是因为我们的基层与中层干部战术修养不够，战斗基础没有学好，尤其到了台湾之后，下级军官连战场是什么样子都不知道，即使有演习，也不够逼真。其实演习可以做到逼真的程度，但是国军里面有战场经验的人，也不够战斗教育的基础，其战场经验也是不实在的。

我提出建议后，主席竟然交付表决，完全不做战斗与战术的分析讨论。更可笑的是，表决结果居然还通过“三百公尺过硬”的决议。会议结束后，我跟罗友伦将军说：“请您批评批评，您知道我是可以接受的，我说得不对的地方，请您批评一下。”罗将军完全同意我的意见，不过他说既然大家决议通过，也只好呈报上去。我就跟罗将军说：“我在你面前许一个诺言，我平时常常回家陪老太爷吃晚饭，我这几天不回去，等这个公事批下来后再看，免得你们认为我在后面打小报告。”果不其然，过了几天父亲召集所有将领，把大家训了一顿，说我们没有战术思想，他说：“我们又不是和中共比赛跑。”的确，没有战斗与战术思想的人，是无法研究这个问题的。这个问题的重点是，在最后战斗中敌人发挥步兵的武器威力时，我们要如何制压他们的武器，继而进入敌人的阵地，在进入敌人的阵地后，还有五十公尺的阵地战，那时如果能够掌握敌人的阵地，才能算是战斗完成。

我很佩服父亲研究这个问题，因为从这个问题可以发现，国军在前面一段的战斗都做得很好，但是在发起冲锋进入敌人阵地之后就失败了。我们常常听到的报告是“攻不上去，死伤甚重”，其实就是战术的运用不够。曾经有人统计，如果美国的海军陆战队多研究一些战术，懂得火力的运用，他们的伤亡至少可以减少三分之一。美国的海军陆战队是“忠勇有余，智谋不足”，我们国军也是一样。怕死是人之常情，但是如果懂得火力运用，就可以把惧怕减至最低。这件事情对我们国军将校来说是一大考验，而结果却令父亲非常失望。

又有一次，父亲提出一个“三角形攻击战斗区”的战术观念，这是一个弹性高、使用又灵活的观念，可进可退。父亲交代下来后，研究发展训练司令部指定一个部队做示范，很慎重其事地召集各军团的重要人员，父亲也亲自去视察。在演习之前，部队已经摆开，父亲一看就问：“站在水塘的部队是做什么的？”指挥官说：“报告‘总统’，因为三角形的其中二点已经摆好，所以第三点非落在水塘不可。”这件事真是笨透了，部队可以依状况摆在水塘左右方或前后方，为什么要摆在水塘中呢？父亲说：“我没有说一定要正三角形，你们一定要摆成正三角形，第三点一定会落在水塘里。”结果父亲连看也不看就走了，他说：“你们研究研究以后再示范好了。”从这一点可以证明国军的干部实在需要再训练，而且要再加强调基础教育。

李宗仁当选副总统始末

我的大伯父蒋周康先生有一个女儿叫蒋华秀，年纪比我小一岁，虽然她是个女生，但是很男性化，我们从小就在一起玩。华秀的先生是韦永成（他的小弟韦超是中国第一个飞滑翔机的，后来摔死了），他追华秀的时候，华秀并没有决定嫁给他。抗战时韦永成把华秀从沦陷区经由后方接到重庆，中间还绕道西安。后来韦永成想娶华秀，那个时候华秀住在江西（赣州），哥哥也在江西，她就透过哥哥请示父亲，因为大伯父已经过世，她孤苦伶仃一个人。父亲对此事当然不赞成，因为韦永成是桂系李宗仁的人，华秀原本告诉哥哥请他在某月某日之前给她一个答复，如果超过那个时间，她只有答应，因为韦永成追得很紧。没想到哥哥为了到桂林章小姐那儿去，就把这件事给忘记了，知道这件事情的人只有王世和，他就从重庆打长途电话到赣州给华秀，那时候的电话是有线电话，线路是用铅丝做成的，声音非常不好，怎么说都听不清楚，结果华秀就嫁给韦永成了。

华秀结婚后我们当然还是要来往，父亲也不会因此而断绝关系，韦永成也经常到家里来。家里有任何家庆，父亲从来不会忘记，而且只要有机会，都会趁机团聚。有一天我们在韦永成家里吃晚饭，那时已经接近选举，不过父亲还没有宣布孙科为竞选搭档，因为宣布时间还太早，我哥哥喝了几杯酒以后，兴致一来，就把父亲挑选孙科为副总统竞选人一事说出来了。当时我心里想，我是个军人，而且从来不谈政治，也知道这种事情不能讲，更何况是讲给韦永成听，他知道以后不讲给李宗仁听才怪。果不其然，李宗仁知道这件事后，立刻从安徽调度一大皮箱的金条展开宣传，用钱收买代表。

水的哲学

以我过去的背景、向来的关系以及现在的环境而言，实在不宜参加任何打头阵的事情。第一，我打头阵只要打一仗，李登辉决不会放过我，我打完这一仗后机会就没有了，所以我能做的一定是第二线，甚至是第三线的工作，不宜出面；第二，我去做第一线的工作也并不适宜，如果成功了，没什么了不起，也并不在乎多我一个人，但是如果失败了，我如何向蒋家交代。我对自己的成败得失可以不顾，但是对蒋家的影响我很在乎；蒋纬国个人可以被丑化，但是我所牵累的是蒋家被丑化、被挖根，这是我绝对不会做的事情。这是很多人不能体谅我的地方，尤其是滕老大哥（滕杰），他一直希望我能够接“传统会”，我说我可以来参加“传统会”，但是我不能出面担任任何的名义，不知道他的想法为什么始终转不过来。

现在我做的事情就是“水的哲学”。一座钢筋水泥大厦主要包括钢筋、水泥、石子和沙，另外有两样东西是建筑钢筋水泥大厦所必需的，

◇ 晚年蒋纬国主张“水的哲学”

一个是模板，一个是水，模板已经由我们国父、“老总统”架好了，我们只要把钢筋水泥往里面倒就可以了，但是要怎样才能使钢筋、水泥、石子、沙团结在一起呢？这时就要用水把它们混合起来，但是水如果不干掉的话，模板是不能拆的，所以我们今天一定要遵从总裁遗嘱所说：“要以主义为无形之总理。”总裁始终念念不忘这位革命的发起人、领袖，不像李登辉要刻意的挖根。

今天我们最大的弱点就是真正的主流派不团结，结果使得逆流、偏流、乱流反而变成主流，所以我们真主流应该结合起来，形成一个力量，变成一致的行动。不过现在大家见个面都难，思想统合更是难事。我现在要做钢筋、水泥、石子、沙里面的水，等到模板拆掉，大厦落成，第一次酒会接待贵宾时，他们就看不见水了。我始终认为我只要扮演水的角色，使大家能凝结在一起，不居任何功，事后也不需要任

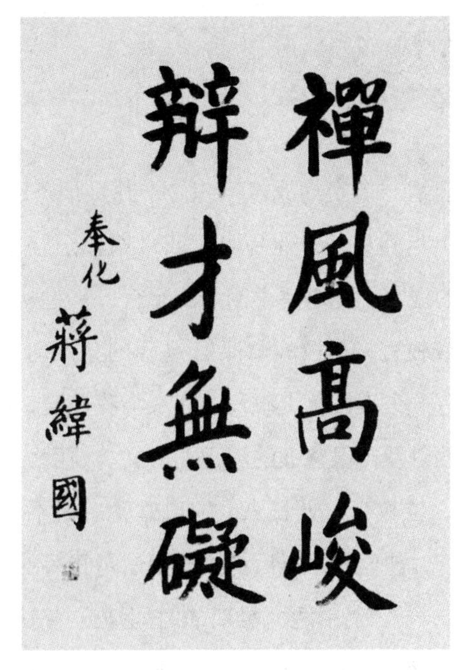

◇蒋纬国手迹

何人知道。这个团体就是“水帮”，我鼓励参与的人，每一次找一些钢筋、水泥、石子、沙加入，把他们和在一起，这些志同道合的朋友都很赞成我这个哲学，都很高兴进入“水帮”，他们也很愿意跟我一起促成我的愿望。

海外兴中会、新同盟会也是由我在背后鼓励而成的，所以我是绝对做到“水”的角色。

空战战术

当时空军组织一个空战战术教练处，并且预备成立空军参谋学校，派罗机（志刚）当教育长，他是由黄埔六期转至空军一期的。过去国军有个不成文的规定，凡是留学回来的军官，都是从少校叙官，因此他们要我去当少校教官，教授战术课程。我向父亲建议："现在学校正在筹备中，希望有一个直接负责教育的人来与我接洽，我有一套在美国受训时购买的书籍以及自己整理的笔记、讲义与要图，可以通通交给他。"后来他们派了一位教育处处长来，他也姓蒋，但不是我的亲戚。我的笔记写得很整齐，他们看了以后都说不相信是我写的，因为那些东西就好像是铅印的一样。我用两个星期的时间把这些东西整理出来，交给了这位蒋处长。我自己则下部队，从排长做起。

土洋之争

土洋之争由来已久，不是到台湾来以后才有的。派遣军官出国受训和吸收留学归国的军官，是父亲的计划，因为"不成群不成气候"，所以我们每一次都大量派遣军官出国受训，而且把大部分的留学军官，不论留德、留法、留意、留日者，都留置在胡宗南将军麾下。但是胡宗南将军用人有一个很不好的习性，不论什么人，他都要摆上一段时间，看看这个人有无耐性。我认为这是一种极不科学的想法。站在人力学的立场来说，应该要适才适任，有效运用人力，使各种人才得以尽情发挥。但是胡宗南将军习惯把干部闲置三年，如果干部耐不住，他也不会挽留，任由人才流失。真正有才干的人尤其是奇才，是不会空等的，如果能够毫无作为的等待两三年的人，充其量也只是庸才而已。

留洋军官愈被视为外人，就愈容易团结起来，并且与当局对抗。这也是人之常情，渐渐地就造成了土洋相争。我到了部队之后，从来不说德国的方法好，即使是我在德国学习的德国方法或是他国使用的方法我总是先跟长官表达意见，再由长官定夺，我的意见得到长官的青睐后，便先做理论上的讨论，然后再做演习，其实我用的就是在德国求学期间学习的方法。我让长官认为这些都是长官想出来的办法，从来不提我是从外国学回来的，以免伤了未出国者的自尊。后来他们逐渐知道德国的方法之后，也恍然大悟了，我则解释是因为经过长官核准之后，认为可用才用的，人家的方法我们不能用的，也不必吸收，我在国军中没有经验，所以再好的方法也只能作为参考。他们对于我这一点做法都很赞赏。另一方面如果要论土，我比别人还要土，我的刺枪术是与少林功夫结合在一起的。我在七分校创办近战格斗训练班，来受训的人是各部队原来对刺枪术有研究的军官。我完全得到胡宗南将军的信任，他来视察时，我们表演了一套打圆阵的方法。中国的少林拳里，木棍是一个很基本的武器，我的齐眉棍相当好，我把它融入于刺枪术里，我的步枪上了刺刀之后，除了刺之外，还能够挑、砍、扫、捶，这些动作可以应付从四面八方而来的攻击，必要的时候，腿还能发挥作用。那次的演练，把胡宗南将军看得一愣一愣的，看完后，还禁不住地拍手叫好。

有一次，我与胡长官一起吃晚餐。他拍拍我的肩膀说：“我没想到你们留学生还管用。”我就跟胡长官说：“报告长官，我不过是一个土孩子，到国外去走一趟，回来改不了我的土性的。”他又问我是不是从前学过拳腿功夫，我也告诉了他，那时候他是第一个知道我学过中国功夫的。

我认为土洋之间会成为壁垒分明，完全是留洋军官自己不争气，同时我们光学了斯文的一套，没有真正学到吃苦耐劳、谦虚为怀的一套。不过，我在西北时，凡是与我来往的留学军官，都逐渐有这方面的觉悟。

东北问题

八年抗战后，美方一定要我们裁军，否则停止对我经援。如何削弱我们中央部队，可以说是国际共产之间最大的合作，美方提出的案子里虽然同时也规定中共军队数量，但是中共没有遵守。

陈诚反对接纳伪满军，造成东北沦陷，是陈诚最大的一个罪。而且陈诚裁军裁得不得法，没有配合时间、地点。照理来说，他应该裁掉不打仗地区的军队，充实战争区域的军队，结果他裁军之后，也没有充实军力。抗战末期，我军部队能够保持三分之二的部队就算是很好的情况了，尤其是装备方面，日军一个连有九挺机关枪，我军每一连只有一到三挺机关枪，整体火力相较之下，差距非常大，仅有日军的十分之一。

父亲提出野战构想与指导，包含内线作战与外线作战。我看过那些记录，如果军队能够照着做，绝对不会出错。但是我到前方观察时发现，战区是一种指导，部队的行动又是另一种指导，到最后，内线作战与外线作战都没有实施，也无法包围敌人，本来想利用内线之力量把敌人各个击破，结果反而被敌人吃掉。其中最主要的原因就是我们自己各自为政，敌人只有一个单位，我们虽然有五六个单位包围，但是敌人分批进攻时，每一个单位都眼睁睁看着另一个单位被吃掉。通常各个击破是在联络线不良，或是部队之间协调不好的情况下发生的，而我方根本是不合作，认为只要敌人不去攻击，能够守住地盘就够了。这也是因为经过八年对日作战后产生的寸土必争以及与阵地共存亡的心理所致。对共军作战时，也没有机动作战的知识与精神，所以才会被敌人各个击破。

国共战乱时，速战速决的方法是可行的，不过当时在军政上都没有配合，例如裁军、重编、集中兵力等问题，以及快速作战的方法，在编训方面都没有立即配合。我在抗战末期曾经建议，虽然日本还没有投降，但是剿共的准备必须开始。不过，当时受到国际的困扰与压迫，耽误了许多事务的时效。在战略上，力、空、时三要素需要配合，战斗讲求“力”、战术讲求“空”、战略则讲求“时”，时效一失去，再用多大的人力都无法挽救。

俄军能够进入东北，就是拜雅尔达会议之赐。一九四五年二月，美英苏三国领袖在黑海北边半岛上的雅尔达举行会议，会议中决定，在德国投降后的三个月，俄军主力转移到东方。其实日本早就请托苏俄担任调停的角色，苏俄以自顾不暇为由拒绝了日本，但是这么一来，日本的意图已经被苏俄知晓了。有一套描述苏俄战史的书籍《祖国保卫战（1941~1945）》中记载：

> 美国在一九四五年八月六日投下第一枚原子弹于广岛，七日，苏俄向日军宣战，同时俄军就开入东北。八月九日长崎被原子弹轰炸之后，当天夜里日本就召开御前会议。本来日本的御前会议中，天皇不用发表任何意见，只要看及听就可以。会议中，两派人士争执不下，少壮派说：“敌人尚未攻进本土，就准备投降，哪里有武士的精神？”另一派则说：“国力已经损耗到这种程度，我

们无法久战，虽然敌人没有登陆本土，但是炸弹已经轰炸到本土了，所以无法久战。”次日清晨，天皇决定：“虽然制度规定天皇不能说话，但是我终究是国家的负责人，宪法上规定宣战与停战是天皇的责任，我现在决定停战，留下一点元气，作为将来复苏之用。重整家园。”八月十日，日本就宣布无条件投降。

美国最早把B25轻型轰炸机装在航空母舰上，一般的航空母舰飞机飞行距离比较短，而B25可以超低空贴着树梢飞过去，在敌人的雷达死角中过去，虽然它是轰炸机，但是却像战斗机一样灵活。我在战后曾经驾驶过B25到溪口，到山区时，我贴着山一直往上拉，非常灵活，我最喜欢这种机型。美国想尽办法让B25在航空母舰上起飞，轰炸完日本后，就飞到江西或浙江降落。日军的航空母舰是在离开本土外四百海里处作战，对付普通的航空母舰飞机，结果没想到轰炸日本的却是远在四百海里之外的B25。

日本虽然宣布停战，但是苏俄的军队仍然不断进驻东北。据《祖国保卫战》一书中记载，当时进驻东北的俄军有一百五十八万，而同时日军驻在东北的军队只有四十万人，具装备与编制的师只有三分之一的兵力，包含几个独立旅和几个师。显而易见，苏俄是冲着中国来的。日本那时在关东基地补给战车有六百辆，而苏俄进入东北的战车多达五千五百五十六辆；日本在关东的战斗飞机有二百三十架，而苏俄进入东北的飞机多达一千四百四十四架，从兵力来看，显然苏俄是另一种打算，而苏俄的行动也是在英美谅解之下。大陆沦陷从失去东北开始，而失去东北的命运则早在雅尔达密约中就注定了。换句话说，雅尔达秘密会议决定了中国的命运。

余絮

郝柏村——从入阁到总辞

一、入阁经过

一九八八年召开十三全大会时，秘书长李焕的一段报告，好像是党魁领袖的训辞，而他为党主席准备的一篇讲稿，却好像只是大会主席的致词而已，而且当时“行政院”非常强势，我们从大处着眼的人当时就看出来李登辉想除掉李焕。但是他自己不会开口，他的战术指导总是用一个人去打另外一个人。他想要用郝柏村拱掉李焕，同时他也料定郝柏村无法当行政院长，所以一方面说郝柏村是军人干政，策动学校教授、学生以反对军人干政为名，示威抗议；另一方面立法院可能不同意郝柏村为行政院长。

为了突破这种说法，我就在“中常会”里面提出理论上的说明：“所谓军人干政，是指军人带着部队进入政治圈，虽然还没有干政，但是有干政之嫌，为了防备军人拿武力来干涉政治，所以军人不能带着部队进来。过去所谓的军阀，与其说是军阀不如说是政阀，因为那些军阀有不是军人出身的，而是当了‘总统’、国务总理之后，又拥有部队，以军队来执政，所以是军阀。今天郝柏村早已离开参谋总长的职务，转为国防部长，他没有指挥权，国防部长在制度上只管军政，不管军令，军令仍然掌握在元首手中，因为元首兼三军统帅，这是‘宪法’规定的，所以国防部长不可能用武力来干政。”

至于郝柏村本人是所有院长级、部长级里面唯一先接受过政治、心理、经济、军事等战略教育的人，他接受过国家战略教育，而其他部长都是自己研究所得到的心得，或是从经验中得到的教训。不像韩国，不论是元首或是总理任命的部长或是民选的民意代表，在到任之前都要接受三个月的国家战略训练，然后再去就任。我说："我们既没有这种人事制度，也没有这种教育制度，更没有这种专门的教育机构。过去国防研究院虽然有这种课程，但是现在也停办了。幸亏在战争学院有国家战略教育，郝柏村是在将官班以第一名毕业的，我可以证明，因为那时候我是院长兼教官。所以如果论才，郝柏村同志是先接受了国家战略教育再去当部长以上的职务；论他自己的条件，现在他不掌握军队，所以他是一个合适的人选；至于他的四星阶级要不要交出来的问题，我倒认为不必，因为这个阶级等于一个人有一个博士学位（Doctor Degree），即使交出来他本人还是有这个资格，而且也并不因为他带着四颗星（一级上将）进入'行政院'，他就是军人干政。"

我也趁机会讲了另一个观念——任何人都不能干政，例如金权不得干政、学界不得干政，青年才俊有智慧可以贡献，但是不能干政。如何做到没有人可以干政，只有发展"国家安全会议"，经过一个会议讨论通过之后才能算数，由"国家安全会议"来指导政策，一来不会造成个人独裁；二来不会造成外界干涉；三来不会造成因为以"中常会"的意见为意见而回到训政时期的情形。

接着我又提到军事内阁、经济内阁在学理上都是讲不通的，内阁要政、经、心、军并重，内阁首长要全才，怎么可以以经济挂帅，而把政治、社会、心理、军事撇开呢！如果说一个"行政院长"不管军事，那么要置国家的安危至何地？只有郝同志学过完整的国家战略，同时他也绝不是军事挂帅，也不会带着部队、武力进入"行政院"。经过这些说明之后，郝柏村就通过"中常会"的提名了。

提名之后，“立法院”要行使同意权，民进党一路杯葛，同时他们安排一百多个民进党方面的人分布在“立法院”外，如果到最后要表决，“立法院”里面就会有一个人出来打暗号，这些人就往“立法院”里面冲，将会议冲散，使表决不成。结果等到他们在表决前要冲进去时，有二百多个年轻人聚集成一道人墙挡住他们，这么一来，民进党的一百多人就无法往里冲了，“立法院”里面表决就很平顺，没有受到打扰。这一段事情，郝柏村本人并不晓得，别人也不知道，如果知道了就做不成了。那两百多人是我动员的，这些人全部都是台湾人，年龄都在三十岁上下，现在有人说台湾的年轻人如何如何，我觉得不见得，要不然我凭什么能够动员他们。我是透过另一个朋友发动的，也没有自己出面，他们也不知道是我在联络，而且这些人都是自己的意志，他们也不是为了钱才来的，结果因为他们的表现，使“立法院”得以顺利通过郝柏村为“行政院长”。

这一出很简单的戏，结果起了战略性与决定性的作用，这是李登辉始料未及的，他自以为很笃定，可以逼走李焕，并且拿掉郝柏村的四星阶级和“国防部长”的职位。当时如果郝柏村无法当“行政院长”，“总统”势必要另外提名，便能使他的阴谋早一天前进一步。其实郝柏村即使当了“行政院长”，也不过是个过渡阶段，然后由谁来接任，我们也不知道。在那个时候看不出来连战是接任者，当时的竞争也是很激烈，想进“行政院”的人大有人在。不过，连战进了省政府之后，已经很显然地往前走了，能不能走上去，还要看他本人在省主席任内的表现，这几年他的表现还算不错。

郝柏村也是我们事前已经鼓励过的，并不是八大老协议之下出来的，其实最早是我跟他说的。我说：“柏村兄，既然大家如此批评现在的‘行政院长’，你为什么不当？”他就说了一句话：“我们军人从来没有想过这条路，不过，要当的话，不见得会比他们差。”我说：“对，至少我们懂得全面。”一般人脑子里想的只是要郝柏村来扫黑，安定社会，其实他们完全错了，我替郝柏村打气说：“能够懂得政、经、心、军全面国家战略的人，除了你之外，恐怕没有第二个人有这个基础，我对你有绝对的信心。”他说：“那么我要说一句自负的话，我不见得会比他们差。”我们倒不是批评文人，但是最低限度他们没有先接受过这种教育。

二、内阁总辞问题

在郝内阁总辞风波未停时，我试着与郝柏村谈一谈，有一次我列了一张名单，请他自己挑时间、挑人，如果名单里的人他都不要，就另外自己写，如果在里面的就请他勾一勾，另外再请他加一些人。一九九二年十二月三十一日，有八个人在此地（即本书访谈地点中正梅园）开会，这些人都是郝柏村指定来的，有李焕、梁肃戎，他也挑了张丰绪，我没想到张丰绪在他的圈子里面，还有邱创焕、许历农，再加我一个、他一个，还有一个戴雨农的老部下——一个广东朋友，他亲自来做香肉，他也是有保密程度的人。那天晚上，郝柏村的理论是辞也要走，不辞也要走，如果要落得漂亮，我辞给李登辉看。这是那天晚上之前他一直保持的心态。

我提出一个看法：一个军人守土有责，向来是与阵地共存亡，如果下来就一定是挂彩，不幸没有牺牲而活着，用担架抬下来，为什么说流血是挂彩，因为这代表荣誉，彩就是荣誉的意思。一个打也守不住、不打也守不住的阵地，如果你能够独当一面，负责决定攻守进退，一切的权力、责任在你，你要退就尽管退；可是原为党中央在“中常会”一致通过后，表决推荐你去当行政院长，换句话说，上面有指挥官派你去守一个阵地，怎么能够弃阵而走呢？所以应该由党中央来决定。

郝柏村说要制定一个制度，但是它并不是“国民代表大会”。他说因为立法委员换了人，所以行政院是否要总辞，由不得他来决定。但是这种决定是违宪的，也违背党纪，同时也违背我们的战略构想。我们的战略构想是明知李登辉要把郝柏村打下来，我们要趁这次机会让全体人民都看见是李登辉把他干掉的，我们也不是因为能够保得住郝柏村而来保郝，一方面我们保的是正义、真理，另一方面保的是我们的党性，同时也造成全国的人心认为李登辉做了一件坏事，因此要郝柏村正式地向党中央有所表示，要提出自己两年零八个月的功勋、政绩，然后说明“宪法”既无总辞规定，也无前例可寻，他的去留请党中央决定，因为是党中央派他去的，去留也应由党中央决定，由不得自己决定总辞。大家就你一句我一句的，都认为这个说法是对的，情理法兼具。

那天晚上郝柏村自己也说了一些话，我们也要给他台阶下，他说从前都是不得已，现在大家既然有这样的看法，就决心不辞了。由于他的决心不辞，才有很多人的表态，而那些新连线成员也就更起劲，明知党的打压，他们还是竞选立法委员，人人可以说是倾家荡产进入“立法院”，为的是替他抬轿子，要“保郝”。没想到那么许多人进入“立法院”竟然抬的是空轿子，坐轿子的人不见了，人家的投资又有什么意义呢？大家都落空了。有些人向来不表态，但是仍然站在真理的一方，为了要替他抬轿子，不惜表态，与李登辉闹翻，结果坐轿子的人走了，所以大家对他非常失望。

在“中常会”决定郝柏村总辞的前一个星期三，我把保郝的理由写了十几条，复印了一大叠，放在一个牛皮封套里面，交给了许历农，要他量情分给若干人，让他们每人说几条，结果许历农没有分给别人。我在“中常会”的身份是列席的，如果为了保郝而发言，许历农就应首先发难，然后等到“中常会”讲过了，才轮到我这个列席的人说话，总不能说别人还没讲话，列席的人就立刻站起来说话，所以那时候都没有人讲话，结果被李登辉抢先了一步。郝柏村曾经给李登辉一封信，李登辉就把这封信交给政策小组，要他们先研议。那封信第一段是讲他在行政院长任内的绩效，第二段点出“宪法”没有行政院总辞的规定，第三段是说过去也没有先例，最后结论就说请“中常会”决定，这封信写得很好。李登辉交给政策小组研究，研究后到“中常会”提出。

次周“中常会”开会，先由政策小组提出报告，政策小组也分发了他们的研究结论，第一段就说：郝同志与某月某日送来一封给主席的信，既然郝同志愿意总辞，我们就应该尊重原建议人。这句话我说得难听一点，根本就是“强奸”，人家没有说请辞，为什么政策小组头一句就咬定郝柏村要总辞。最后决定提交大会，接下来就是“中常会”同不同意的问题了。当天发言的人很少，第一位起来说话的是谢东闵先生，他讲的话轻得连距离近的人都听不到；接下来李焕说“郝柏村的报告里最后一句是说请“中常会”讨论决定之后透过正式的行政程序办理”，他就强调行政程序应该如何做。会中总共没有几个人讲话，而且讲话很轻，好像在办丧事一样，大家的心情都很沉重。

“中常会”决定后的第二个礼拜三的前一天晚上，许历农打电话给我，要我首先发难反对，我没有答应，本来我安排星期三下午去荣总检查身体，后来改为上午，我跟他说我要去医院做检查，就没有去参加“中常会”。因为前一个礼拜已经决定了，我去发难只是让我难堪而已。

三、从希望到失望

我不知道郝柏村的个性由何而来，也许他有自卑感，因为他有相当的自大。我的经验中，大部分的自大都是从自卑而来的，真正有学问、有成就的人不会骄傲的，更不会自大到狂傲。这位郝先生他会弄到跟他交往的人都有不舒服感、不愉快感。当年他当参谋总长时，陆海空军对他都是敢怒不敢言，谁要敢言，即使是很有纪律、很有礼貌的建议，都会被淘汰。

很显著的一个例子就是当年的“海军总司令”刘和谦，他和郝先生弄得非常不愉快，所以郝柏村当“行政院长”时，李“总统”就请刘和谦当参谋总长，其实他并不是看重刘将军或是与刘将军有交情，而纯粹是因为他与郝柏村之间有许多不愉快，而这许多不愉快很多都是郝柏村所引起的。刘将军是一位绅士，是一个好军人，而且他懂军事。我不能说郝柏村不懂军事，但是他常常表现得不懂事，不是不懂军事。

以郝柏村对人的基本态度，他会把跟他交往过的人都弄得不舒服，对我也不例外，如果我不是一个理智的人，早就跟他闹翻了。但是为了国家，到现在为止，我还是支持他，我们必须以尊敬之心、同情之心来对他，以阻挡民进党搅局。使“立法院”顺利表决郝柏村为“行政院长”一事来说，我是替国家做事情，也不求他知道，因为这也等于是我对国家直接的贡献。我说这件事也并不是要表功，而是说明我对郝柏村的心情，我一直是支持郝柏村的，而且用行动、用力量来支持。

郝柏村当上“行政院长”之后，我曾约他三次，想与他谈谈，借以了解他有何构想，好让我支援他、配合他。这三次我都是当面与他约定的，有一次我怕他忘了，还拿了一张小纸条交到他手里，结果他连一点答复都没有。就算他不承认曾经是我的学生，但是我们总是朋友，而且在战争学院时，我们从早到晚共处有六个多月，再怎么说我也是他的战略老师，他能有这些战略知识，是我传授给他的。别的人见了我都喊老师，他则是不情不愿的，这点我也不想批评他，但是他升为阁揆后，总不能说在两年零八个月里面，行政院长会忙得都没有时间和我见一面谈一谈吧，更过分的是，他甚至连个回应都没有。

他不想跟我谈，究竟是他认为我不能保密、不能与他同机密，还是我的智慧不够，或者是我过去做人表现是不能保密的，我是这种人吗？或者他摇身一变成为政治家，而我还是一个“丘八”。别人可以说军人是老粗一个，但是他至少应该知道那半年之间我教了他什么，从纯军事武力战的野战战略到军事哲学、建军备战，如何筹划将国力变成军力、战力，如何动员国民的心理，从国民教育一直到军事教育。也许他认为我仍然是个不懂政治的人，事实上在战争学院里面，全部的政治战略是我一手写的，我办战争学院，到“国防部”去要资料，要来的资料都不能用，也可以说是根本就没有资料。

还有一件事情令我感到非常痛心。两国交锋，事实上还不断有暗使的来往，我们和大陆之间也是一样。大陆方面和郝柏村本来有一个共识，有一个构想，结果大陆方面放弃，说郝柏村这个人善变不可靠。郝柏村跟大陆方面有沟通，他自以为很隐秘，其实他所做的我全部知道。我认为是一个极为不妥的案子，幸亏这个案子取消了，但是他被中共看成“善变不可靠”，造成以后工作的困难，还放弃跟他合作，我认为这是极不值得的事情。第一，那么好的一个筹码，我们培植起来后却是这种结果；第二，社会上支持他的人以及过去我曾经动员的人，尤其是那批我促成去为他护航的三十岁上下的青年，这些人都是志同道合的知识分子，不是用钱可以收买的。经过这件事情，我如果再要动员他们，就很困难了，这是一大损失。郝柏村辞职这件事情对我们的革命工作有极大的伤害，所以我非常的痛心。

积极命运论——“知命善运”的运用

很多人讲宿命论，我觉得这是消极的，应该从积极的角度来看命与运。命运的定义是——凡是掌握不在我者，或是发起不在我者，皆谓之命；凡是掌握在我者，操之在我者，谓之运。命虽然不是操之在我，但是我必须知命。宿命论者虽然知道命操之不在我，但是却听任命来操纵自己，这种态度是不对的。父亲曾经说过一句话：“知病才能治病。”我打从听了父亲这篇训辞之后，便想到应该将之运用在军事上的参二（情报）。虽然状况的形成在前一段，与参二不相干，但是，参二必须清楚战场上的地势，而一般人往往认知错误，甚至不知自己身处何种地势或地形，因此常常吃亏，另一方面，自己的基本学问也不够，不懂得在何种状况之下做何种处置，所以，一开始我们就要知命。如果命是好的，就要掌握好的时机，所以知命以后必须要乘机造势。要想知命，必须要有一套知命的组织、人才与训练学校，所以一定要有一个好的参二组织、人才与工具。这样才能尽早知命，以便及时做至当的措施。同样的，我们也必须要有一套掌运的组织、人员、训练地点与良好工具，否则来不及。

举例来说，我们在雷达网上发现一个白点，也知道这个白点在行动中，这就是知命。然后很快地反应，发射飞弹，将白点打掉，打掉之后才发现那个白点是西北航空公司的飞机。俄国人打下韩航可以不负责任，但是“中华民国”打下西北航空公司飞机，是一件不得了的事情。只看到白点就随便运作，可见知命的功夫还是不够，必须要更精确，到某一个程度时，可以让运作方面得以判断目标的性质、性能及可能作为，经过判断之后再加以处置，就不会产生问题了。因此就产生一个方程式C3，这是美国人引进台湾的，我们也采用，我在三军大学时提倡 C3。美国人所说的是 Comment（说明）、Contro1（管理）、Communication（传达），我所加的三个 C 则是 Contact（接触）、Confirm（确认）、Combat（战斗）。西洋人讲求手段与工具，中国人则重视目的，因此双方的优点就是对方的缺点，美国人的手段、工具都是一流的，但是常常目的不定，而且也决定得马虎；而中国人往往目的是神圣的，但手段方法是拙劣的。所以，我就在国军特别强调我所增加的 C3，因为中国人在生活中缺少一个习惯，总是目标非常神圣而提不出有效办法来，即使想出办法，也缺乏工具，往往只用肢体语言处理，这是原始民族的做法，也显见我们在这方面的文化没有进步。我们最后的目的是要消灭敌人，而最低限度是保护自己，使自己不吃亏，即所谓“立于不败之地，后求谋敌之计”。但是一定要先知命，然后再做至善、至当、及时的处置，所以最后是 Combat。但是在战斗之前，先要认识敌人，杀鸡不用牛刀，尤其杀牛不能用裁纸刀。这些道理大家都知道，但是都没有经过训练，也没有工具，无法确实执行。所以在 combat 之前，一定要先 confirm，但是在 confirm 之前，必须先找到敌人，如果不知道敌人在哪里，甚至不知道谁是敌人，胡打乱撞一通，也没有什么用处，所以先要 contact，contact 之后，还要 keep in contact，否则我在明中，敌在暗中，是非常危险的，所以必须知道敌人所在。这就是所谓的 4F（Find Enemy and Fix Enemy、Find Enemy and Finish Enemy）。我们第一步要 contact and keep the enemy in contact，第二步就是要 confirm and know the enemy，这就涉及判断的问题，过去我们在大陆的时候，是学习德国的军制，普鲁士的传统是先判断敌人的企图，了解敌人的目的，而美国人则是注意敌人的能力，他们常常强调敌人有能力而不一定会行动。我在三军大学时强调，首先要了解敌人的能力，但是，也必须要先了解敌人的企图，因此我们在研判状况时，要先替敌人做一个假想敌，我们称之为“反想敌”，先替敌人设想打败己方最好的方法，然后再设想解决之方法。所以中国的兵法上说：“立于不败之地，后求谋敌之计。”我们若不从现代新科学方法的思考角度来策划思维的程序以及行动的程序，就是不科学的。

命运论落实到实际运用上，我认为要借用科学的工具。举例来说，我们要到大陆高空上摄影实在很不容易，一旦进入大陆，万一被大陆的高射炮弹击中坠毁，国际间不会同情我们，我们只能够在沿海外面摄影，所以我们只能用斜照相法，不能用垂直照相法，既然要用斜照相法，国防当局就应该购买斜照相工具。以前我们曾经介绍他们一种最好的照相机，高度可高达五万英尺以上，不容易被敌人的高射武器击中。上次我方的U2飞机飞到大陆之后被打下来，就是因为没有先了解敌人的能力。再举一个例子，我们刚刚到台湾来时，我选择南投名间集集为装甲兵的战车修造场，该地有日本留下来的现成仓库，我预备将战车修理场设在该地，但是美国顾问不同意，他们觉得路途太遥远，要我们将战车修理场设在台中火车站旁边，否则不供应我们装甲车的零件（美国人专门使这一套）。我跟他们解释：“设在火车站旁边相当危险，如果敌人为了打火车站，结果把修理场也打掉了；或者为了打战车修理场，也把火车站打掉了。换句话说，敌人能够一石二鸟，就是因为我们提供给敌人一个很好的机会。”美国顾问说：“现在不是打仗的时候，何必自找麻烦呢？”我说：“名间集集的位置不但隐秘，而且有台糖的轻便火车，也有公路可通，旁边又有一条河流，还有高压线经过该地，不论水、电、交通、运输都非常便利，而且还有现成的仓库可以当作储存之用。”可是美国顾问不注重这个，就只是贪图台中火车站方便，我也拧不过他们，最后装甲车修理场就依照美国顾问的决定，设在台中火车站旁边。所以，我们必须知命、善运，更要及早知命、明确知命以及即时善运，并产生作业与行动的思维。所谓思维理哲就是孔子所说

“物有本末，事有始终”，由果思考因，而行动理哲则是有始有终。

其实很多道理在古书里面都已经提及，但是我发现很多高级将领既不念古书，也不念新书，以致思想僵化。自从我提出C3之后，美国顾问特别到三军大学拜访我，研究这个问题，他们说：“你不要以为我们西方人生活在逻辑里面，那些大爷照样是蛋头。”经过研究讨论之后，他们觉得我的理论是对的。应该要从掌握的目的来设计手段，不要以手段及工具来设定目的，否则还没有达到目的时，手段工具已经落伍了。

知命善运的观念，在任何事情上都可以应用。我有一个朋友开橡胶厂，专门做橡胶鞋。有一个客户向他下订单，要运到非洲贩卖，因为台湾的胶鞋便宜，非洲人可以买得起。我去看我的朋友时，他们正在讨论这件事，我在一旁听了之后，就笑着说：“你们这样就叫做闭门造车，根本不晓得非洲的状况，还在这里自得其乐，以为台湾的胶鞋便宜，非洲人一定买得起，你们有没有想过，非洲人不穿鞋子。你们要赶快去打听，到底要卖到哪个国家，而且你们也不要忘了，非洲有许多地方，高楼大厦林立，远比我们台湾漂亮得多，甚至有些地方被人称为‘小巴黎’，人人西装革履，更不会穿胶鞋。”他们听了我说的话以后就大笑起来，说：“你不是做买卖的，但是你都会想到这点，我们实在是疏忽了。”

再举一个例子，有一个人找过我一个朋友，要他到南沙群岛投资，因为该岛上有天然鸟粪层，是生产磷的原料。原来有一家在该地投资的公司倒闭，所以这个朋友可以用最便宜的价钱将公司顶过来，他们两人讲得非常投机。等到那个人走了以后，我就提醒我的朋友：“你的思维要细密一点，按照这个情形，我不会答应将该公司顶下来。第一，南沙群岛连一个码头都没有；第二，没有码头，大船就不能靠岸，必须要增设几台小驳船，而且原来的公司资料里面并没有小驳船，你还得重新开始；第三，去程为空船，回程才有货物载运，成本太高；第四、资料上写明一年只有四个月的气候适合航行。如此看来，你现在已经开始蚀本了，换成是我，我一定不贪这个便宜，以免吃了大亏，你最好先打听再说。”他打听了半年多以后跟我说：“纬国，幸亏听了你的话，否则我就吃亏了。”我说：“有钱不会运用，随便花用也是不好的，虽然你花得起，但是如果这笔钱拿来做生意，不是比较好吗？我从一开始就知道这是个蚀本生意，根本不可能赚钱，如果能够赚钱的话，人家的公司也不会倒闭。”

我有一个朋友接收台中一家工厂，这个工厂生产很容易，但是有一些条件限制。我的朋友要我投资做生意，我告诉他：“基本上我不做生意，所以我不会投资的，我也劝你不要掉进去。”我向他分析原因，后来他也没有再跟我谈这件事情。过了一年，我遇到他时，他跟我诉苦，我说：“当时我就分析给你听过，除非你有把握将两个关键问题解决，你才可以去经营。”他一脸无奈地说：“我也是帮朋友的忙啊！”

其实，只要思维理哲清楚，能够运用“知命善运”的功夫，就不怕吃亏上当。尤其是做生意，没有周转金就等于打仗用兵没有预备队一样（没有战略预备队，或是预备队投入过早）。再举一个例子来说，第一次世界大战时，法国将领福煦在第一线带兵，那时候美军已经动员了，由英国慢慢往欧陆登陆，霞飞就问福煦能否顶住，等美军到齐，因为福煦如果垮下来，美军到了也没有用。福煦虽然已经焦头烂额，但是他在电话里也不好多讲，他说：“我们这儿热闹得很，贱体尚健，不必操心。”过了一两天之后，霞飞又打电话问福煦的情况，福煦还是同样的回答，他说：“我发烧还没有发相当程度，用不着派医生来。”后来福煦一直顶到快要无法生存时，一直等到美军登陆完毕，他就率兵从德军后面插进去，德军见后面受敌就先退了，法国的第一线也解围了。如果法军过早将预备队投入战场，等到美军到齐，德军只有一方受威胁，美军也压制不了德军。所以，把打仗的学问拿来运用在人生的任何一个行业，都是可以相通的，因为这些事情的思维理哲是一样的。

有一次，严庆龄跟我说：“纬国，我实在是做得焦头烂额，你来帮我看看工厂好不好？”我说：“我又不是从事实业的人。”她说：“你总有个战车工厂啊。”我说：“战车工厂是不做买卖的。”最后她还是坚持要我去看看。我去看工厂的时候，发现有两个问题，一个是先天性的，一个是后天性的。以先天性的问题来说，我跟严庆龄说：“你不该卖身。”严庆龄不解，我又解释给她听：“裕隆厂虽然拼命在做，但对外贸易却掌握在国产公司手上，你现在已经卖身给国产公司，裕隆的车子做得再好，也是受人控制，而国产公司也相当狡猾，它本来称为 NISSAN，也就是日产公司，但是却翻译为国产公司，让人分辨不清。”以后天性的问题来说：“裕隆工厂不过是个装配线，储藏室应该配合上零件的地点，才能够省时省力，但是现在工厂内的储藏室与上零件地点完全不符合。”我最后还告诉严庆龄：“裕隆一定要尽早脱离国产的控制，否则你要一直在‘青楼’里待下去，因为你已经卖身给国产公司了。”但是，严庆龄死后，她与国产公司所订定的契约还没有到期，裕隆到现在还是受国产的控制。

我不是说我自己有多大的能耐，只是我的脑子里有一种思维逻辑，这都是从小父亲训练我的。凡事总有个道理，说得出道理者就可以去进行，说不出道理的，就先按兵不动比较好。自从我学习军事以后，这些道理更深深地影响了我。所以，我的积极的命运论就是这么来的。

“知命”包含识命，我们在战场上，不见机当然不对，见机而不识货，也是没有用处的。今天如果随便派三个人去清华大学看原子反应炉，回来之后绝对写不出报告来，一定要派内行的人去。当年我们的情报学校有一个战略情报班，这些人受过训练之后派往国外当武官。有一次我应邀到情报学校演讲战略，我向他们要了一份战略情报班的教育计划来看，发现他们的教育计划里面，根本没有战略课程，只安排我去演讲两个钟头，在这种教育方式下毕业的情报人员，如何具有战略观念。仅仅解释战略有关名词就不只需要两个钟头的时间，更何况是所有课程，所以我告诉他们："不是战略家，不配当战略情报员；不是战术家，不配当战术情报员；不是良好的战斗员，也无法做一个良好的战斗情报员。"商有商情，行有行情，不是科学家，也无法做科学情报，不是商人，也无法做商业情报。所谓战略情报班，就是要教学生战略，只要学会战略，就是战略情报员了。后来，张式崎当了战略学校的校长之后，才将课程分成战略情报、战术情报，战斗情报、技术情报。张式崎本人也是战争学院毕业的，我与他私交相当好，他当战略情报学校校长之后，把战略情报学校办得相当好，将战略情报学校的体制、思维理念与作业程序完全改变。

真正做计划的方法应该是孔子所说的"事有终始"，也称为逆序式的计划（back order planing），换句话说，应该先做远程计划。美国当年的远程计划，一开始是二十五年，后来改为十八年，再改为十二年，现在是八年。美国拟定远程计划的依据是设想要赢得下一次战争需要何种重要工具，而这些工具中最难完成者，从研究、设计、画蓝图、做样品到实验室试验，最后到野外实验，以及军队接收后的战术实验，经过实验，证明可用之后，立刻成军，正式纳入编装，总计需要二十五年。所以美国将远程计划定为二十五年。然后再依照假想敌的工业基础及国防力量的发展程度，来判断己方克敌的工具是否足够，如果不够，就得重新设计。如果一切都按照计划进行，准备二十五年以后打一场战争，在二十五年之内就要忍耐，准备守势作战，二十五年以后才准备进行攻势作战。为了要达到二十五年以后所具备的能力，中间这一段时间，有关军队的发展就做一个五年计划，每年进一年，仍然保持五年，用以准备预算计划。因此所谓的中程计划是为了要达到远程计划的预算，而远程计划也称之为目标研究计划，先研究目标之后，再从事建军备战的工作。建军备战必须要提出预算，而预算的制度称为 PPBS（Planing programing budjet system），中间要提出几个 budjet，等于是集中到“行政院”向“立法院”申请，“立法院”有权力裁减预算，但是“国防部”也有义务告诉“立法院”，因为“立法院”的裁减预算，原订五年计划要延长八年才能实施完毕，本来二十五年后可以打一场漂亮的仗，现在要三十年后才能打漂亮的仗。某位立法院委员所提出的削减预算，必须纳入会议记录，将来国家遇有危害时，唯提议者是问。如此一来，“立法委员”怎敢随便讲话，任意裁减预算。所以 PPBS 是让我们有准备国防的保障，提供国家一个依据，给“立法委员”一个政策决定的根据，也是日后责任的追溯依据。

命操之不在我，我们希望二十五年之后打一场战争，但是敌人不见得依照我们的想法，就像当年父亲在九一八事变之后决定，如果日本到民国二十八年还没有对中国展开攻击，民国二十九年，国军就要反攻东北。所以，父亲计划要建立六十个师，使用德国最新的武器。结果，民国二十六年，日本就发动战争。对日抗战期间，全国一心一德，我们才能打赢战争，再艰苦的环境，还是能够坚持到底。所以掌握不在我者是命。近程计划就是应变计划。大家千万不要以为建军只是一个军事问题，建军之外还要备战，而备战就包含政治、经济、社会、军事，所以抗日战争初起时，为了防止日本战胜中国，就必须将日本由南向北的作战线，变成由东向西的作战线，而我们的大后方就必须设在西边，如何进入云贵川设置大后方，这就是政治问题。民国十七年完成北伐，定都南京，也只是统一中国的东半部而已，西南与西北并不包含在内，中央政府如果不与之接触则相安无事，如果有任何行动，该地军系就会起而反抗作乱。所以我们就藉着江西剿共的机会，使中央政府的势力进入后方，父亲和当地领袖商量应付日本侵略的战略同时发展后方工商业，得到他们的同意与合作。在国际上，父亲与苏俄达成友好协定，所以，当卢沟桥事变发生不久之后，中俄之间便签订了《中苏友好条约》，使关东军不敢倾巢而出，南下侵略。后来日本为了保全基地与本土，必须保持一定的兵力与关东。备战是一种战争指导，所以我曾经写过《十四年抗日战争指导》。目前我正在着手进行《十八年战争指导》的撰写计划，从济南事变开始，到抗日战争结束。

所谓战争指导，第一责任就是要避免战争，第二个责任则是如何赢得战争。只想赢得战争的人，只不过是一个战争贩子，即使战争胜利，对国家而言也是个大损失，元气大伤，所以不能轻易言战。管子曾经说过：元首不能因为一时气恼而与战，将帅也不能因为一时发怒而采取攻势，一定要先胜而后求战，而且能够不用军事的方式就尽量不用。这都是属于战争指导的范围。台湾现在还是以当年日本人在中日作战时所使用的动员经验，办了一个动员干部训练班，拟定了一个动员计划，虽然稍有修改，但是仍然没有做到机动式的动员。现在每年的动员演习，只是一个点名演习，动员令下达之后，开始点名召集，听完录音带、看完录影带之后，就打道回府了，并没有一个作战性的动员。以阿战争发生之后，老先生就要求国军要依照以色列的动员方式来进行动员，部队先出发，个人自行赶上。以色列人将枪与制服先放在家里，当动员令一下达，立刻换上军装，拿了步枪就跟着部队走。反观我们，东怕西怕的，如果真的担心会发生事情，可以只发枪不发子弹，等到后备军人到部队后，再由连长发子弹。动员与平时不同，很多事情要从头设计。举例来说，一旦动员之后，交通、电信、灯火、自来水的管制，都要事前详加计划。我在三军大学做这方面的研究，曾经设计一个状况：假如乡下有一个产妇临盆，要到城里接妇产科由医生来接生，或是将产妇送到医院里生产，这时检查站应否放行？如果放行，会有何种后遗症，而且检查站应该如何进行检查；或是有人利用棺木将人或东西运出，检查站应该如何检查。这些都是事前必须先设想到的。再者，要先下动员令还是先进行疏散工作，也是必须注意的，如果先进行疏散，人民都疏散了，能来得及下征召令吗?

总而言之，应该先做远程计划，再做中程计划，最后做近程的应变计划。就如同我开直升机一样，直升机是螺旋翼，驾驶方式与定翼飞机不同，没有学过驾驶定翼飞机的，先学螺旋翼直升机的驾驶比较容易，已经会驾驶定翼飞机的人，再去学驾驶螺旋翼飞机会比较困难。我的教官告诉我，每一秒钟都要想紧急降落的位置，万一引擎停止，马上就要迫降，如果没有先想到降落位置，临到要降落的时候就已经来不及了。

“新党”问题

一、旧党和新党的关系

选举时，旧党还洋洋得意地认为自己是大党、主要党、执政党。事实上，旧党是历史党，她的时代已经过去了。一八九四年，总理创立兴中会，从事革命大业，一九〇五年，结合各革命团体，组织同盟会，继而推翻满清。民国初年，国民党成立，后来袁世凯称帝，下令逮捕国民党员，于是大家纷纷逃散，总理又组织中华革命党。后来有些人另立派系，是因为他们不满总理所提出的独裁制，事实上，独裁制度本身并不是坏制度，我认为独裁制是所有政体中最有效率的制度，不过，实施独裁制首先要视时代背景是否需要，如果时代背景恶劣到某一

◇ 认为新党是兴中会第六代，公开支持新党

个程度，势必需要独裁；第二，要视独裁者是否开明，具有国家思想，有宏观建设。这些人不满总理的独裁制，是因为他们没有从大处着眼，而且心胸不够开阔，意气用事，不买别人的账。因为如此，所以领袖人物在中国社会里很难立刻成为真正的核心。这是党内的挣扎经过。

中国国民党为总理创党之第五代，如果同时出现新党，新党就是在野党。可是，旧党被李登辉一刀剪断了两年。刚开始，我既纳闷又担心，怀疑兴中会的事业是不是寿终正寝了，后来我发现有新连线的组织，等到新连线跳出来成立“新国民党”（内政部不核准其称为“新国民党”，只准许称为“新党”）后，这个问题就有了答案。原本新党是党内之党，称为“新连线”，“新连线”酝酿于旧党中，可是，党内容不得他们，因为旧党已经变质。新党创党时有一个宣言，也就是后来的党章：承继国父的理念，既然新党是承继国父的理念，旧党与新党就应该是同一个党，而旧党被人剪断两年，其历史生命也就到此为止了。

所以，旧党现在最重要的事莫过于找到延续生命的方法让香火传承，而这个答案就是“新党”。新党继承总理的理念，所以我称之为“兴中会之后的第六代”。想到这点，我还真感激李登辉，他这把剪刀剪下去，就把第六代剪出来了，否则新党为“第六代”的身份永远不明。

为了正名，我称呼李登辉的党为“两年党”。这一点看穿之后，是与非才能够有一个标准。但是旧党大部分的老党员、老同志到现在还执迷不悟，自认为是党内大老。有些像吴延环之类的，被人收买了；像宋楚瑜之类的，完全是主动倒戈，“认贼做子”。连李登辉自己都说：“没有宋楚瑜，哪有我李登辉。”所以宋楚瑜“认贼做子，养子不肖”。这个党无以名之，我称之为“两年党”，而这个“两年党”又盗名，自称为“中国国民党”。既然李登辉说他的党只有两岁，就不再是原来的中国国民党，但是他竟然还要用这个名称，而且又没有到内政部去登记，也没有经过内政部的核准。所以“两年党”依法不能算是一个合法政党，所以我又称其为“魔党”。

民进党的党纲明白规定叛国，所以民进党不是在野党，而是一个野党，所以我称之为“邪党”以免混淆。

旧党、新党应该是一体的两代，薪火传送；而魔党、邪党是一体两面，明反暗通。

李登辉宣布中国国民党只有两岁，实在是帮了我们大忙，而他也真是笨蛋。为什么要说中国国民党只有两岁？所以说，上帝要毁灭一个人，先让他发疯。

有一次，在一个小型的聚会中，大家讲到党龄的问题。我说我在大陆时是三青团的团员，我的党始终没有吸收我，本来的规定是年满二十五岁以后，不能继续当团员，如果被党吸收，就自动变成党员，后来我快年满二十五岁时，有一道命令下来，将二十五岁的限制延长到三十岁。党团合并之后，我就正式拿到党证，从那时开始算起，到今天我总共有五十四年的党龄。但是很可惜的，我现在只有五十二年党龄。其他人不解，我就说因为最后两年被人家裁掉了，人家只承认中国国民党只有两岁，一扣下来，我真正的中国国民党党龄不是只有五十二年吗？后来的两年被人家拿走，我也不想要了。上次颁发五十年党员证书，是全党性的事务，应该由中央党部颁发，但是我所拿到的证书却是台北市党部所颁发的，实在是很奇怪。

旧党事实上已经到此为止，但是老党员还洋洋得意地说要利用所剩无几的岁月，表现出忠党爱国的一面，选出党的提名人。他们认为老来不能失节，殊不知，他们这种行为正好是失节。因为他们所支持的是“两年党”的候选人，而真正的旧党已经没有候选人了。兴中会至今还是有生命的，总理也与我们常相左右，老党员应该好好地在中国国民党里面活着，这才是第五代国民党员的本分，因为只有老干部活着，才能够滋润新枝。老干部已经不需要开花结果，花与果要结到新枝上，这一点他们没有想通。我这个分析，如果能够仔细去想，就应该会一点就通。今天旧党去选盗名的“两年党”的候选人，才真正叫做上当，才真的变成脱党、叛党，很多无知的人帮了“魔党”的忙，还自以为是忠贞的中国国民党党员。

旧党的人留在第五代或者跳到第六代者，都是好的。宋长志说许历农叛党，实在是无知、不智。我认为，留在旧党中，只是留在第五代，绝不能跳到魔党里，也绝不可选魔党与邪党。旧党自以为存在，但是事实上已经在两年前被剪断了，这就叫做“百年老店清仓”。别人已经说出这种话，而且也在不知不觉中变成清党，这次清党是以魔党为主，换句话说，党把子掌握在别人手中。因为他已经盗名，将“两年党”附身在中国国民党身上。旧党现在实在是替人抱娃，如果选上了，是助纣为虐，旧党被盗了名而不自知，知道的人也常常在不知不觉中替“两年党”宣传，因为他们不知道要用什么名词，所以我们现在必须要给他一个确定的名词——“两年党”。“两年党”到现在为止，还没有到内政部登记。旧党的生命只能由第六代新党来传承，才能够救党报国。如果还要去反对新党，就等于是自戕生命，没有第六代，第五代的生命也就到此为止。所以旧党只有选新党，才是护党。旧党选“两年党”，等于是脱党、叛党；许历农加入新党，并不是脱党，旧党选“两年党”才是真正的脱党、叛党。

我们千万不要以为李登辉讲话没有理路，事实上，他有一贯的理路。我们要明白他是个日本人，而且他的所作所为是第一流的演员，从神不知鬼不觉地混进中国国民党开始，继而博得经国先生的信任，又能够让大多数人不注意他。我是一个有心人，但是我不是胡适之先生的好学生，我从来不说“大胆的假设，小心的求证”，这个不过是中国的文字游戏罢了。我主张“合理的假设，彻底的求证”，这才是合乎科学。假设不能大胆，而是要合理，举我自己的例子来说吧，当我去年（一九九三年十二月二十五日）病发，被送到荣总后，医生要先从症状来假设我可能得的病，再就这些合理的假设做试验，加以探测检查，彻底检查完后，证明我患的是心脏大动脉剥离，剥离所到之处，都受到了影响。医生再对症下药，救回了我的一条命。

问：您那天接见朱高正，谈论的内容大概是哪些？

答：我真佩服国内的记者，那天我还没有到中华战略学会办公室，记者就已经在门口等我了，还跟着我一起进来。朱高正还没有抵达之前，记者就问我，朱高正来见我，所谈何事。我回答他们：“我跟朱高正同样是留德的，我跟他做朋友的时候，是他在民进党的时候，你们不要以为他来见我有什么稀奇，其实我们是经常见面的，他是一个了不起的人，既有中国汉学的基础，又有西洋哲学的了解，他的学问超过我们大家的。”

前几天，战略学会开座谈会，大约有二三十人参加，我有意请记者来，包括中外记者。冯沪祥得到我的同意，在那次座谈会中说出了新党为第六代，我们的观点也借着记者的笔传播出去。

我提出新党为六代，就是我公开支持新党的方式。不过，我并没说过要找林洋港站台，我也并没有机会与林洋港联络。我现在强调的两句话就是——中国国民党被剪断两年，这是我的论断基础，而论断必须有理论与事实作为基础，以理论分析事实才够客观，不是一种感情冲动。我的理由是，既然旧党被人剪断，她就到此为止，而提名的是“两年党”，并不是旧党，在旧党里的人如果还以为是自己的提名，那就错了。

问：你认为赵少康这次能够超过四十万张票吗？

答：到前天（十一月二十七日）为止，他是绝对胜利。昨天有一件事情曝光了，李登辉在四个月以前，神不知鬼不觉地将二十几万人的户口，从外城搬到台北市来，这就是所谓的“幽灵人口”。黄大洲确实已经出局了，李登辉也不可能回头。中国有所谓三十六计，第三十六计是“走为上策”，现在要加一个第三十七计——“说了就赖”。这是传统三十六计中所没有的，所以我们上当了，李登辉身为元首，他还是照赖不误。

这张表（表缺）我在昨天晚上（一九九四年十一月二十八日）十一点三刻写完的。以前我的字有一些与父亲相似，有一次，我写信给老夫人，她拆开一看就哭了，她跟我说：“你的字太像你爸爸了。”其实我的字比不上爸爸，而且现在我的字都变成汽车字了，因为很多文章都是在汽车上写的。

二、局外诤言

李登辉与民进党实在是明反暗通，我很早就多次提醒党国要员，可是他们总是不相信，总觉得：纬国懂什么政治。事实上，我从小就懂得中国的道理，绝不参与政治，也不接触党政业务。到了台湾之后，在一个很好的机会下，我就向父亲表白了我的心意，我说："我们蒋家的下一代，只要出一个政治家就够了。"这个机会也就是我从少将升中将的时候。我在当少将第四五年的时候，父亲要帮我调职务、升迁，我就跟父亲说让我多做几年少将，一直拖到再不升中将就要从少将任内退伍时，再升我为中将。我不在乎做十几年少将，因为升了中将之后，再过几年就会升上将，而一个军人升上上将后就变成政治官了，那时候就非与政治接触不可，一旦与政治接触，我的观念与作风一定会与当局有所摩擦。我以父亲的意志为依据，我自己不取非分之财，绝不会发建军财，也不会去发建国财，所以就请父亲让我安安静静地在军中发展。父亲懂得我的意思，而我们父子之间也有非常好的默契。我做了十几年的少将才在边缘时机升中将，做了十几年的中将，又是快到边缘时机时，父亲要我去接第一军团司令。那时候只有第一、第二军团，而且当上第一军团司令的人，就有机会是下一任的陆军总司令，也有机会成为下一届的参谋总长。父亲要我当军团司令时，我没有接受，因为我当军团司令后，就没有人帮父亲完成干部的战略教育，没有人可以准备，也没有人会推行与执行。当年父亲好不容易找到蒋百里将军，但是蒋将军的战略教育不够完整。我们陆军大学的战略教育也不完整。我因为要筹备战略教育，所以婉拒了父亲要我当第一军团司令的好意，父亲说："你不当军团司令，将来怎么到'总部'、'国防部'？"我又向父亲强调："一个军人做到中将就已经是登峰造极了，升到上将就变成政治官，我宁可替父亲完成几十年以来的心愿，好好地办一个完整的战略教育。但愿将来所有的司令官、总司令、总长，都是从我所筹办的学校中培植出来的。父亲，总比派您的儿子去当一个军团司令要好得多。”父亲听了就搂着我的肩膀说：“那你太吃亏了。”我觉得这个青天白日是我一生中最宝贵的。

这次新党做得还不够，因为新党没有提出一个明确有力又有分量的诉求，让大家可以追随。而对方（李登辉加上民进党）倒是有分量、有目标，也就是台独运动加上皇民化运动。凡事有了重要思想之后，一切行动都可以集中。而这次在选战中，我觉得大家对李登辉也骂得够多了，但是却没有多少破坏力，因为大多数的人不把这件事当成是一个危机，没有危机意识，所以李登辉虽然在选战中遭受各方责难，尤其是赵少康与朱高正，把李登辉骂得狗血淋头，但是，李登辉仍然我行我素。这次骂李登辉时，条条罪状都提出来，但是却没有使李登辉的地位动摇。

在这次的选战中，我觉得最痛心的事情莫过于父亲被“鞭尸”。国民党内要破坏这位领袖是由来已久，民进党要破坏他也是由来已久，但是新党的人在电台上也有意无意地将父亲塑造为独裁、专制、不民主的形象，视父亲为压迫台湾的人。我一直劝新党的人设立一个电台，因为现在所有的传播媒介都被李登辉控制，一直到今天，中南部乡下的居民还不知道有新党的存在，他如何会去投新党一票呢？在台北，总算有一个“新思维之声”，但是新党控制不住，因为这个电台不是新党办的，而是由两个人——李承龙、陆克主持的。其中有一个人不学有术，他也充满了爱国之心，反国民党、反民进党，但是，他却错把经国先生所留下的祸根算在“老总统”头上。父亲是一位谦谦君子，他把自己对国家、对人民好的事情，都归功在陈诚及经国先生身上，自己没有居功。以土地改革来说，事实上，土地改革是“老总统”发起的，陈诚连建议都谈不上，只是“老总统”要实行土地改革时，派陈诚去执行而已。可是，在人民面前显露的是陈诚及哥哥的德政，父亲从来不会说："这是我叫他们去做的。"像现在的首长动不动就要亲自去处理，前几年有一艘载满学生的船翻覆，结果教育部长亲自去处理，甚至下台。虽然淹死的是学生，与教育单位有关，但真正应该负责的是交通单位才对，而交通单位又受到政治上的压制。再举一个例子来说，日月潭上有许多小艇载客生意，交通单位想要改良，但是又被当地的土豪劣绅把持，不准交通单位增加船舶，也不准增加一个新的游览公司，更不准改变船型。到现在为止，我们与欧美地区观光区的船舶比较起来，至少落后五十年，甚至一百年。总而言之，现在政治已经恶劣到了极点，非但不管土豪劣绅，而且还大量制造金牛黑帮。

李承龙、陆克自费成立一个电台，他们非常热心，但知识不够，他们不知道否定现况是对的，但是否定所有的过去是错误的。自己挖自己的根，动不动就说老蒋、小蒋如何如何，对他们加以攻击，后来更把箭头指向父亲一人，甚至拿他与今天的民进党相比较，说："老蒋时代是恐怖时代，你说了什么批评他的话，明天你就会不见了；你批评今天的民进党，当场就是棍棒齐下。这是两种不同的恐怖。"新思维之声虽然是为新党造势，但是却毁了"老总统"。从前异议人士被限制出国，都是哥哥所为，并不是父亲。哥哥一上台，就要取消所有的民间组织，不准有同学会、同乡会、帮派等组织。地方的帮派的确不能鼓励，因为地方帮派造成地方政治的混乱，但是与革命有渊源关系的青洪帮，怎能与地方帮派画上等号?

台湾的每一个县市都有帮派，国民党在每一个地区，都想利用地方派系，但是不能保持中立，最后又弄得自己灰头土脸。以台中县为例，台中县向来有林帮与陈帮，但是国民党介入其中，时而倒向林帮，时而倒向陈帮，两面不讨好。有一次我到台中主持"党政军民联席会议"时，才使台中附近的五个县市和谐。甚至于有一年的县市长选举，党部提名陈金生竞选县长，提报上去说他可以超过两千多票。我以电话联络唐仲，唐仲在驻德大使馆助理武官任内，我就与他相识了，那时候他还是上尉，我说："乃健兄，我知道省党部报到中央来，在台中推派一位陈帮的人选竞选县长，听说能够超过两千多票，事实上，他短于对方两千多票。现任县长林鹤年是林献堂的儿子，这个人很好，是一位谦谦君子，但是他因为已经连任三任县长，所以不预备出来竞选。而林帮推派出来的候选人是王地，这个人是一个绝对的台独分子，是高玉树被赶到台中后而支援出来的，而且背后有高玉树的财源支持。"那时候距离选举只有三天的时间，唐仲就说："老弟啊，想想办法，你在台中还有一点关系。"我说："好，就算死马当活马医，不过我只有百分之五十一的把握来扭转局势。"林鹤年是一个君子，具有国家观念，而且我和他的私交非常好，我就与林鹤年商量，请他把台中七个乡里内重要的林派人物邀请来，由我作东，请他们吃晚饭，然后在晚宴中请这些人为这位国民党候选人助阵。为了国家，暂且将地方派系放在一边。林鹤年说："好，只能这么做了，如果每一个乡长能够拉一百多票，凑个一千票是轻而易举的事情，把一千票原来投给林派的转过来投给陈派，这个局势就可以扭转。"当天晚上我就在家里设宴，请了三桌客人，总共喝掉了十五瓶白兰地。我在席中先起个头，然后让林县长先讲，他是当地林派的大哥，他说完之后，再换我讲，藉以掀起他们的热情，最后大家承诺第二天展开一天的拉票行动。选举结果，陈金生以两千多票险胜。

很多国民党员没有注意到李登辉说过的一句话："中国国民党只有两岁。"换句话说，我们都已经没有党了，我们的中国国民党是兴中会之后的第五代，如此一来，整个党史只有九十八年，而不是百年老店，因为后两岁被李登辉剪掉了。而这次省市长选举，是由"两年党"提名，但是旧党党员都去支援"两年党"。其实这只是一个观念问题而已，旧党党员应该赶快团结起来，推出一组人员，作为集体领导，例如俞国华、郝柏村、林洋港。李登辉早就不承认中国国民党，只是利用中国国民党的人头，而旧党党员都变成没有灵魂的傀儡，替两年党投一票。这个观念要喊出来，而且要喊得早。可是我跟那些大老提出这个观念时，却没有得到认同，因为他们心目中认为我不懂政治。其实这些人都想自己当领袖，来继承哥哥，即使暂时继承不了，也要踩着别人的鲜血，借用别人的肩膀而登高。我很愿意支持郝柏村等人，十几年以来，我鼓励着李焕，但是他实在是扶不起来的阿斗。俞国华也不够担当，郝柏村则是顾虑东顾虑西的，但是心里又热乎乎的。

新党与旧党之间有两个关键问题必须厘清。第一，旧党党员必须承认自己的党已经被人剪断了两年，这次竞选不是三党竞选，而是四党或两党竞选，所谓四党是指“两年党”、国民党、民进党、新党；第二，旧党与新党能认清彼此都是总理的信徒，是本着总理的理念，旧党应该维护“宪法”、维护政府体制、维护三民主义。如果三民主义、五权宪法没有了，就什么都没有了。要保党就要护宪，要救国也必须护宪，所以护宪是一个基本工作。今天毁宪的是“两年党”，但是在这次的选战中还可以提出这个诉求，要第五代党员保持自己的生命，因为老干再不发芽，就会死去，变成五代神木，所以要赶快培植新枝，第五代必须像个老人一样，小孩即使调皮捣蛋，但是终究是充满活力的。反过来说，第六代如果自己不承认是第六代，也没有办法纳入正宗，所以，要承认自己是从老干上生长出来的新枝，否则只是独立的一株树，无法成长。新党如果想要自己独立成为一株树，而把百年老店拆散打倒，非但是很难，而且是不可能的。

在某一个场合中，我问新党成员一个问题，我说：“你们还想不想两岸统一？我们当然不求急统，而是要在和平的状况下，水到渠成地统一，而且我们一定要知道大陆上还有成千上万的国民党，如果没有，我们回去以后，大陆一定也不会接受所谓外来的党，我们再回去就变成外来的党，如果我们要回到大陆重新恢复中国一统的局面，就只能有一个国民党，所以新党如果不承认自己是从第五代繁衍出来的新枝，即使到大陆上，也不会被认同，也打不完第五代，因为在大陆上的国民党也是第五代，即使你们现在可以打掉台湾的国民党，但是能够打得掉在大陆上的国民党吗？况且将来还要变成第七代的国民党，这个第七代国民党就是由此地的新党加上台湾与大陆的第五代旧党整合而成的，而第七代的使命就是建设新中国。所以现在不是大陆统一台湾或是台湾统一大陆的问题，而是要共同建设新的理想的中国。”这是一个很大的构想，新党的有识之士经过我解说之后，就纷纷醒悟了。

我还特别跟新党的成员说：“不是要你们委屈做第六代，而是要把你们的定位抬高，所以才变成第六代，你们有承先启后的责任，必须先有承先启后的地位，否则不在其位，如何谋其政。今天以我的立场来说，我不再介入政治，何况我从前就不想介入政治，现在要靠你们执政，所以我对你们的尊敬与期待，以及能力与智慧，都有很高的评价。你们不能自暴自弃，只想做一个独行侠，想排除国民党与民进党，这是不可能的，如此做只会给国民党与民进党狼狈为奸的机会而已。”所以后来“弃黄保陈”不但是真的，而且是极自然的，何况在李登辉之下的国民党与民进党本来就是一家人，除了其中有一些因素，我们必须破坏他们，例如有一批人专搞台独，但是有一个人要把台独变成皇民，自然而然就会造成自身的分裂与破碎。想做皇民的人毕竟比较少，可是一旦沾上日本的调调儿，就很不容易去掉。现在所有的商店格式，贩卖的物品，甚至包装、售货员的礼貌，都是日本式的。我与日本人交往达三十年之久，例如当年的白鸿亮（实践小组前十五年由彭孟缉负责，后十五年由我负责）。我一天到晚跟日本人打交道，连冈村宁次到台湾时，也是我接待他的。日本人的团体一有所行动，就把布条往头上扎，上面写上几个字，对于团体活动、群众运动，甚至于暴民的制造，相当有关系，因为一扎上布条之后，心就交出去了。当年我不时提醒这批与日本军官有接触的联络官，不能心向日本。另外还有空手道、柔道、合气道、剑道在台湾的发展，我也赞成，也从中帮助，但是我也提醒他们，绝对不能日本化，这些东西也是沾上之后，很难甩掉的。

问：李登辉最近似乎要拿你们几位开刀，例如郝柏村、梁肃戎，还有你，是不是真有其事？

答：如果李登辉开刀的话，只要开一个刀就够了，用不着开三个人，这是我的第一个想法。

问：拿郝柏村开刀的意义何在？

答：免得反李势力泛滥。因为郝柏村从前所采取的都是防御方式，并没有用攻势。现在他转为攻势，如果不制止他，就有可能会泛滥。基本上，李登辉应该不会对郝柏村有什么大的惩戒，但是李登辉会给郝柏村一点压力，藉以警告郝柏村，如果他再有任何进一步的行动，就会对他不客气。这是我的想法。至于李登辉要拿我开刀，实在是没有任何理由。李登辉的确是怕我，因为有很多事情，他都认为是我的点子，也总觉得是我在后面操纵。可是，我既没有在第一线，也没有采取任何战斗行动，李登辉也不能禁止我有观念、思想，况且我所表达出来的也从来没有一句是不符合李登辉所说过的话，如果说我最近有对他不利的言论，可能就是我提出“两岁党”的观念，但是这个观念最初也是他自己说出来的，我并没有任何诬蔑他的意思。

问：这一次“中常会”（一九九四年十二月二十八日）有人闹场，应该是百分之百的预谋，可能预先排演过。

答：当然是预先排演过的，他们叫某些人先发动，另外的人再跟进。按照李登辉的个性，十二月十三日投票结束后，会等到二十八日才来计较这件事情吗？

问：应该是在选后的第一次“中常会”就发作了。

答：的确是。假定“弃黄保陈”的说法是谣传的，他就应该在选后第一次“中常会”发作。而且，郝柏村也并没有接到帮黄大洲助选的命令，所以李登辉也拿郝柏村没有办法。事实上，李登辉也不敢如此做，只不过是安排炮手在“中常会”中炮轰，让舆论界东猜西想，困扰当事人而已。只要当事人不觉得困扰，也就“见怪不怪，其怪自败”了。至于梁肃戎，李登辉更没有必要去对付他，因为梁肃戎不是一个领导群众运动的人。

郝柏村到现在为止，还未成立一个组织。曾经有一个组织想请他来领导，就是“黄埔救国会”。“黄埔救国会”其实是一个多余的组织，因为在此之前已经有两个相似的组织，一个是“中华黄埔四海同心会”，是所谓的黄埔的正宗的团体，后来又有一批以政战为主的人，另外组织了一个“中央各军事院校同学联谊会”，他们不肯参加“中华黄埔四海同心会”，实在是没有道理，他们甚至还说：黄埔在哪里，我们根本不晓得，地图上也找不到。这个组织本来由王多年领导，王升回国后，领导权就交给了王升。这两个组织我都有参加，原因有二：第一，我没有自卑感；第二，我可以装小，不会吃味，所以，我也不会争领导权。我觉得现代的领导应该是服务第一，以服务替代指挥，这才是现代化的领导方式。我参加这两个组织，从来不会与人相争，只要召开大会，我一定到场。其实大家都是中央院校的毕业同学，何必区分彼此。后来成立的“黄埔救国会”，实在是没有什么立场，他们去请郝柏村来领导，郝柏村认为这个组织有二三百个成员，竟然号称有二三千人，而且还有一个庞大的人事组织，而且人员都已经分配好了，换句话说，只有一个大脑袋，连个脖子都没有。他要求至少要有三千个成员，才愿意当领导者，所以“黄埔救国会”召开第一次大会时，邀请郝柏村莅临指导，郝柏村没有到会场。这是郝柏村当面跟我说的。我跟郝柏村说：“我给自己的任务就是希望能够将这三个组织合并为一个组织，名称就称为‘黄埔同学会’，不但直截了当，而且成员范围也比较广泛，不一定非军人不可，例如现在黄埔的教育内容是多方面的，科技方面的教官也很多，这些人都应该视为黄埔同学，何况当年黄埔军校成立不久之后，就有政战班，现在的我们何必分彼此呢？”现在“四海同心会”会员就有一万多人，因为经费不够，所以每次召开大会时，只能邀请数千人来参加，对我们而言，邀请三千位会员召开大会是轻而易举的事情。到那时候，我们可以包下国父纪念馆召开大会，把几个组织都合并起来，郝柏村也敢出面，当局就会更注意了。我是“哪儿都不参加，哪儿都参加”，因为我觉得这三个组织应该是同一个组织，不应该区分彼此，黄埔代表的是一个精神，并不仅局限于黄埔军校毕业的人。事实上，黄埔第六期以后的学生，也没有人到过黄埔，我在黄埔的时候，第一期的学生不仅还没有来报到，甚至连学校也还未建立呢！在筹备期间，我陪着父亲去侦察校址，在他后头跑来跑去，经过义冢地时，还掉进了坟坑里，抬头一看，看见父亲望着我。那个墓穴很深，大约有一个人的高度，不过我一跳就跳上来了，父亲说：“喝！你跳出来比下去还快嘛！”这是我对黄埔的第一个印象。后来第一、二期学生陆续来到学校，父亲对学生很严格，因为黄埔要训练的是能够为革命牺牲的人，要培养学生绝对的革命心，必须要有心理上的准备。要塞司令部和我们合住在一个旧房子里面，我和母亲住在楼上。这些学生常常走后门，向母亲要一点香烟、饼干。母亲对他们非常好，让他们得到一点家庭的温暖，母亲也特别注意这类事情。在如此严肃的革命干部训练期间，有这么一点软性与母爱的接触，给他们温暖，使军中形成同胞情感如同手足的传统。从黄埔办校开始就养成子弟兵的风气，大家团结在一起。所以，视同一家，如兄如弟；成为一体，如手如足。就这样，黄埔子弟兵开始东征，也是不无原因的。当时我母亲对第一、二期的学生相当熟悉，每个人都可以叫出名字来，他们对母亲也很尊敬，对我也很好。

问：连战到台中校阅IDF战机，是不是意味着连战将来会代替李登辉出马竞选“总统”？

答：倒不一定是以这件事情为指标，不过，以整个趋势看来，李登辉有培植他的意思。他总要找一个人出来，以便他还能垂帘听政。我没有实在的证据可以证明，但是以我的观察，我觉得CIA在我国政治中扮演了一个重要角色。CIA吸收国外人事非常残忍，他们的原则是“Do it or die”，就看被选中的人有没有种了。一旦与CIA扯上关系，永远都难以脱离，不听话的人都被暗杀掉。宋心濂至今仍然是死因不明。当年有一个与洪小姐很熟的人，叫做汪乾一，他是搞经济的，被人发现吊死在窗帘架上。实在是令人难以相信，因为任何一个窗帘架，即使做得很牢固，也挂不住一个八十公斤的人，所以他也是死因不明，但是这件事竟然没有人过问。汪乾一这个人就是知道太多，同时也说得太多。我曾经劝过他，但是并没有多大效果。他并不是做情报工作的，他的工作就是类似于鸿源的吸金工作，这种投资集团其实不是坏事，只要规规矩矩来做，不要钻漏洞，并没有什么不好。汪乾一与吴经国两人被我介绍到直六小组，也就是台北市市党部直属第六小组，当年李登辉当副总统时，就是隶属于直六小组，不过，他当了“总统”之后，就没有来开小组会议了。全中国的小组会议以直六小组最为标准，每个月一定开一次会议。

问：这次高雄市副议长、省议会副议长的选举结果，是不是给了李登辉一个很大的耳光？因为由此可知财团也不支持国民党所提名的人。就像以前一样，如果中央顺着他们，他们也就接受中央的决定；如果中央不顺着他们，他们就按照自己的一套方法来做。

答：这件事我一无所知，不过我猜想也是这样。

问：陈田锚等人自己都起内讧了，这下子要看国民党如何善后。

如果不善后，恐怕问题会更大。屏东县议会议长带头杀人，贿选风波不断，甚至有检察官因不满上层指示而引发的辞职风波。从这件事来看，国民党连司法公正都做不到。

答：国民党自己都在做违法的事情。

问：说实话，再这样下去的话，国民党政权难保。

答：因此我们有两件事情必须要做，第一，与“两岁党”划分界限；第二，旧党必须有人出来领导，或者是集体领导。今天我不敢做任何清党的运动，按理来说，最多三十年就要做一次清党运动，但是这次我们到台湾改造之后，还没有清党过。有人跟我谈过这个问题，我说不敢建议清党，因为党权掌握在别人手里，被清理掉的是我们。从实际情形也可以看得出来，现在没有清党，我们就被踢到党外去了，因为李登辉把中国国民党剪断两年，我原本有五十四年党龄，现在只剩下五十二年。

问：以台北市来说，将来的新党效应如果发挥到别的县市，国民党就被新党拖垮了。如果李登辉还担任党主席，不可能跟新党妥协。不论是李登辉、连战或是许水德，他们的表现还是有打群架的味道，一点都不自我检讨，光是检讨别人。为什么不学习老先生“化敌为友”？

答：关键就在于我刚才所说的，我们兴中会的第五代何以自保，这是第一个问题。答案就是承认新党，因为中国国民党已经被李登辉剪断两年，而且还说中国国民党是外来政党，旧党很多党员竟然还向“两年党”靠拢，不想剪断。李登辉提出中国国民党只有两岁的说法，纯粹是省籍的观念在作祟，所以旧党党员必须要警觉，形成集体领导，才能保住兴中会后的第五代。而且我们也要培植第六代，只要第六代提名任何人，旧党党员就投票给他，让第六代尊敬第五代。因为从来没有一个长辈不重视晚辈，不栽培晚辈，而晚辈还会尊敬他的情形发生。反过来说，新党必须承认自己是第六代。以一般正常的检讨来说，赵少康他们是成功的，虽然没有选上市长，但是护航了十一个台北市议员，再加上两个省议员、两个高雄市议员，总共有十五个议员。新党为赵少康、朱高正两人造势，虽然还不足以使他们当选，但是却使十五个人当选议员，这是新党成功的地方。但是，从另一个角度来说，他们犯了一个很大的错误，就是不尊敬第五代，使很多第五代的人不支持新党，错把"两年党"当成中国国民党，认为此时不帮助国民党，更待何时。我用尽方法分析给他们听，他们都听不进去。不过，这种情形也是新党自己造成的，有一些老同志甚至当场泼了我一盆冷水，他们说："你说新党是第六代，我们可没有听赵少康说过喔！"如此一来，变成是我树新党为第六代，而新党还不见得领情。一直到后来，"新台北之声"才喊出新党为兴中会后第六代，但是新党党员所设立的"新思维之声"，却不承认这种说法，还说新党是独立的党，新党是自我奋斗出来的党，与中国国民党毫无关系。这么一说，不就把新党的脐带剪掉了吗？一开始，我跟郁慕明说，新党党旗就用原来中国国民党的党旗，在青天白日中加上一个新字即可，结果他们用了一块黄布，中间写了新党两字，远看还以为是哪家百货公司的广告。

问：前两天新党好像与郝柏村有一个秘密聚会，不知道为什么没有聚成。

答：朱高正他们开完会后，曾到梅园去。

问：他们是没有联络好，还是因为别的原因？

答：后来郝柏村躲开了，到底他是副主席，不便与新党的人接触。不过，这件事不知道是如何曝光的，让记者得知消息，记者还一直盯到梅园。我跟那些记者说："你们如果是要访问我，可以。你们要访问别人，就请到别处去，如果你要照相，我不允许。这是我私人的地方，不可以进来。"有一次，朱高正到战略学会办公室看我，记者也不知道从哪儿得来的消息，比我们先到战略学会，我很善意地招待他们，记者们提出照相的要求，我没有答应。等到朱高正来了以后，记者又把照相机拿出来了，我就一脚要把照相机踢掉，幸好朱秘书抢得快，我的腿就没有再飞起来，我说："我这个人吃软不吃硬，你跟我商量好的事情，我都可以，我如果说不，你要硬来，这是我的地方，说不可以就是不可以。如果你还想照，就再问我，问到我答应为止，我摆好姿势让你拍照都可以。"

问：那天他们到底要谈些什么，你知道吗？

答：他们要去见郝柏村，我不知道。那天我先在郝柏村那里，与郝柏村商谈合并"中华黄埔四海同心会"、"中央各军事院校同学联谊会"、"黄埔救国会"，并且请他出来领导一事。郝柏村说只要成员有三千人以上，他就答应，我说何止是三千人，连一万人都没有问题，到时候开成立大会时，租下国父纪念馆会场，一定可以坐满。郝柏村跟我说到时候他一定到。其实郝柏村就是这种地方不可爱，我说我去看他，他就立刻指定时间、地点，也不会说："不，不，不，我来看老师。"他从来没有尊我为老师过，此外，他对部下也不够尊重。

问："弃黄保陈"应该是真的，而且黄大洲又告了陈重光，所以这件事情是真的。为什么李登辉还要追究责任呢？

答：他如果真要追究，在选后的第一次"中常会"时，他就会追究了。

问：如果是假的，王建煊、赵少康等人，早就被起诉了，因为这种没有免责权可言。而且这个消息还是台视播报的。事实上，每一个大机构中真的有人如此下令。

答：只要与党有关的系统，都有如此的命令。但是下了命令不一定管用，真正管用的是他的幽灵部队，他在八月间把很多中南部居民的户口转移到台北来，所以大家都没有注意到。如果他们在六月间转移户口，新党就会注意了。在李登辉手下，没有做不到的事情。选举前选罢法不是将原本“居住六个月以上有选举权”的规定改为“四个月以上”吗？所以很多人都忽略了这一点。这些人总共有二十余万，所以他们还分了一些票给黄大洲，其他的票都投给陈水扁，得票数据完全吻合。而且眷村里面都接到通知，他们来问新党应该怎么办，其实很简单，只要敷衍了事，到时投给谁也没有人知道。

两岸关系

一、后邓小平时代对两岸关系之影响

邓小平的健康状况至今还是一个谜，也没有人知道实际情况，有的消息说他已经进了医院，又有消息说他在某处演讲、见客，所以我们很难掌握大陆的状况。几位接近他的朋友跟我说，邓小平的确有老人的现象，但是他的头脑仍然很清楚，而且仍然坚持他的观念——改革、革新，目前他还是认为改革的脚步太慢。

未来能够掌握经济大权的，恐怕也只有中国人，而台湾的经济力量是无法与大陆匹敌的。关于这一点，李登辉很下一番功夫，他先叫张荣发等人到东南亚当先锋，等到接头好了，他才亲自出马。可是李登辉自己没有本钱，所以他就要搜刮台湾的民脂民膏，积极从事股票等各种经济运作，把台湾民间的资本逐渐集中到中央，这是一般人所看不见的一面，而这一面也正是李登辉对台湾最大的残害。为了达到目的，他逐渐与金牛联合，甚至不惜与黑道挂钩。

李登辉的背后有两大靠山，一个是美国，另一个则是日本，但是这两个国家他都没办法去。此外，他的对外关系并不好，所以他要从东南亚小国家开始部署。这次的行动成果还算不错，他想以此为基础，再往中南美发展。他的对外发展都着重在经济上，因此他必须将钱储存在国外，如此一来，国内的经济就会受到影响，一般的老百姓、中小企业会受到经济紧缩的影响，而大资本集团又在国外发展，不会对中小企业有任何帮助，所以李登辉此举是牺牲老百姓的权益，来发展他所认为的大事业。现在台湾的首富事实上就是李登辉。这是我所认为的发展趋向，否则他一个堂堂政治家，为什么要和金牛、黑道挂钩呢？那些人是唯利是图的人，“总统”让他们到哪儿去图利，他们就会听从，这种发展绝对不是中共所许可的，中共自身也要发展经济，而中共发展经济也是朝着这些既有的方向前进，他们怎会许可台湾抢先呢？这是我的看法。

世界的乱源在于经济的争夺，现在这种经济的争夺将会造成东南亚第三世界国家一连串的乱相与侵略，所以局部地区的斗争会被鼓励，也会更加强。西方也是如此，几个大国要掌握经济，所以地区性的战争会继续不断。现在的南斯拉夫等地，在中古时代都是公侯国家，他们仍然想要保持传统，纵使有些国家领袖认为在新时代中不应有此种观念，但是这些领袖的随员不允许他们脱离传统，因为他们要靠这些帝王来保持自身的权位。

国民政府在大陆上曾经实施二五减租，到台湾以后改为三七五减租。伊朗国王巴勒维访华时，父亲曾经明白建议巴勒维实行土地改革，那时我担任巴勒维的荣誉侍卫长，我们在土地改革纪念馆中为巴勒维做简报。巴勒维将土地改革全套东西带回去之后，苦于不能实行，因为皇亲国戚的阻力甚大，后来好不容易推行，没想到第一年推行时就遇到了天灾，农业歉收，农民除了一块土地之外，什么都没有，既没有本钱买种子，也没有钱买农具，中央也没有指导新的农耕技术，最后，农地又被贵族收回。这些贵族拥护皇帝制度，是因为只有皇帝制度存在，他们才能获得好处。

东南欧各国以前都是公侯国家，连莫斯科也只是一个公国。《亚森罗苹》一书描写了很多东南欧小国间战争的情形。大国操纵世界，宁愿让小国纷乱不断，大国可以卖武器给交战小国，居中牟利。

现在邓小平对台湾的做法还算和平。一旦邓小平故世，大陆仍然以经济为着眼点，而采取的手段是断然的，到时两岸就会发生很大的冲突。这种冲突仍然是经济方面的，不会演变成军事方面的冲突。在心理上，军事占着很重要的分量，因为中共在军事上的确占了上风，但是即使如此，中共也不一定需要有真正的军事行动。

后邓小平时代，大陆对台湾的态度是以台湾的行动为依据。我认为中共最终还是会使用强硬手段，台湾不能再玩火了，否则会引火自焚。

李登辉和钱复所提出的邦联或联邦制度，其实不是目标，而是一种过渡时期的手段，利用这种方法造成大陆的分裂。不过大陆如果真的分裂，对新中国也不利，因为自秦始皇之后，中国的统一观念已经定型了，历代虽然有分裂的情况产生，但是最后还是朝向大一统的方向。《三国演义》强调“分久必合，合久必分”，这种思想在过去是成立的，因为中国西北边禁没有打开，东南海禁也没有开放，在封闭的国土里面，即使是分分合合，基本的精神还是被保存下来；现在边禁、海禁开放，我们如果分成联邦，刚好给西方人侵略中国的机会。如此一来，中国就会四分五裂，而此次分裂，就再也无法统一了，所以我个人绝对不主张联邦制。

我个人虽然不是研究政治的，但是从长期对政治的体会来看，我认为应该要实行中央集权与地方分权。我们要使国家能够长治久安，最重要的就是要确定中央与地方的权限划分。中央无权的国家无法强盛，地方无权的国家无法实行民主。不论古今中外，这个纷争一直不断。

结果孙中山先生提出“地方自治”的方法，解决了这些纷争，而地方自治要以县为单位，如此就不会产生军阀。联邦制或邦联制一定会产生问题，所以我们今后仍应遵循国父遗教。国父遗教中最重要的是地方自治，惟有实行地方自治，才能产生民主国家，而地方自治要以县为单位，省不过是中央与地方之间的传送媒介，负责管制政治的平衡。总理的确是一位智慧高超的人，他提出地方自治的主张，来解决政治上的纷争。

实行中央集权就会形成独裁国家，如果实行地方分权，就会变成一盘散沙，国家无法发挥统合力量。不论在政治、军事、经济、社会上，都处于下风，人人只注意自己的私利，没有人会关心公共安全。国务的管理包括国家安全、国防安全与社会安全，但是现在没有人注意社会安全，很多人不懂社会安全。一个社会与其追求“自由、平等，均富”，倒不如追求“均安”。富者如王永庆先生，他并不觉得安全，贫者如一级贫户，虽只粗茶淡饭，但是很平安。所以所谓“均安”，就是要做到夜不闭户，正如《礼运·大同》篇中所说的境界。要国安，就必须做到中央集权；要民安，就必须实行民主，人人不必担心，人人都有保障。“均安主义”是中国向来的传统，人民日出而作，日落而息，皇帝与我何干！如果我们的政治能够做到这种程度，我们就成功了，所以我提倡中道思想。

邓小平一旦过世，大陆方面会保持镇静，他们不会不顾国家利益而轻举妄动，因为共产党的重要干部都是知识分子，而且更重要的是他们保持伦理，不管如何内斗，始终保持长幼有序的观念，所以乱不起来。台湾就不同了，台湾的知识分子也很多，但是台湾的政局容易混乱，就是因为台湾不注重伦理。中共了解大陆一乱就不堪收拾了，而且他们现在也愈来愈了解日本与美国对中国虎视眈眈，所以他们现在要争取时间第一。

二、两岸事务

郝柏村有一个构想，不过我感觉这个构想不务实、不可行，所以，我曾经为郝柏村与中共方面策划一条沟通的管道，结果没有成功。那位牵线人是一个科学家，没有任何政治立场。他从美国到大陆后，已经帮郝柏村拉到最高线了，可是当他回来以后，他与郝柏村之间并没有取得一个共识。这位线人的机票钱、膳宿费用，花了我们不少钱，结果却没有收到效果。

本来我们想在大陆方面建立一个以经济为基础的战略措施，而且我们派去的人也有掩护，在工作上也有财务支援的来源，结果郝柏村并没有接受，我认为他在事前并没有深思，另一方面，他可能也是过于担心害怕。事实上，如果他深入思考，就会发现如此做并无损失，而且我希望他的观念思想与大陆方面能够打通，大陆方面能够支援他。大陆方面，只要我们与他们沟通得好，他们真的会按照我们所说的去做。而且我提出来的案子对大陆没有损失，也没有让他们多花一毛钱。

我与中共方面间接接触时，希望他们研究如何让中国国民党在大陆上复苏起来。假定中国国民党能够在大陆上再度兴起，只要在那里有五百万党员，由党员选代表，再由代表选中委，最后选出党魁，那么究竟是五百万选票算数，还是两百万选票算数，结果如何马上就可分晓。

问：唐树备前一阵子来台湾，听说已经与你见过面。

答：没有。本来唐树备有这个打算，并且考虑以公开或秘密的方式与我见面，如果以秘密的方式见面，我就在半夜到他下榻的旅馆见面；如果是公开的方式，就以他来探望我为由，我们两个人在荣总见面。后来有人从中作梗，不希望他与我见面，所以这个计划就此打消。这件事情刚开始进行时，只有一个传话的人知道，而且这个传话的人绝对是守口如瓶，不会声张，因为他自己还对我千叮万嘱不要对任何人提起。总之，有人防范得很厉害，不让他见到高峰未指定的人。但是独家新闻却煞有介事地报导，实在是很奇怪。

问：有人说中共会用外科手术的战术来解决台湾问题，一二天的时间就把台湾打垮。站在军事的立场上来说，您认为可能吗？

答：站在中共的立场来说，一二天之内以武力解决台湾问题不可能的，但是站在台湾的立场来说，这是很有可能的。原因很简单，因为现在台湾的高尔夫球场很多，每一个球场空降两个师绝对没有问题。所以，中共是否用一二天的时间解决台湾问题，其关键不在中共，而是在台湾。中共的攻击力可以计算出来，而台湾的承受力有多大，则是未知数。我们现在的战术，恐怕还停留在二次大战之前的土战术，以这种土战术来对抗中共的侵略，实在是非常危险，不过，更重要的还是人民的决心问题。

问：很多人希望中共在九七之前不会动台湾，让我们在这段时间之内可以做一些事情。不过我对这种想法并不完全认同。

答：我认为中共如果要动台湾，应该会在九七那个当口动才对。而且中共对台湾不需要全面瘫痪，只要打掉一个发电所、一个水库，人心就立刻动摇了，尤其是翡翠水库与石门水库，关系北部居民的生命财产安全，其中之一如果被炮弹炸毁，台湾马上就受影响。

新同盟会

国内有一批学者志士看到国家面临艰难的困境，而中国国民党已经被渗透，也无法指望她有任何能力，所以就建立一个组织，称为“新同盟会”。开始是梁肃戎、李焕、郝柏村、许历农和我五个人为核心人物，但是其他四个人是我去动员的，除了梁肃戎一直很支持外，其他三个都是我硬把他们拉进来的，到现在还保持若即若离的关系。在现在这个阶段，我的人生观是“水的哲学”，他们这几位有的是钢筋、有的是水泥、有的是石子、有的是沙，要把他们混合在一起，必须要加水进去，不过这件工作很苦，怎么拉也拉不进来。李焕、郝柏村都是若即若离的，许历农则是跟着郝柏村走的。很多人真正跟我好的，也不敢随便听我的，而且我不在其位，更没有理由要他们跟随我。可是他们跟定的老板又不争气，例如郝柏村当了两年零八个月的行政院长，我约了他三次，想跟他单独的谈一谈，他连个回音都不给我。如果按照我的脾气，我是不吃这一套的，但是我有很重的理智提醒我，所以我始终支持他。在这个时候，国家损失不起一个已经培植到这个地位的人，就是像俞国华、倪文亚等人，我们也希望他们能够出来有所表现。中国这个社会怪透了，长者挡着年轻的，自己又不离开，连虚晃一招都舍不得，实在是非常为难。

我认为冯沪祥还是不错的，虽然有些人批评他，但是在这一个时代里，还不能没有他，如果没有他，新同盟会也就散掉了。现在民间的组织，不论是兴中会，或是新同盟会，都是我最早策动的，但是我从来没有居功，我的方式是不断地把观念传播出去，让其他人慢慢接受，继而认同加入这个组织，所以我从来不说兴中会、新同盟会是我发动的。兴中会在一九九〇年成立，当兴中会刚发起的时候，李登辉就用诸般的方法——好说、歹说、威胁、压迫，什么手段都有，到最后知道压不住，就要兴中会在名称前面加“海外”两个字，变成“海外兴中会”。

一九九〇年“总统”大选，李登辉当选“总统”，李焕要负很大的责任，郝柏村要负一部分责任。内阁总辞，郝柏村则要负完全责任。他不应该请辞，虽然他不请辞也要下台，但是效果不同，总要打一个会战再走。本来新连线也是一个很好的发展，他们的成员也都很优秀，但是因为郝柏村的总辞，他们好不容易进入立法院，结果抬了一个空轿，对他们打击真大。

新同盟会的成员大部分都是教授出身，也有在新闻界里具有力量的人，只要这几位大老不扯腿、不搅局，应该可以有很好的发展，因为现在新同盟会已经成为一个核心。

林洋港一直有竞选“总统”的意思，只是不能把话说得太满，所以他始终是说：“如果李先生不竞选，不连任，我们总要有个准备。”这话也是对的。李登辉先后有三次由专人或是他自己本人向林洋港表示不连任，但是政客讲的话从来不能算数，要等到最后一秒钟才见分晓。林洋港这次是新同盟会有意把他捧出来的，因为民进党已经宣布了五位候选人，而国民党一直还没动，所以新同盟会就提出了五位，也非常客观，绝对没有新同盟会主观的观念在里面。

我在新同盟会开会时提出一个观念：在清末时有几十个会党，也有各种旗号，其中由国父所组织的兴中会被公认为最具有哲学基础与科学理论的组织，所以，各个党到最后都集中起来，成立同盟会，完成了推翻满清的工作。现在的新同盟会也要负起同样的责任，内部固然需要团结坚定，但是也必须重新检讨国父当年提出的许多观点。一方面，我们要联络民间其他各党派，我们需要友党，也需要党友，现在我们与新党很密切，但是，与其他民间团体之间的联系还不够，今后新同盟会要负起当年同盟会的工作。另一方面，打从国父逝世之后，从来没有人说“孙家没落了”，因为孙中山先生的观念有戴季陶先生将其发扬光大，工作事业方面则有蒋中正先生推动，在最短的时间之内完成了总理所遗留的使命。从东征、北伐到抗战建国，继而取消不平等条约，召开“国民代表大会”，从训政时期步入宪政时期。虽然在抗日之后，经过国际间有计划的打压，我们退出了大陆，但是，我们在复兴基地实行

◇ 为新同盟会出钱出力

三民主义，而且事实也证明了三民主义是救国建国的主义。

现在很多人说“蒋家没落了”，刻意地制造口语的攻击，但是我可以说，所谓“没落”，是指下一届能否继承道统，我们就是要看现在政府的作为，来决定蒋家究竟是没落还是后继有人。所谓“道统”，就是尧、舜、禹、汤一派相传而来的思想。如果我们能够建立一个代表中道的政府，就不是没落，如果中道终止，才是没落。与孙家、蒋家本身不相干，而是我们的道统能否继承的问题。我们的道统隐藏在“宪法”中，所以我们要护宪。民主的政体一定是在选举中显示人民主权的执行以及责任的完成，新同盟会是民间的政治团体，就应该负起这个责任来。

蒋家没落了吗

自从父亲、哥哥相继病故之后，有人就处心积虑要挖掉蒋家的根，意图除掉蒋家。但是现在终究是一个民主的时代，不能赶尽杀绝，所以他们要从宣传功夫上着手。他们对外宣称“蒋家没落了”，大家一定认为我会难过，我的确难过，但是难过的原因与一般人所想的不一样。我有一个人生观，不管人家怎么说我，我还是我，我并不因为人家说我而难过。我认为这种人生观相当好，所以当别人批评我时，我不会有冤枉的感觉，因为不论别人怎么说，我还是我。我难过的是大家解释“蒋家没落了”这句话的逻辑观念。我们从来没有听任何人说过孙家没落的话，孙家之所以没有没落，是因为在理论上与行动上分别有戴季陶先生及蒋中正先生继承衣钵，所以孙家没有没落。因为大家做的都是完成孙中山先生遗志的工作，所以孙家有人继承，而继承者不一定要姓孙。换句话说，所有孙中山先生的追随者都是继承人，孙先生的大业是由成千上万的人共同继承的。从东征、北伐到抗日，都是全民参加，而且在第二次大战未结束前，就已经取消不平等条约；抗日完成之后，也尽早召开国民会议，从训政时期进入宪政时期。显然地，我们已经完成总理遗嘱中的使命，所以孙家没有没落。

蒋家确实是没落了，但是蒋家没落并非意味着蒋家后继无人，而是指在政治传承上不但所托非人，而且还有人蓄意破坏。如果有人将父亲当“总统”，儿子不当“总统”，哥哥当“总统”，弟弟不当“总统”的情形视为没落，这个人一定是个具有绝对封建思想的人，不属于民主时代，更可怕的是这种人是不是居心叵测、另有用意？这是我根据理哲而做的解释，并不是我逃避责任。我觉得蒋家的后人最重要的是要做一个奉公守法的国民，站在自己的岗位上，为国家社会奉献出自己的力量。我和我的儿子都做到了，所以我一点都不自卑。

我有若干军事学的理论都是从父亲的作为中发现的，但是我不能因此而自满。父亲有一个思想实在很了不起，孙子兵法中提出“不战而屈人之兵”的观念，被古今中外公认为了不起的思想，但是“不战而屈人之兵”还是要备战，除了不流血之外，其他的花费还是不能省略。我认为父亲的境界更高，他用的是化敌为友的方法，要达到这个目标，必须要懂得忍让，而基本上，自己的至诚也是很重要的，所谓“精诚所至，金石为开”。父亲除了至诚待人之外，还趋使对方了解国家大义，进而说服对方。当年有多少军阀都是自愿放弃一切享受，来跟随革命的工作，即使没有参与革命工作，也至少不与中央为敌。我可以说，父亲一生的言行都做到了这一点，如果没有忍让，也无法显示他的至诚，也无法做到化敌为友。有多少人实在是罪该万死，但是得到他的鼓励后，进而为国家奉献，至少为这一个多灾多难的国家，免除了许多可能发生的大祸，同时也挽救了多少人的生命，这一点就是父亲对国家最大的贡献。也许有很多人知道这一点，但是为了自己的利益而不肯说出来，甚至于把功劳占为已有，不过，父亲从来也没有去争。所以我做了若干有利国家的事情，又何必一定要把功劳往自己身上揽呢？与父亲相比，我对国家的贡献真是小巫见大巫，何况为国家奉献本来就是每一个国民应该做的事情。自从动过两次大手术之后，尤其是这次心脏在停止三次后，又奇迹式地复活，我除了感谢上帝，感谢祖荫之外，对于一切名利，真是视为过眼云烟，实在没有什么好争的。而这次的劫难更确定了我的人生观，我只要求自己的行为对得起自己的良知，我也可以说，我为父亲而生，我也愿意为父亲而死，完成父亲的遗愿。

蒋家所继承的就是要发扬孙家的遗愿，而孙中山先生所做的就是复兴自尧舜禹汤文武周公以来的道统，所以要推翻昏庸的满清政权，建立民主的“中华民国”。我们再往前追溯，可以发现神农氏就是要解决众民的生活问题，孙中山先生也是以民生为基本的理论，再加上民族、民权的支持，发明了三民主义。戴季陶先生、蒋中正先生所做的就是要推动孙中山先生的三民主义，而今天有人处心积虑要挖根，其目的就是要推翻三民主义。我们的祖先一开始就走上人类文化的路，而我们要继续发扬的也就是人类文化。人类文化就是求众民之共生，近几年政府提倡“均富”的口号，大家都认为这是民生主义的另一名词，我认为光提倡“均富”是不够的，而且无法做到，也不必做到。事实上，富有是无法均等的，因为每个人努力的程度不同，而且每个人的机运也不一样，所以我们应该要提倡“均安”，如果富而不安，“均富”不就失去其意义了吗！不论贫富都求心安，要心安就必须先理得。再加上民族主义、民权主义，才有一个真正的民生主义，整体来说，就是要追求均安。

伏羲氏先把大自然对人类的威胁去除，他画了一个八卦，挂在每家门口，变成一个标志，具有守望相助的意义，也就是民防的开始。民防事实上比军防早，后来是因为大家各有各的工作，不可能家家自己来防卫，所以，才有专门从事国防工作的人，那就是军队。同样的，也不可能家家处理公众事务，所以才有政府的产生，而我们的第一面国旗就是太极图。我们的老祖宗发展出这种观念思想，第一步就踏上了人类文化，身为后代子孙的我们，就要坚守这一条路，这就是我们的道统。哪一个朝代的道统衰落，该朝代就跟着衰落；哪个朝代能够复兴道统，国力也就跟着复兴起来。我们经过北方民族一次又一次的侵略之后，整个朝野只做表面上的求存工作，而将礼制放在一旁，所谓的道统也就没落了。一直到孙中山先生又重新唤起，所以他要“唤起民众，并联合以平等带我之民族”，也就是恢复中道。

这几十年以来尤其是到台湾之后，我就一直提倡中道。为了加强中道的宣传，我组织了梅花运动。按照造字原则来说，古梅字应该写成“楳”字，此字将木改成火为“煤”，改女则为“媒”。梅花之“梅”字之所以不作“木”“某”，而用“木”“每”，是因为梅花有其特质，三千多年以来，凡是中国人，没有不喜欢梅花的，所以很自然地就把梅花变成国花，而且也把“楳”字变成“梅”，表示它是人之母。具有这种本质、特质的才算是人，否则就不是人。“梅”字除了有木本之意外，还是五行中的木，代表放射之意。五行中金是结晶的意思，凡是金属都是结晶而成，而结晶具有向心之意；木是一颗种子掉进土里，向下发根，向上发枝，表示离心的行为；火表示向上；水表示向下；土则代表稳定中之形，如果只有稳定而无形则是死亡。常常有人无理地取笑韩国偷了我们八卦的一半，说这种话的人其实就是没有学问的人，其实四卦就代表了八卦。严格说来，八卦也不完全，因为八卦之上还有六十四卦，六十四卦之上还有无穷的变化，所以太极是无穷的，外而无外，内而无内，可以比我们想像中的还要小，也可以比我们想像中的还要大。所以，仅有一个太极也就够了，不必拘泥于八卦或是四卦。我们不仅要自己相信人母之道，而且还要把它发扬光大，弘扬于全世界，使世界大同，同于太极之道。

这次我在病中一直在思考一个问题，我们生而为人，究竟所为何事，既然来做人，就要做好一个人，人的反面——鬼、兽是不能做的，所以魔鬼禽兽就是我们要打倒的东西，为了自保，我们就要与魔鬼禽兽斗争。人道就是真理，而人道是自天道而来，天道则以太极显示，从天道吸收为人道，众人之道则放在政治上，所以，政治如果纷乱，就是因为反人道，政治走上正轨，就是讲人道、天道。经过几千年的演化之后，太极变成一个“中”字，所以我们要提倡中道，也因此，国父建立了一个新“中华民国”。所谓中华文化就是中道文化，因为中道，所以各部族都聚集起来，因中而华，华者丽也，所以我们称为中华；因为

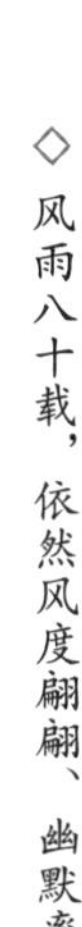

◇风雨八十载，依然风度翩翩、幽默率真

大家都喜欢中道，都集中在一起，愈来愈大，所以因华而夏，夏者大也，我们自称华夏民族，其意在此。华夏民族文化可大可久，救国即在救中道。在民主时代，天道就藏在“宪法”里面，“宪法”能够显示及推动我们的道统者，政治就能走上正规，国家也就能够均安。不但如此，我们还要将道统传扬于全世界，使全世界的人都能享受这种道统，在道统之下能够均安。不料今天却有人要摧毁这部“宪法”。“宪法”可以修改，但是“宪法”的基本精神绝对不能改，因为它表现的是中道思想。凡是改变政治、毁坏道统者，就是自掘坟墓。这是我在病中所整理出来的思想路线。

父亲与义父就是一直在追求、保护与发扬这个思想路线，此思想路线就是我们的国父孙中山先生所推动的，而孙先生的思想则是来自老祖宗。远在文字记载之前，就已经发现这个道理。中国人最早的祖先能够走上这路，从兽人变成真人，这是中国人幸福的地方。真正表达出来的是伏羲氏，他远观天象，近观地理，发现了太极的道理，画出了八卦，到孔子时完成了《易经》。这是人类文化最根本的书，其功能并不仅有卜卦、占星而已。

发扬总理建国理论

总理和卡尔·马克思这两位伟大的人物先后都在大英博物馆图书馆研究。马克思是研究如何推翻一个政权，总理则是研究如何建立一个政权。他们下的功夫都是很大，而且非常辛苦，每天以面包及水充饥。有一次，我在伦敦大英博物馆的图书馆得到一个感想，我体会到当年总理领导革命有其成功的条件。满清末年想推翻满清的各路英雄不计其数，但是其目的有好有坏，所谓坏的是指自私的心态，好的里面有爱国型的、冲动型的，只知道推翻满清，不知如何建国，只有总理有一套建国的方法及目标，并且有哲学的基础，他为的是要恢复中国的道统。

后来我强迫自己研究中道文化，就是要了解什么是我们中国人的道统。是什么力量维持我们几千年不衰，即使曾经衰落，仍然有中兴的时刻，这个起起落落的总关键就是道统的兴衰。眼看着道统逐渐没落的今天，我们应该思考如何救国，所以我致力于发挥中道的思想，推广中道的精神，最后我借推广梅花运动来推广中道，对内要使我们自己的民族能够复兴，对外要使西洋人不要如此自私，也不需要怕我们。西洋人提出“黄祸”一词，是因为他们自己存在着达尔文理论的思想，因此怕我们壮大起来，便常常用“黄祸”来提醒他们自己。一方面他们是真的怕我们，另一方面又想做老大，想吞食世界、控制世界，来提高他们自己的生活水准，将他们的成功建筑在我们的分裂、破碎、牺牲与痛苦上。

总理指出我们要自己建国、要自强、要求中国之自由与平等，但是光有自己的一套建国理论是不够的，一定要让西洋世界了解，只有我们中国人的建国精神主张大家合作，西洋人认识我们、了解我们后，自然会解除怕我们的心理。同时我们也要教育他们不要如此的兽性，人类相处应该是互爱互助互敬，也就是太极图的精神、中道的精神所在。

性善不是我的基本学说，我认为人是“求善”，而不是“本善”，因为人本来是野兽。我常常看鬼怪小说，鬼怪小说里往往描写许多动物要修炼很久的时间才能修成人形，其义就是人本来就是野兽，修炼之后才成人形，所以不能说“人之初，性本善”，或是“人之初，性本恶”，应该说“人之初，是野兽”。野兽有野兽的求生标准，无所谓善与恶，能够求得生存就是善，是野兽的善。

西方社会始终停留在这个阶段，所以并不是达尔文发明了进化论，而是西洋人求生存的基本方式仍然停留在原始森林的阶段。总理把达尔文的理论称为 the law and order of jungle，这是他们的求生规律，适者生存，弱肉强食，毫无怨言。这个规律在原始森林生活里维持几万万年，都是自生自灭，斗不赢别人就该死，这种禽兽的生态平衡就是这么维持的。人类的生态平衡则是济弱扶倾，也只有我们中国人懂得这个道理，所以聪明的人就发明了一个太极图，任何一个整体包含了正反两面，而正反两面包含互敬互助，最后归纳起来，所有自然的单元，不论大小，总是包含正反两面，并透过互助合作变成人类的文化而求生存。如果是禽兽的文化，就是弱肉强食，适者生存，来维持均衡。所以人与兽是截然不同的两种文化。

总理根据中国的道统，策划了三民主义、“五权宪法”、建国大纲、建国方略，他有一套完整的方法，但是他缺少如何推翻政权的理论，这点必须求助于马克思的理论；至于政治的攻守作战——如何防止人家来推翻我们，总理没有教我们。总裁留下许多方法，但是没有人再研究。一般人没有从战略角度研究他的方法，光是从道德方面来看，我们发现总理、总裁都有伟大的人格，有深远的哲理思想，但是运用哪一种手段，是战斗、战术，还是战略，尤其是总裁，他有一套方法，可惜我们没有人下功夫来研究整理。

总之，总理有一套完整的理论，从哲学基础到建国方法，可是如何执行，总理并未提出，总裁一直在做，但是没有时间写下来。我们要从他指导我们的过程中体会出来，进而发展。我细细体会之后发现，他的战略指导是化敌为友，是不战而屈人之兵，我认为他化敌为友的方法比后者还要高明。

泛东方论

一、背景

总理和总裁都讲过大东方主义、大亚细亚主义，也讲过大亚洲主义。日本人讲过大东亚共荣圈，但是他们的着眼点不相同。总理和总裁认为亚洲人应该团结起来，自立自强；而日本人则是想借亚洲东部的力量以自强，然后向世界进军。我提出泛东方论的背景是因为我发现人类历史就是在东西方理论上的发展，双方接触后发生争斗，到现在为止，东方仍然处于下风，就是因为东方不团结。东方的力量是分散的，西方则是联结的，而他们的联结中最厉害的就是克里姆林宫及白宫，表面上他们是冲突敌对的，但是对东方来说，他们是联合的。中国多少年来的苦难，完全都是因为美俄联合作祟，而东方的人特别不争气，以日本来说，日本本身很争气，但是对于大团结抵抗西方压力方面，日本特别不争气。日本本来接受中国文化发展，后来因为美国炮轰江户，就转而接受西方的帝国主义。日本有一种脱亚的思想，他想自成一体，运用东亚来争霸世界。

二、泛东方体

欧洲现在已成立欧洲经济共同体，我认为欧洲将来的发展应该包含非洲，变成欧非经济共同体（Eufrican Economic Community），简称为欧非体（THE EUFRIECOM）。因为欧洲的战略资源不够，非结合非洲不可，而非洲的教育程度各方面都不够，也非拉拢欧洲不可。美国、加拿大、墨西哥也联合成一个北美体，我认为他们的战略资源同样不够，必须包含中南美，所以将来应该有一个泛美经济共同体（Pan American Economic Community），简称为泛美体（THE PANANECOM）。

除了欧非、泛美两个经济共同体之外，还有一个就是我所谓的泛东方经济共同体。这个共同体所涵盖的范围应该是指乌拉尔山南下通过博斯普鲁斯海峡到苏伊士运河之线，向东包含整个亚细亚洲，东入太平洋，涵盖檀香山以西及以南诸岛（不含美属檀香山与关岛），以及南入印度洋大小诸岛，再延伸至大洋洲为其全区域。这个区域就称为泛东方体（Pan Oriental Economic Community），简称为PANORECOM，包含亚洲、太平洋、印度洋、大洋洲（亚太印洋），英文就称为APEC。

大洋洲除了澳洲、纽西兰之外，还有很多小岛，这些西南太平洋的小岛不属于亚洲。如果我们不把他们容纳进来变成一体，谁来帮助他们？西洋人最多拿来作为基地，或是侦察气象，海象的测候站，或是海上进军的跳板，或是作为旅游观光的据点，如此而已。他们是人，也应该有权享受到人类文化发展的成果，与我们过同样的生活，也只有在中道之下，他们才可以得救。以中国的中道哲学为基础，我们自己使泛东方体联合壮大，再和西方合作。如此一来，我们不但不被西方侵略，还有足够的资格跟西方合作，来谋求整个人类社会的福祉。

泛东方体合作之后就能自保、自强、自求多福，然后再与欧美合作，让整体人类得福。为了这个远程目标，首先中国人就要自强，要中国自强，海峡两边必须合作，要海峡两边统一，台湾就先要统一，台湾想要有前途，就非团结不可，台湾不团结，海峡两岸不会团结，海峡两岸不团结，亚洲就不会团结，亚洲不团结，泛东方不会团结，泛东方不团结，全世界就得不到太平。另一方面，如果西洋人不把达尔文思想去除，转而接受中道，世界人类也得不到太平。

三、寻找伙伴

有一次，政府单位邀请好几位澳洲重要的政治人物来台湾。他们到台湾后要求来访问中华战略学会，我就把这个观念提出来，并且询问他们："在这个世界的经济地区编组趋向之下，如果你们有四个选择，第一，自成一区；第二，参加美联体；第三，参加欧非体；第四，参加泛东方体。请问大洋洲要参加哪一个？"大洋洲也是白人的世界，要他们参加我们黄种人的组织，心有不甘，就犹豫了一下。我说我给你们一个数目字作参考，去年（一九九二年）澳大利亚对外贸易中有百分之六十五是在东南亚，现在请你们下决心，你参加哪一个？他们知道澳洲的资源不够，不能自成一体，最后他们说：“我们一定参加泛东方体。”我说：“那就对了，你们参加了泛东方体后并不会因此不跟美体做生意，或是不跟欧体来往，我们是以中道为中心，所以自成一体之后，还是与别人合作。”

又有好几次，日本人来战略学会拜访我，我说：“我很不客气地点出来，日本在近几十年中有明显的脱亚思想，想要自成一体，并且领导世界。日本人相信达尔文的理论之后，把大和文化也丢掉了，以天皇为核心的民族也走邪路了，这种“田中奏折”的游戏已经玩过了，也已经证明做不通了。当年你们叫出来的口号是“大东亚共荣圈”，但是你们的基本态度是拿到了东亚以后，跟西方人对抗，这是行不通的。人类文化是讲合作互助的，经济共同体本来是一个合作的东西，一个经济共同体和另一个经济共同体也必须站在合作的立场，不是大家来抢市场、战斗，日本的态度会决定今后日本自己的命运、亚洲的命运和世界的命运。”他们听了之后很感动，频频说应该自我反省，采用中国的精神。我接着又说：“中国的精神是我们大家的，说句难听一点的话，希望你们不要自卑，这是我们大家的精神。”他们问我为什么，我回答说：“有太极图的时候既没有中国也没有日本，远古时代生活在亚洲东方的一群人在文化发展到某一个程度后，领悟出人生至理是取之于天道的道理，因而画成一个符号逻辑，这个符号逻辑就是太极图。任何一个整体包含了正反两面，而正反两面是相互合作、相互关切、相互尊敬，而不是对抗。因此他又合抱在一起，因为他黑中有一点白，白中有一点黑。”我也介绍他们《你侬我侬》这首歌，太极图就是一二二，又变成二二一，如果光说一半一二二，那是分裂，二二一则是并吞，一二二、二二一才是太极图，这是一个互助合作的人类文化，不是西洋人的达尔文的进化论，适者生存、弱肉强食。

我还告诉他们：“中国人把太极图的弯线拉直了，圆圈挤扁了，变成一个中字，我们自称为中国人，其地为中国，孔夫子说："成乎内谓之中，发乎外谓之和。"日本人得到太极图后自称为大和民族，韩国人干脆摆在国旗上面，所以我们这三个民族实在是亲兄弟一样，出自同文化，我们的太极图不是专利的，因此你们日本人千万不要自卑，因为你自卑以后就会变得自大来掩饰你的自卑。我们大家都是兄弟，来组织一个共同体。"他们听了也笑了，我送了他们一本《弘中道》的日文翻译本，他们很赞成书中的理论。

最后我和这几位日本朋友说："只有我们东方团结，才能促进世界和平。为达到东方团结的目的，我们可以不以地理中心为中心，而以日本为核心，由日本来领导，也没什么困难，我们很欢迎。"

前两个月我去俄国访问。跟俄国人谈到这个问题时，我跟他们说："关键在你们。"他们怀疑地问："为什么？"我说："因为唯有你们地跨欧亚，从乌拉尔山下来以东，就是泛东方，"他们又问："那不是把俄国分成两块了吗？"我说："没有关系，我所谓的泛东方，也可以不要从乌拉尔山开始，上面这一块可以由俄国自己决定，正如大洋洲的情形一样，整个俄罗斯自成一体，或是参加欧体、美体，或是参加泛东方体，由你们自己决定。也可以从乌拉尔山划分成两部分，一部分参加欧体，另一部分参加泛东方体，将来世界整个的经济合作要靠俄国人的努力，因为俄国自成一体，更会帮忙欧体与东方体联合在一起。"总而言之，要促进世界合作，就非先接受中道思想不可，如果不接受中道，还是以达尔文的理论为主，就会造成世界继续大乱。事实证明西方因达尔文的理论发展成共产主义，已经造成世界将近一百年的大乱。

所以后来我写了一个小册子，也把这个观念托人传达给江泽民。他说："我们有相同的想法，不过你把整个规划了之后有了整齐的规模。"我说："不是我规划的，而是我们的国父早已经规划过了。"

《陈洁如回忆录》质疑

这本书是一个不知实情的人，假借陈洁如的名义所写的，而且这本书也不是陈洁如在世时写的，作者的目的就是要污蔑“老总统”。

我在“国安会”秘书长任内，有一次在前往“立法院”备询之前，刚好拿到这本书，就在途中看了一下，结果质询时正巧有立委对此书提出问题。他说：“我有一个问题，涉及你私人的事情，是不是可以问？”我就转身向主席报告：“主席，我不愿意耽误贵院的时间，如果他要问私人的事情，可以在院外问，如果他一定要问，而主席也认为可以问，我照样可以答复。”主席说：“长话短说好了，不要占用太多时间。”那位立委就拿出一本《陈洁如回忆录》问我：“这本回忆录你看过了没有，你对这本书有何感想？”我回答他：“非常凑巧，我刚刚才拿到书，我还没有完全看完，只看了前面一段，我只答复我已经看到的而且只关于我自己的部分，与我不相干的部分不必浪费时间，因为现在我们是在院会中。”

做了一段说明之后，接下来我就开始讲：“我可以举出这本书中有关我的部分，来证明这本书是伪书。一件是文字上的错误，另一件是相片上的错误。文字上，该书说陈洁如是在我六岁时在张静江先生家里第一次看到我的，事实上，我是九岁时在广州第一次看到她的，可见得这本书不是她自己写的。至于相片上的错误，是因为党史会有一次在国父纪念馆举行展览时，把一张相片的内容及说明弄混了，许多报章杂志引用这张相片，自然也发生错误。那张相片是父亲坐在中间，旁边有一大一小的男孩子分立两侧，相片说明为：长公子经国、次公子纬国，其实这两个孩子是陈英士先生的长公子陈铣夫与次公子陈甘夫。“铣”和“甘”用湖州音念起来是“心肝”，也就是心肝宝贝的意思。

后来大公子陈铣夫报考杭州笕桥空军官校时，有朋友借着私人关系带着他到杭州市飞行，结果飞机失事，不幸去世。铣夫哥去世后，英士伯母非常伤心，就把甘夫哥的名字改成惠夫，因为他们是很虔诚的基督教徒，认为这是上帝赐给他们的恩惠。来台后，惠夫哥是交通银行的协理，不久前在副总经理任内病故。我相信在座各位一定有很多人认识他。”我把相片举起来时，马上就有一位立委说：“我认识他，这个一看就知道是陈惠夫。”虽然那张照片里的陈惠夫只有十几岁左右，但是脸型已经定型了。

最后，我就跟立法委员说：“我从一段书面文字与一张照片就可以证明这本书所说的是假的。以陈洁如与陈家、蒋家的交情来说，就算她忘记第一次看到我的时间，但是绝对不会分不清我和哥哥以及陈家两兄弟。况且陈家两兄弟年龄的差距与哥哥和我的差距不一样，我和哥哥相差六岁半，而照片里的两个孩子年龄相差并不大，再者，依照相片的拍摄时间来看，哥哥那时已经到俄国了，而我也到东吴附中念书了。而且以陈洁如女士的为人而言，即使书上所写的事情是真的，她也不会写出来。我也用不着袒护自己的父亲，请问在座各位，你会不会把一个十三的女孩子骗到旅馆里，把房门反锁？以领袖的人格与个性而言，他绝不会做这种事。退一百步来说，这件事即或是真的，陈洁如也不会写这种事情，因为她实在是一个很有教养的女士（nice lady）。我跟她非常熟识，虽然她比我大很多，但是当我到广州时，我们两人很快就变成玩伴，经常一起在家聊天，或是出外逛街，她是一位非常善良的女士，很有风度，也很懂道理。我有一张和她合拍的照片，那张照片是我们在车站送行时所拍摄的，照片中张静江先生坐在椅子上，我站在一边，陈洁如则站在另一边。”那位立委后来就问不下去了，我也趁机向大家解释，这本书可以说是一无阅读的价值。

问：这本书是从大陆翻印过来的，我问过唐德刚，他说这本书最原始的出处是由斯坦福大学流出的，应该是一半真一半假。我也问过刘绍唐在印这本书时有没有修改过，他说只有一处地方改过，就是你刚才说的那一段。他说当初写得还更激烈，把那件事说成是强暴。所以我们现在看到的是经过刘绍唐改过的部分。

答：擅改别人的稿子似乎不太好。

问：他如果不改，那段写得更坏，把老先生写成强暴案主角。

答：不管好坏，他擅改不就成了伪造文书吗，而且，改过之后的意思与原稿也相差不多。

问：据说这是一份旧稿子，不是新稿子，后来经过整理才发表的。不知道斯坦福大学是从何处得来的。我想这些事情可能是作者随便说说的。

答：这本书绝对不是陈洁如自己写的，而且是在陈洁如死后写的，因为死无对证。如果她还在世，她可以对该书作者提出控诉。

问：我看过一些她与老先生之间的信件，从信里面可以感觉她是个很有教养的人。

答：民国初年的社会风气很保守，夫妻、老友之间不会直呼其名。这本书里面有一段叙述，生母把我从日本送到上海时，陈洁如开门，一见到她便叫着说："季陶，你看谁来了！"陈洁如绝对不会喊"季陶"，这点我可以保证。在那个时候，我的母亲称呼父亲为"介兄"，陈洁如又怎么可能直呼父亲好友的名字呢？这是不可能的。直呼其名是西式规矩，传统的中国人不是如此的。坊间有一篇文章说父亲和戴伯伯合交一个女朋友，所以，究竟我是蒋先生的孩子，还是戴先生的孩子，连他们自己都搞不清楚。殊不知，那时候的人不仅不会合交一个女朋友，就算是逛窑子，也不会找同一个女孩子。

蒋纬国上将兵籍表

姓名	蒋纬国
别号	
出生	民国五年十月六日
籍贯	浙江省奉化县
籍寄	省 县
身高	172公分
体重	68公斤
健康情形	良好
身份证或补给证字号	A一〇〇二八〇一七
血型	A
党籍	中国国民党
党证字号	国登字第〇七〇〇一号

简要自述

以安定基地，以及光复与统一全中国为职志；还当努力于全球战略与国家战略，为全人类与国人福祉而奋斗。

学历

学校名称	院系科	期别	修业起讫时间	学位毕业或肄业
韩国庆熙大学				荣誉法学博士
中华学术院				名誉哲学博士
中华文化大学				名誉哲学博士
美国诺斯洛普大学				荣誉理学博士
美国中西部天主教联盟22所大专院校				荣誉法学博士

训练

训练机关	期别	班队	起讫时间	主办机关
美国陆军航空队			28年10月至29年3月	美国陆军部
美国装甲兵训练中心			29年7月至30年5月	美国陆军部
驻印战车训练班	二		33年9月至33年9月	国防部
圆山军官训练团	一	高级班	40年4月至40年7月	
名牌联合作战讯班	三		44年4月至44年8月	
实践学社高级兵学研究班	一		52年4月至52年7月	

亲属（包括子女及兄弟姐妹）

称谓	姓名	出生年月	存殁	职业或求学	现在住址
祖父	肃庵		殁		
祖母	王氏		殁		
父（翁）	介石	前24 31 10	殁		
母（姑）	姚氏	前22 25 8	殁		
配偶	邱如雪	24 5 24	存		
子	孝刚	51 11 22	存		
媳	王倚惠	53 11 10	存		
孙女	友娟	81 5 8	存		
长孙	友春	83 4 3	存		

服务机关	职别	官等	担任工作	任职 年	任职 月	卸职 年	卸职 月	证件名称	长官姓名职称	备注
德国山地兵第九十八团	学员	少尉		26	9	27	8			
德国慕尼黑军校	学员	少尉		27	9	28	7			
德国步兵第八师	学员	少尉		28	8	28	9			
陆军第一师三团五连	排长	少尉		30	5					
陆军第一师三团五连	连长	上尉		30	7	33	9			
六一六团三营 青年军二零六师	营长	少校		34	6	34	12		师长方先觉	
装甲兵教官战四团	团附	中校		34	12	35	1		团长马微	
装甲兵教官战一团	副团长	中校		35	1	36	8		团长石祖黄	
装甲兵战一团	团长	中校		36	8	37	7		陆军总司令顾祝同	
装甲兵司令部	参谋长	上（中校）		37	7	38	1		装甲兵司令徐庭瑶	
装甲兵司令部	副司令	上（中校）		38	1	39	2		装甲兵司令徐庭瑶	
装甲兵司令部	旅长	上校少将		39	7	42	6		陆军总司令孙立人	
国防部第三厅	副厅长	少将		44	1	47	4		厅长郑为元	
国防部第五厅	厅长	少将		47	4	47	7		参谋总长王叔铭	
装甲兵司令部	司令	少将		47	8	52	8		陆军总司令彭孟缉	
陆总部装甲兵室	主任	少（中将）		48	11	52	9		陆军总司令罗列	
陆军指挥参谋大学	校长	中将		52	9	57	9		陆军总司令刘宠祺	中心主任 兼联兵训练
三军联合参谋大学	副校长	中将		57	9	58	12		校长余伯泉	
三军大学副校长 战争学院院长兼	院长兼三军 大学副校长	中将		58	12	64	8		校长余伯泉	
三军大学	校长	上将		64	8	69	4		参谋总长赖名汤	
联合勤务总司令部	总司令	上将		69	4	73	7		参谋总长宋长志	
国防部联合作战训练部	主任	上将		73	7	75	7		参谋总长郝柏村	
国家安全会议	秘书长			75	7	82	3		主席蒋经国	
总统府	资政			82	3				总统李登辉	

写作出版情形及研究与发明

1 军制基本原理
2 台湾在世局中的战略价值
3 领袖军事思想
4 蒋委员长如何战胜日本
5 弘中道
6 柔性攻势
7 永保心理的壮年
等20余种著述

宗教信仰	基督教

编辑后记

《蒋纬国口述自传》的出版，经过整整一年的时间。在这期间，刘凤翰先生被诊断为癌症晚期。他极希望看到书稿的出版，不但多次表达了这种心情，还多次对编校工作提供支持和意见。他希望这部书稿在大陆的出版，是他临终前对蒋纬国先生的最后一个交待。

蒋纬国在口述自传中说："与其说这本访谈录是写我的一生，不如说是写父亲的一生，只是这件事与我有关，所以由我口述写出。虽然是我的自传，但也变成了父亲的别传。"这部书稿的主要内容，的确大都是围绕"父亲蒋中正"展开的。所以本书的第一章，即是概述蒋介石一生的功过。蒋纬国强调：1. 蒋介石"是积极抗日的"。为了准备抗战，蒋介石在战前已经开始进行60个师的整军计划，以及云贵川的大后方建设；2. 蒋介石采取以德报怨、化敌为友的方式，对消除军阀势力，完成国家统一是有功绩的；3. 蒋介石的一贯反共，是三民主义和共产主义的分歧使然。他认为，是苏联对中共的支持和美国对苏联的妥协，造成了国民党最后的失败。

不过这部口述自传，毕竟是蒋纬国自己的自传。自传的主要内容，是蒋纬国个人的生活和历史。

有关蒋纬国的身世，一向多有传闻。蒋纬国在自传里承认，自己并非蒋介石亲生。他出生在日本，生父是国民党元老戴季陶，生母是日本人重松金子。但他是一出生就进了蒋家，蒋介石对他更视如己出。而且在整个幼年时代，蒋纬国与蒋介石的关系，甚至比蒋经国更为亲近。蒋纬国活泼聪慧的性格，深得蒋介石的怜爱和欢心。蒋介石对两个儿子“经天纬地”、一文一武的设计也是成功的：蒋经国在苏联学文，造就了坚忍的政治性格和刻苦奉行的作风；蒋纬国赴德国学军，培养出严谨的军人风范。

蒋纬国与蒋经国兄弟之间的关系，也最为人关注。刘凤翰在本书序中提到：“纬国感到最困扰的是：一些小人自愿（非经国先生授意）调查他的小事，提供给经国先生，再由经国先生转告他们的父亲。”他的这种困扰，在这本自传中经常可以得到证实和体会。他与蒋经国之间的间隙，也决定了他后来的政治命运。他与蒋介石父子关系的疏远，始于“湖口事件”。事件发生后，虽然俞大维、刘安祺都向蒋介石说明“此事不关纬国的事”，蒋纬国也曾亲自写过一份“政战改制报告”，呈陆军总司令部说明真相。但是，由于政工系统的变本加厉，特别是蒋经国的影响，使蒋介石对蒋纬国的态度，在长时间内大为改变，认为他“识人不明”，且与东北籍军官走得太近，不堪大用。

蒋纬国说，他一生有两个生活原则，一是“调皮不捣蛋”，一是“从军不从政”。即使在晚年作为国民党“第二代元老”，尝试着进入政界时，他也采取的是“候选而不竞选”的态度。蒋纬国自我解嘲地说，他的政治能力实在是“有限公司”，因为“政治手段我们是不屑用的，政治人物那种说了会错、错了会赖、赖了就火、火了就整人的做法，不是我从小走的教育路线”。

但是他晚年从政，却是“知其不可为而为之”。他比蒋经国更早认识到李登辉的台独立场和政治野心。为了阻止李登辉当选连任，使国民党免于被葬送的命运，他在与林洋港、李焕、郝柏村合作，“候选而不竞选”期间，宁愿处在被利用的地位上而毫无怨言，始终积极配合，公开表示“决不退选”。而在被迫退选的情势下，仍坚持要求李登辉放弃台独立场。可见刘凤翰序中所说的纬国“想做事，又不敢光明正大地去做，此种个性，误其终生”，说法并不公正。联系到近一年来，民进党借“转型正义”的名义，大搞“去蒋化”、“去中国化”，蒋纬国当年的忧虑，更让人感慨良多！

大陆改革开放以后，蒋纬国一贯的反共立场有所改变。他晚年明确表示：“我很诚恳地赞成邓老（邓小平）的有中国特色的社会主义。”他认为，这句话是有双重意义：对大陆而言，是鼓励他们走总理（孙中山）的民生主义；对台湾而言，就是要打击那些否认自己是中国人的人，同时也让台独运动死心。他又提出一个近似幼稚的主张，即由“新党”和现在存留在大陆的第五代“旧党”整合成第七代国民党，使命不是谁统谁，“而是共同建设新的理想的中国”。这些言论当时在台湾引起轩然大波，一些台独分子甚至不准他从美国回到台湾，“就是回来了也要驱逐出境”。

从原稿问答部分可以推断，本书的最后一次访谈是在1994年12月28日，蒋纬国时年78岁。刘凤翰先生在序中说，当时蒋纬国已经重病缠身——“体内许多器官多已老化或破坏，完全以药物或洗肾维持，此后对外接触谈话较多，真真假假，无足凭信。”就是在这次访谈中，蒋纬国黯然地说，蒋家确实是没落了，因为“所托非人”（指李登辉上台）。至少这时的他还是清醒的。

因为是口述记录的原因，文稿的内容、观点和材料，经常有所重复。某些章节内还留有一些问答文字，属于未经蒋纬国审订的后来补访的内容。对于这些枝节，我们一仍原貌，未做整理。为了对自传中的一些内容做必要的核证，我在编校过程中，查阅了汪士淳的《千山独行——蒋纬国的人生之旅》、黄嘉瑜等人的《蒋纬国侧写——独立卓行的军事将领》、林朝和的《蒋纬国评传》以及翁元的《我在蒋介石父子身边四十三年》等。

最后，感谢凤凰卫视的张林主任，与我们一同工作，终于编好了全部文稿。

而让我们遗憾的是，就在本书将要付梓之际，刘凤翰先生于 11 月 6 日不幸辞世了——他念兹在兹的这份心愿，最终竟未能亲见。

郭银星缀记于

2007 年 11 月 20 日